W0083398

DIE AUTOREN

James Mollison wurde 1973 in Kenia geboren und wuchs in England auf. Nach dem Kunst- und Designstudium an der Oxford Brookes University sowie dem Studium von Film und Fotografie an der Newport School of Art and Design zog er nach Italien und arbeitete für Fabrica, das Kreativlabor von Benetton. Seine Fotos wurden von Zeitungen und Zeitschriften in aller Welt veröffentlicht, darunter *Colors, The New York Times Magazine, Guardian Magazine* und *Le Monde. Escobar* folgt auf seine Fotografien von Menschenaffen, die in einer Ausstellung des Natural History Museum in London gezeigt wurden und in seinem Buch *James and other Apes* veröffentlicht wurden. Mollison lebt in Venedig.

Rainbow Nelson, der mit Mollison an Interviews und Texten des Buches arbeitete, wurde 1974 in England geboren. Er studierte Volkswirtschaft, Politik und Geschichte an der London School of Economics und lebt seit 2002 in Kolumbien, wo er als freier Journalist arbeitet. Er hat ausgedehnte Reisen durch Südamerika unternommen und über Politik, Wirtschaft, Reise und Fußball für Zeitschriften wie *Vice, FourFourTwo, Zoo* und *Lloyds List* geschrieben sowie für den Sender VBS.TV kurze Dokumentarfilme gedreht.

JAMES MOLLISON
mit Rainbow Nelson

ESCOBAR

Der Drogenbaron

Aus dem Englischen
von Simone Salitter und Gunter Blank

WILHELM HEYNE VERLAG
MÜNCHEN

»›Ich bin vielleicht arm‹, pflegte er zu sagen,
›aber ich werde nicht arm sterben.‹«

Jaime Gaviria, Pablos Vetter

Pablo bei seiner Erstkommunion 1956.

»Anfangs stahl er Grabsteine, dann wurde er Autodieb, dann Auftragskiller, dann Schmuggler und dann Drogenschmuggler. Danach wurde er Kongressabgeordneter – ein Politiker, das sind die Schlimmsten.«

El Chino, Pablos Freund

Pablo im Wahlkampf 1982 (Foto: El Chino).

CARCEL OTTO JUDICIAL
MEDELLIN

128482

19

»Um Geld machte sich Pablo keine Sorgen.
Zwischen 1982 und 1986 war er der wahrscheinlich
reichste Mann der Welt.«

Alberto Villamizar, Politiker

Pablos Polizeifoto; aufgenommen nach seiner Verhaftung 1976 (Archiv Hugo Martínez).

»Mit der Hilfe einer Handvoll Gefährten wie uns zwang ein Mann binnen sieben Jahren das Land in die Knie.«

Popeye, Pablos Killer

Pablo mit Partnern, darunter Jaime Gaviria (burgunderrotes Hemd), Otto (gelbe Mütze) und La Yuca (blaues Hemd), 1982 (Foto: El Chino).

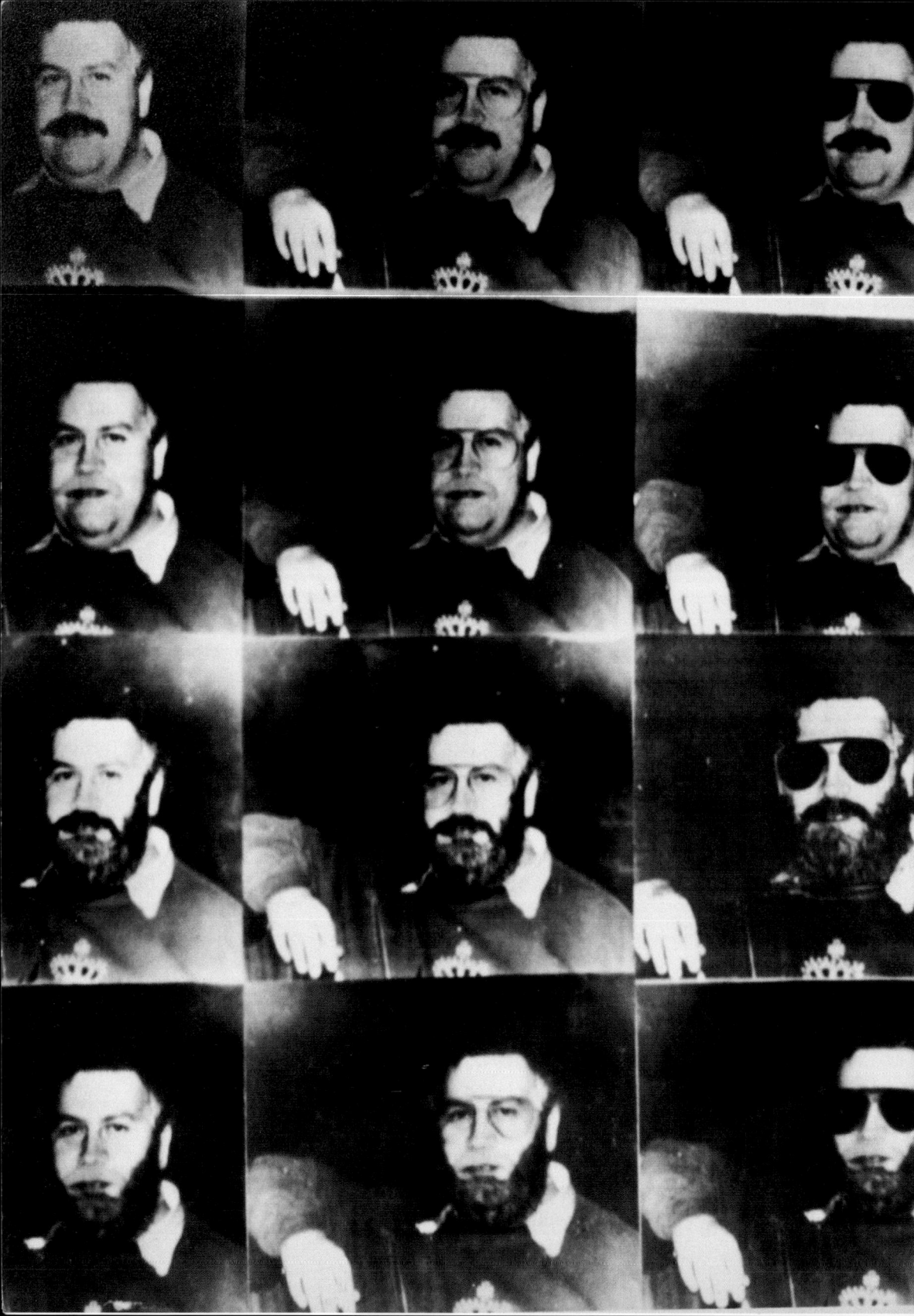

»Polizisten umzubringen, war ein Fehler. Die Polizei ist eine Institution, da kommen immer Neue nach. Ein Polizist wird einfach durch einen anderen ersetzt.«

El Profe, Pablos Troubleshooter

Fotomontagen von möglichen Verkleidungen Pablos, die 1992 an die Polizei verteilt wurden (Archiv Hugo Martínez).

»Sie haben einen elektrischen Zaun um das Gefängnis gebaut, der hatte 10 000 Watt, und der Schalter befand sich in Pablos Zelle.«

Popeye, Pablos Killer

Pablo im Gefängnis; Wachsfigur aus dem Polizeimuseum Bogotá.

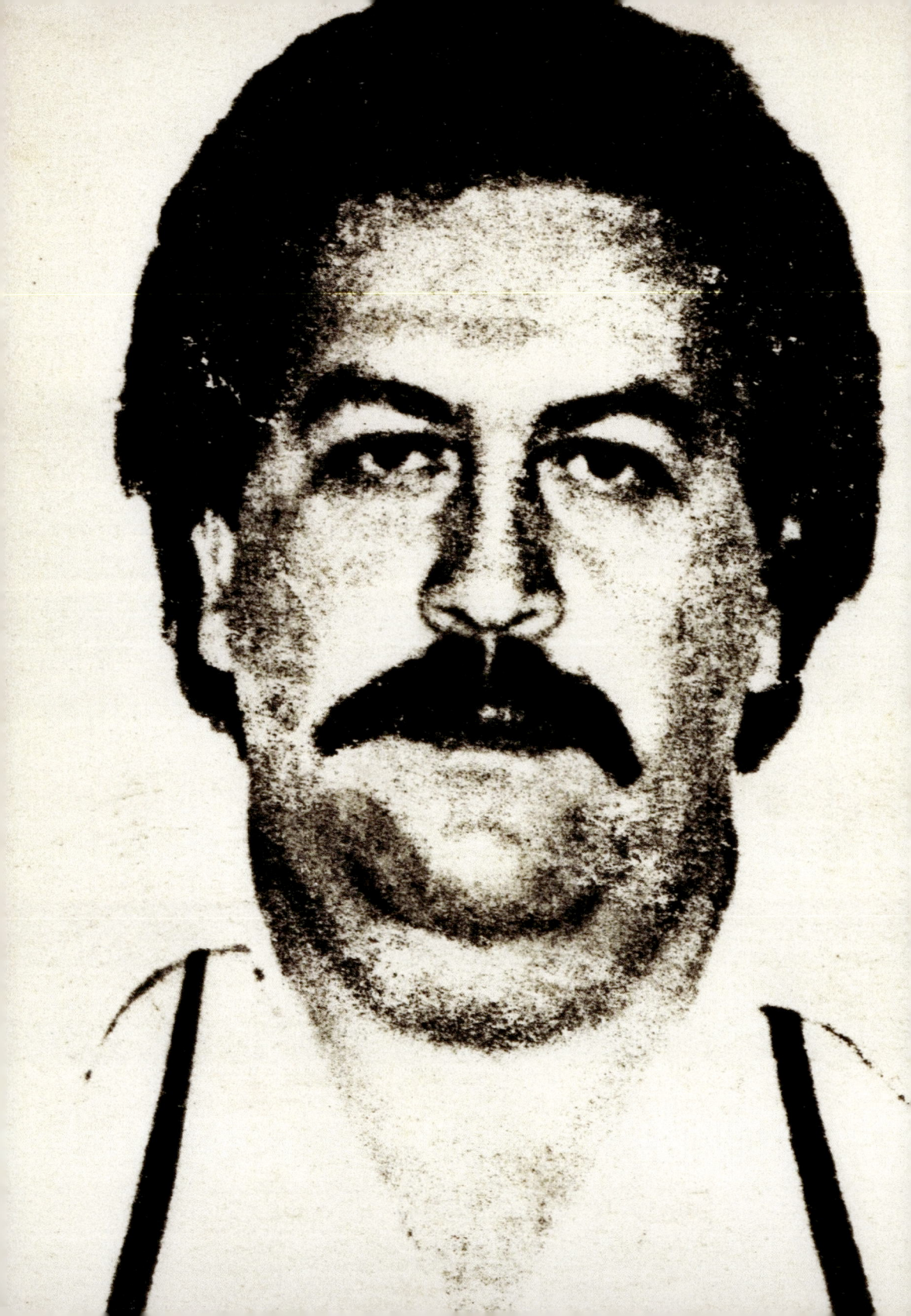

»Alle versuchten Escobar umzubringen.
Das ganze Land. Sie hatten alle genug von ihm.«

Alberto Villamizar, Politiker

Pablos Polizeifoto, nachdem er sich 1991 gestellt hatte (Polizeiakten).

»Er ist im Himmel, denn die Mildtätigkeit
löscht alle irdischen Sünden aus.«

Hermilda Gaviria, Pablos Mutter

Hernando Orozco, *Pablo Escobar*. Öl auf Leinwand. Hing im Haus von Pablos Mutter.

Inhalt

Germán Arrubla, *Helden und Antihelden*. Verschiedene Materialien auf Holz, 2002.
Nachtclub-Galerie Vina Cure, La Estrella, Medellín.

ESCOBAR GAVIRIA, PABLO.—

Foto tomada de la televisión.— Jul 1/91 Pág 11-A

Vom Fernsehschirm abfotografierte Aufnahme Pablos vom 19. Juni 1991, dem Tag, als er sich den kolumbianischen Behörden stellte (Archiv *El Espectador*).

Einführung

Zum ersten Mal hörte ich von Pablo Escobar, dem Drogenbaron, als ich 2002 zur Hochzeit eines Freundes nach Medellín reiste. Damals arbeitete ich als Fotograf für die Zeitschrift *Colors*. Während meines Aufenthalts bemühte ich mich um die Genehmigung, eines der Gefängnisse des Landes fotografieren zu dürfen, da *Colors* eine Sonderausgabe zum Thema Gefängnisse plante. Man schickte mich nach Valledupar, eine neue, nach modernsten Gesichtspunkten entworfene Anstalt. Sie war von den Amerikanern gebaut und bezahlt worden und sollte als Zeichen dafür dienen, dass die Ära der Straffreiheit für Kriminelle in Kolumbien der Vergangenheit angehörte.

Während meines Besuchs in Valledupar wurde ich gefragt, ob ich den berüchtigtsten der einsitzenden Häftlinge kennenlernen wollte, »Popeye«, Pablo Escobars rechte Hand und einer der wenigen Überlebenden des Medellín-Kartells. Als man mich zu seiner Zelle im Hochsicherheitstrakt führte, las er gerade Homers *Ilias*. Dieser freundlich und sympathisch wirkende Killer wurde für einhundertfünfzig Morde verantwortlich gemacht und wusste atemberaubende Geschichten über seine Arbeit für Pablo zu erzählen. Er war meine erste Berührung mit dem Mythos Pablo Escobar. Später ging ich in eine Buchhandlung und suchte nach Büchern zum Thema. Ich kaufte Gabriel García Márquez' *Nachricht von einer Entführung* sowie Mark Bowdens *Killing Pablo*.

Insbesondere Bowdens Buch war über die Maßen spannend. Ich erfuhr, wie Pablo, um belastende Indizien zu vernichten, die Erstürmung des Justizpalastes mitinitiiert hatte, bei der die Hälfte der höchsten Richter des Landes ums Leben kam, wie er ein Flugzeug der Fluggesellschaft Avianca in die Luft sprengte und wie er versuchte, den Chef des kolumbianischen Geheimdienstes zu ermorden, indem er in dessen Hauptquartier eine Bombe zündete. Er ließ sein eigenes Gefängnis bauen, setzte auf jeden einzelnen Polizisten des Landes ein Kopfgeld aus und erklärte dem Staat den Krieg. Während der knapp zweijährigen Jagd auf ihn schaffte er es, 14 000 Razzien zu entgehen. Das alles wirkte unglaublicher als der übertriebenste Hollywood-Thriller.

Ich kehrte ein weiteres Mal nach Kolumbien zurück, um meinen Freund zu besuchen und ein neues fotografisches Projekt in Angriff zu nehmen. Ich wollte mich mit der »Narcotektur« beschäftigen, den Einfluss des Drogengeldes auf die Architektur des Landes untersuchen. Also suchte ich die Anwesen auf, die meinen Recherchen zufolge von den Drogenschmugglern des Medellín-Kartells errichtet worden waren – wunderschöne Fincas, extravagante Nachtclubs und riesige Apartmentkomplexe, in deren Balkone man Swimmingpools eingelassen hatte. Doch optisch war das alles eine Enttäuschung. Das letzte Gebäude auf meiner Liste war das Edificio Mónaco, Pablos Heim, bis seine Feinde vom Cali-Kartell versuchten, es in die Luft zu jagen. Das Gebäude wirkte nicht wie ein Wohnhaus, sondern wie ein Bürokomplex aus Beton oder ein sechsstöckiger Bunker. Es war hässlich und ohne architektonischen Reiz, trotzdem beschloss ich, ein paar Bilder zu machen. Als ich auf der Straße vor dem Anwesen mein Stativ aufbaute und zu fotografieren begann, wurde ich von einem Sicherheitsbeamten in Gewahrsam genommen. Sie konfiszierten meine Kamera und eskortierten mich zu ihrem »Boss«.

Wie sich herausstellte, beherbergte das Gebäude inzwischen die kolumbianische Generalstaatsanwaltschaft, und ich hatte deren Sicherheitsbestimmungen verletzt. Ich erklärte dem »Boss«, Manuel Darío Aristizabal, dass ich das Gebäude fotografieren wollte, weil es sich um das ehemalige Heim von Pablo Escobar handelte. Stolz erklärte er mir, dass das Büro, in dem wir uns befanden, Pablos ehemaliges Schlafzimmer war.

Es standen sogar noch einige der alten Möbel darin. Ich saß auf Pablos Ledercouch und konnte mir immer weniger vorstellen, dass das Gebäude einmal als luxuriös gegolten hatte. Das schäbige Sofa wirkte wie ein Kontrapunkt zu den grellen Geschichten, die Manuel mir erzählte. Schließlich sagte er: »Ich habe noch eine Tüte mit Pablo Escobars Fotos. Möchten Sie sie sehen?«

Die Bilder, die sich als aus den Akten stammende Fotos entpuppten, auf denen Pablos Privatgefängnis sowie einige dort gefundene Gegenstände zu sehen waren, hatte ein Polizeifotograf nach Pablos Flucht aufgenommen. Die Bilder passten nicht zu der Extravaganz, von der ich gelesen hatte. Welten entfernt von der hochmodernen Anlage, die ich in Valledupar gesehen hatte, umgab diesen Ort etwas Armseliges und Mitleiderweckendes. Zwar bestätigten die Fotos von Waffen, Sexspielzeugen, Geheimverstecken und Mobiltelefonen das Klischee des verkommenen Drogenschmugglers, wie ihn Al Pacino in *Scarface* und Ernesto Escobedo in *Das Kartell* verkörperten, doch eine Menge anderer Bilder – Pablo, wie er mit seinen Kindern spielt, seine Gang, die Fußball spielt oder in der Knast-Disco einen draufmacht, seine Micky-Maus-Pantoffeln – zeigten ihn von einer bodenständigeren Seite.

Diese Fotos warfen eine Menge Fragen auf und waren für mich der Anfang einer langen Reise. Wie genau hatte Pablo es geschafft, sein eigenes Gefängnis zu errichten? Was war mit all den luxuriösen Anwesen geschehen, von denen ich gehört hatte? Wer war dieser Pablo Escobar eigentlich?

Mir war klar, dass seine Geschichte bereits erzählt worden war, aber wie ich da in Pablos ehemaligem Schlafzimmer saß, schien sich mir zwischen dem Mythos des reichsten und gefährlichsten Gangsters der Welt und der Wirklichkeit eine Kluft aufzutun. Beim Betrachten der Fotos wirkte die Person Pablo Escobar gleich sehr viel komplexer und weniger glamourös böse, als ich mir vorgestellt hatte. Ich beschloss, dem Mythos und seinem Vermächtnis auf den Grund zu gehen. Ich wollte Pablo Escobars Geschichte in Bildern rekonstruieren.

Sechs Monate später kehrte ich nach Kolumbien zurück und machte mich daran, fotografische Belege zu finden, die Aufschluss über Pablos Leben und seine Verbrechen gaben. Ich begann mit Rainbow Nelson zusammenzuarbeiten, einem Autor und Journalisten, der in Kolumbien lebt. Über einen Zeitraum von zweiundzwanzig Monaten interviewten wir mehr als einhundert Personen, erforschten deren Erinnerungen an Pablo und die mit ihm in Verbindung stehenden Ereignisse und sammelten Fotos und Dokumente.

Eigentlich würden die Kolumbianer dieses schmerzhafte Kapitel ihrer Geschichte lieber begraben, als sich dazu zu äußern. Sie sind es leid, daran erinnert zu werden, dass Pablos Herrschaft über den globalen Kokainhandel und sein Ruf als Massenmörder das Ansehen ihres Landes beschädigt haben. Wohin wir uns auch wandten, überall stießen wir auf Widerstände. Zu unserem Glück jedoch fühlten sich die Protagonisten der Geschichte, ungeachtet ihrer persönlichen Wunden, geradezu verpflichtet, ihre Version der Ereignisse zu erzählen. Dabei konnten wir die von uns Interviewten bald in zwei Lager untergliedern: die, die Pablo liebten, und die, die dafür gekämpft hatten, ihn zur Strecke zu bringen. Und wir lernten schnell, dass es zu jeder Geschichte eine anders lautende Version gab, die in der Regel das genaue Gegenteil behauptete. Es war unmöglich, die Wahrheit herauszufiltern, und wir wurden gegenüber allem, was man uns erzählte, zunehmend skeptisch.

Bilder und Fotos zu finden, erwies sich als noch schwieriger. Obwohl Pablos Ego ihn immer wieder ins Rampenlicht drängte, verbrachte er einen Großteil seines Lebens in Unterschlupfen und Verstecken. Er war ein Meister im Verwischen seiner Spuren, und er versuchte systematisch, alle fotografischen Beweise seiner kriminellen Taten zu vernichten. Wir mussten feststellen, dass schon zu viel zerstört worden war, um eine ausführliche Bilddokumentation seines Lebens erstellen zu können. Es blieben nur noch Fragmente.

Nachdem wir die Fotos und Dokumente gesammelt hatten, überlegten wir, wie wir sie am besten in Buchform bringen konnten. Der naheliegende Ansatz wäre gewesen, sie chronologisch als illustrierten Abriss von Pablos Leben zu präsentieren. Doch stattdessen entschieden wir uns, die Geschlossenheit der einzelnen Sammlungen, zu denen wir Zugang hatten, zu wahren. Deshalb ist dieses Buch nach Sammlungen gegliedert, wobei die Fotografien nicht als Illustrationen, sondern als Dokumente behandelt werden, als Artefakte mit einer eigenen Geschichte, die sich nicht selten in das Papier selbst eingeschrieben hat.

Ebenso wie ein Buch über Pablo, ist es auch ein Buch über unser Eintauchen in private und öffentliche Archive. In Dokumente, die – wie wir zeigen wollten – oft genug Fragen aufwerfen und Anlass zur Interpretation geben. Das Ergebnis spiegelt das Fragmentarische der fotografischen Zeugnisse von Pablos Leben wider – was selbst wiederum eine Art Wahrheit über ihn zum Ausdruck bringt.

Oftmals nahmen unsere Nachforschungen surreale Züge an. Wir verbrachten viel Zeit mit Luz María, Pablos Schwester, deren Heim mit den Überbleibseln aus Pablos merkwürdiger Kunstsammlung dekoriert ist. Sie und ihr Mann Leonardo hängen noch immer all jenem nach, was die Familie nach Pablos Tod verloren hat. Einmal nahmen sie uns zu einer Oldtimer-Show mit und machten Bemerkungen zu zahlreichen der dort präsentierten Fahrzeuge. »Der hat Pablo gehört. Die Polizei hat ihn gestohlen.« Leonardo überschüttete uns mit skurrilen Geschichten aus der »guten alten Zeit«. Bei in Kristallkelchen kredenzter Coca-Cola und einem Schinken-Käse-Toast, der auf feinstem Porzellan serviert und mit Silberbesteck verzehrt wurde, erzählte er uns, wie er Pablo einmal eine Bonsai-Kokapflanze geschenkt hatte oder wie er einem von Pablos Flusspferden den Kopf hatte absägen müssen, der jetzt von der Wohnzimmerwand auf uns herabstarrte.

Bei einer Tasse Kaffee in einem Hotel – im Hintergrund lief der Soundtrack von *Der Pate* – bot uns Luz María schließlich an, einen Tag mit Pablos Mutter Doña Hermilda zu verbringen. Für ihre achtundachtzig Jahre war Doña Hermilda noch erstaunlich lebhaft. Als wir sie im August 2005 – vierzehn Monate vor ihrem Tod – trafen, schien sie zwar ein wenig unsicher auf den Beinen zu sein, hatte ansonsten aber noch alle ihre Sinne beisammen. Sie erzählte uns von dem reizenden Ehrenmann, zu dem sie Pablo erzogen hatte: intelligent, einfühlsam, klug; kurz, eine Seele von einem Menschen. Als wir vorsichtig das Heiligenbild, das sie von ihm zeichnete, infrage stellten, wurde uns bedeutet, dass sie müde sei und sich zurückziehen müsse. Als wir ihr an Pablos zwölftem Todestag an seinem Grab wiederbegegneten, bekamen wir einen Eindruck von der trotzigen Haltung, mit der sie die Medien niedermachte, nachdem die Polizei ihren Sohn erschossen hatte. »Mit ihren Bomben haben sie ihn zum Bösen verleitet«, lautete das Mantra, mit dem sie ihn gegen seine Kritiker in Schutz nahm. Wir kamen zu dem Schluss, dass es sich hierbei nicht nur um den Fall einer Familie handelte, die ihre Ehre verteidigte. Wie jedermann verfügten auch die Mitglieder der Familie immer nur über einen Ausschnitt des Gesamtbildes, und in einer Situation, in der zu jeder Einzelheit aus Pablos Leben alle möglichen Übertreibungen kursierten, war es immer möglich, negative Berichte als Lügen oder Propaganda abzutun.

Auch Pablos Sohn, Juan Pablo, sieht sich als Opfer der Pablo-Hysterie, und er bezweifelt, dass jemand in der Lage sein könnte, seine Geschichte wahrheitsgetreu zu erzählen. Er hat das Leben seines Vaters mit dem Mittelteil einer Zeitung verglichen, der in Hunderte Fetzen zerrissen worden war, von denen sich jeder, der wollte, bedienen konnte. Auch Juan Pablo hält nur einen davon in der Hand, und ohne den Rest wird es ihm unmöglich sein, den ganzen Pablo zu erfassen. Der einzige Mensch, dem das gelingen könnte, wäre Pablo selbst, und der ist tot. Sein Sohn Juan Pablo dagegen hat Kolumbien aus freien Stücken verlassen und seinen Namen in »Marroquín Santos« geändert. Der Name verweist auf zwei der mächtigsten Familien Kolumbiens und darf wohl als finale Geste gedeutet werden, der Elite des Landes seine Verachtung zu zeigen. Pablo und seiner Familie war der Zugang zu Medellíns Country-Clubs und Privatschulen verweigert worden, obwohl viele dieser Institutionen selbst vom Drogenhandel profitierten – eine Doppelmoral, die Pablo mehr als alles andere zur Weißglut gebracht hatte.

Pablos Vetter Jaime Gaviria gab sich alle Mühe, uns beim Zusammensetzen des Puzzles zu unterstützen. Er stellte uns seinem alten Klassenkameraden, Freund und langjährigen Saufkumpan Edgar Jiménez vor, der auch als »El Chino« bekannt ist. Wir verbrachten zahlreiche Tage und ausgedehnte Abende mit den beiden und lauschten ihren Spekulationen und Diskussionen über die Hintergründe von Pablos Entscheidungen. El Chino ist ein alternder Revoluzzer, der bei seiner Mutter wohnt und sich mit einer Meute von der Straße aufgelesener Hunde umgibt. Er hat einzigartige Fotos gemacht, die Pablo ungewöhnlich entspannt zeigen. Leider wurde ein Großteil dieser Aufnahmen bei einem von Pablos Feinden gelegten Feuer vernichtet.

Während ein paar alkoholgeschwängerter Abende in einem Snooker-Saloon im Zentrum Medellíns berichteten die beiden von ausschweifenden Partys in Rio de Janeiro, wilden Tieren, die aus den USA nach Kolumbien geschmuggelt wurden, und anderen Extravaganzen aus den frühen Blütejahren des Kokainhandels. Als das Gespräch auf die Männer kam, die Pablo erschossen hatten, mussten wir unsere Stimmen senken. Der Snooker-Saloon, der einst einem Geschäftsfreund Pablos gehört hatte, war von Paramilitärs übernommen worden, die an der Zerschlagung des Medellín-Kartells beteiligt gewesen waren. Jaime und El Chino erklärten uns einen zum Verständnis von Pablos Geschichte entscheidenden Punkt: Die allgemeine Haltung gegenüber Kokain hatte sich in den achtziger Jahren grundlegend gewandelt. Als Pablo sein Geschäft aufbaute, glaubten alle, dass Kokain bald legalisiert würde, und erwarteten einen »Weißen Goldrausch«.

General Hugo Martínez war darauf bedacht, Pablo weniger als den Paten zu schildern, denn als eine nützliche Figur im System. »Im Drogengeschäft«, so erzählte er uns, »war es eine Art Versicherung, wenn man Escobar an einer Lieferung beteiligte. Flog die Lieferung auf, ging Pablo hin und holte sie zurück. Das war äußerst effektiv.« Als junger Oberstleutnant führte Martínez die Eliteeinheit der Polizei, die Pablo 1993 schließlich tötete. Da er vier Jahre lang Hunderte von Gesprächen von Pablo und seinen Männern abgehört hatte, verstand er die Funktionsweise des Medellín-Kartells besser als jeder andere Außenstehende. »Er war nur ein gewöhnlicher Bandit«, betonte er.

Gegen Ende unserer Recherchen begegneten wir Popeye wieder und zeigten ihm die Bilder, die wir gesammelt hatten. Sie beschworen für ihn noch einmal die glorreichen alten Zeiten herauf. Die Verehrung, die er für seinen alten Boss empfand, war unverkennbar. »Das erste Mal bin ich ihm in Nápoles begegnet. Er war wie ein Gott. Umgeben von einer Aura der Macht. Es war der wichtigste Tag in meinem Leben.« Pablo gab seinen Männern nicht nur Unmengen von Geld und die Macht, ihre wildesten Träume zu erfüllen, er vermittelte ihnen auch ein starkes Zugehörigkeitsgefühl. Viele von ihnen benannten, wie »Limón«, sein Leibwächter, ihre Kinder nach ihm. Und standen auch noch zu ihm, als der Wind sich gedreht hatte.

Es war Pablos Ego, das ihn zu Fall brachte. Der Preis dafür, als Galionsfigur des Kokainhandels aufzutreten, war es, in aller Welt dämonisiert zu werden. Diskretere Akteure hinter den Kulissen überließen ihm großzügig das Rampenlicht, zahlten ihm seine »Steuern« und genossen die relative Anonymität. Dieselben Männer, die sich hinter Pablo versteckten, erbten später seine Macht. Eines der gebildeteren Mitglieder des Medellín-Kartells, »El Profe«, ein Pseudonym, auf das als Vorbedingung eines Treffens bestanden worden war, betont, dass Pablo die Schuld für sehr viel mehr zugeschoben wird, als er tatsächlich zu verantworten hat. »Sie müssen äußerst vorsichtig sein«, erklärte er uns, »denn es gibt hier eine Menge Leute, die am Ende gewaltig an Macht hinzugewonnen haben, und andere, die sich im Besitz von Dingen befinden, die jemand anderem gehören. Und viele machte man am Ende für Dinge verantwortlich, mit denen sie nichts zu tun hatten.« Er wie auch andere unserer Gesprächspartner wiesen auf die Unzuverlässigkeit von Aussagen und Geständnissen bei Gerichtsverfahren hin. Für gewöhnlich wurden die Verbrechen denen in die Schuhe geschoben, die sich nicht dagegen wehren konnten – besonders natürlich den Toten. Wir hörten von Leuten, die Verbrechen gestanden hatten, die sie nicht verübt hatten, entweder, weil sie dafür bezahlt oder ihre Familien bedroht wurden. »Für Leute, die im Besitz der Wahrheit sind, ist und bleibt Kolumbien ein äußerst gefährliches Pflaster«, sagt El Profe. »Die Wahrheit auszusprechen, gilt in diesem Land als terroristischer Anschlag.«

Die Brutalität, mit der Pablo seine Geschäfte betrieb, war zwar ohne Beispiel, dennoch war er nur Teil eines komplexen Gefüges. Er war arrogant genug, den

Staat herauszufordern und den nationalen Eliten, die Kolumbien seit Generationen regieren, den Krieg zu erklären. Er wagte sogar, Anspruch auf das Amt des Präsidenten zu erheben. Damit wurde er für seine Nachfolger zum Modellfall, wie man seine illegalen Geschäfte *nicht* betreiben sollte. Sie alle agieren vergleichsweise anonym. Die Kartelle Pablo'schen Zuschnitts haben flexiblen Organisationen Platz gemacht, die nicht über vergleichbare Führernaturen verfügen. Die kolumbianische Justiz mag stolz darauf sein, dass es ihr schließlich gelungen ist, Pablo und die Gangster seiner Ära zur Strecke zu bringen, doch mit den Kriminellen der neuen Generation muss sie erst noch fertigwerden.

Iván Restrepos
Fotoalbum

Das öffentliche Fotoarchiv von Medellín, wo Pablo Escobar den größten Teil seines Lebens verbrachte, trägt den Namen Biblioteca Pública Piloto. Darin finden sich die Fotos des Pressefotografen Iván Restrepo. Während er für die größte Tageszeitung des Landes, *El Tiempo*, arbeitete, dokumentierte Restrepo mit seinen Bildern zwei wichtige Abschnitte von Escobars Biografie: den von 1982 bis 1983, als Escobar während seiner Kandidatur für den kolumbianischen Kongress in Medellín im Licht der Öffentlichkeit stand, und den von 1988, als die Behörden des Landes im Rahmen einer groß angelegten Aktion gegen Escobars Unternehmungen dessen Anwesen durchsuchten. Restrepos frühe Fotos dokumentieren das öffentliche Ansehen Escobars – des lokalen Geschäftsmanns, der in die Politik geht – zu einem Zeitpunkt, als er außerhalb der Medelliner Unterwelt praktisch unbekannt war.

Pablo, der Politiker

Zum ersten Mal öffentlich wahrgenommen wurde Pablo Emilio Escobar Gaviria Anfang der Achtziger, als der »wohlhabende Philanthrop« seine ersten Schritte in die Politik unternahm und für den kolumbianischen Kongress kandidierte.

Ein nur fünfzehntägiger Wahlkampf hatte ihm im März 1982 die Wahl zum Kongressabgeordneten beschert. Das Ereignis bildete den Auftakt eines Jahres sozialer Wohltaten, die er unter dem Motto »Medellín Sin Tugurios« (Medellín ohne Elendsviertel) inszenierte. Das Projekt hatte das Ziel, die Stadt von einigen seiner Elendsviertel zu befreien. Mittels Wohltätigkeitsveranstaltungen – Fußballspiele, Kunstauktionen, Stierkämpfe und Konzerte – wurden Spenden gesammelt, mit denen das Barrio Pablo Escobar gebaut wurde, eine Siedlung mit vierhundert Häusern, die für Familien gedacht waren, die auf einer Müllhalde im Norden der Stadt lebten.

Escobar besuchte die ärmsten Viertel seines geliebten Medellín und zog gewaltige Menschenmassen an, wenn er überall in der Stadt Flutlichtanlagen für Fußballplätze einweihte.

»Pablo! Pablo! Pablo!«, skandierten die Massen dann, so erzählt es zumindest sein Vetter Jaime Gaviria, der während Pablos politischer Karriere eng mit ihm zusammenarbeitete. »Wir kamen in ein Viertel und trommelten den Priester, den Präsidenten des Veranstaltungskomitees, die Sportinteressierten, alle, die etwas mit der Gemeindearbeit zu tun hatten, zusammen. Dann veranstalteten wir eine Art Gemeinderatssitzung, um herauszufinden, was sie benötigten. Pablo sagte dann meist: ›Ich verspreche euch ein Flutlicht für den Fußballplatz, eine Kirchenglocke und einen neuen Anstrich für die Schule ...‹. Dann erstellte er eine Liste der Dinge, die in Angriff genommen werden mussten, und am folgenden Tag machten wir uns an die Arbeit. Die Menschen liebten ihn, weil Politiker ansonsten große Versprechungen machten, und nichts passierte.«

Da er nicht an die rhetorischen Fähigkeiten seines politischen Verbündeten Alberto Santofimio heranreichte, gab Escobar sich alle Mühe, seinem politischen Motto Ehre zu machen: »Mann des Volkes! Mann der Tat! Ein Mann, ein Wort!«

»El Poeta«, der damalige PR-Berater Escobars, erinnert sich: »Pablo zog sich immer recht schlicht an, Blue Jeans und Sportschuhe. Er wollte nicht arrogant wirken und hat keine Hürden zwischen sich und den Menschen aufgebaut. Eigentlich war er recht schüchtern. Er übte mit drei oder vier Journalisten, die ihm

Pablo zeigt Journalisten sein US-Visum, nachdem die Quelle seines Vermögens angezweifelt worden war; August 1983.

Der erste Jahrestag des Barrio Pablo Escobar, ein 400 Häuser umfassendes Viertel in Medellín, ▶
das Pablo für die Armen hatte errichten lassen; 1985. – ▶▶
Oben rechts: Die Kirche, die Pablo für seine Mutter bauen ließ.

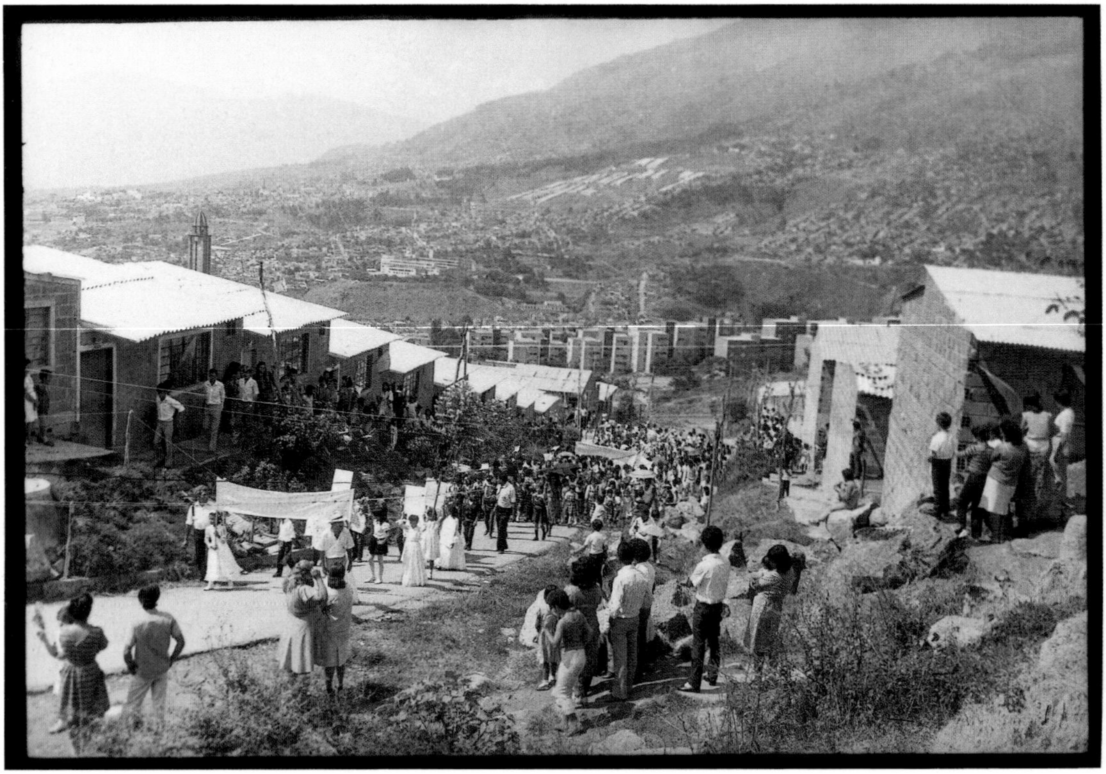

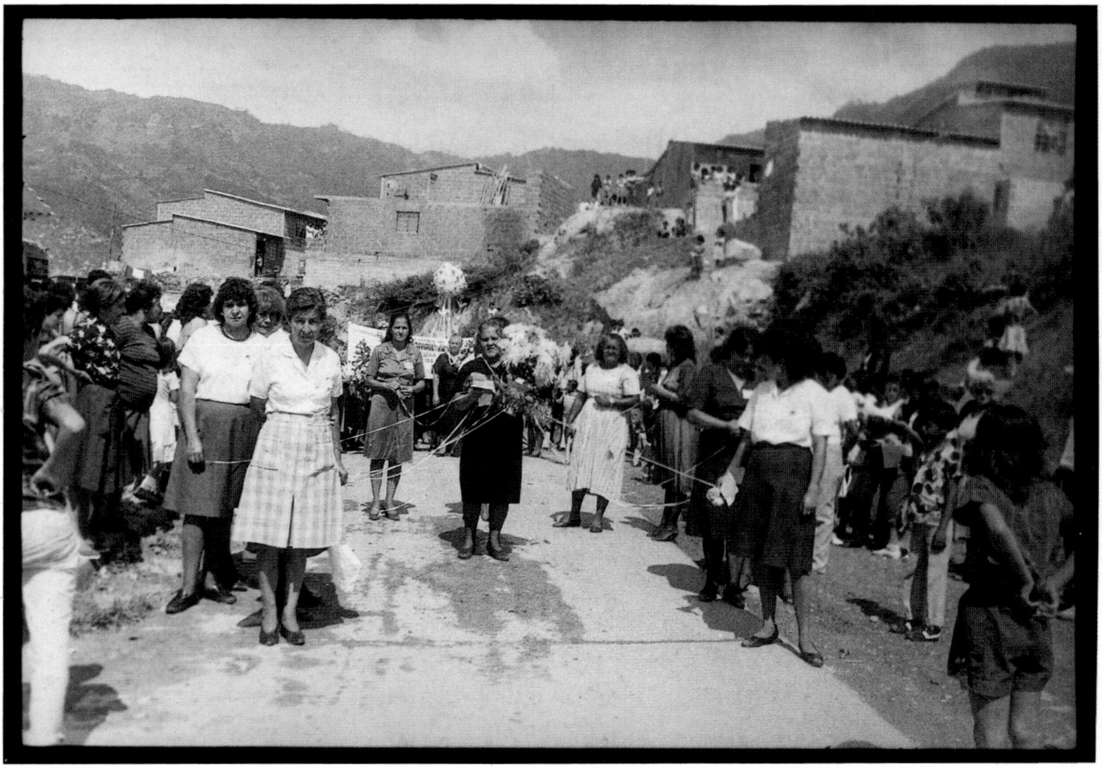

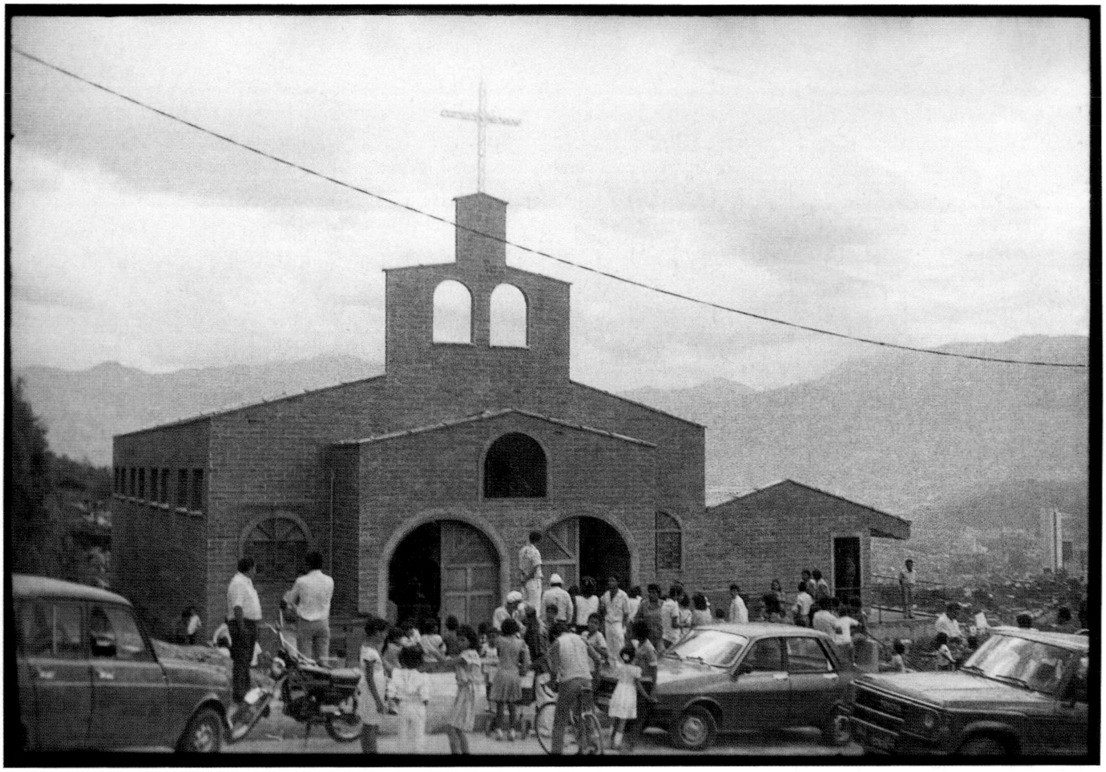

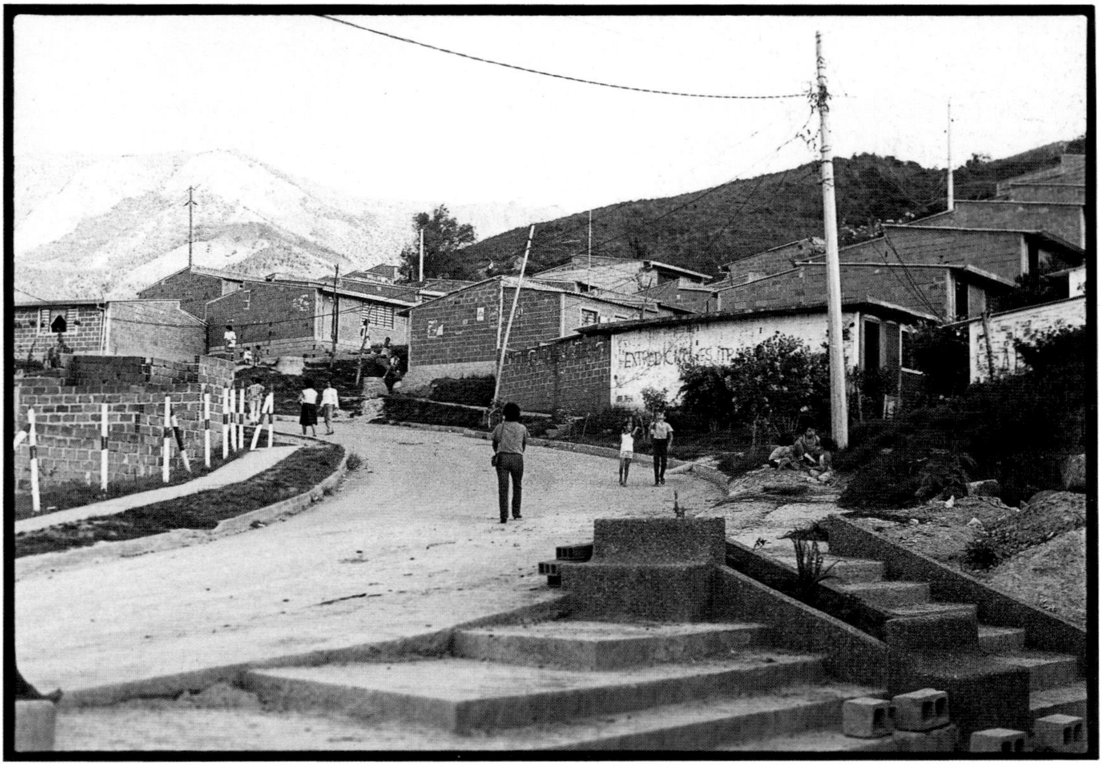

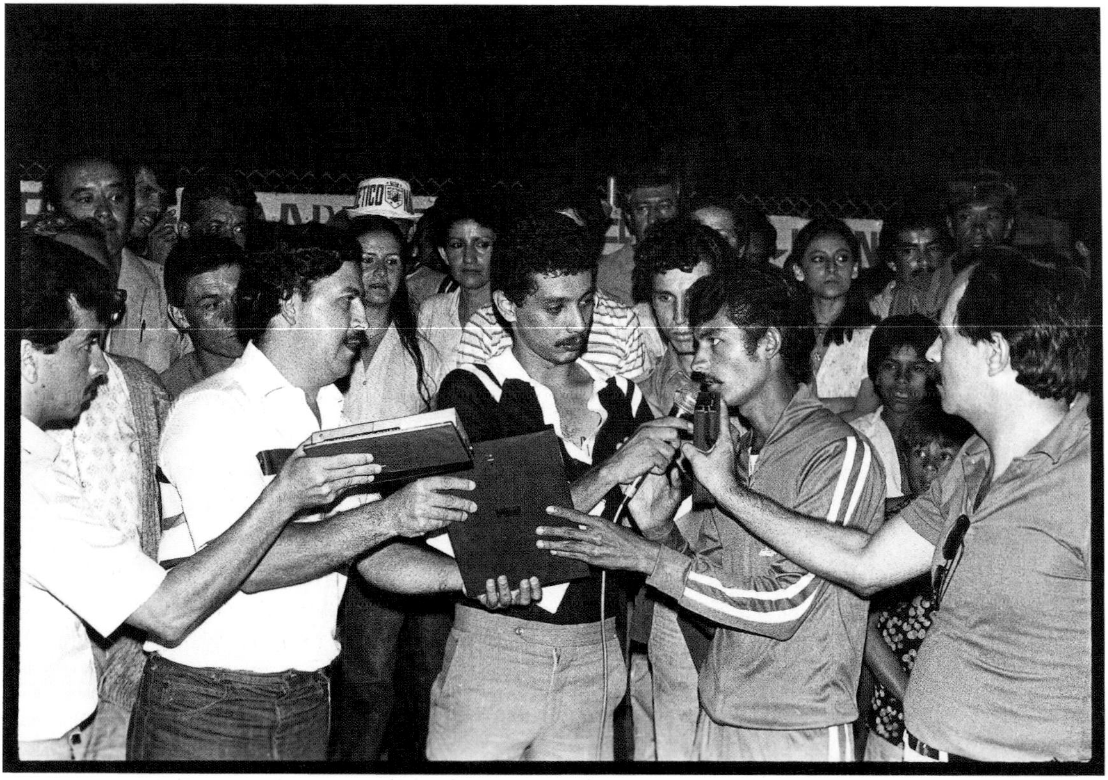

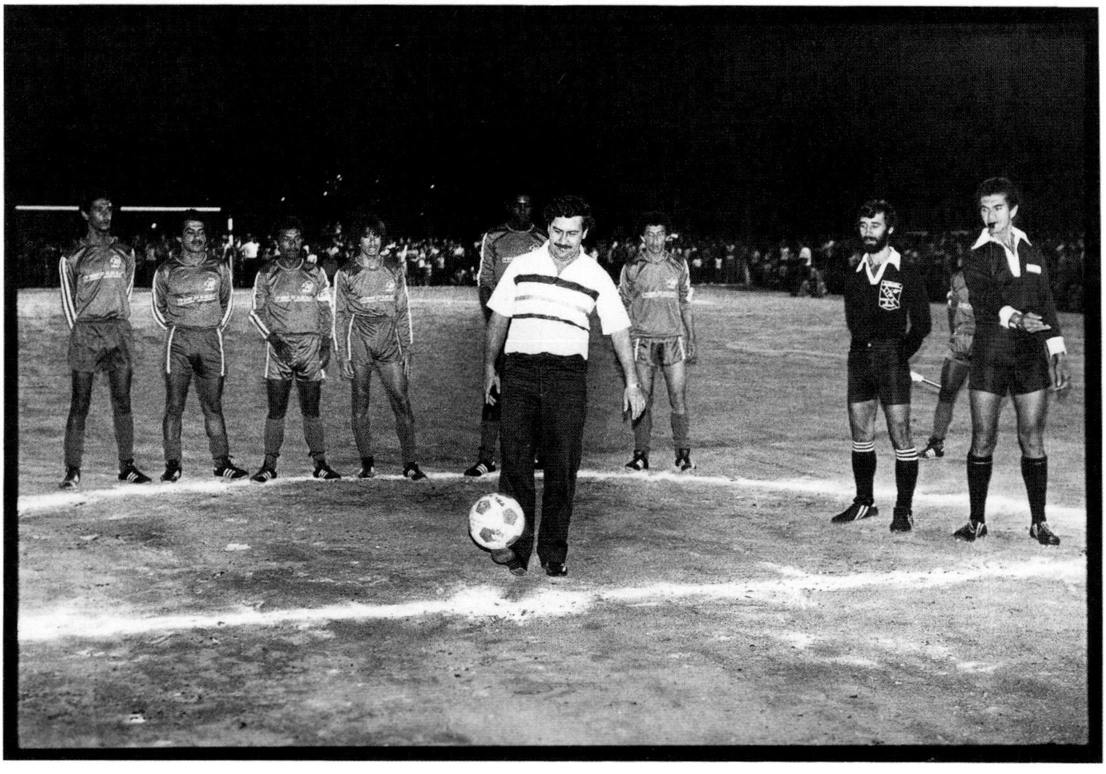

Hunderte von Fragen stellten, und ließ sich dabei filmen, wie er sie beantwortete. Anschließend analysierte er seine Reaktionen. Seine Stimme klang immer normal. Sie verriet nichts von der Macht, die er besaß.«

Virginia Vallejo, eine von Escobars glamourösen Geliebten, verfiel dem »Führer und Menschenfreund«, als sie 1982 mit ihm in seinem Privatjet mitfliegen durfte, um fürs Fernsehen über seine sozialen Projekte zu berichten. Ermittlern sagte sie später, sein Ausflug in die Politik sei nicht allein durch seinen Altruismus motiviert gewesen. »Er hatte ein riesiges Ego. Er liebte sich selbst mehr als die Menschen, die ihm applaudierten. Aber er war der einzige Reiche in Kolumbien, der sich seinem Volk gegenüber großzügig zeigte, in einem Land, in dem die Reichen nicht einmal ein Sandwich für die Armen übrig hatten.«

Escobars engste Vertraute haben keine Zweifel, dass er, trotz seiner Vergangenheit als Dieb, Killer und Drogenhändler, davon träumte, Präsident zu werden.

»Er sehnte sich förmlich danach, Präsident dieses Landes zu werden«, sagt El Poeta. Dass die Mittel, mit denen er und seine Verbündeten ihre politischen Ziele verfolgten, aus illegalen Quellen stammten, interessierte ihn nicht. Denn Escobar war überzeugt davon, dass man sein Drogengeld eines Tages genauso sehen würde wie das Schwarzbrennervermögen, das die Kennedys zu einer der mächtigsten Dynastien der USA gemacht hatte.

»Er wurde in eine Welt geboren, in der Kokain zwar illegal war, von der kolumbianischen Gesellschaft aber weitgehend toleriert wurde. Er war überzeugt, dass es legalisiert würde«, sagt El Chino, sein offizieller Fotograf. »Gesetze sind eine Sache, Moral ist eine andere.«

Auch El Poeta erinnert sich: »Er träumte von der Legalisierung. Er wollte ein industrielles Produkt kreieren, das er ›Escobar Cocaine‹ nennen wollte. Er wies mich an, alles, was ich in der Presse über die Hell's Angels in den USA finden konnte, auszuschneiden und ihre Namen aufzulisten. ›Wenn das Kokain legal ist, werden das meine Verkäufer in den USA sein‹, pflegte er zu sagen.«

Um seine illegalen Aktivitäten zu verschleiern, erfanden Pablo und seine PR-Helfer seine Biografie neu, indem sie ihn als erfolgreichen Unternehmer porträtierten, der nach bescheidenen Anfängen als Fahrrad- und Comicverleiher mit dem Verkauf von Gebrauchtwagen, Lotterielosen und Immobilien ein Vermögen gemacht hatte.

Laut seiner Mutter Doña Hermilda Gaviria war er auch ein besessener Naturliebhaber, der jedes Mal weinte, wenn sein Vater einen Baum fällte. Er wurde zum Kreuzritter für die »grüne Sache«, der in seiner Heimatprovinz Antioquia mehr

Pablo bei der Eröffnung eines Fußballplatzes, einem von 800,
die er mit Flutlicht ausgestattet hatte; 1982.

Benefiz-Stierkampf für die Kampagne »Medellín Sin Tugurios« (Medellín ohne Elendsviertel), eine von ▶
Pablos politischen Kampagnen, mit denen er Spenden für das Barrio Pablo Escobar sammelte; 1983.

als eine Million Bäume pflanzen ließ. Der *Medellín Cívico*, die von ihm gegründete und von seinem Onkel geleitete Zeitung, veröffentlichte regelmäßig Artikel, in denen er als »Bannerträger im Kampf für die Erhaltung und Verbesserung der Umwelt« gepriesen wurde. In selbst verfassten Leitartikeln wütete Escobar gegen »den mangelnden Weitblick von Leuten, die Bäume fällen«.

Doch nach Aussagen seiner Männer war seine Baum-Besessenheit eher zynischer Natur denn Ausdruck eines Umweltbewusstseins. Auf seinen Anwesen ließ er Bäume pflanzen, weil sie Schutz vor Helikoptern und bei einer schnellen Flucht Deckung boten.

Andererseits war das Engagement für wohltätige Zwecke und den Umweltschutz auch Teil seiner Bemühungen, reinen Tisch zu machen und Absolution zu suchen. So zumindest sieht es Pater Elías Lopera, ein Priester, der Escobar Anfang der Achtziger in die Elendsviertel begleitete und 1982 seinen Wahlkampf unterstützte. »Ich glaube, es gab einmal eine Zeit, da wollte er sein Leben ändern. Nach dem Motto: ›Ich mache meine Geschäfte, verdiene Geld damit und widme mich dann den sozialen Projekten.‹ Sünde und Vergebung.«

Sein plötzliches Interesse an einem politischen Amt mochte aber auch pragmatischere Gründe gehabt haben: Das 1979 ausgehandelte Auslieferungsabkommen zwischen Kolumbien und den USA, das 1981 in Kraft trat, wertete Drogenhandel als ein Verbrechen gegen die USA. Und für Escobar gab es keine beklemmendere Aussicht, als in einem US-amerikanischen Gefängnis zu landen. »Was tat er also, um sich zu schützen? Sich in den Kongress wählen lassen«, sagt Jaime. »Vier Jahre Immunität. Das gab ihm Zeit, gegen die Auslieferung vorzugehen. Sein oberstes Ziel war es, Immunität zu erlangen, sonst nichts.«

Escobar versuchte, seinen Einfluss auszudehnen, indem er die politische Elite ebenso beschenkte wie die Armen. Im selben Wahljahr unterstützte er die Wahlkämpfe sowohl der konservativen als auch der liberalen Präsidentschaftskandidaten.

Seine erbittertsten Gegner unterstellen ihm allerdings egoistische Motive, seinen neu erworbenen Reichtum auf diese Weise zu verteilen. »Er half den Leuten nicht, weil er ein guter Mensch war, sondern weil er nach der Macht strebte«, sagt General Hugo Martínez, der den Bloque de Búsqueda leitete, die Einheit, die drei Jahre darauf verwandte, Escobar zur Strecke zu bringen. »Er half Banditen und den Familien der Banditen. Der Hintergedanke war, dass sie ihm etwas schuldeten. Klassisches Mafioso-Verhalten. Reiche Leute spenden für wohltätige Zwecke, weil sie Steuern sparen oder Politiker werden wollen. Er spendete, weil er annahm, dadurch mehr Macht zu erlangen.«

Hacienda Nápoles

Im Mittelpunkt der sich ab Anfang der Achtziger um Pablo Escobar rankenden folkloristischen Legenden stand die Hacienda Nápoles, ein ausgedehntes Anwesen im Magdalena Medio, das damals etwa 23 Autostunden von Medellín entfernt lag.

Escobar kaufte das 3000 Hektar große Grundstück zusammen mit seinem älteren Vetter Gustavo Gaviria 1979 für angeblich 63 Millionen US-Dollar. Die Hacienda war mit luxuriösen Villen, Hubschrauberlandeplätzen und zwei Start- und Landebahnen ausgestattet und wurde zum Herzstück von Escobars florierendem Kokainhandel wie auch zum luxuriösen Rückzugsort, wo er wichtige Besucher empfangen und sich mit Freunden und Familie erholen konnte.

Am Eingang des Anwesens befand sich ein Zoo mit Elefanten, Giraffen, Kängurus, Flusspferden und Nashörnern sowie der landesweit beeindruckendsten Sammlung exotischer Vögel. Die Art und Weise, wie Escobar die Tiere, die ihn fünf Millionen Dollar gekostet hatten, ins Land brachte, unterstrich sein Talent zum Schmuggeln.

Jaime Gaviria erinnert sich: »Als das Flugzeug mit den Tieren in Medellín landete, war die Hölle los. Es war wie im Kino. Alle dachten, es handelte sich um eine Militärinvasion. Als die Tiere entladen wurden, hieß es, sie müssten zur Quarantäne in den städtischen Zoo gebracht werden. Das war ein ganz klarer Versuch, sie zu stehlen, doch Pablo sagte nur: ›Schön, dann bringt sie eben in den Zoo.‹ Anschließend schickte er seine Leute los, so viele Enten, Hühner, Papageien wie möglich zu kaufen, und auch was sie sonst noch auftreiben konnten. Nachts brachen wir dann in den städtischen Zoo ein, holten unsere Antilopen, die schwarzen Kakadus und die schwarzen Schwäne aus Europa, die Mandarinente, die Kängurus und so weiter und ersetzten sie durch die ›einheimische Ware‹. Irgendjemand fielen die Zebras auf. Wie ersetzt man ein Zebra? Wir schleppten vier Esel an. Während die Lastwagen mit den Zebras nach Puerto Triunfo losfuhren, machte sich jemand daran, die Esel anzustreichen, bevor die Zoowärter aufwachten.«

Der Zoo auf der Hacienda Nápoles kostete keinen Eintritt. Escobar schrieb im *Medellín Cívico*: »Der Zoo von Nápoles gehört nicht uns, er gehört dem kolumbianischen Volk. Wir haben ihn eingerichtet, damit Kinder und Erwachsene, Arme und Reiche ihn besuchen und sich an ihm erfreuen können. Und die Besitzer brauchen nicht für etwas zu bezahlen, was ihnen gehört.«

Eingang der Hacienda Nápoles; ca. 1983. Das Flugzeug gehörte zu Pablos ersten, ▶
mit denen Kokain in die USA geflogen wurde.

Hacienda Nápoles; ca. 1983. – Pablo gab insgesamt fünf Millionen US-Dollar ▶▶
für die Tiere in seinem Privatzoo aus. Entgegen Gerüchten, er würde die Leichen seiner Feinde
an Hyänen verfüttern, gab es im Zoo keine fleischfressenden Tiere.

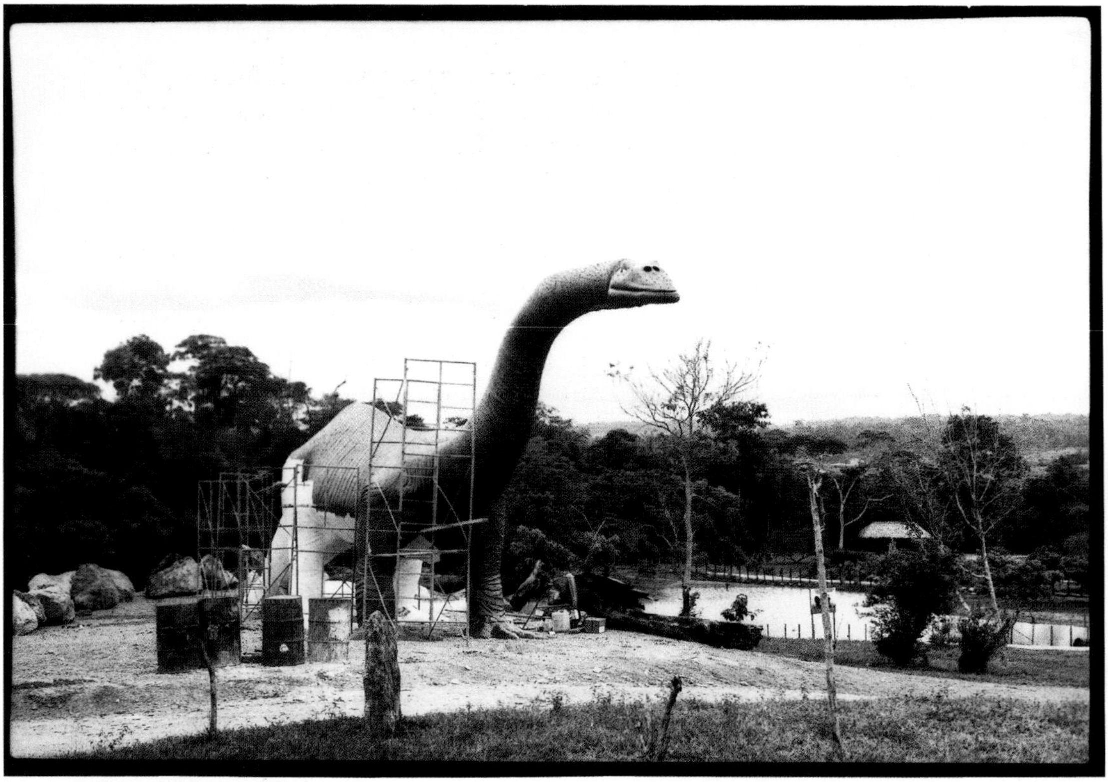

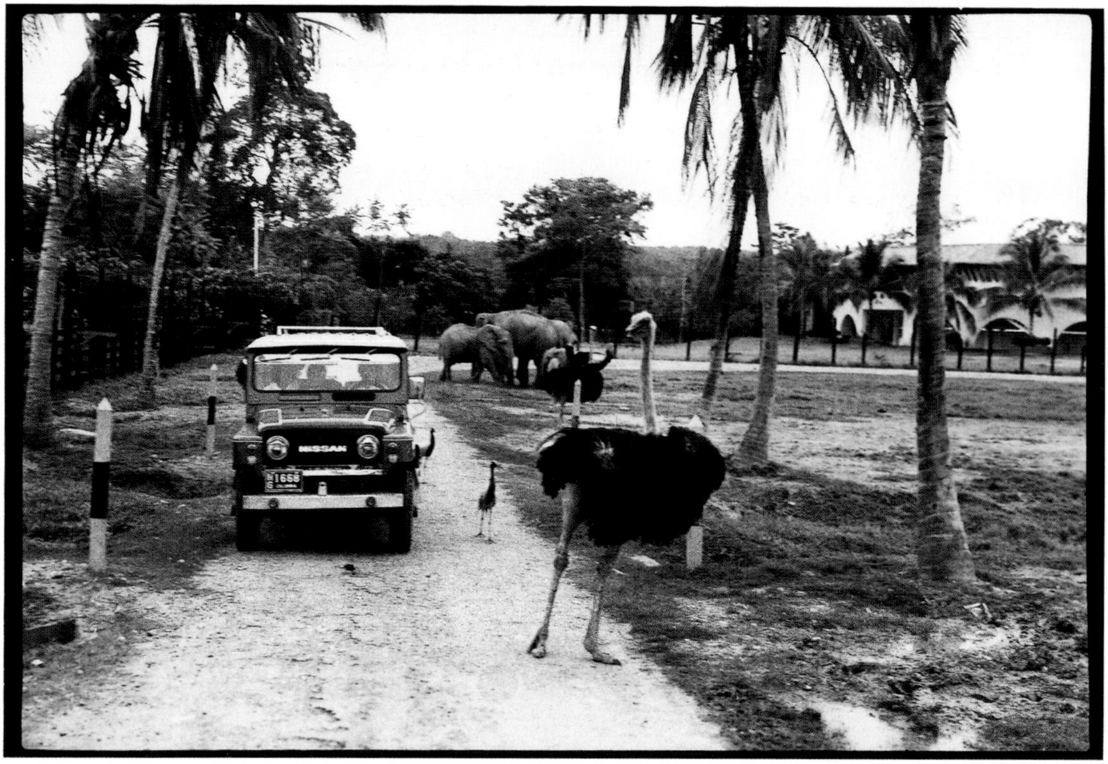
NISSAN

Die vielen Tausend Besucher hielten Escobar jedoch nicht davon ab, auf seinem Anwesen geheime Treffen mit bedeutenden kolumbianischen Politikern, strategischen Partnern im Drogengeschäft aus den Nachbarländern Panama und Peru sowie Guerillaführern, anderen Mafia-Capos und Gangsterbossen aus Medellín abzuhalten.

Flugzeuge wie das, das über dem Tor zur Hacienda schwebte, transportierten tonnenweise Koks und kehrten mit Dollars beladen zurück.

»Von Nápoles gingen täglich drei, vier Kokstransporte ab. Es war wie ein internationaler Flughafen«, erinnert sich El Profe, Buchhalter und enger Freund Escobars. »Pablos Lieblingsflugzeug in den Anfangstagen trug den Namen ›La Rápida‹ (die Schnelle). Es flog mit Koks los und kam mit Dollars beladen zurück. Das große Problem dabei war, dass das Geld mehr Platz beanspruchte als die Drogen.«

Pablo, der Gangster

Seine Wohltätigkeit und Volksnähe sowie sein Privatzoo auf der Hacienda Nápoles verbargen Pablo Escobars kriminelle Aktivitäten. Obwohl das einmotorige Flugzeug, das den Eingang zu seiner Hacienda zierte, ein deutlicher Hinweis auf die Art und Weise war, wie er seinen Reichtum angehäuft hatte, existierte Ende der Siebziger und Anfang der Achtziger nur ein sehr begrenztes Interesse, den Quellen dieses Reichtums auf den Grund zu gehen. Alberto Otero, damals Leiter des Nachrichtendienstes bei der DAS (Departamento Administrativo de Seguridad), Kolumbiens führendem Geheimdienst, schreibt dies der Toleranz der kolumbianischen Gesellschaft zu: »Anfangs schenkte niemand der Situation Beachtung. Im Gegenteil, es gab sogar eine gewisse Sympathie für die Neureichen, die versuchten, die soziale Leiter hinaufzusteigen, zumal sie überraschend großzügig mit ihrem Geld umgingen.«

Doch als er im April 1983 von der *Semana*, Kolumbiens führender Zeitschrift, zum »Robin Hood von Antioquia« proklamiert wurde, hatte Escobar sich längst den Ruf als skrupelloser Macher in der Medellíner Unterwelt erworben.

Sein Vetter Jaime erinnert sich, dass Pablo seit frühester Jugend durch seinen unbändigen Ehrgeiz, seine sture Entschlossenheit und seine Dreistigkeit innerhalb der Familie und unter seinen Freunden hervortrat. »›Ich bin vielleicht arm‹,

Oben: Einer von sechs Dinosauriern, die Pablo für seine Kinder bauen ließ. –
Unten: Tagesausflügler auf der Hacienda Nápoles. 1984 war dies die größte Touristenattraktion der Region. Im Hintergrund Pablos Privatgebäude.

pflegte er zu sagen, ›aber ich werde nicht arm sterben.‹ Später galt er als der Entschlossenste unter den Medellíner Gangstern. Er traf Entscheidungen und setzte sie um, so wie er es bereits im Alter von sechzehn Jahren getan hatte, als er die Prüfungsantworten aus dem Lehrerzimmer stahl. Manche Leute haben Angst, und das hält sie vom Handeln ab. Pablo kannte keine Angst. Er hatte schon immer diese angeborene Führungsmentalität.«

Nachdem er die Prüfungen nicht bestanden hatte, verließ Pablo Escobar mit sechzehn die Schule und beging zusammen mit seinem Vetter Gustavo zunächst kleinere Diebstähle und Betrügereien, die sich allmählich steigerten, bis er sich zu einem ausgewachsenen Kriminellen gemausert hatte.

»Er kam nicht auf die Welt und rief: ›Hallo, ich bin Pablo Escobar‹«, sagt Jhon Jairo Velásquez Vásquez, genannt »Popeye«, Escobars Killer, Leibwächter und einer seiner engsten Vertrauten. »Nein, er entwickelte sich und wuchs.«

General Óscar Naranjo, heute Chef der kolumbianischen Policía Nacional, verbrachte als Präsident der DIJIN (Dirección de la Policía Judicial e Investigación), der Kriminalpolizei Kolumbiens, Jahre damit, die Aktivitäten der kolumbianischen Mafia zu verfolgen. »Pablo Escobar stammt aus einfachen Verhältnissen und einem kriminellen Milieu. Er begann mit Diebstählen, ging zu Überfällen über, dann kamen Entführungen hinzu, und schließlich entdeckte er den Drogenschmuggel. Man könnte sagen, um der Boss zu werden, hat er sein Handwerk von der Pike auf gelernt.«

Escobar raubte Autofahrer, Banken und Läden aus. Er benutzte dabei einen Lambretta-Roller, den er zusammen mit seinem Vetter Gustavo und ihren Freunden »El Negro« Pabón und Mario Henao gekauft hatte.

In die Welt der Kontrabande eingeführt allerdings wurde er durch Alberto Prieto, den »Marlboro Man«, den größten Schmuggler von Alkohol und Zigaretten aus den USA. Prieto wurde Escobars Mentor, der ihm die einfache Weisheit beibrachte, die zum Grundstein seines Erfolges werden sollte: »plata o plomo«, »Silber oder Blei«. Wobei bis dato reichere und mächtigere Rivalen aus der Medellíner Unterwelt bald lernen mussten, dass Escobar mit Blei freizügiger umging als mit seinem Geld.

»Er war ein ganz normaler Krimineller«, erinnert sich Hugo Martínez, »wie man ihn in jeder Stadt der Welt findet. Natürlich gab es Bosse, die über ihm rangierten, aber die begann er der Reihe nach zu eliminieren. Egal ob er für sie gearbeitet hatte oder ob einer nur die Nase vorn haben wollte. Er brachte sie alle um.«

»Pablo entwickelte einen ungeheuren Ehrgeiz«, sagt ein Mitglied der Ochoa-Familie, die während der Achtziger geschäftlich eng mit Escobar liiert war. Trotz der engen Bande blieb die Familie nicht von seiner Gewalt verschont. Alonso Cár-

Waffen, die bei einer Razzia in El Bizcocho, einem von Pablos zahlreichen Anwesen, gefunden wurden; 2. März 1988.

CCF23
CCF15
CCF04
CCF81
K 5633 F COLOMBIA
K 5635 F COLOMBIA
K 5639 F COLOMBIA
K 5633 F COLOMBIA
K 5639 F COLOMBIA
L 9638 COLOMBIA
L 9638 E COLOMBIA
K 5634 F COLOMBIA
K 5634

denas, der Ehemann einer der Ochoa-Schwestern, wurde von Escobar entführt und ermordet. »Pablo wollte nicht, dass jemand wohlhabender war als er.«

Die Entführung selbst von engsten Partnern brachte Pablo und Gustavo unter ihresgleichen den Ruf der Skrupellosigkeit ein.

»Das waren keine Schmuggler, Pablo und Gustavo waren Gangster«, sagt ein Pilot, der mit dem Verkauf von Flugzeugen an die wahren Schmuggler in Medellín Millionen verdient hat. Er bekam von Escobar zunächst den Spitznamen »Juventud« verliehen, doch später machte er sich ihn zum Feind und entkam 1987 nur knapp einem Entführungsversuch. »Wenn sie mitbekamen, dass jemand etwas am Laufen hatte, kamen sie und wollten abkassieren.«

»Pablo und Gustavo ergänzten einander«, erinnert sich Pablos Vetter Jaime Gaviria. »Sie waren ein Herz und eine Seele. Sie arbeiteten in Schichten rund um die Uhr, Gustavo von sechs Uhr morgens bis sechs Uhr abends und Pablo von sechs Uhr abends bis sechs Uhr morgens.«

»Die Entführungen waren die Grundlage aller kriminellen Aktivitäten Escobars in Medellín«, erklärt Martínez. »Die Drogen waren gar nicht seine wichtigste Einnahmequelle. Sie waren die profitabelste, aber nicht die, der er sich selbst gern widmete. Meistens kümmerte er sich darum, Geld zu ›sammeln‹. Und wie hat er das gemacht? Er entführte jemanden und forderte Lösegeld. Und nicht selten hat er seine Opfer dann trotzdem getötet.«

Die Entführung von Diego Echavarría Misas, einem mächtigen Medellíner Industriellen und Philanthropen, festigte Escobars Ruf in der Unterwelt nachhaltig. Echavarría wurde ermordet, ehe das Lösegeld in Höhe von einer Million Peso (50 000 US-Dollar) übergeben werden konnte.

Um Operationen von diesem Ausmaß durchzuführen, arbeitete Escobar mit *sicarios* (Killern) zusammen, die er in den Elendsvierteln Medellíns rekrutierte. Nachdem sie für »El Patrón« oder »El Doctor«, wie Escobar sich gerne nennen ließ, erfolgreich eine Entführung bewerkstelligt hatten, wurden sie unter Spitznamen wie »El Mugre« (Der Fleck), »Arete« (Ohrring) oder »El Chopo« (Große Knarre) in der Medellíner Unterwelt über Nacht zu lokalen Berühmtheiten. Ihre Ruchlosigkeit und das leicht verdiente Geld führten dazu, dass Escobars Killerbrigade regen Zulauf hatte. Er stattete seine *sicarios* stets mit den modernsten Waffen aus und stellte ihnen Polizeiuniformen und Fahrzeuge zur Verfügung, mit denen sie sich frei durch Medellín bewegen und jeden terrorisieren konnten, der ihnen in den Weg kam.

Als Escobar 1982 in den Kongress gewählt wurde, hatte sich Medellín völlig seinem Terror ergeben. »Niemand wagte es, in der Öffentlichkeit etwas gegen ihn zu sagen«, erinnert sich einer der Ochoas. »Wer es tat, war ein toter Mann.«

Oben: Masken und Verkleidungen, die bei Entführungen benutzt und bei der Razzia in El Bizcocho, einem von Pablos zahlreichen Anwesen, gefunden wurden; 2. März 1988. Pablo entkam, indem er sich als Kripobeamter ausgab. – *Unten:* Der Salon von El Bizcocho, 2. März 1988.

Das Archiv
des *El Espectador*

El Espectador de Bogotá war in den Achtzigern während Pablo Escobars Aufstieg zum weltberühmten Drogenbaron eine von zwei landesweiten Tageszeitungen. Guillermo Cano, der Eigentümer und Herausgeber, zählte zu den Ersten, die öffentlich nach Escobars Hintergrund und der Herkunft seines Vermögens fragten. *El Espectador* war berühmt für seine Kommentare über den negativen Einfluss der *Narcotraficantes* auf die kolumbianische Gesellschaft. Deshalb wurde die Zeitung regelmäßig Ziel von Escobars Attacken; im Dezember 1986 wurde Guillermo Cano von Escobars Killern ermordet, und 1989 zerstörte eine Bombe die Büros der Zeitung. Das Archiv des *El Espectador* stellt nach wie vor die beste Quelle für Bildmaterial über die Ereignisse dieser Epoche dar. Denn Escobar bezahlte dafür, dass das Archiv des *El Colombiano*, der größten Tageszeitung in Medellín, zerstört wurde, und der Konkurrent *El Tiempo* attackierte Kolumbiens Drogenschmuggler nicht im selben Maße. Die Mehrheit der Bilder, die wir aus dem Archiv des *El Espectador* ausgewählt haben, ist mit den zugehörigen Karteikarten abgebildet, deren Datumsangaben sich in der Regel auf das Ankaufs- oder Veröffentlichungsdatum beziehen und nicht auf den Tag, an dem das Foto aufgenommen wurde.

Kokain

Letztlich war es die Popularität des Kokains in den Clubs von New York und Miami, die Pablo Escobar in den späten Siebzigern und frühen Achtzigern von einem Gossenbandenboss zu einem der reichsten und mächtigsten Männer der Welt machte.

Sein Aufstieg an die Spitze des Medellín-Kartells fand vor dem Hintergrund der immensen Zunahme der von Kolumbien ausgehenden Kokaintransporte statt, als das Land in den späten Siebzigern Chile als weltgrößter Produzent ablöste.

Augusto Pinochets Staatsstreich hatte 1973 einen Exodus chilenischer Chemiker nach Kolumbien, Ecuador und Peru ausgelöst, die vor der Verfolgung ihrer Aktivitäten durch das Militär flohen. Zur gleichen Zeit kamen junge US-Amerikaner als Freiwillige des Peace Corps nach Kolumbien und Ecuador. »Pablo hat immer gesagt, es seien die jungen Gringos vom Peace Corps gewesen, die den Kokain-Boom ausgelöst haben«, erzählt Escobars Vetter Jaime, der einige der Transporte nach Miami überwacht hat. »Sie wurden von ihrer Regierung hierhergeschickt. Es war eine richtige Gringoinvasion. Sie behaupteten, auf der Suche nach Frieden zu sein, doch letztlich waren sie auf der Suche nach Koks.«

1973 wurden am Flughafen Bogotá 93 Ausländer festgenommen, die Kokain bei sich führten. Von 1974 an brachten die Kuriere die Droge regelmäßig nach Miami. Sie benutzten auf dem zweistündigen Flug Koffer mit doppelten Böden, verkleideten sich als Nonnen oder als Krüppel und Blinde, in deren Rollstühlen und Blindenstöcken das Koks versteckt war.

Die Kolumbianer brauchten nicht lange, um das Geschäft von ihren nordamerikanischen Besuchern zu lernen. Binnen dreier Jahre tauchte das Kokain immer wieder in erheblich größeren Mengen an erheblich kompromittierenderen Orten auf, darunter auch in der Diplomatenpost, auf dem Flaggschiff der kolumbianischen Marine oder in den Reserverädern der Präsidentenmaschine Kolumbiens.

Als Eric Clapton 1977 seinen Hit *Cocaine* landete, hatten die gewaltigen Handelsspannen des Kokainschmuggels längst eine ganze Corona aufstrebender »Unternehmer« angezogen, die auf Produktion, Schmuggel und Distribution spezialisiert waren.

Der US-amerikanische Pilot Mickey Munday verlegte sich 1981 vom Marihuanaschmuggel auf Koks, das just in diesem Moment in den Clubs von New York, Los Angeles und Miami für Furore sorgte. »Jeder nahm es. Es war das angesagte Ding. Es war überall. Man konnte keinen Club besuchen, ohne darauf zu

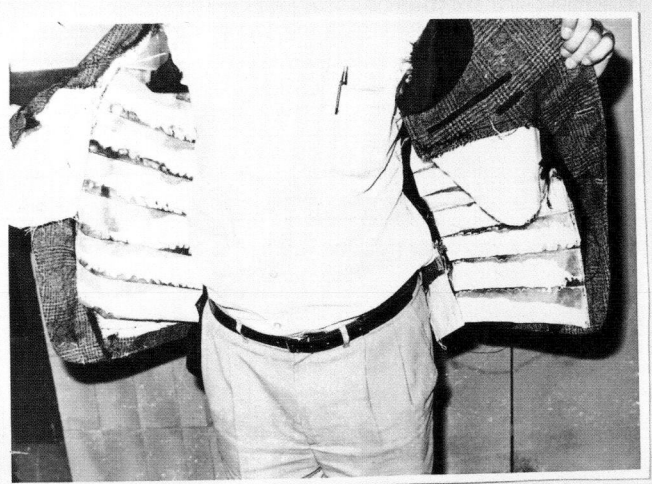

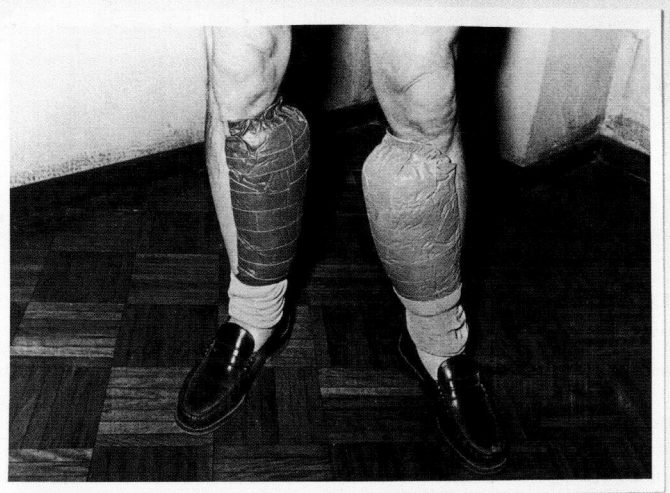

Fotos, die von der Anti-Drogenpolizei aufgenommen wurden, Datum unbekannt.
Oben: Startbahn im Dschungel für ein Kokainlabor im Amazonasgebiet.

Oben: Kleinflugzeug, das mit 700 Kilo Kokain in Tuluá abgefangen wurde. –
Unten: 200 Kilogramm Kokain, die von der Anti-Drogenpolizei beschlagnahmt worden waren.

COCAINA.- Avioneta interceptada en Tulúa con 700 kilos de cocaína. Oct 26/92 Pág 12-A

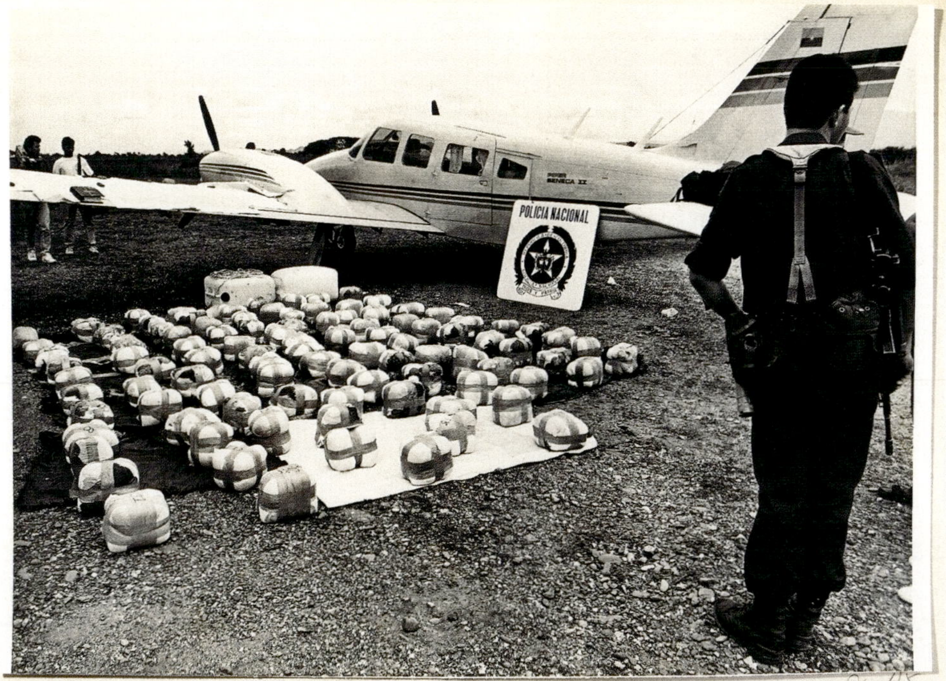

PG-45

COCAINA.-200 kilos incautados por la Policía Nacional . Nov. 20/89 FDA

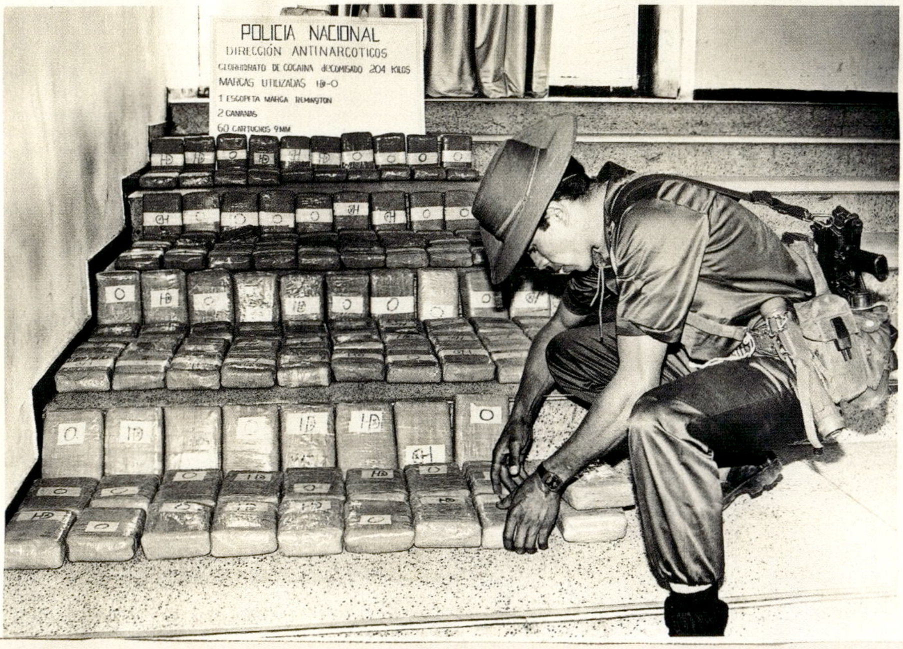

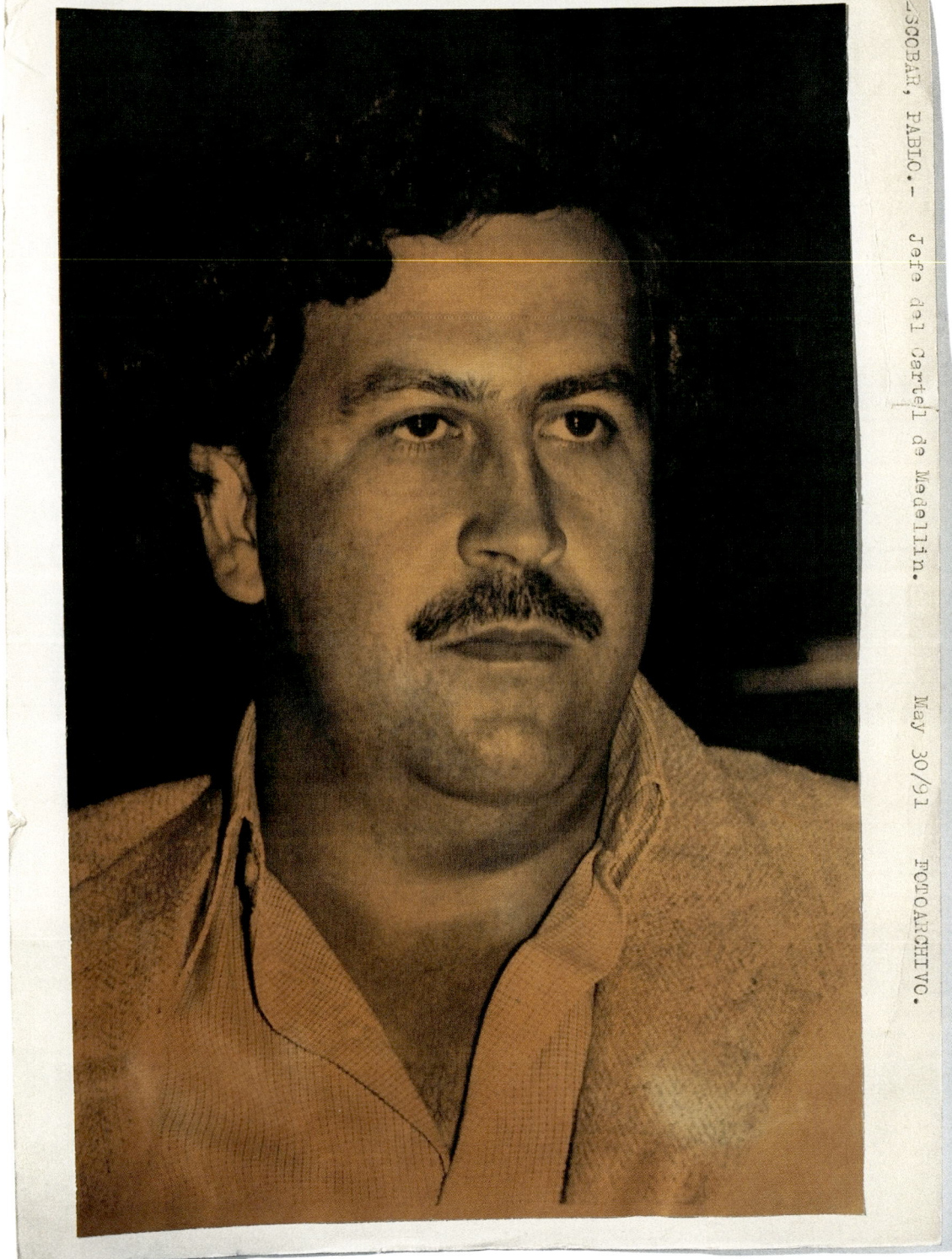

ESCOBAR, PABLO.- Jefe del Cartel de Medellín.   May 30/91 FOTOARCHIVO.-

stoßen. Manche hatten sogar Halskettchen um, an denen eine Phiole mit einem Gramm Koks baumelte. Oder ein goldenes oder silbernes Kokslöffelchen.«

Munday und seine Crew starteten mit dem Kokain von abgelegenen Startbahnen in Kolumbien und landeten auf improvisierten Landebahnen in Florida. Er schätzt, dass er und seine Crew zeitweilig für ein Drittel der Kokaintransporte in die USA verantwortlich waren.

»Sie haben mir 3000 US-Dollar pro Kilo geboten. Beim ersten Trip waren es 400 Kilo – das machte 1,2 Millionen Dollar. Ich schätzte meine Unkosten auf nicht mehr als 150 000 Dollar, das heißt, mein Partner und ich konnten über eine Million Dollar verdienen. Das war genauso viel, wie wir für etwa zehn Marihuana-Trips bekommen hätten, bei einem Zehntel des Risikos. Für die gleiche Arbeit bekamen wir das Zehnfache, das ergab schon Sinn.«

Das Medellín-Kartell

Die Explosion der Kokainnachfrage in den USA wurde von einer Gruppe von Männern aus Medellín befördert, die von der US-amerikanischen DEA (Drug Enforcement Agency), der Drogenbehörde des Landes, den Namen Medellín-Kartell erhielt und 1984 etwa achtzig Prozent des Weltkokainhandels kontrollierte.

Allerdings handelte es sich nicht – wie von den US-Behörden dargestellt – um eine homogene Organisation, sondern um eine lockere Allianz von Freunden, die kooperierten, um ihre Risiken zu mindern.

»Es handelte sich um Schmuggler, die bestimmte Routen ›kontrollierten‹ und sie anderen gegen Bezahlung zur Verfügung stellten, damit die ihre Drogen sicher in die USA bringen konnten«, erläutert Alberto Otero von der DAS. »Der Preis richtete sich nach der Menge.«

Die führenden Männer waren Pablo Escobar, Carlos Lehder, Pablo Correa, Gerardo »Kiko« Moncada, Fernando »El Negro« Galeano, José Gonzalo Rodríguez »El Mexicano« Gacha, Albeiro »El Campeón« Areiza, Gustavo Gaviria sowie die Ochoa-Brüder.

Die Ochoas waren eine angesehene Familie, eine von vielen, die in den Siebzigern von der Indifferenz der US-Behörden gegenüber dem Kokain profitierten. Beatriz Velásquez, eine Großmutter aus Medellín, die in den Achtzigern selbst zu schmuggeln begann, erinnert sich an Erzählungen, wie die Ochoas in den Sech-

Pablo Escobar, der Boss des Medellín-Kartells; 1983.

Pablo und seine Frau Victoria Henao, Anfang der Achtziger. ▶

ESCOBAR, PABLO.- Capo del cartel de Medellín, con su

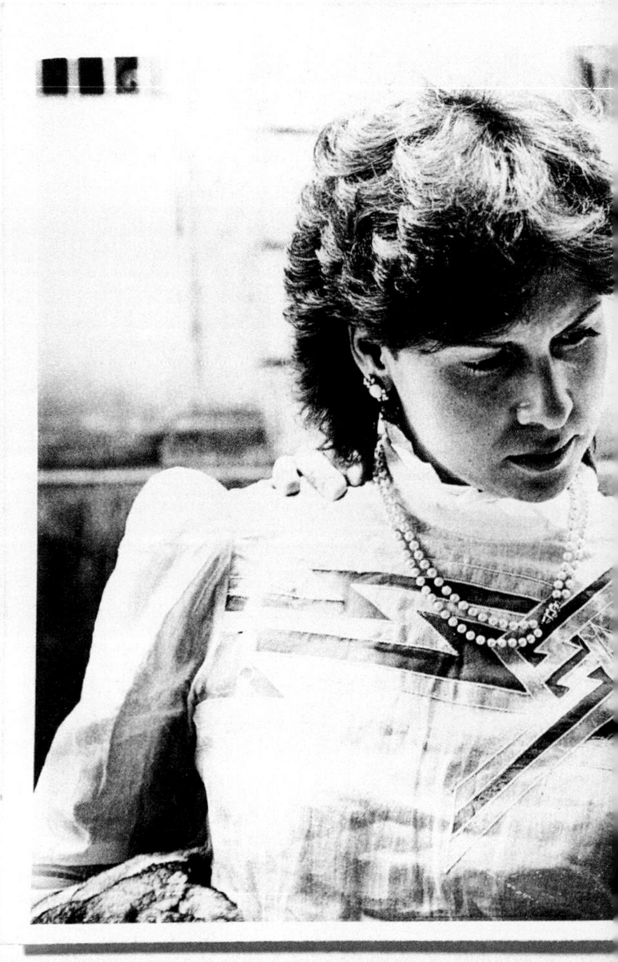

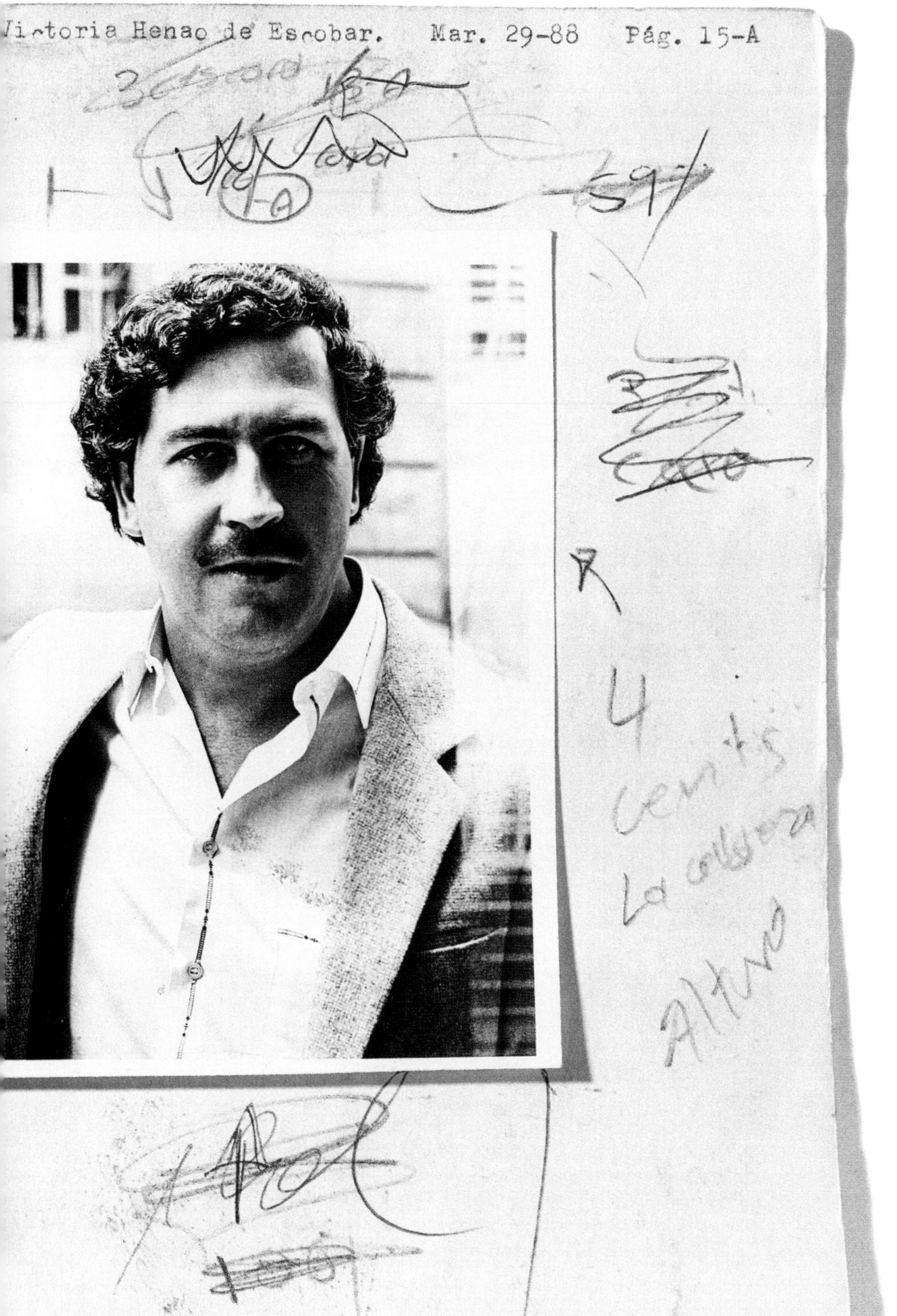

59 A

R

4

cents

La cabeza

Altivo

zigern anfingen, den Kokainschmuggel als lukratives Nebengeschäft ihrer Pferdezucht zu betreiben. »Sie verschifften ihre Pferde in die USA und versteckten das Koks in den Vaginas der Stuten.«

Escobar stieg erst später in das Kokaingeschäft ein, wobei er zunächst kleine Mengen von Kokspaste von Peru nach Kolumbien schmuggelte.

Im Juni 1976 wurden er, sein Vetter Gustavo und seine Schwäger Mario Henao und Alonso Hurtado bei dem Versuch, achtzehn Kilo Kokspaste ins Land zu schaffen, verhaftet. Er entzog sich allerdings der Strafverfolgung, indem er die beiden DAS-Agenten, die ihn verhaftet hatten, ermordete.

Doch es waren weder Escobar noch die Ochoa Brüder, sondern der exzentrische Carlos Lehder, der die Professionalisierung des Kokaingeschäfts vorantrieb. Lehder, der einen deutschen Vater hatte und fließend Englisch sprach, war 1974 in den USA wegen Marihuanaschmuggels verurteilt worden. Nach seiner Entlassung aus dem Gefängnis begann er zusammen mit zwei Mithäftlingen mit dem Aufbau eines nie dagewesenen Netzwerks für den Kokainschmuggel und verhalf damit den Lieferanten in Medellín zu ungeahntem Reichtum.

»Als er die Szene betrat, waren Escobar und Gustavo nichts weiter als ein paar Verbrecher, die in Medellín Autos klauten«, sagt Fabio Castillo, ein investigativer Reporter des *El Espectador*. »Lehder hatte die Vision und die Beziehungen in die USA.« Castillos Buch *Los Jinetes de la Cocaína* (etwa: Die apokalyptischen Koksreiter) enthüllte 1987 die Identität von Hunderten von Schmugglern und Politikern, die vom Kokainhandel profitierten.

»Lehder war sehr an Politik interessiert, allerdings war er verrückt. Er wollte die politischen Verhältnisse mithilfe des Kokains verändern«, sagt ein Mitglied des Ochoa-Clans. »Er bezeichnete es als die Waffe, mit der man die Amis in die Knie zwingen könne. Eine Menge Politiker waren seiner Meinung.«

1978 kaufte Lehder für 190 000 US-Dollar in bar das größte Anwesen auf Norman's Cay, einer Insel der Bahamas. Im Jahr darauf übernahm er die Kontrolle

Oben: Pablos wichtigster Partner Jorge Ochoa und dessen Frau María Lía nach ihrer Festnahme im November 1984 in Spanien. – *Unten:* Fabio »El Gordo« Ochoa, der Vater von Jorge, Juan David und Fabio. Die Ochoa-Familie initiierte den Kokainschmuggel als lukrativen Nebenerwerbszweig ihres Hauptgeschäfts: der Pferdezucht.

Der zeitweilige Partner des Medellín-Kartells, Carlos Lehder, bei einer Veranstaltung ▶ seiner politischen Bewegung Movimiento Nacional Latino, 1983.

Oben: Carlos Lehder mit seinen Männern; ca. 1987. – ▶▶
Unten links: Carlos Lehder am Steuer eines seiner Flugzeuge. – *Unten rechts:* Vor der Statue seines Idols John Lennon auf Lehders Ranch La Posada Alemana in Armenia; Anfang der Achtziger.

Oben: Pablos skrupelloser Kartell-Partner José Gacha alias »El Mexicano«. – *Unten:* Geld, das ▶▶▶ im November 1989 bei einer Razzia auf einer von Gachas Ranches sichergestellt wurde.

Ein Hut und eine Waffe von selbiger Razzia. ▶▶▶▶

OCHOA VAZQUEZ JORGE LUIS.-Con su esposa,narcotraficantes capturados en Madrid (España).-Marzo-15/85.-No Publ-.

MARIA LIA POSADA.

OCHOA RESTREPO, FABIO.- En las dependencias del F-2 en Bogotá. Agol 15-84 Pág. 10-A EL NAL.

Diálogo entre el líder Carlos Lehder y el poeta Luis Fernando Mejía, antes de iniciarse el Sábado

Interior de la sede del Movimiento

100% plla-

LEHDER Carlos.-

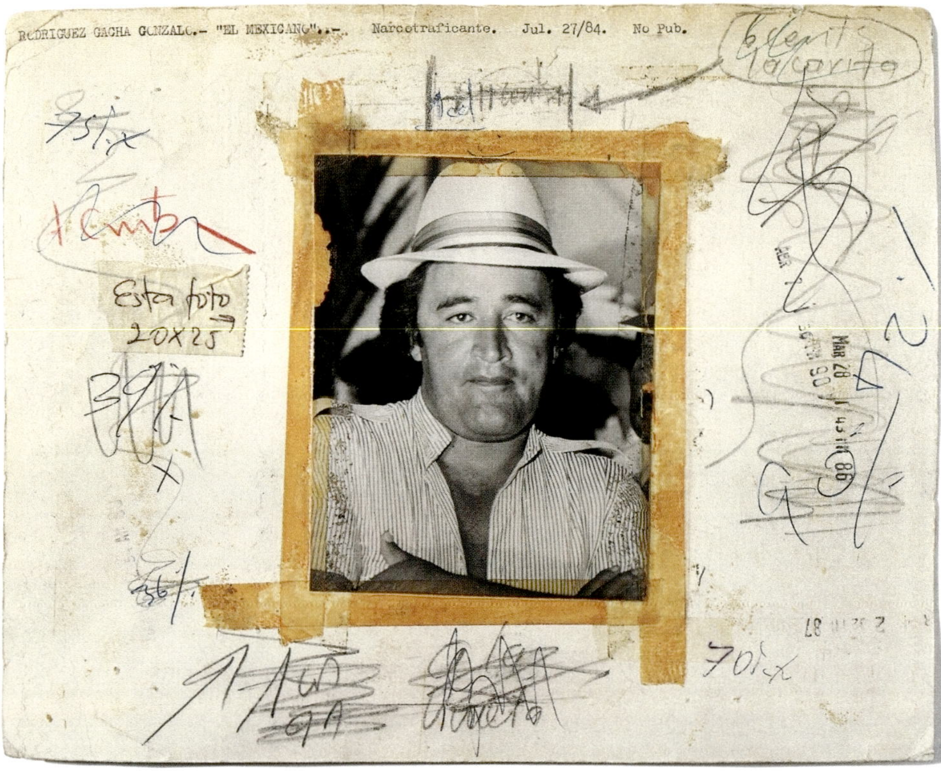
RODRIGUEZ GACHA GONZALO.- "EL MEXICANO".- Narcotraficante. Jul. 27/84. No Pub.
Esta foto
20X25

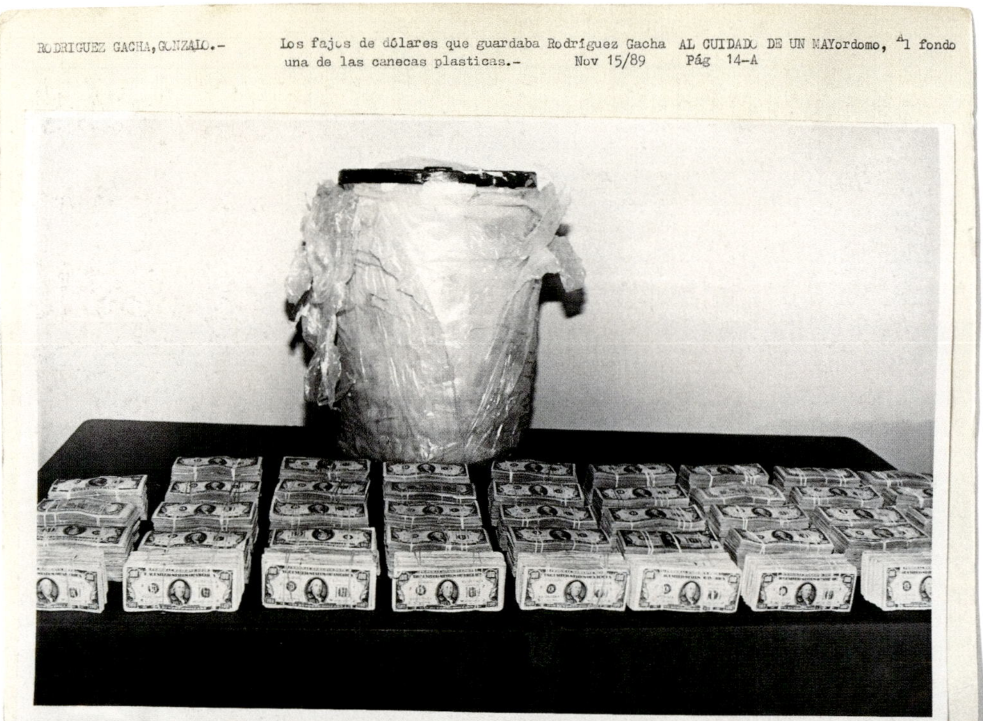
RODRIGUEZ GACHA, GONZALO.- Los fajos de dólares que guardaba Rodríguez Gacha AL CUIDADO DE UN MAYordomo, Al fondo una de las canecas plasticas.- Nov 15/89 Pág 14-A

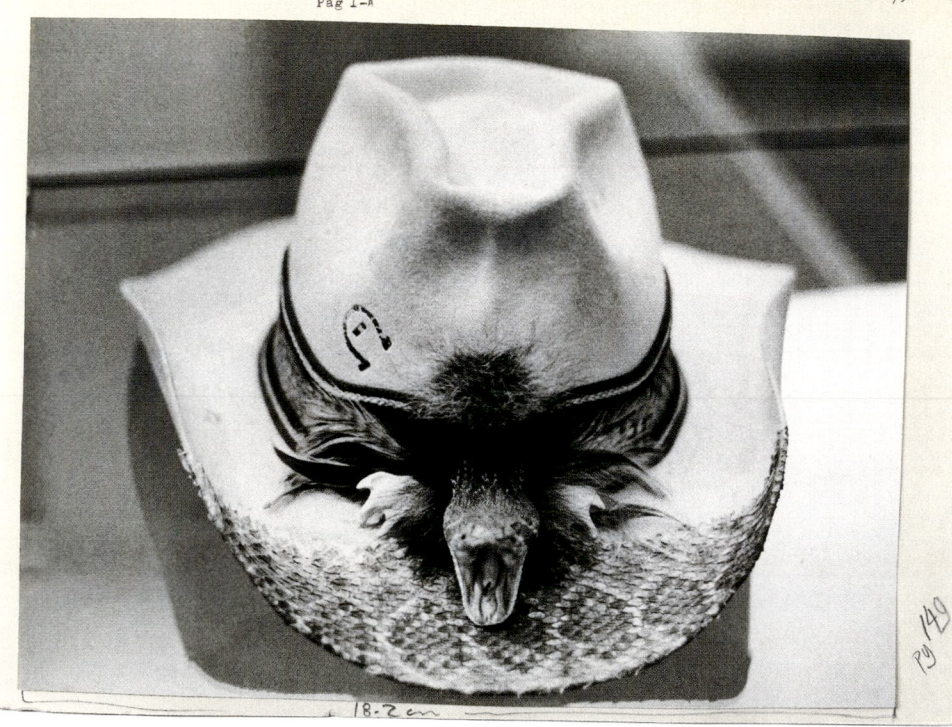

18.2 cm

149
PY

über den Rest der Insel und baute eine tausend Meter lange Start- und Landebahn. Künftig wurden hier die Flugzeuge aufgetankt oder das Kokain auf Schnell-
boote umgeladen, mit denen es dann ins 120 Kilometer entfernte Florida gebracht wurde. Lehder erhielt von jeder Lieferung einen bestimmten Prozentsatz.
Seine Strategie ermöglichte es, größere Mengen von Kolumbien aus herauszu-
fliegen, was wiederum zu mehr Kooperation zwischen den Produzenten führte.

Skrupellose Typen, wie zum Beispiel der aus Pacho in der Nähe von Bogotá
stammende Gacha alias »El Mexicano«, stiegen zu ebenso bedeutenden Figuren
auf wie Lehder, Jorge Ochoa und Escobar. »Gacha stammte aus extrem ärmli-
chen Verhältnissen«, erzählt Alberto Otero. »Er ging damals nach Leticia und hat
dort aus einer Garage heraus mexikanische Schallplatten verkauft. So ist er auch
zu seinem Spitznamen gekommen, ›El Mexicano‹. Dann hat er von Leticia aus
kleine Mengen Koks in andere Teile des Landes geliefert.« In den abgelegenen
Dschungelgebieten an der Grenze zu Ecuador, Peru und Brasilien knüpfte er
Verbindungen zur kolumbianischen Guerilla und formte seine eigene Söldner-
armee, aus der später die paramilitärischen Gruppen hervorgingen, die auch
heute noch weite Teile Kolumbiens kontrollieren. Diese Gruppen sorgten für den
Schutz der großen Kokainlabore entlang der Grenze zu Bolivien und Peru und
halfen, die Transporte, die oft bis zu tausend Kilo umfassten, über sichere Routen wie Norman's Cay zu organisieren. Durch die Abwicklung im großen Stil gelang es, die Kosten noch weiter zu reduzieren.

In dieser Frage erwies Escobar sich als Pionier, der, wie sein Buchhalter El
Profe berichtet, neue Maßstäbe setzte: »Er verwandelte das Ganze in ein zu-
kunftsträchtiges Geschäft, vorher bewegten die Leute vielleicht fünf Kilo pro
Fracht, während es bei Pablo am Ende 5000 Kilo waren.«

»Was Pablo perfektionierte, war der Transport«, sagt sein Vetter Jaime. »Er
verfügte über die besten Routen, extrem sichere Routen, weil er von Leuten von
ganz oben gedeckt wurde. Pablo schickte den Stoff über Panama, Peru, Chile und
über Haiti. Er arbeitete mit den Regierungen zusammen. Er hatte zwanzig oder
dreißig Routen gleichzeitig zur Verfügung.«

Zu Beginn des neuen Jahrzehnts hatten sich die provisorischen Koksküchen
der Siebziger zum zweitwichtigsten Wirtschaftszweig Kolumbiens nach den Öl-
exporten entwickelt. Die DEA schätzt, dass die Zahl der Kokainkonsumenten in
Amerika von 5,4 Millionen im Jahr 1974 auf 22 Millionen im Jahr 1979 angestie-
gen war. Das Gewerbe, das Anfang der Siebziger im Straßenverkauf in den gesamten USA 150 Millionen Dollar Umsatz einbrachte, setzte 1980 allein in Südflorida 10 Milliarden Dollar um.

Und je stärker Escobar und seine Partner danach trachteten, das Geschäft zu beherrschen, desto gefährlicher wurde es für alle, die unabhängig operieren wollten.

»Es gab noch viele andere kleine Gruppierungen in der Branche, sämtlich aus Medellín. Aber alle wurden von Pablos Gewalt und seinen Gorillas terrorisiert«, erinnert sich Juventud, der Pilot. »Wenn er mitbekam, dass du ein Geschäft gemacht hattest, ohne ihn daran zu beteiligen, sagte er: ›Hey, du hast mich nicht beteiligt. Die Hälfte deiner Ladung steht sowieso mir zu, und von nun an gehört die Hälfte von allem mir. Hast du ein Problem damit?‹ Ein paar Typen, die zu verhandeln versuchten, wurden ohne Umschweife erschossen. Er verließ einfach das Zimmer, und El Chopo ging rein und knallte sie ab. Dann rief er die Leute an, die für die Typen arbeiteten, und sagte: ›Euer Boss ist tot. Würde es euch was ausmachen, für mich zu arbeiten?‹«

In einem erstaunlich aufrichtigen Interview mit dem kolumbianischen Journalisten Germán Castro Caycedo gab Escobar unumwunden zu, dass im Kokaingeschäft kein Platz für anständige Typen sei: »Das ist die Scheiße mit den Drogen und dem Schmuggel; sie gehen Hand in Hand mit Waffengewalt. Die anständigen Typen, oder besser gesagt die Narren, enden im Ruin, hinter Gittern oder mit einem Loch im Kopf. So läuft's nun mal. Das ist ein Geschäft für Leute mit Eiern, oder besser gesagt für Krieger.« (Caycedo 1996)

Zu Beginn der Achtziger hatte der Kokainhandel Leuten wie Escobar zu so viel Macht verholfen, dass sie davon träumen konnten, das Land zu regieren. »Wenn Gacha voll war«, erzählt Jaime, »saß er da und schwadronierte, wer welchen Posten im Kabinett bekommen würde. Er selbst würde Kriegsminister werden, Pablo Justizminister und Gustavo Gaviria Wirtschafts- und Finanzminister.«

Pablo, der Mächtige

El Profe, Escobars Buchhalter, schildert, wie der »Capo« Anfang der Achtziger »eine Menge Geld gescheffelt« hat, indem er Transporte in der Größenordnung von »vier-, fünftausend Kilo im Monat« organisierte, sich aber auch alle Mühe gab, das Geld so schnell wie möglich wieder auszugeben. »Ausgaben von zwei, drei Millionen pro Monat waren normal«, so El Profe.

Escobar überhäufte seine junge Frau Victoria Henao mit teuren Geschenken. Mit Pelzmänteln, Kunstwerken, palastartigen Villen und Unmengen von Schuhen zeigte er seine Hingabe an »Doña Tata«, wie sie überall genannt wurde.

Zu Weihnachten 1981 machte er die – wie seine Mutter Doña Hermilda meinte – extravaganteste Geste; er schenkte jedem Familienmitglied ein neues

Haus. Dafür ließ er in einem der Vororte Medellíns einen kompletten Straßenzug für die Gaviria-Familie neu bebauen.

Doch wonach Escobar wirklich strebte, waren nicht die exotischen Tiere, die Villen, die Apartmenthäuser in Miami und die glitzernde Oldtimersammlung, sondern die Anerkennung und Respektierung seiner eigenen Familie durch die alteingesessenen Familien aus Antioquia. Die profitierten zwar vom Kokain-Boom, direkt, indem sie in die Transporte investierten, oder indirekt, indem sie ihre Immobilien und Firmen zu überhöhten Preisen verkauften, doch gesellschaftlich schirmten sie sich von ihren neureichen Geschäftspartnern und Nachbarn ab.

»Das war die Doppelmoral«, sagt einer der Ochoas. »Alle wollten Geschäfte mit ihm machen, ihm Fabriken verkaufen, doch als er seine Kinder auf eine gute Schule schicken wollte, wurden sie nicht angenommen, und als er dem Country-Club beitreten wollte, verweigerte man ihm die Mitgliedschaft. Das trieb Pablo zur Weißglut.« Man nimmt an, dass auch die Wahl seines Pseudonyms von dem Bestreben herrührte, sich auf eine Stufe mit Medellíns führender Industriellenfamilie Echavarría zu stellen, den Besitzern des größten Textilunternehmens der Stadt und zugleich auch berühmt für ihre Wohltätigkeit. »Warum, glauben Sie, nannte er sich ›Doctor Echavarría‹? Ganz einfach: Weil er weder einen Doktortitel bekommen noch ein Echavarría werden konnte.«

Aber Escobar träumte nicht nur im Stillen davon, in die höchsten Kreise der Macht vorzustoßen.

»Escobar verkehrte mit Politikern und ist sogar von Ministerpräsident Felipe González nach Spanien eingeladen worden. Bei dem Besuch wurde er von Parlamentariern beider Parteien begleitet«, erzählt Juan José Hoyos, der zu der Zeit des Besuches 1982 Medellín-Korrespondent von *El Tiempo* war. Das Ereignis warf nicht nur ein Schlaglicht auf Escobars Drang nach Einflussnahme, sondern auch auf sein Talent, den Behörden ein Schnippchen zu schlagen.

Hoyos zufolge hatten die spanischen Behörden von Informanten den Tipp erhalten, dass einer der mächtigsten Drogenschmuggler Kolumbiens Spanien besuche. »Spezialeinheiten durchsuchten das Gebäude und nahmen kurzzeitig mehrere konservative Abgeordnete fest, die bereits zu Bett gegangen waren. Unterdessen trank Pablo Escobar mit Freunden und kolumbianischen Journalisten Champagner in der Präsidentensuite, in die er auch Felipe González eingeladen hatte.«

Oben: Pablo 1982 bei der Amtseinführung des spanischen Präsidenten Felipe González in Madrid. Ebenfalls anwesend waren Jairo Ortega (links außen) und Alberto Santofimio (zweiter von links). – *Unten:* King's Harbour Apartments, Plantation, Florida; von Pablo 1981 für 8 Millionen US-Dollar erworben.

ESCOBAR GAVIRIA, PABLO.-   Una foto exclusiva tomada en España en que aparece entre otros, el "Honorable"
Senador Alberto Santofimio Botero. Recepción ofrecida por Felipe González con
motivo de un viejo triunfo electoral suyo.   Jun.18/91.

Ortega, Santofimio, Escobar y Dominguin

ESCOBAR GAVIRIA, PABLO.- Complejo de apartamentos confiscado a Pablo Escobar Gaviria, cuyo valor ascendió a 9.5
millones de dólares y fue adquirido en 1981, en Plantation, Florida.   Dic. 1-87   Pág. 6-A

Politischer Gegenwind

Escobars Einstieg in die Politik gefiel nicht allen. Einige wenige Mutige stellten nach seiner Wahl in den Kongress die Frage nach der Herkunft seiner Reichtümer sowie des Vermögens des anderen berühmt-berüchtigten Mitglieds des Medellín-Kartells, Carlos Lehder. Und auch einige Politiker erkannten, dass es an der Zeit war, Escobars politischen Ambitionen einen Riegel vorzuschieben.

Escobars Leibwächter Popeye zufolge »hatte Pablo stets zahlreiche Politiker unterstützt. Aber es ist eine Sache, mit dem Teufel Geschäfte zu machen, und eine andere, ihn zur Tür hereinzubitten. Solange er sie von außen unterstützte, war es ihnen egal. Aber als Pablo in Anzug und Krawatte im Kongress saß und sich unter die herrschende Klasse, die *Crème de la Crème* des Landes mischte, wurde es kompliziert. Wenn Pablo es geschafft hatte, in den Kongress gewählt zu werden, zog er vielleicht bald in den Senat ein und bewarb sich womöglich um die Präsidentschaft.«

Lehder benutzte die Profite aus seinem Umschlagplatz auf den Bahamas zur Gründung einer politischen Partei, dem Movimiento Nacional Latino (Nationale Latinobewegung), und gab seine eigene Zeitung, den *Quindío Libre* heraus. Auch für die Wahlkämpfe der Präsidentschaftskandidaten, des liberalen Alfonso López Michelsen und des konservativen Belisario Betancur, spendeten Mitglieder des Medellín-Kartells Geld und stellten Flugzeuge und Helikopter zur Verfügung.

»Sie wollten die politische Macht, weil sie glaubten, genug ökonomische Macht zu besitzen, um Druck auf die politische Klasse ausüben zu können«, erklärt Alberto Otero.

Derjenige, der am heftigsten die Korrumpierung der Politik und anderer kolumbianischer Institutionen durch »schmutziges Geld« kritisierte, war Rodrigo Lara Bonilla, der 1983 zum Justizminister ernannt wurde.

Lara Bonilla war Mitglied des Partido Nuevo Liberalismo, einer Abspaltung des Partido Liberal. Angeführt von Luis Carlos Galán, hatte der Nuevo Liberalismo es sich zum Ziel gesetzt, die Macht der Oligarchie zu brechen, die seit Jahrzehnten die kolumbianische Politik dominierte. Lara Bonilla und Galán wurden zu Escobars Erzfeinden. Es entspann sich eine Auseinandersetzung, die eine tiefe Zäsur in der kolumbianischen Geschichte hervorrufen sollte.

Der Konflikt begann bereits 1982, als Escobar und Jairo Ortega von der Kandidatenliste des Nuevo Liberalismo gestrichen wurden, da Escobar die Quelle seiner Einkünfte nicht offenlegen wollte.

Rodrigo Lara Bonilla auf seinem Kreuzzug gegen den Einfluss der Narco-Dollars auf die kolumbianische Politik. Justizminister von August 1983 bis April 1984, war er der erste Minister, der die Kartelle öffentlich anprangerte.

»Der Nuevo Liberalismo war die einzige politische Kraft, die den Drogenhändlern wirklich die Stirn bot«, sagt einer seiner Kongressabgeordneten, Alberto Villamizar. Auch sein Schicksal war, wie das von Lara Bonilla und Galán, eng mit dem von Escobar verknüpft. 1986 versuchte Escobar, ihn zu ermorden, und entführte später seine Frau und seine Schwester.

»Galán war der einzige Politiker, der sie bekämpfte«, so Villamizar weiter. »Alles fing damit an, dass Escobar 1982 für den Kongress kandidierte. Er versuchte es über die Liste des Nuevo Liberalismo, doch Galán fand heraus, dass er im Drogengeschäft aktiv war, und sagte zu ihm: ›Für dich ist kein Platz in meiner Partei.‹ Da begann die Gewalt. Lara Bonilla bekämpfte sie, und sie ermordeten ihn, und bis zu Escobars Tod herrschte praktisch der Kriegszustand.«

Lara Bonilla geriet mit Escobar aneinander, weil ein Scheck über eine Million Peso (12 800 US-Dollar), den Evaristo Porras, ein enger, wegen Drogenschmuggels vorbestrafter Partner Escobars, ausgestellt hatte, in Lara Bonillas Wahlkampfkasse landete.

Zu Lara Bonillas Empörung wurden Fotokopien des Schecks zusammen mit einer unverständlichen Tonbandaufnahme, die angeblich ein Gespräch zwischen ihm und Porras enthielt, am 16. August 1983 dem Kongress präsentiert, als dieser in einer historischen Debatte über den Einfluss von Drogengeldern auf die kolumbianische Gesellschaft diskutierte. Lara Bonilla nutzte diese Debatte, um Escobar und Porras öffentlich illegaler Aktivitäten zu bezichtigen. Escobar war sogar persönlich anwesend, da es eine der wenigen Gelegenheiten war, dass Escobar sein Mandat als Vertreter Ortegas wahrnahm. Lehder verfolgte die Debatte, umringt von seinen Bodyguards, von der Pressetribüne aus.

»Ich war ein enger Freund von Lara Bonilla«, sagt der Journalist Fabio Castillo. »Er war noch sehr jung und hatte die besten Absichten. Als der Scheck auftauchte, sagte er zu mir: ›Die sind hinter mir her.‹ Er vertrat die Auffassung, dass diese Leute sich zu den Moralwächtern der Nation aufschwangen.«

Castillos Boss beim *El Espectador*, Guillermo Cano, hatte den Ton der Debatte in einem seiner typischen, scharfen Leitartikel vorgegeben: »Wir sehen uns einer offenen Herausforderung gegenüber, bei der Drogen – Kokain und Marihuana sowie deren saftige Dividenden – kurz davor stehen, sich in das Opium der kolumbianischen Politik zu verwandeln.«

Eine Woche nach der Kongressdebatte schrieb Cano einen weiteren flammenden Leitartikel: »Welche Schande! Es erfüllt uns mit Schrecken, festzustellen, wie tief dieses Land gesunken ist, wenn in einer längst überfälligen Debatte zur

Oben: Pablo Escobar am 16. August 1983 im Kongress. An diesem Tag fand die Debatte über »Schmutziges Geld« statt, in der er als Drogenhändler angeprangert wurde. – *Unten:* Carlos Lehder verfolgt umgeben von Leibwächtern und Journalisten die Debatte von der Pressetribüne aus; 16. August 1983.

ESCOBAR GAVIRIA, PABLO.-Narcotraficante, reunidos con políticos en una de las salas del Senado.
Agosto 24/83

LEHDER CARLOS.- Y su asistente Luis Fernando Mejía, aparecen cómodamente instalados con sus guardaespaldas y amigos
en la cabina de prensa. Ago. 18/83. Pág. 5-A.Mat.

Verteidigung der öffentlichen Moral und der demokratischen Institutionen im Ergebnis die finsteren Kriminellen nicht entlarvt und für ihre Untaten ihrer gerechten Strafe zugeführt werden, sondern plötzlich als die Guten dastehen und die anderen als die Bösen.«

»Lara Bonilla beschloss, ihnen die Stirn zu bieten«, sagt Castillo. »Er traf sich mit Jaime Ramírez, dem Leiter der Anti-Drogen-Behörde, und sagte ihm: ›Ich will alles über diese Kerle erfahren. Wenn diese Typen so etwas machen können, dann sind sie zu allem fähig. Ich muss alles über sie wissen.‹ Und Lara Bonilla schreckte auch vor Maßnahmen wie der Auslieferung kolumbianischer Staatsangehöriger nicht zurück. Er sagte mir: ›Je mehr ich über diese Kerle erfahre, desto mehr begreife ich, welchen Schaden die Narcos unserem Land zufügen. Ich würde mich niemals der Auslieferung eines dieser Hunde widersetzen.‹«

Die Episode beendete Escobars Traum, einmal Präsident zu werden. Nachdem er sich eine Krawatte geliehen hatte, um den Kongresssaal betreten zu können, kehrte er nie wieder dorthin zurück.

»Er dachte, dass die politische Klasse aus anständigen Leuten bestünde, mit guten Manieren, die einander Guten Tag wünschen und sich anständig benehmen«, sagt Popeye. »Aber als er in die Politik ging, musste er erkennen, dass die politische Mafia zehnmal schlimmer ist als die der Unterwelt. Pablo wurde im Kongress richtiggehend abgeschlachtet. Politisch abgeschlachtet.«

Tranquilandia

In den sechs Monaten nach Lara Bonillas fulminanter Rede über »schmutziges Geld« machte der Minister Ernst mit dem Kampf gegen die Drogenhändler. Mit Unterstützung des Anti-Drogen-Chefs Oberst Jaime Ramírez und von den USA zur Verfügung gestellten nachrichtendienstlichen Erkenntnissen ging Lara Bonilla direkt gegen die führenden Figuren des Kartells vor. Einen Monat nach der Kongressdebatte ließ die Regierung die exotischen Tiere auf Escobars Hacienda Nápoles beschlagnahmen und verhängte gegen ihn einen Strafbefehl in Höhe von 450 000 kolumbianischen Peso (4500 US-Dollar) wegen illegaler Tierimporte. Für Escobar war dies zunächst nur wie ein lästiger Mückenstich, da er die Tiere einfach auf einer Auktion zurückersteigerte.

Doch dann wurde das US-Visum, das Escobar auf einer Pressekonferenz am Tag nach der Debatte als Beweis dafür geschwenkt hatte, dass er keine Probleme

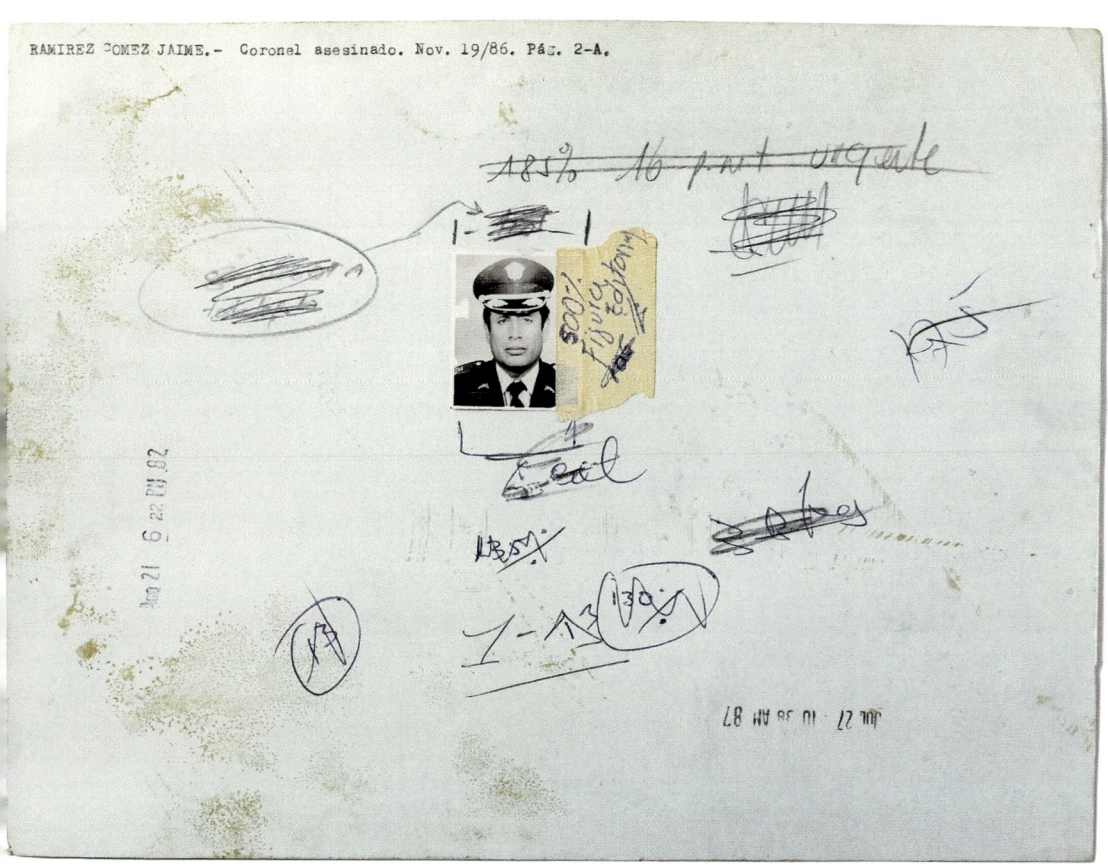

Jaime Ramírez, Chef der kolumbianischen Anti-Drogen-Polizei, wurde im November 1986 ermordet.

mit den US-amerikanischen Behörden hatte, für ungültig erklärt. Dies geschah im September, zehn Tage nachdem *El Espectador* enthüllt hatte, dass Escobar 1976 wegen Kokainschmuggels verhaftet worden war.

Zugleich wurden Anstrengungen unternommen, Escobars parlamentarische Immunität aufzuheben. Man arbeitete bereits unter Hochdruck daran, die Formalitäten für die Auslieferung von Carlos Lehder an die USA zu klären, und Escobar glaubte, wenn Lara Bonilla am Leben bliebe, würde er der Nächste sein.

»Sie trafen bereits die Vorbereitungen, ihn auszuliefern«, sagt sein Vetter Jaime. »Einen Wichser wie Lara Bonilla im Nacken zu haben, einen Justizminister, der dir vorschreiben kann, was du tun darfst und was nicht, war eine echte Bedrohung. Pablo befand sich mit dem Staat im Krieg, und hauptsächlich ging es dabei um die Auslieferung. Jeder, der sich für diese Maßnahme aussprach, war automatisch sein Feind.«

Folgende Seiten: Kokain-Labors im Amazonasgebiet. Aufnahmedatum unbekannt. ▶

LARA BONILLA, RODRIGO.- Uno de los sicarios del Ministro muertos. Mayo 2-84.

Das Motorrad, das »Quesito« und »Narizes« beim Mordanschlag auf Rodrigo Lara Bonilla am 30. April 1984 in Bogotá verwendeten. Narizes wurde von den Leibwächtern des Ministers erschossen, als das Duo zu flüchten versuchte.

Die Entscheidung, Lara Bonilla zu ermorden, war zwar bereits kurz nach der berühmten Kongressdebatte gefallen, es bedurfte allerdings der größten Drogenrazzia in der Geschichte Kolumbiens, damit das Vorhaben in die Tat umgesetzt wurde.

Tranquilandia war eine Ansammlung von Kokainlaboratorien im Südosten des Landes, die bis zu zwanzig Tonnen Kokain pro Monat produzieren konnten. Die Razzia fand im März 1984 statt, nachdem die DEA Sender zum Einsatz brachte, die, verborgen in den Chemikalienlieferungen an die Labore, die Fahnder zu dem Versteck im Dschungel führten.

Ramírez und seine Männer entdeckten vierzehn Tonnen Kokain, die zum damaligen Zeitpunkt in Miami einen Großhandelspreis von 200 Millionen Dollar erzielt hätten. Die DEA schätzte, dass die Laboratorien des Medellín-Kartells Drogen im Wert von insgesamt zwölf Milliarden Dollar produziert hatten.

Escobar selbst behauptete, die Laboratorien hätten allein in den ersten acht Monaten mehr erwirtschaftet als die Textilfabrik Coltejer in den zweiundzwanzig Jahren ihres Bestehens, jene Fabrik also, die Diego Echavarría gehörte, dem Mann, dessen Namen Escobar als Pseudonym benutzte.

Die Zerstörung der Anlage mochte das Medellín-Kartell teuer zu stehen gekommen sein, doch die beiden Männer, die hinter der Operation standen, bezahlten dafür mit ihrem Leben. Lara Bonilla starb zwei Monate nach der Razzia, und Ramírez wurde 1986 vor den Augen seiner Familie erschossen.

Der Mord an Lara Bonilla

Mit der Ermordung von Justizminister Rodrigo Lara Bonilla beauftragte Escobar gleich zwei Killer-Teams. Von den *sicarios*, die schließlich die *vuelta*, den Anschlag, ausführten, ist nur noch Byron de Jesús Velásquez Arena alias »Quesito« am Leben.

Das Attentat löste einen regelrechten Krieg zwischen Staat und Mafia aus. Quesito überlebte nur, weil er verhaftet wurde und nie über die schicksalhaften Ereignisse des 30. April 1984 redete. Die anderen wurden entweder von der Polizei umgebracht oder von den Kartellbossen, die alle Spuren, die zu ihnen hätten führen können, beseitigt.

Quesito saß vierzehn Jahre seiner siebenundzwanzigjährigen Haftstrafe ab. »Mit achtzehn kam ich in den Knast und mit zweiunddreißig wieder raus. Ich habe diese Geschichte noch nie jemandem erzählt.«

Laut Quesito hatte Escobar zwei seiner zuverlässigsten Leutnants mit dem Anschlag beauftragt, Jhon Jairo Arias Tascón, Spitzname »Pinina«, nach dem blonden Star einer argentinischen Seifenoper, sowie Rubén Darío Londoño Vásquez, ein schlaksiger, aber skrupelloser *sicario*, dessen Spitzname »La Yuca« sich auf das kolumbianische Wurzelgemüse bezieht, das in dem Ruf steht, Kraft zu verleihen.

»Ich sollte ursprünglich nicht zum Killer-Team gehören«, erzählt uns Quesito. »Ich half Pinina lediglich, die Leute zu bezahlen, die daran beteiligt waren. Spesen nicht gerechnet, erhielt Pinina 50 Millionen Peso (415 000 US-Dollar).«

Quesito machte gerade ein paar Tage Urlaub mit der Gruppe, als er aufgefordert wurde mitzumachen. Acht Tage später war er in Bogotá, fuhr mit einer Yamaha herum und hielt Ausschau nach dem Justizminister.

Sein Sozius war mit einer Mini-Ingram-Maschinenpistole bewaffnet. »Pinina fuhr immer in einem Wagen an der Spitze. Ich sollte mich hinter dem anderen Motorrad halten, hinter dem, von dem aus der Job erledigt werden sollte, und hinterher sollten wir von den anderen Autos eingesammelt werden. Pinina sagte immer: ›Du fährst bei mir mit.‹ Er kümmerte sich um mich, wir waren wie Brüder. Er sagte: ›Nach dem Anschlag springst du vom Motorrad und kommst mit mir.‹

In den Tagen zuvor hatte ich die Motorräder so manipuliert, dass man mit einem Knopfdruck die Lichter ausschalten konnte. Es handelte sich um nagelneue Maschinen, und die Idee war, den Anschlag bei Dunkelheit auszuführen, damit sie uns nicht kommen sahen.«

Lara Bonilla wurde von sechs Leibwächtern in zwei Wagen eskortiert, die vor und hinter der Limousine des Ministers fuhren. Es war das erste Mal, dass Pinina und seine Kumpane jemanden dieser Sicherheitsstufe ins Visier nahmen.

»Wir hatten zwei Motorräder und zwei Autos. Pinina fuhr alleine in einem Renault 12. La Yuca im anderen Wagen. Pinina gab mir meine Anweisungen: ›Die beiden auf dem vorderen Motorrad werden schießen, und du hältst dich dahinter und gibst ihnen Deckung. Die geben das Signal.‹ Ich sollte mich dahinterhalten. Das regelte er so, um mich zu schützen. Acht Blocks weiter würde Pinina mit dem Auto auf mich warten.

So war es geplant.

Als es dann so weit war, konnten wir es nicht durchziehen. Narizes, der schießen sollte, bekam Schiss und zog nicht einmal seine Waffe.

Als wir zu Pinina gelangten, war der stocksauer. ›Du Wichser, warum kriegst du das nicht gebacken? Was war los?‹ Narizes erzählte ihm, die Waffe hätte sich in der Tasche verklemmt, und das Ziel sei vorbei gewesen, bevor er sie heraus hatte. Pinina flippte aus, also sagte Narizes: ›Los, dann fahren wir und finden ihn. Diesmal ziehen wir's durch.‹

Pinina war einverstanden und sagte: ›Dann los, El Patrón wird sonst sauer, und wir haben schon eine Menge Zeit verloren.‹ Der Plan war natürlich im Eimer; die Fluchtwege und alles – aber das Verrückte war, wir fuhren los, um sie zu suchen.«

Sie brauchten weniger als eine halbe Stunde, um den Konvoi des Ministers zu finden, allerdings war dies mehr dem Zufall als kühler Berechnung geschuldet. La Yuca hatte sich mit seinem Wagen im Bogotáer Verkehr verfranst, und der

Oben: Ein seltenes, nicht datiertes Foto von Jhon Jairo Arias Tascón alias »Pinina«, der Lara Bonillas Ermordung koordinierte. Nach dem Mord ließ er alle verfügbaren Fotos von sich vernichten. –
Unten: Lara Bonillas Mercedes am Schauplatz der Schießerei. Auf dem Sitz neben ihm wurde eine kugelsichere Weste gefunden, die der US-Botschafter ihm geschenkt hatte.

COSTA (10-A)

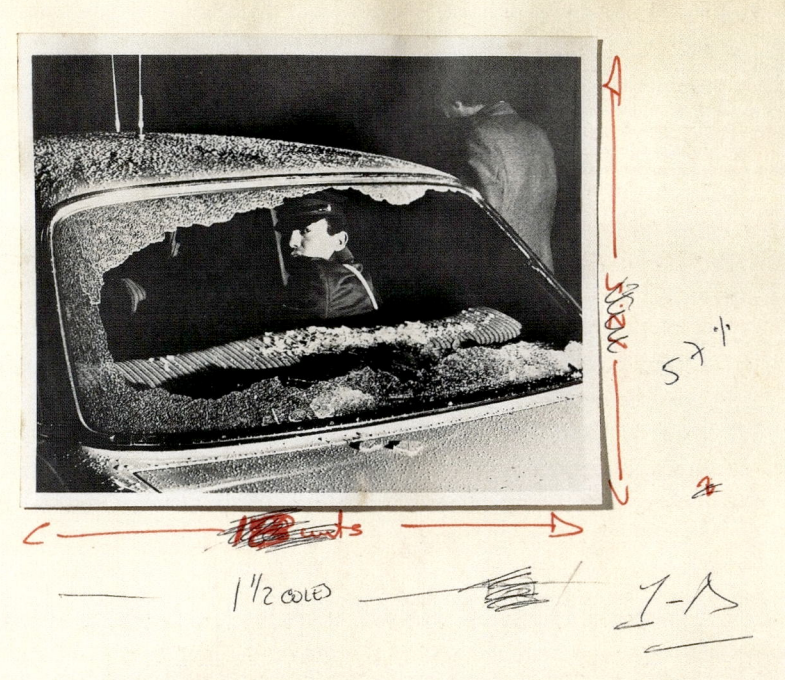

Killer, der beim ersten Mal versagt hatte, beschloss nun, bei Quesito mitzufahren. So änderte sich der Plan ein weiteres Mal.

»Ich sollte den Typen fahren, der die Leibwächter abknallen sollte, aber dann sagte Narizes plötzlich, er wolle mit mir mit, weil ich besser fahren könne und mehr Risiko einginge. Pinina hatte mir immer eingeschärft, nicht in die Schusslinie zu geraten, und sah mich auch jetzt an, als wollte er sagen: ›Tu's nicht.‹

Aber er wollte es auch endlich zu Ende bringen. Deshalb machten wir uns an die Verfolgung des Opfers. Unterwegs verabredeten wir, dass ich den anderen ein Zeichen gebe, damit wir gemeinsam das Feuer eröffneten, doch als es brenzlig wurde, war das andere Motorrad nirgends mehr zu sehen. Sie waren verschwunden. Die hatten Schiss. Ich sagte zu Narizes hinter mir: ›Wir sind auf uns allein gestellt.‹ Doch da waren wir schon direkt neben der Limousine. ›Ich mach's‹, sagte er, ›und dann sehen wir zu, dass wir irgendwie abhauen.‹

Er eröffnete das Feuer auf den Wagen, dessen Scheiben explodierten. Es regnete Glas. Der Wagen war nicht kugelsicher. Er leerte sein Magazin, und die Leibwächter hinter uns erwiderten das Feuer, während wir abhauten. Es gab eine Verfolgungsjagd wie im Film, man konnte das Mündungsfeuer unserer Verfolger sehen.

Wir entkamen zunächst, aber ich hatte das Licht ausgeschaltet, und vielleicht fünfzehn Blocks weiter hätte ich fast etwas gerammt und war gezwungen, kurz anzuhalten, wodurch die Leibwächter uns wieder einholten. Als wir an eine Kreuzung kamen, traf eine Kugel den Hinterreifen, was bei der Geschwindigkeit und den Lichtverhältnissen purer Zufall war, und wir knallten gegen den Randstein und stürzten.«

Quesito hat die fünf Millionen Peso (41 000 US-Dollar), die ihm zugesagt worden waren, nie gesehen, aber während seiner ersten sechs Jahre im Gefängnis erhielt er 150 000 Peso (750 US-Dollar) monatlich, stand sich also finanziell besser und überlebte.

Damals hatte er keine Vorstellung von der Bedeutung dieses Attentats, das eines der blutigsten Kapitel in der gewalttätigen Geschichte Kolumbiens eröffnete.

»Ich war bloß ein junger Kerl, der schnell Geld machen wollte«, resümiert er. »Damals konnte ich gar nicht erahnen, was für einen Skandal wir auslösen würden. Heute weiß ich es besser. Ich glaube auch nicht, dass die Leute, die das Attentat veranlasst haben, gedacht haben, dass es derart explosive Folgen haben würde. Das Einzige, was uns interessierte, war, dass Lara Bonilla sich mit El Patrón angelegt hatte, und wer sich mit El Patrón anlegte, legte sich mit uns an.«

Flucht nach Panama

Lara Bonilla wurde am 30. April 1984 ermordet. Er wäre nur noch wenige Tage als Justizminister im Amt verblieben, da er als Botschafter in die Tschechoslowakei gehen sollte.

Für Fabio Castillo ist dieser Tag einer der dunkelsten in seinem Leben. »Ein paar Tage bevor Bonilla ermordet wurde, änderte er wieder einmal seine Telefonnummer. Das tat er ständig, denn sie bekamen seine Nummer binnen Tagen heraus. Man konnte ihnen nicht entkommen. Er sagte zu mir: ›Ich gebe dir die Nummer des Autotelefons.‹ Er besaß eines der ersten Mobiltelefone, die noch die Größe eines Koffers hatten. ›Wenn ich nicht rangehe, dann haben sie mich erwischt.‹

An jenem Abend saß ich in einem Straßencafé, und der Besitzer tauchte auf und wollte schließen. ›Das Land ist erledigt‹, sagte er, ›sie haben gerade Lara Bonilla ermordet.‹ Ich versuchte gleich ihn anzurufen, aber niemand hob ab.«

Lara Bonillas Tod markierte den Beginn eines Krieges.

»Bis zu dem Tag, an dem die Drogenhändler den Justizminister töteten, hatte die kolumbianische Gesellschaft sich mit ihnen arrangiert. Aber nach dem Attentat wachte das Land auf«, sagt General Miguel Maza Márquez, DAS-Chef unter den Präsidenten Belisario Betancur und Virgilio Barco.

Auf der Beerdigung ehrte Präsident Betancur, der sich bis dahin geweigert hatte, Auslieferungsgesuche gegen kolumbianische Staatsbürger zu unterzeichnen, seinen ehemaligen Justizminister, indem er gelobte, die Verantwortlichen auszuliefern.

Der Mord riss Escobar jäh aus seiner Fantasiewelt aus Privatzoos, Privatjets und Sportwagen und zwang ihn zum ersten Mal zu einem Leben auf der Flucht.

»Das Begräbnis von Lara Bonilla war, als würden wir ein Familienmitglied beerdigen«, sagt Luz María, Escobars jüngere Schwester. Sie erinnert sich, dass Pablos Sohn Juan, der noch sehr klein war, »uns anschaute und fragte, warum wir weinten, Victoria, ich und meine Mutter. Sich das Begräbnis anzuschauen und zu wissen, dass auch jemand, den wir sehr liebten, darin verwickelt war, war ein schwerer Schlag für uns Frauen.

Damals wussten wir noch nicht, was Verfolgung bedeutete. Dann ging es los. Drei Tage nach Lara Bonillas Tod rief Pablo mich an und sagte: ›Blondey, du hast zwanzig Minuten, um die Wohnung zu verlassen. Sieh auch nach Vater und Mutter, denn was jetzt auf uns zukommt, betrifft alle.‹«

Escobar floh zusammen mit anderen Mitgliedern des Medellín-Kartells nach Panama. Keine Woche nach ihrer Ankunft traf sich Kolumbiens Ex-Präsident

LARA BONILLA Rodrigo, -busto descubierto por el presidente Belisario Betancur, al cumplirse un año de el asesinato del ministro de Justicia. Aparece la viuda Nancy Restrepo de Lara. Publicada. Mayo 1/85 pág. 9A

Rodrigo Lara Bonillas Witwe zusammen mit Präsident Belisario Betancur am 30. April 1985 bei der Enthüllung der Statue des ermordeten Ministers anlässlich dessen ersten Todestages.

López Michelsen in einem Hotel in der panamaischen Hauptstadt mit Escobar und Jorge Ochoa. Der Abgesandte war mit der Rückendeckung des Präsidenten angereist, offiziell, um die panamaischen Wahlen zu beobachten. Bei dem Treffen bestritten Escobar und Ochoa, etwas mit der Ermordung Lara Bonillas zu tun zu haben. Sie boten an, ihre Drogengeschäfte einzustellen und Millionen von Dollars ins Land zurückzuführen, verlangten dafür aber ein Ende der Auslieferungsbestrebungen und eine Amnestie. Am Monatsende fand ein weiteres Treffen statt, diesmal mit dem Generalstaatsanwalt Carlos Jiménez Gómez, dem sie eine formelle Absichtserklärung aushändigten. Als der Vorschlag drei Monate später publik wurde, war er bereits von US-amerikanischen und kolumbianischen Politikern, die loyal zu Lara Bonilla standen, verworfen worden.

»Für mich war es unglaublich – und ohne Beispiel –, dass ein Generalstaatsanwalt, der höchste Justizbeamte Kolumbiens, sich mit Kriminellen trifft, die, abgesehen von allem anderen, des Mordes an Rodrigo Lara Bonilla bezichtigt wurden«, sagt Enrique Parejo, Mitglied des Nuevo Liberalismo und Nachfolger Lara Bonillas im Amt des Justizministers. »Und er traf sich mit ihnen, als Lara Bonillas Leiche noch nicht einmal kalt war.«

Parejo ehrte seinen Kollegen und Freund, indem er die ersten Auslieferungsanträge gegen kolumbianische Staatsangehörige – unter anderem Carlos Lehder – bewilligte. Escobar hingegen war weniger daran interessiert, Lara Bonillas Andenken zu bewahren, und als Betancur ein Denkmal für seinen ehemaligen Minister errichten ließ, befahl Escobar seinen Männern, es in die Luft zu sprengen.

Der Chef der panamaischen Streitkräfte, Manuel Noriega, ignorierte die Anwesenheit von Escobar und seinen Freunden in Panama im Austausch gegen regelmäßige Zahlungen für den Transfer von Drogen durch das Land.

Umgeben von Bodyguards und glamourösen Frauen, zogen Escobar & Co. jedoch bald die Aufmerksamkeit der US-amerikanischen Behörden auf sich, die in Panama Militärbasen unterhielten, um den Kanal zu sichern. Noriega befand sich als CIA-Informant auf ihrer Lohnliste.

Auf Druck seiner US-amerikanischen Geldgeber ließ Noriega seine Truppen 16 000 Fässer Äther beschlagnahmen, die für ein riesiges neues Kokainlabor im Darien Gap bestimmt waren. Das Kartell hatte die Einrichtung des Labors zur Bedingung für die 5 Millionen Dollar gemacht, die es bereit war, Noriega für ihre Duldung in Panama zu zahlen. Das Ergebnis war eine Konfrontation mit dem panamaischen Führer, in der es keine Sieger gab.

Aus Furcht, von ihrem doppelzüngigen Gastgeber betrogen zu werden, floh Juan David Ochoa nach Brasilien, sein Bruder Jorge nach Spanien, andere gingen

Oben: Das Begräbnis von Rodrigo Lara Bonilla im Mai 1984. – ▶
Unten: Die ihm gewidmete Statue wurde wenige Monate nach ihrer Enthüllung im November 1986 von Pablos Männern in die Luft gesprengt.

LARA BONILLA RODRIGO.- Escenas del desfile de condolencia, en el Capitolio Nacional, durante la velación del Ministro de Justicia.   May. 2/84. Pág. 5-A.

LARA BONILLA RODRIGO.- Desconocidos robaron el busto del ministro asesinado. Nov. 15/86. Pág. 3- BTA.

nach Mexiko oder zurück nach Kolumbien, während Escobar und Gacha sich nach Nicaragua aufmachten, wo sie Kontakte zur linksgerichteten Regierung der Sandinisten hatten.

Nicaragua

Die Versuche, mit Unterstützung der sandinistischen Regierung in Nicaragua eine Kokainproduktion aufzubauen, hatten eine Undercover-Aktion der USA zur Folge, die beinahe zur Ergreifung von Escobar und Gacha geführt hätte.

Barry Seal, ein US-amerikanischer Pilot, der damit prahlte, zwischen 1981 und 1983 100 Millionen Dollar mit dem Schmuggel von 30 000 Kilo Kokain für die Ochoa-Familie verdient zu haben, war, nachdem man ihn in Miami verhaftet hatte, von der DEA umgedreht worden und arbeitete danach für die Amerikaner als Undercover-Agent.

Am 25. Juni 1984 fotografierte er mit einer verborgenen Kamera, wie Escobar und Gacha ein für die USA bestimmtes Flugzeug mit Kokain beluden.

Escobar behauptete stets, die Fotos seien gefälscht, und sagte gegenüber dem Journalisten Germán Castro Caycedo: »Ich habe in meinem Leben niemals irgendetwas eingeladen. Ich bin doch kein ungelernter Handlanger. Ich bin ein Capo. Und außerdem, in Nicaragua ist nie Kokain verladen worden. Niemals.«

Die Fotos und Seals Aussage bildeten die Grundlage für die ersten Anklagen gegen Escobar, Gacha und Jorge Ochoa in den USA. Ein zweites Treffen zwischen Seal und den kolumbianischen Capos war für den 17. Juli in Mexiko geplant, wo die DEA Escobar und Gacha festzusetzen hoffte, um sie in die USA zu bringen und dort vor Gericht zu stellen.

Seal war bereits auf dem Weg zu der geheimen Landebahn, als die Operation abgeblasen wurde. Einzelheiten waren an die *Washington Times* durchgesickert, die mit diesen Informationen die Trommel für eine US-amerikanische Unterstützung der Contras rühren wollte, den von der CIA unterstützten Rebellen, die die sandinistische Regierung in Nicaragua bekämpften. Oberstleutnant Colonel Oliver North, Berater des Nationalen Sicherheitsrates unter Präsident Reagan, der die illegale Finanzierung der Contras koordinierte, wird seit langem verdächtigt, der Informant gewesen zu sein.

»Die Fotos dienten dazu, einen Skandal zu kaschieren, der längst gewaltige Dimensionen angenommen hatte«, erklärt Escobars Vetter Jaime. »Kolumbiani-

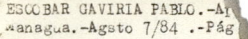
ESCOBAR GAVIRIA PABLO.-A[...]ua dirigiendo un embarque de 1.500 kilos de cocaina en el aeropeurto de
...anagua.-Agsto 7/84 .-Pág[...]

Das Foto der DEA, das angeblich Pablo und José Gacha zusammen mit einem hohen Führer der sandinistischen Regierung am 25. Juni 1984 bei der Verladung von Kokain in Nicaragua zeigt. Pablo behauptete immer, er habe nie Kokain verladen.

sches Kokain wurde von Ausländern dazu benutzt, die Sandinisten zu finanzieren, und dasselbe Kokain diente auch dazu, die Feinde der Sandinisten zu unterstützen. Ich meine, das kolumbianische Kokain hat die Kriege und Konflikte der Region finanziert.«

Erneut sah sich Escobar gezwungen, aus seinem ausländischen Versteck zu flüchten. Diesmal beschloss er, nach Kolumbien in sein geliebtes Medellín zurückzukehren, wo er sich am wohlsten fühlte. Er sollte es nie wieder verlassen.

Letztlich rechnete das Medellín-Kartell auch mit Barry Seal ab. Am 19. Februar 1986 spürten sie ihn in Baton Rouge, Louisiana auf. Vor dem Wohnheim der Heilsarmee, wo er aufgrund seiner Bewährungsauflagen übernachten musste, gaben kolumbianische Killer sechs tödliche Schüsse auf ihn ab.

Die Extraditables –
die, die ausgeliefert werden können

Die Bemühungen der USA, Escobar während seiner kurzen Aufenthalte in Panama und Nicaragua habhaft zu werden, veranlassten ihn, wieder nach Hause zurückzukehren und den Kampf um seine Zukunft dort aufzunehmen, wo er sich am wohlsten fühlte, in Medellín.

Das Misstrauen gegenüber seinen ausländischen »Gastgebern« und seine erfolglosen Versuche, die juristischen Probleme auszuräumen, mit denen er sich nach der Ermordung von Lara Bonilla konfrontiert sah, trieben Escobar dazu, in seiner Auseinandersetzung mit den kolumbianischen Behörden in die Offensive zu gehen.

Am meisten fürchtete er immer noch, an die USA ausgeliefert zu werden, zumal Barry Seals Aussage den US-Behörden das nötige Beweismaterial geliefert hatte, um gegen führende Mitglieder der kolumbianischen Mafia Auslieferungsanträge zu stellen.

Enrique Parejo erinnert sich, dass er das US-amerikanische Auslieferungsersuchen gegen Pablo Escobar unterschriftsreif vorliegen hatte und sofort unterzeichnet hätte, sobald man ihn verhaftet hätte. »Uns lag ein Ersuchen vor, und wir hatten einen Haftbefehl. Hätten wir ihn festgenommen, hätten die USA ihren Antrag formell stellen können.« Während seiner Amtszeit als Justizminister unterzeichnete Parejo dreizehn Auslieferungsersuchen, darunter das gegen Carlos Lehder.

War er angesichts der drückender werdenden Beweislast gegen ihn noch nicht besorgt genug, so führte die Auslieferung der ersten Kolumbianer im Januar 1985 Escobar die Dringlichkeit seiner Lage vor Augen.

Laut Popeye war die Auslieferung »für Pablo das Schlimmste, was er sich vorstellen konnte, etwas Brutales, das seine gesamte Vorstellung vom Menschen, seiner Heimat und seinen eigenen Wurzeln aus den Angeln hob. Die Familie muss darunter leiden. Alle Welt glaubt, leiden würden nur die Leute, die die Drogen konsumieren, doch wir Schmuggler, wir Banditen, wir haben auch Familie. Wir haben Kinder von vielleicht fünf, sechs Jahren, die uns bewundern und nicht wissen, dass ihr Vater ein Bandit ist. Sie wissen noch gar nichts. Deshalb leiden wir alle.«

Hernán Botero, der Besitzer von Atlético Nacional, Medellíns erfolgreichstem Fußballclub, wurde als einer der Ersten unter dem Vorwurf der Geldwäsche in Ketten gelegt und in die USA ausgeflogen. Dann schürten die Festnahmen von Jorge Ochoa, einem Mitglied des Medellín-Kartells, und von Gilberto Rodríguez

LOS EXTRADITABLES

**Preferimos una tumba en Colombia,
A un calabozo en los Estados Unidos**

LOS EXTRADITABLES
AL PUEBLO DE COLOMBIA:

1. Que hemos ordenado a líderes de los barrios populares la toma
de rehenes de miembros de la oligarquía tradicional, especialmente
de aquellos que no se han caracterizado nunca por realizar obras
sociales en favor de la comunidad o de las personas desprotegidas.

2. Que los fondos obtenidos como fruto de estas acciones militares,
serán utilizados en un cincuenta por ciento para la financiación de
la guerra declarada por la oligarquía política y el otro cincuenta por
ciento en la construcción de vivienda popular para los desamparados.

3. Que esta medida se toma como respuesta a la persecución oficial
contra nuestras familias y organizaciones.

4. Que durante más de seis años, hemos estado llamando a la paz; pero
sólo hemos obtenido como respuesta las antijurídicas y clandestinas
extradiciones y los atropellos.

5. Que seguimos dispuestos al diálogo, como el pueblo de Colombia lo
pide y lo desea.

6. Que no bajaremos la bandera y doblaremos nuestra lucha para sorpre
sa de un gobierno pro-imperialista y antipatriótico, que se autoprocla
ma victorioso.

7. Que luchamos por nuestra familia, nuestra libertad, nuestra vida
y nuestros derechos de nacionalidad y de patria.

LOS EXTRADITABLES

ESCOBAR GAVIRIA, PABLO._   Habitación en la que se encontraba Gaviria, capo del cartel de Medellín, antes de la 11 llegada de los miembros del Cuerpo Elite.-   Nov 25/89   Pág 12-A

Pablos Bett in einem seiner Unterschlupfe. Das Flugblatt auf dem Nachttisch verkündet: »Auslieferung ist Gewalt«. Die Gegenstände wurden bei einer Razzia 1989 gefunden.

Orejuela, einem Führer des rivalisierenden Cali-Kartells, im März 1985 in Spanien seine Ängste.

Als Reaktion darauf vereinte er seine Kollegen vom Medellín-Kartell unter dem Banner der »Extraditables«, einer Organisation, die eine bis dahin nie da gewesene Mordwelle auslöste und die kolumbianische Gesellschaft, besonders aber die Mitglieder der Justiz terrorisierte.

»Am Anfang waren die Extraditables eine absolut geheime Organisation, die von Mitgliedern des Medellín-Kartells gegründet, geführt und finanziert wurde«, erläutert Popeye, der zu einem der Schatzmeister der neuen Gruppe ernannt wurde.

Eine im Januar 1990 von den Extraditables veröffentlichte Erklärung, in der sie die Entführungen hochgestellter Persönlichkeiten als »Antwort auf die offizielle Verfolgung unserer Familien und Vereinigungen« (Punkt drei) rechtfertigen. Das Logo tauchte erstmals im November 1986 auf und zeigt einen gefesselten Hernán Botero mit zwei Landsleuten; die ersten Kolumbianer, die in die USA ausgeliefert wurden. Die Unterzeile lautet: »Lieber ein Grab in Kolumbien als eine Zelle in den USA«.

»Sie wurde von Pablo Escobar, dem Oberboss gegründet, zusammen mit dem Mexikaner Gacha und Kiko Moncada, der als Finanzier auftrat. Negro Galeano und Albeiro Areiza zählten ebenfalls zu den Gründungsmitgliedern.«

»Im ersten Jahr«, so Popeye weiter, »geschah alles im Geheimen, die Attentate, die Entführungen, die Morde. Gegenüber der Justiz agierte man gesichtslos, doch jeder wusste, wer dahintersteckte.«

Nachdem 1986 weitere achtundzwanzig Kolumbianer ausgeliefert worden waren, fügte Escobar der Ermordung und den Entführungen von Richtern, Polizisten, Armeeoffizieren, Journalisten und Politikern eine weitere makabre Note hinzu.

Da er die Bedeutung der öffentlichen Meinung kannte, veröffentlichte er Presseerklärungen, garniert mit einem Briefkopf, den drei in Ketten gelegte Kolumbianer zierten. Dazu unterzeichneten die Extraditables ihre Drohungen mit den Worten: »Lieber ein Grab in Kolumbien als eine Zelle in den USA.«

Die Erklärungen wurden von Escobar selbst verfasst und von El Poeta sorgfältig redigiert, um peinliche Rechtschreib- oder Grammatikfehler zu eliminieren. Sie wurden eingesetzt, um die Verantwortung für Mordanschläge zu übernehmen und weitere Drohungen auszustoßen. Das erste Kommuniqué, das die wesentlichen Ziele der Extraditables postulierte, wurde am 15. November 1986 veröffentlicht.

Laut Rafael Pardo, dem Sicherheitsberater und späteren Verteidigungsminister der Regierung Gaviria, verschafften diese Erklärungen und die mit ihnen einhergehende Gewalt Escobar einen Vorteil im Kampf um die öffentliche Meinung.

»Pablo Escobar kombinierte die Gewalt, das heißt ihre Androhung oder Aussetzung, mit einer Strategie, die den Terror maximierte«, schrieb Pardo. »Die offiziell anmutenden Erklärungen, in denen die Verantwortung für die Gewalttaten übernommen wurde, verschafften den Extraditables in der Öffentlichkeit eine perverse Glaubwürdigkeit. Eine Person, die die Verantwortung für Gewaltakte übernimmt, wird – so zumindest die öffentliche Wahrnehmung – auch künftig ihre Drohungen wahrmachen. Escobars Erklärungen trugen seine Unterschrift und seinen Daumenabdruck. Das Bulletin und die Bombe erlangten oft höhere Glaubwürdigkeit als die Aussagen der Regierung.« (Pardo 2004)

Von 1985 bis 1988 konzentrierte sich die Auseinandersetzung auf die Einschüchterung der Justiz, um zu erzwingen, dass die Auslieferungen für verfassungswidrig erklärt wurden. Einer der Briefe an einen Richter, der das Schreiben öffentlich machte, verdeutlicht die tödliche Bedrohung, die von diesen Briefen ausging:

»Wir, die Extraditables, schreiben dir, weil wir wissen, dass du öffentlich und zynischerweise behauptet hast, die Auslieferungen stünden im Einklang mit der Verfassung ...

Wir suchen, erflehen oder erwarten kein Mitleid, denn das brauchen wir nicht. ELENDER SCHUFT. Wir VERLANGEN eine Entscheidung in unserem Sinne ...

Wir akzeptieren keine dümmlichen Ausreden, wir akzeptieren nicht, dass du dich krankschreiben lässt, wir akzeptieren nicht, dass du in Urlaub fährst, und wir akzeptieren auch nicht, dass du zurücktrittst ...

Wir schwören vor Gott und dem Leben unserer Kinder, dass du ein toter Mann bist, solltest du versagen oder uns verraten!!!«

Richter eliminieren

»Zuerst bietet die Mafia Geld, und wenn der Bestechungsversuch nicht akzeptiert wird, kommen die Drohungen, und wenn die nichts fruchten, werden die Leute von Killern exekutiert, die Maschinenpistolen, automatische Waffen und Handgranaten benutzen. Das sind die erschreckenden Perspektiven, denen unsere Richter sich gegenwärtig gegenübersehen, Erpressung und Bestechung, deren Zurückweisung einem Todesurteil gleichkommt, gegen das keine Berufung möglich ist und das sofort vollstreckt wird.«

Diese Zeilen schrieb der Herausgeber des *El Espectador* Guillermo Cano am 28. Juli 1985, fünf Tage nach der Ermordung von Tulio Castro. Man hatte ihn niedergeschossen, weil er wegen der Beteiligung an der Ermordung Lara Bonillas einen Haftbefehl gegen Escobar und Gacha erlassen hatte.

Um diejenigen Richter zum Schweigen zu bringen, die sich öffentlich für die Auslieferung starkmachten oder mutig genug waren, einen Haftbefehl gegen ihn auszustellen, bediente sich Escobar seiner Medellíner Bandenführer. Ricardo Prisco, der älteste von vier Brüdern, war der mächtigste dieser lokalen Gangsterbosse, und Escobar nutzte ihn häufig, um wichtige *vueltas* oder Aufträge ausführen zu lassen.

Prisco und seine Gang stammten aus den Slums im Norden Medellíns und wurden sowohl mit dem Mord an Castro in Verbindung gebracht als auch mit dem an Hernando Baquero, der zwei Jahre zuvor erschossen worden war.

Die Ermordung Baqueros, der zu den Richtern zählte, die die Auslieferungsgesetze mit formuliert hatten, war die erste in einer Welle von Morden, die unmittelbar mit den Auslieferungsabsichten in Verbindung standen.

»Zu erfahren, dass wieder ein Richter ermordet wurde, gehört fast zu den alltäglichen Nachrichten«, schrieb Cano. »Der anfängliche Protest und die Empörung sind leider einer allgegenwärtigen Gleichgültigkeit gewichen, was angesichts der unerträglichen Monstrosität dieser Verhältnisse nur zu verständlich ist.«

Viele Richter sahen sich gezwungen, Medellín fluchtartig zu verlassen, nachdem sie erfuhren, dass Kopfgelder in Höhe von 10 000 US-Dollar auf sie ausgesetzt waren und sie wiederholt Ziel von Mordanschlägen wurden. Margarita Yepes war eine der ersten sogenannten »gesichtslosen Richter«, deren Identität man verschleierte, um zu verhindern, dass die Mafia sich an denen rächte, die mit ihren Verbrechen befasst waren.

Am 28. Juli 1989 entkam sie dem ersten Mordanschlag, als bezahlte Killer im Zentrum von Medellín ihre Freundin und Kollegin, Richterin María Elena Díaz, ermordeten. An jenem Tag hatte sich Margarita Yepes entschieden, ausnahmsweise nicht mit ihrer Freundin zu fahren, mit der sie sich eine Polizeieskorte teilte. Weitere Anschläge auf sie folgten, da Yepes mit drei Fällen betraut war, die mit Escobar, Gacha und deren Partner Fidel Castaño in Verbindung gebracht wurden.

Im Juli 1990 zwang eine Autobombe, die zwei Blocks von ihrem Haus entfernt detonierte, sie zum Umzug nach Bogotá. Die Regierung ergriff einschneidende Maßnahmen, um sie zu schützen, und richtete ihr ein kugelsicheres Büro im 10. Stock des DAS-Hauptquartiers ein. Doch selbst als sie verbarrikadiert im Herzen der Geheimdienstzentrale saß, gelang es Escobar, zu ihr durchzudringen. Wenn auch nur per Telefon. Eines Abends erhielt sie, nachdem sie einmal mehr einen Haftbefehl gegen ihn unterzeichnet hatte, einen Anruf, der sie erschauern ließ.

»Um ein Uhr in der Früh – damals gab es noch keine Mobiltelefone – erhielt ich einen Anruf von Pablo Escobar. Er sagte: ›Magarita Yepes, ich weiß, wo du wohnst, ich habe dich gefunden, und du weißt, was mit dir geschehen wird.‹«

Nachdem sie zwei Jahre eingesperrt in einem zellenartigen Wohnbüro zugebracht hatte, wurde sie wenigstens vorübergehend erlöst und zum Dank für ihre Dienste zur Vizekonsulin in der kolumbianischen Vertretung in Detroit ernannt. Doch ihr Fall war außergewöhnlich, und die Regierung konnte wenig unternehmen, um allen Richtern, die der Mafia die Stirn boten, ähnlichen Schutz zu gewähren. Viele waren deshalb gezwungen, ins Exil zu gehen.

Oben: Richterin María Elena Díaz, ermordet in Medellín am 28. Juli 1989. –
Unten: Richter Tulio Castro, ermordet in Bogotá am 23. Juli 1985.

DIAZ PEREZ, MARIA HELENA.- Juez asesinada en Medellín.- Agosto 1/89 Pág 13-A.

CASTRO GIL, TULIO MANUEL.- Juez Primero Superior, asesinado el martes en la noche. Jul. 25-85 Pág. 1-A

100%
GUIA = CASTRO
GENERAL

JUL 27 10 38 AM 87

49 %

1-A

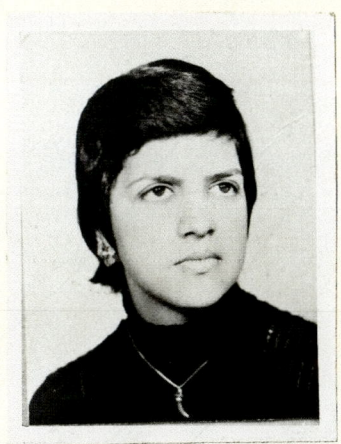

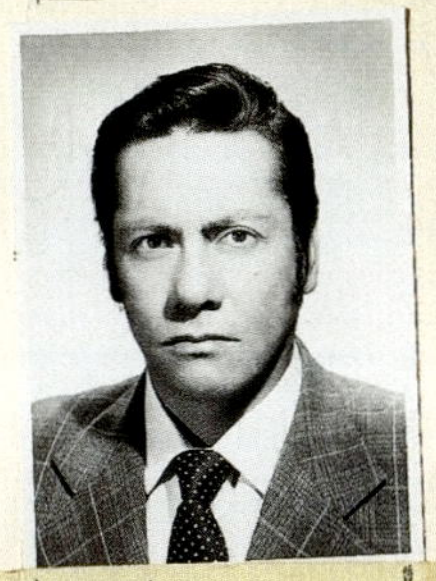

Ricardo Prisco, einer der Killer des Medellín-Kartells Anfang der Achtziger.

Ricardo Prisco nach seiner Festnahme 1988.

Justizpalast

Ende 1985 waren die rechtlichen Eingaben gegen das Auslieferungsgesetz beim Obersten Gerichtshof angekommen. Und die höchsten Richter des Landes sahen sich einer beispiellosen Welle von Drohungen und Einschüchterungen gegenüber, da die Drogenmafia versuchte, Einfluss auf das Urteil über die Verfassungsmäßigkeit des Gesetzes zu nehmen.

Am 6. November um 11:40 Uhr musste das kolumbianische Rechtssystem den bis dahin verheerendsten Schlag hinnehmen. Fünfzig bewaffnete Männer, die der Guerillabewegung M-19 zugerechnet wurden, besetzten den Justizpalast, in dem der Oberste Gerichtshof seinen Sitz hatte. Die beispiellose Tat erschütterte die Nation und ist bis heute nicht vollständig bewältigt.

Während der sechsundzwanzigstündigen Belagerung verloren mehr als hundert Menschen ihr Leben, darunter auch der Präsident des Obersten Gerichtshofes, Alfonso Reyes Echandía, sowie elf der vierundzwanzig höchsten Richter des Landes. Die Kolumbianer konnten live am Fernseher verfolgen, wie Regierungstruppen das Gebäude stürmten, das gegenüber dem Präsidentenpalast lag. Das Bild eines Panzers, der sich die Treppen des Justizpalasts hinaufwälzt, während aus den oberen Geschossen Rauch dringt, hat sich ins kollektive Gedächtnis der Nation eingegraben und wurde zum Symbol des Kampfes um das Auslieferungsgesetz.

»Der Angriff stand in direktem Zusammenhang zu der wichtigsten Frage, die das Gericht beschäftigte: der Verfassungsmäßigkeit des Auslieferungsgesetzes, das der Regierung erlaubte, die Auslieferungen als Maßnahme im Kampf gegen den Drogenhandel einzusetzen«, sagt Humberto Ballén, eines der beiden Mitglieder des Obersten Gerichtshofes, die dem Feuersturm entkamen. Er überlebte den Kugel- und Granatenhagel, indem er sich unter den Leichen verbarg und sich tot stellte.

»Die kamen direkt in den vierten Stock, wo die Büros lagen, in denen die Auslieferungsakten aufbewahrt wurden«, sagt Enrique Parejo, der 1985 Justizminister war. »Die wussten das, und sie nahmen die Richter des Strafgerichtshofs und die Verfassungsrichter als Geiseln, weil die mit der Auslieferungsfrage befasst waren.«

Die Besetzung des Justizpalastes war die erste Aktion, bei der die kolumbianische Guerilla und die Drogenschmuggler gemeinsame Sache machten.

Popeye erinnert sich: »Pablo sagte ihnen, wenn ihr den Justizpalast besetzt,

Am 6. November 1985 stürmte ein Kommando der Guerilla-Gruppe M-19
den Obersten Gerichtshof in Bogotá. Escobars Leibwächter Popeye behauptet,
Pablo habe zwei Millionen US-Dollar für den Angriff bezahlt und hätte zehn Millionen
bezahlt, wenn das Auslieferungsabkommen außer Kraft gesetzt worden wäre.

.- PALACIO DE JUSTICIA.- Algunas de las personas que se encontraban en el Palacio de Justicia en el momento de ser rescatados por la tropas del Ejército! Nov. 7-85 Pág. 14-A

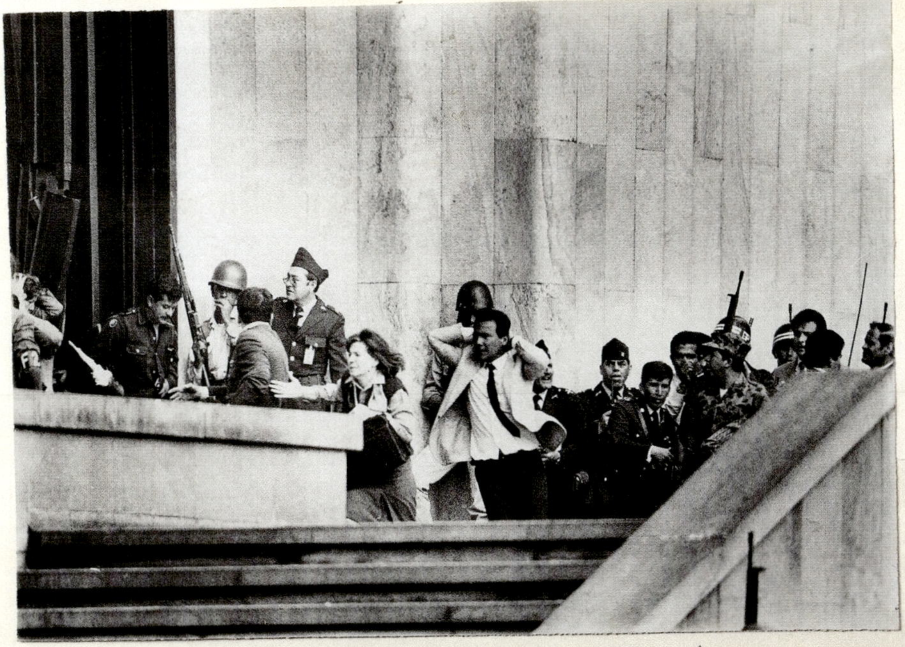

3 col Entre los rehenes 7/14

PALACIO DE JUSTICIA.- urante el asalto al Palacio. Nov. 8/85. Pág. 3-A.

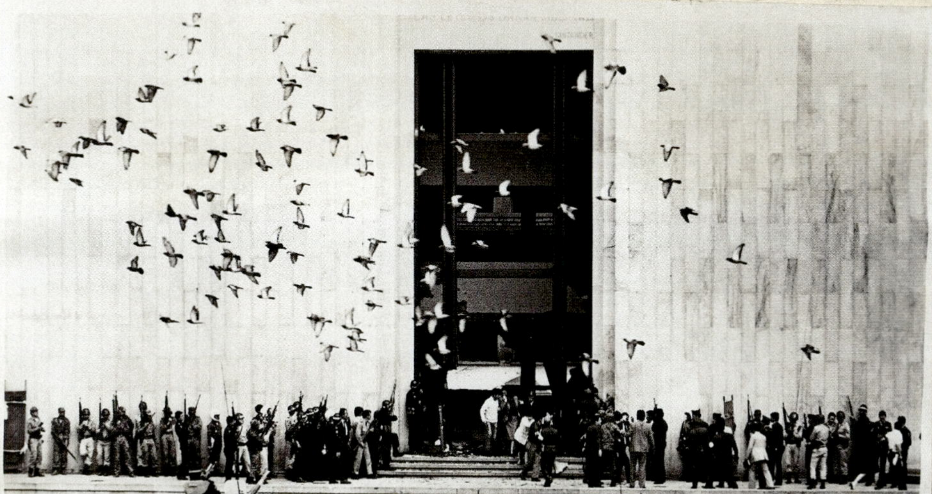

100% Judicial Gía: Puerta.

müsst ihr die ›Auslieferung Nein‹-Flagge hissen. Für die Aktion erhielt die M-19 zwei Millionen Dollar, und wäre es zu Verhandlungen gekommen und die Auslieferungen wären ausgesetzt worden, hätten sie fünf oder zehn Millionen erhalten.«

Für die M-19 war es der Anfang vom Ende, da zahlreiche ihrer Führer im Zuge der unerwartet brutalen Reaktion der Regierung den Tod fanden. Escobar dagegen ging gestärkt aus dem tragischen Konflikt hervor.

»Pablo hat davon profitiert«, behauptet Popeye. »Warum hat er davon profitiert? Weil er die Richter eliminierte, Pablo profitierte davon, weil die Justiz einen furchtbaren Schlag erlitt, er profitierte davon, weil die Beweise, die sich im Palast befanden, vernichtet wurden, und schließlich profitierte er auch noch, weil er demonstrierte, dass das Land verwundbar ist. Eine Gruppe von Leuten kann den Justizpalast besetzen und das Gerichtssystem des Landes vernichten, und Pablo ergötzt sich daran, weil er allen zeigt, dass das Land in seinen Grundfesten erschüttert werden kann.«

In den Nachwehen der Attacke erlebten das Land und das Justizsystem ihren Tiefpunkt. »Das war eine brutale, abscheuliche Tat, kriminell und ungerecht, die Schrecken nicht nur unter den Richtern verbreitete, sondern im ganzen Land«, sagt Humberto Ballén.

Laut César Gaviria reagierte das Land »mit Entschlossenheit und Härte auf diese terroristischen Anschläge, was logisch war, weil es ja tatsächlich ein schreckliches Verbrechen war, im klassisch spanischen Sinne *formidable*, sprich furchterregend. Es verbreitete Angst und Schrecken.« Er glaubt, dass die jahrelangen Drohungen und Morde, deren Höhepunkt der Angriff auf den Justizpalast war, das Rechtssystem in die Knie gezwungen habe.

Gaviria war in der Regierung von Virgilio Barco von 1986 bis 1989 Finanz- und Innenminister, bevor er 1990 selbst Präsident wurde. »Escobar war ein Meister der Drohungen und Einschüchterungen. Er ermordete Polizisten, Richter, Staatsanwälte. Ich meine, er brachte das gesamte politische System an den Rand des Abgrunds.«

Die Attacke auf den Justizpalast half Escobar, zwei wichtige Ziele zu erreichen: Er selbst blieb ungeschoren, und die Auslieferungen wurden beendet. Am 12. Dezember 1986 erklärten die neu ernannten Mitglieder des Obersten Gerichtshofes das Auslieferungsabkommen für nicht anwendbar, da der damalige Präsident Julio Turbay es nicht unterzeichnet hatte. Als Reaktion darauf unterschrieb nun der amtierende Präsident Barco das Abkommen. Dennoch war es kein effektives Instrument, und da die Reihen der Justiz empfindlich dezimiert waren, blieb es den Politikern und Teilen der Medien überlassen, den Kampf um die Auslieferungen wieder aufzunehmen.

»Die Justiz war sehr geschwächt«, erklärt Gaviria. »Ehe wir in der Verfassung von 1991 das Amt des Generalstaatsanwalts verankerten, war es unmöglich gewesen, auch nur eine dieser Personen anzuklagen oder ins Gefängnis zu stecken. Es war fast schon unmöglich, eine Vorladung zu erwirken, und manchmal musste während Barcos Amtszeit der Präsident selbst die Zeugen vernehmen.«

El Espectador

Einer der entschiedensten Verfechter der Auslieferungspraxis war Guillermo Cano, der Besitzer und Herausgeber des *El Espectador*. Unter Canos Führung entwickelte sich die Zeitung zum hartnäckigsten Kritiker des korrumpierenden Einflusses, den die Narco-Dollars auf die Politik und die Gesellschaft Kolumbiens ausübten.

»Diese finsteren Gestalten haben ein Reich der Unmoral geschaffen«, schrieb Cano in einem seiner sarkastischen Leitartikel. »Es ist ihnen gelungen, die apathischen Repräsentanten des Staats zu Narren zu machen, indem sie sie mit Zuwendungen und Schmiergeldern überschütteten, während eine feige und nicht selten ruhiggestellte Masse untätig zusah, sich mit Hoffnungen begnügte und sich vom Jet-Set-Leben der Drogenbarone unterhalten ließ.«

Fabio Castillo, der damals Mitte zwanzig war, erinnert sich, wie begeistert er von der Entschlossenheit seines Chefs war. »Unser Blickwinkel war immer zugleich politisch, rechtlich und wirtschaftlich. Guillermo verstand die Vorgänge, durch die das politische Geschäft allmählich von der Mafia bestimmt wurde.«

Als Reaktion darauf entschied die Redaktion, mit einem Artikel, der auf Escobars frühere Verwicklungen in den Drogenhandel Bezug nahm, die Büchse der Pandora zu öffnen. Beim Stöbern in den Archiven war Cano auf einen Artikel gestoßen, der über Escobars Festnahme wegen Drogenschmuggels im Jahr 1976 berichtete. Cano publizierte die Einzelheiten der Festnahme auf der Titelseite wenige Tage nach der Debatte mit Lara Bonilla am 25. August 1983. Später berichtete das Blatt zudem über den Tod der beiden DAS-Beamten, die Escobar festgenommen hatten. Die Artikel setzten Escobars gerade erblühender politischer Karriere ein abruptes Ende. Dennoch hatte niemand mit dem Furor gerechnet, der daraufhin über die Zeitung hereinbrach.

Castillo erinnert sich: »Es war eine Geschichte wie andere auch. Nichts Besonderes. Wir hatten nur ein Foto entdeckt, das wir mit der Unterzeile veröffentlichten: ›Pablo Escobar mit Kokain! Und diese Person sitzt im Kongress?‹ Da begannen die Drohungen.«

»Es war wirklich ein hässlicher Moment, als das im *El Espectador* erschien«, sagt Escobars Schwester Luz María. »Meine Mutter weckte daraufhin Pablo und verlangte eine Erklärung von ihm. ›Steh auf Pablo, ich habe mit dir zu reden‹, hat sie ihn angeherrscht.«

Von seiner Mutter zur Schnecke gemacht, unternahm Escobar den hilflosen Versuch, alle Exemplare der Zeitung in Medellín aufkaufen zu lassen.

Doch seine politischen Ambitionen waren bereits zerschellt, und schlimmer noch – seine Mutter war erbost. Deshalb setzte er alles daran, den *El Espectador* zu vernichten. Wie bei vielen seiner persönlichen Rachefeldzüge machte er seine Widersacher dafür verantwortlich, die Fehde vom Zaun gebrochen zu haben.

»Cano hatte ihn einen Kriminellen genannt«, erzählt El Poeta. »Das löste den Konflikt aus. Von da an herrschte Krieg zwischen ihnen.«

»Er begann mit Drohungen und übte wirtschaftlichen Druck auf das Blatt aus«, erinnert sich Castillo. »Die arme Rezeptionistin erklärte: ›Ich habe fünfzig Anrufe erhalten, wo jemand sagte: ‚Das wird mit dir und deiner Familie passieren. Stirb. Schlampe.‘ Ich ertrage das nicht mehr.‹«

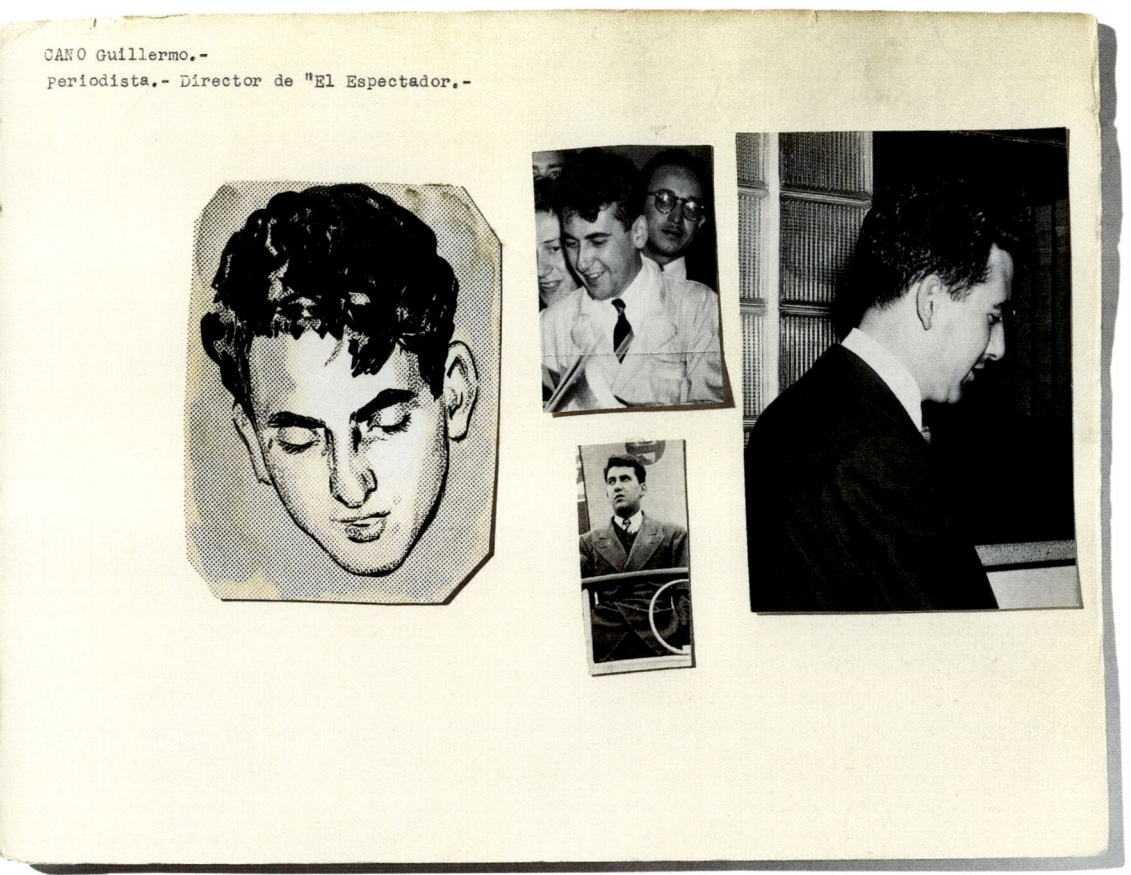

Bilder eines jungen Guillermo Cano, dem Herausgeber des *El Espectador*, der am 17. Dezember 1986 beim Verlassen seines Büros von gedungenen Killern ermordet wurde. Cano war als heftiger Kritiker des korrumpierenden Einflusses der Narco-Dollars auf die kolumbianische Politik und Gesellschaft in Erscheinung getreten.

EL ESPECTADOR.-Atentado. Sep. 2/89

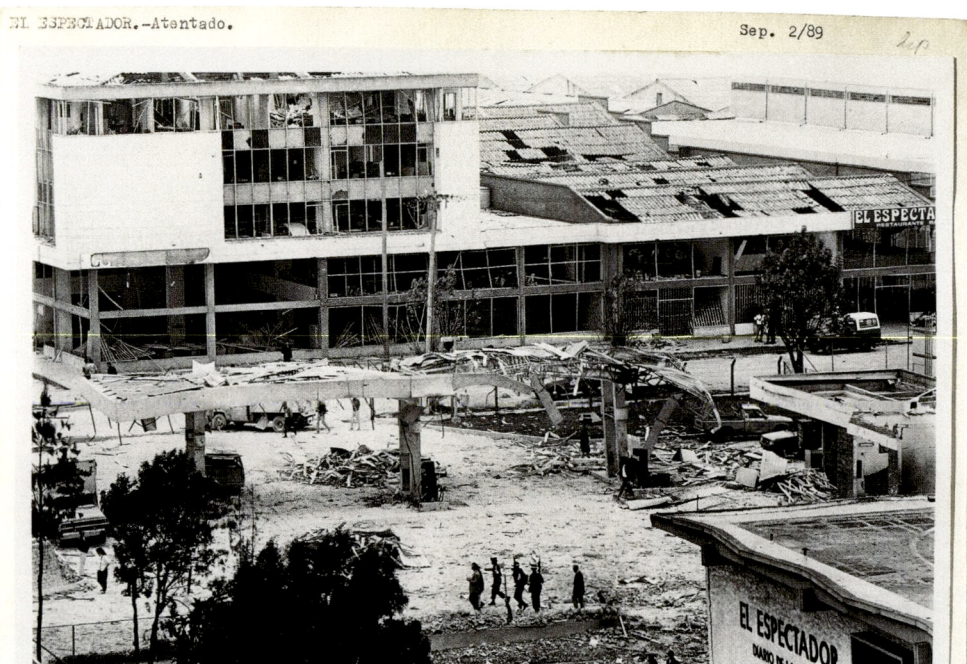

EL ESPECTADOR.- La bomba de hace un año. Sep. 2/90. Pág. 1-A.

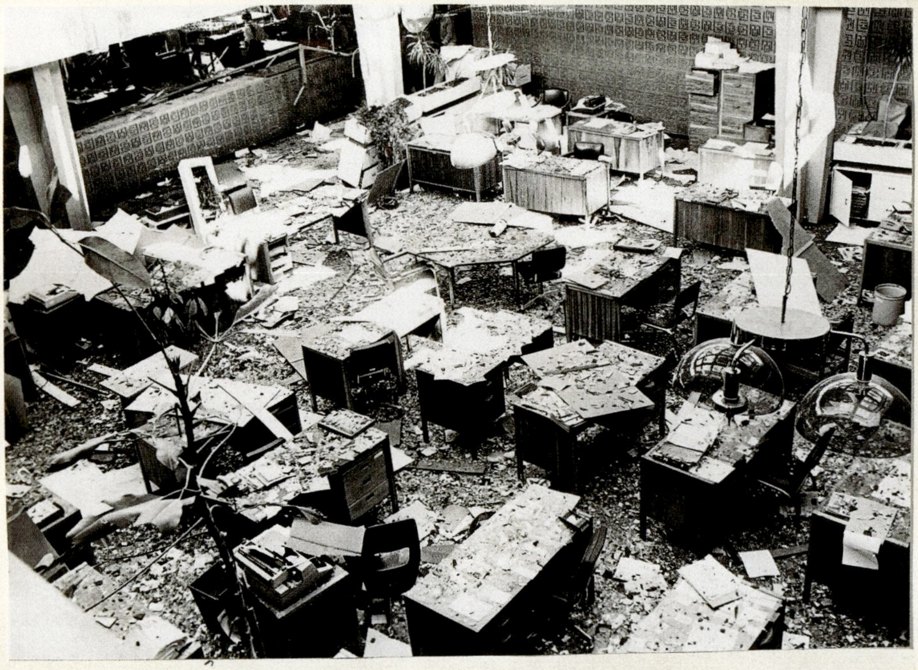

Doch im Gegensatz zu vielen Konkurrenten weigerte sich *El Espectador*, dem Druck Escobars nachzugeben. Cano richtete seine Leitartikel zunehmend nicht nur gegen den Drogenschmuggel, sondern gegen jene Elemente der Gesellschaft, die ihn tolerierten und davon profitierten.

Der Tod seiner Verbündeten verstärkte nur Canos Furor. »Eine heldenhafte und schmerzhafte Schlacht mag vielleicht verloren gegangen sein«, schrieb er nach Lara Bonillas Ermordung. »Aber nicht der Krieg.« Cano übernahm es nach dem Tod des Justizministers, weiter für das Auslieferungsgesetz einzutreten, und attackierte diejenigen, die dessen Abschaffung betrieben.

»Die Capos der Mafia verlachen unsere Richter und unser Rechtswesen. Und keiner von ihnen sitzt im Gefängnis. Dort finden wir nur die kleinen Schmuggler, die unumgänglichen Fußtruppen, die kleinen Fische, die für diese monströse Organisation keinerlei Bedeutung haben. Das Einzige, was diese Paten fürchten, ist die Justiz der Vereinigten Staaten, und deshalb führen sie unsere Behörden an der Nase herum und versprechen, sich zu stellen, wenn man ihnen garantiert, dass sie nicht ausgeliefert werden.«

Am 17. Dezember 1986 wurde Cano vor dem Gebäude der Zeitung in Bogotá niedergeschossen.

»Guillermo Cano ist wegen einer Schlagzeile gestorben, die er publiziert hatte«, behauptet Popeye. »Der Oberste Gerichtshof hatte das Auslieferungsgesetz für nichtig erklärt. Don Guillermo Cano war darüber sehr traurig. Später, als die Regierung die Auslieferungsverfahren auf Druck der Amerikaner wieder aufnahm, schrieb Cano: ›Regen verdirbt den Extraditables die Party!‹ Ich war damals bei Pablo Escobar. Er rief auf den Artikel hin ›El Negro‹ Pabón an. Die Nachforschungen waren bereits erledigt. Cano fuhr immer zu einer bestimmten Zeit mit seinem Kleinwagen aus der Garage des Zeitungsgebäudes. Sie exekutierten ihn, als er das Büro verließ.«

Sein Tod rief wie der von Lara Bonilla eine Welle öffentlicher Empörung hervor, doch die Justiz ging nur langsam und zögerlich gegen die Mörder vor. Wie bereits bei Lara Bonilla suchte Escobar auch Cano weit über den Tod hinaus heim und verfolgte die im Besitz der Familie befindliche Zeitung noch lange, nachdem Cano unter die Erde gekommen war.

Héctor Giraldo, der Anwalt, der die Zeitung während der Untersuchung von Canos Ermordung vertrat, wurde im März 1989 selbst umgebracht. Drei Monate später traf es den Richter Carlos Valencia, nur wenige Stunden nachdem er einen Haftbefehl gegen Escobar und Gacha wegen des Mordes an Cano erlassen hatte. Im September 1989 zerstörte eine Bombe die Büros der Zeitung in Bogotá.

Eine 100-Kilo-Bombe zerstörte im September 1989 die Redaktionsräume des *El Espectador*. Nach dem Mord an Herausgeber und Eigentümer Guillermo Cano versuchte Escobar die Zeitung in den Bankrott zu treiben.

»Wir legten Bomben, um die Werbekunden der Zeitung dazu zu nötigen, ihre Anzeigen zurückzuziehen«, erklärt Popeye. »Wir riefen bei einem Unternehmen an und sagten: ›Wir sind die Extraditables. Wenn ihr weiter im *El Espectador* inseriert, geht vor euren Büros eine Bombe hoch.‹ Die Extraditables wurden sehr, sehr ernst genommen, und deshalb zogen immer mehr Firmen ihre Anzeigen zurück. Das breitete sich schneeballmäßig aus und trieb die Zeitung in den Bankrott.«

Die Milchfläschchen-Morde

Oberst Waldemar Franklin Quintero wurde am 18. August 1989 in Medellín niedergeschossen. Er bezahlte mit dem Leben dafür, dass er Escobars Familie gegen sich aufgebracht hatte.

Quintero war zum Polizeichef von Medellín ernannt worden, um laut Popeye »den Polizeiapparat zu säubern«. Vor seinem Amtsantritt war dieser von Korruption durchzogen gewesen, und zahlreiche Polizisten arbeiteten nebenbei für das Kartell. Quintero zog von Beginn an andere Saiten auf. Nur zwei Wochen vor seinem Tod hatte er einen von Escobar und Gacha geplanten Anschlag auf den Präsidentschaftskandidaten Galán vereitelt. Doch sein Schicksal hatte der Polizeichef bereits Monate zuvor besiegelt.

»Das war eine widerwärtige Type«, sagt El Profe. »Natürlich hat die Polizei die Pflicht, Verbrecher zu verfolgen, aber er hat es übertrieben. Einmal hat er Pablos Frau Tata und ihre fünf Jahre alte Tochter festgenommen. Das Kind wollte sein Fläschchen, und er hat Tata nicht erlaubt, es ihm zu geben. So hat er sich sein ›Problem‹ mit Pablo eingehandelt.« Auch Gachas Sohn Freddy wurde unter Quintero festgenommen und verbrachte fast einen Monat im Gefängnis.

Escobar übertrug den Job seinem bevorzugten »Problemlöser« Pinina, der auch für die Ermordung Lara Bonillas verantwortlich zeichnete. Pinina wiederum gab den Auftrag an zwei seiner engsten Vertrauten, Pasquin und Julio Mamey, weiter.

»Zuerst versuchten sie, ihn mit einer Autobombe zu erledigen«, erinnert sich Popeye. »Doch stattdessen erwischten sie Antonio Roldán Betancur, den Gouver-

Oben: Oberst Waldemar Quintero, der am 18. August 1989 erschossen wurde, weil er offenbar untersagte, dass Escobars Frau ihrer Tochter das Fläschchen gab, während sie von der Polizei festgehalten wurden. – *Unten:* Antonio Roldán Betancur, Gouverneur von Antioquia und Freund von Escobar, der am 28. Juli 1989 versehentlich von Pablos Männern ermordet wurde, als sie seinen Mercedes in die Luft sprengten. Er fuhr das gleiche Modell wie Quintero.

MEDELLIN QUINTERO, Valdemar.- Coronel.   Nov. 27/86

8 ctmos de alto

1 col
PAG 12-A

ROLDAN ANTONIO:- Director de "Coldeportes-Antioquia", y su secretaria de Educación de Medellín, Doralba Barco Ruiz, cuando exponían ante los presidentes de ligas deportivas. Ed. Antioquia. Mar 8/79. Pág. 1-A.

125%
100%

1 col Pag 5
Medellin

neur von Antioquia, der überdies ein Freund von Pablo war.« Betancurs Fehler war es, im selben Mercedes-Modell, wie Quintero es besaß, an dessen Haus vorbeizufahren.

Popeye erinnert sich, dass Pasquin und Mamey, statt für ihren misslungenen Anschlag bestraft zu werden, die Chance erhielten, ihren Fehler wiedergutzumachen. »Pablo bedrohte seine Männer nicht, weil er uns ja brauchte. Er hat einfach gesagt: ›Jungs, ihr habt einen Fehler gemacht, ihr habt einen Freund von mir umgebracht. Erzählt mir, wie das passieren konnte.‹ Einem wie ihm kam man nicht mit halbgaren Erklärungen, also schilderten sie ihm genau, was geschehen war. Und Pablo war jemand, der keine großen Umstände machte. Er meinte: ›Was soll ich mich aufregen, das bringt den Gouverneur auch nicht zurück. Der Unfall ist passiert, und wenn ich meine Männer dafür bestrafe, bringe ich sie nur gegen mich auf.‹ Pablo wusste, dass der Terror ähnlich sensibel zu handhaben war wie eine eifersüchtige Frau. Mit Dynamit zu arbeiten, war schließlich kein Kinderspiel.«

Escobar versuchte, die Ermittlungen von sich abzulenken, und beauftragte Pasquin und Mamey, zwei verzichtbare Burschen aufzutreiben, denen man den Anschlag in die Schuhe schieben konnte. Wenn die den Verdacht auf Pablos Rivalen lenkten, würden ihre Familien zum Ausgleich finanziell entschädigt werden. Allerdings hatte der Polizeichef inzwischen herausgefunden, dass der Anschlag ihm gegolten hatte.

»Daraufhin verzichtete Quintero auf seine Leibwächter. Dieser Mann war unglaublich«, sagt El Chino, Escobars Freund und Fotograf. »Er wusste, mit welchem Feind er es zu tun hatte, und bewegte sich deshalb ohne Leibwächter. Er sagte: ›Wenn sie mich umbringen, sollen sie nicht noch andere erwischen.‹ Er war ein echter *verraco* – ein richtig harter Bursche.«

»Sein Tod versetzte der Polizei einen fürchterlichen Schlag«, sagt Hugo Martínez, der Chef der Sondereinheit Bloque de Búsqueda, die am Tag nach Quinteros Tod gebildet wurde, »denn Quintero war ein wirklich guter Mann.«

Laut Popeye markierte der Mord einen Wendepunkt in Escobars Beziehung zur Medellíner Polizei. »Damit waren die Flitterwochen beendet.«

Galán

Der Präsidentschaftswahlkampf von 1990 war der blutigste in der Geschichte Kolumbiens. Zwischen August 1989 und Mai 1990 wurden drei Kandidaten, darunter Galán, ermordet. Ein vierter Kandidat, César Gaviria, war offenbar das Ziel eines weiteren Anschlags, der zum Absturz einer Maschine der Fluglinie Avianca führte.

Obwohl der Führer der Paramilitärs, Carlos Castaño, naheliegendere Motive für die Ermordung von Galáns linksgerichteten Konkurrenten zu haben schien, bestehen wenig Zweifel, dass für den Mord an Galán Escobar und Gacha verantwortlich waren.

Der charismatische Führer des Nuevo Liberalismo galt als hoher Favorit für die Präsidentschaftswahl, doch je klarer sich sein Sieg abzeichnete, desto deutlicher wurde, dass Escobar und Gacha seinen Einzug in den Präsidentenpalast niemals zulassen würden.

»Er wusste, dass Pablo ihn ermorden würde, und bekundete das auch öffentlich«, sagt Galáns Witwe, Gloria Pachón de Galán.

Die Fehde der beiden reichte bis ins Jahr 1982 zurück, als Galán Escobar vor 5000 Anhängern aus dem Nuevo Liberalismo ausschloss, und Pablos Vetter Jaime zufolge besiegelte sein vehementes Eintreten für die Auslieferungen sein Schicksal: »Er wurde zu einem militärischen Ziel, weil er Präsident werden würde. Und sie wussten, dass dann die Auslieferungen in die Tat umgesetzt würden.«

Doch mit seiner Kritik am korrumpierenden Einfluss des Drogengeldes auf Politik und Gesellschaft machte Galán sich auch Feinde innerhalb des Establishments.

Die Partei des Nuevo Liberalismo war entschlossen, die Vetternwirtschaft, den Nepotismus und die Korruption zu beenden, die Kolumbiens politisches System durchwucherten. Für Galán waren die Drogenschmuggler nur die jüngsten Neuzugänge auf einer langen Liste reicher Kolumbianer, die sich von der politischen Klasse Gefälligkeiten erkauften.

»Galán gehörte zu einer neuen Generation, und auf seine Art verkörperte er das Projekt, gegen Drogenhandel und Korruption vorzugehen«, sagt der Journalist Castillo.

Der erste Versuch der Extraditables, Galán zu ermorden, wurde von Escobar organisiert. Prisco sollte ihn am 4. August 1989 während einer Rede an der Universidad de Medellín töten. Das Komplott wurde aufgedeckt, weil eine Frau die Polizei auf eine Gruppe Männer aufmerksam machte, die vor ihrem Haus mit

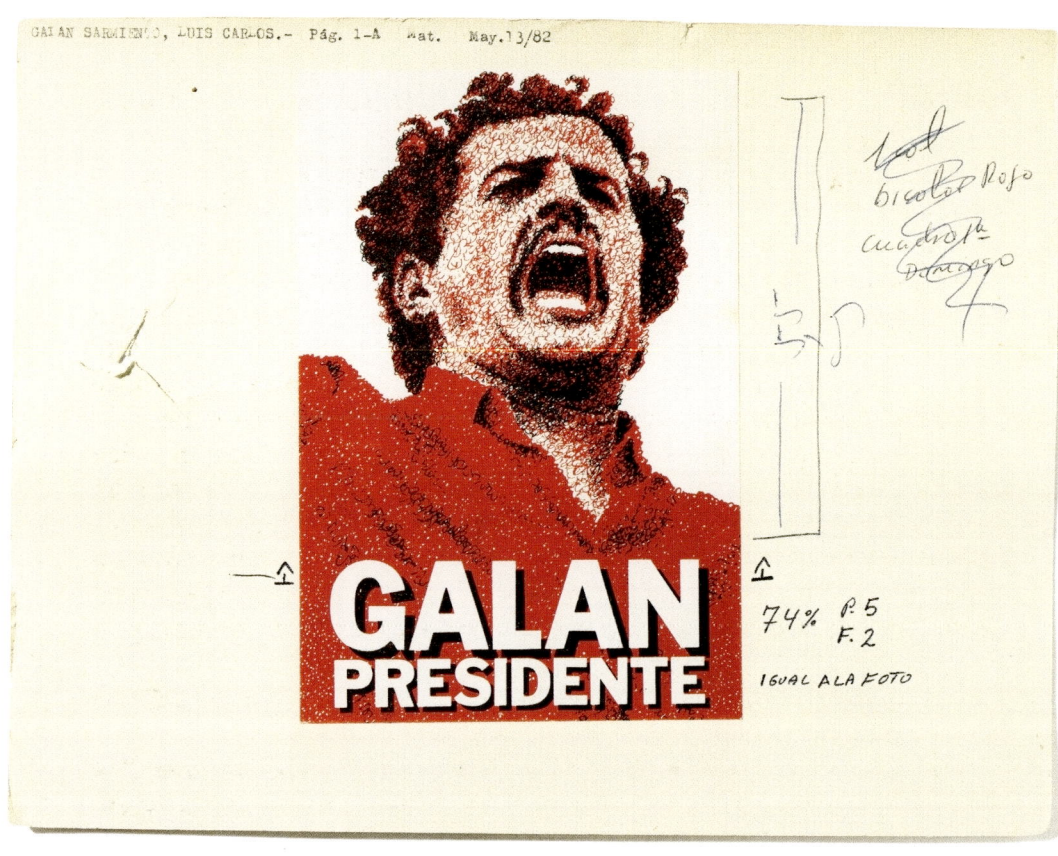

GALAN SARMIENTO, LUIS CARLOS.- Pág. 1-A Mat. May.13/82

GALAN
PRESIDENTE

74% P.5
F.2
IGUAL A LA FOTO

Wahlkampfplakat von Luis Carlos Galán aus dem Jahr 1989. Galán war ein erbitterter
Kritiker der Kartelle und wurde vor der Wahl erschossen.

einer Panzerfaust hantierten. Auf Escobars Befehl hin hatte man den Wagen, der
bei dem Attentat zum Einsatz kommen sollte, auf den Namen eines Führers des
rivalisierenden Cali-Kartells registrieren lassen.

Nach dem gescheiterten Attentat versuchte die in ständiger Furcht lebende
Familie Galáns, ihn zu überzeugen, an keinen öffentlichen Veranstaltungen
mehr teilzunehmen.

Indes erhielt Gacha die Aufgabe, den Job zu Ende zu bringen. Und am
18. August 1989 – am selben Tag, an dem auch Quintero starb – wurde Galán
auf dem Marktplatz von Soacha, einem Außenbezirk von Bogotá, niedergeschossen.

Seine Witwe beklagt, dass Maßnahmen zu seinem Schutz an jenem Abend
praktisch nicht existierten. »Es gab zwar jede Menge Leibwächter, aber in Soacha
waren nur wenige anwesend, da ein Großteil der Männer zur Überprüfung der

Örtlichkeit abkommandiert worden war, wo mein Mann am kommenden Tag sprechen sollte.«

Jaime Rueda Rocha, ein für Gacha arbeitender Söldner, führte zwei Gruppen von Attentätern an, die Ausweise bei sich trugen, welche sie als Mitglieder der Geheimpolizei auswiesen. Mit Unterstützung von zwei Männern aus Galáns Sicherheitsmannschaft gelang es, die insgesamt vier Gruppen unbehelligt unter die Teilnehmer der Kundgebung zu mischen. Um sicherzugehen, dass sie sich nicht gegenseitig erschossen, trugen die Killer weiße Hüte und versteckten ihre Maschinenpistolen unter Transparenten mit politischen Parolen. Eine Gruppe erwartete Galán auf dem Marktplatz, während eine zweite mit einer Panzerfaust am Ortsausgang wartete, sollte das Opfer entkommen. Nur wenige Sekunden nachdem Galán die Bühne betreten hatte, wurden er und der örtliche Vertreter der Partei des Nuevo Liberalismo von einer Salve aus Jaime Rueda Rochas Atlanta-Maschinenpistole niedergemäht. Gegen die von den Attentätern verwendeten Dumdum-Geschosse war Galáns kugelsichere Weste wirkungslos. So einfach wie sich die Mörder unter die Teilnehmer der Kundgebung geschmuggelt hatten, so einfach gelang ihnen auch die Flucht.

Die Familie wurde nicht müde, DAS-Chef Miguel Maza wegen seiner Rolle bei Galáns Tod zu kritisieren.

»Vor dem Attentat haben sie die Sicherheitskräfte verstärkt, aber der Chef der Bodyguards, der das Vertrauen der Familie besaß, wurde durch jemand anders ersetzt, was wir sehr merkwürdig fanden. Maza hat das immer verteidigt, aber wir sind überzeugt, dass das etwas mit dem zu tun hatte, was dann geschehen ist«, sagt Claudio Galán, der mittlere von Galáns drei Söhnen.

Die Ermittlungen, die folgten, wurden nur halbherzig geführt. Zwar wurden siebenunddreißig Personen verhaftet, aber viele von ihnen ließ man vier Jahre später frei, nachdem ihre Berufungsverfahren Erfolg gehabt hatten.

Jaime Rueda Rocha, sein Halbbruder José Rueda Silva sowie zwei weitere Komplizen wurden nach ihrer Freilassung ermordet, weil sie mit der Polizei kooperiert hatten.

Aus Angst um sein Leben hatte Rueda Silva seiner Mutter einen Brief geschrieben, in dem er die Ereignisse an jenem Abend schilderte. Seine Aussage deutet auf eine Verschwörung zwischen korrupten Politikern und der Mafia hin, um die Bedrohung, die Galán darstellte, zu beseitigen. Einen Monat nachdem er den Brief geschrieben hatte, war Rueda Silva tot.

»Das Medellín-Kartell hat eine Menge Leute exekutiert, Hunderte, doch der Mord, der das Land am meisten bewegte, war der an Luis Carlos Galán«, sagt Popeye. »Dieser Mord hat Kolumbien verändert.«

Von der Polizei erstelltes Organigramm, das alle Beteiligten an Galáns Ermordung 1989 zeigt. ▶
Gruppe 2 zeigt die vier Männer, die den Mord ausführten; die Männer der Gruppe 1 wurden fälschlicherweise verhaftet und erst nach vierjähriger Haft wieder freigelassen.

MAGNICIDIO DE L[...]

AUTOR[...]

CAR[...]

PABLO E. ESCOBAR G.

I[...]

NORBERTO HERNANDEZ ROMERO

AUTORES

GRUPO 1

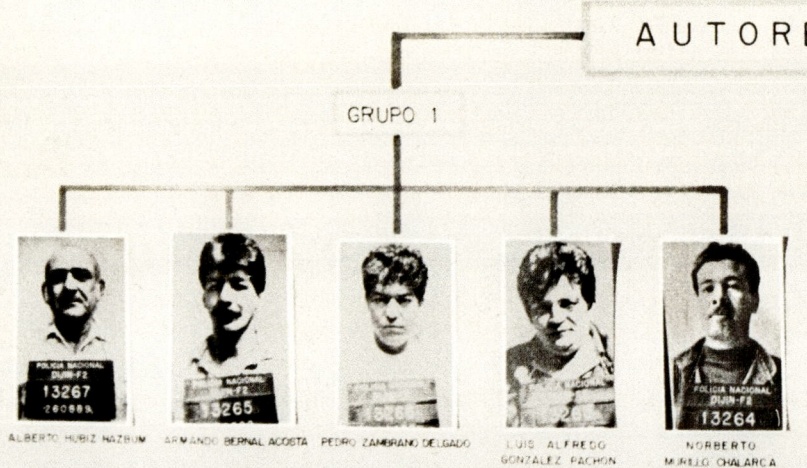

ALBERTO HUBIZ HAZBUM   ARMANDO BERNAL ACOSTA   PEDRO ZAMBRANO DELGADO   LUIS ALFREDO GONZALEZ PACHON   NORBERTO MURILLO CHALARCA   JAIME RUED[...]

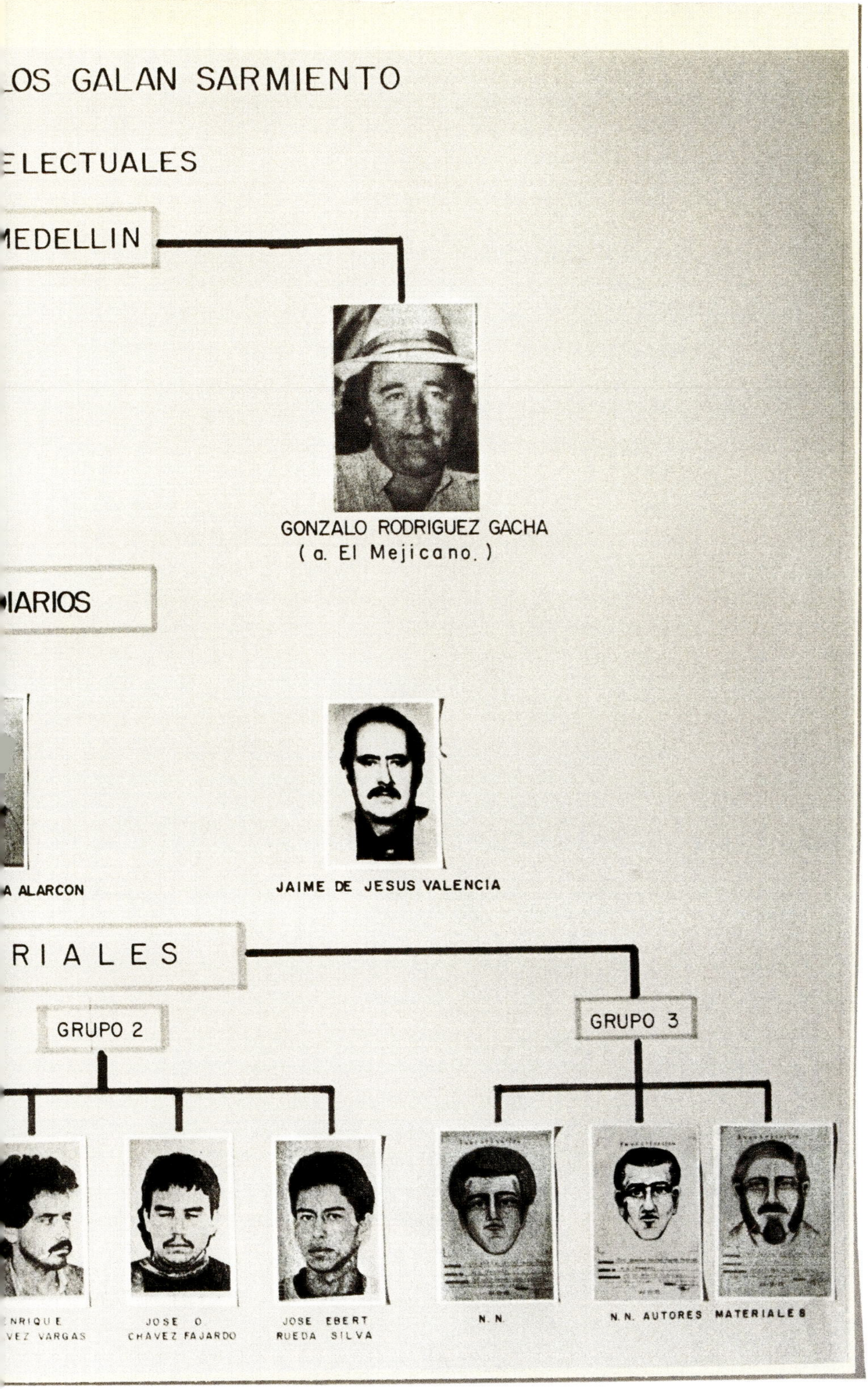

LOS GALAN SARMIENTO

ELECTUALES

MEDELLIN

GONZALO RODRIGUEZ GACHA
(a. El Mejicano.)

IARIOS

A ALARCON

JAIME DE JESUS VALENCIA

RIALES

GRUPO 2

GRUPO 3

ENRIQUE
VEZ VARGAS

JOSE O.
CHAVEZ FAJARDO

JOSE EBERT
RUEDA SILVA

N. N.

N. N. AUTORES

MATERIALES

»Danach gab es niemanden mehr, der die Fahne hochgehalten hätte«, sagt Fabio Castillo. »Sie hatten alle umgebracht. Die Einzigen, die übrig blieben, waren die Weicheier, die Unfähigen, die Korrupten oder die, die mit den Drogenschmugglern gemeinsame Sache machten.«

Galáns Witwe erinnert sich an die triumphierenden Gesichter einiger seiner Gegner. »Ende 1989, nach dem Tod von Luis Carlos, herrschte das Gefühl, dass die Drogenschmuggler gewonnen hatten, dass sie nicht nur den Kongress, sondern das ganze Land beherrschen konnten.«

In Kolumbien versucht man noch immer, das gesamte Ausmaß der Verschwörung zu ergründen. 2006 wurde Alberto Santofimio, einer von Galáns politischen Gegnern, verhaftet und als Drahtzieher des Attentats vor Gericht gestellt. Doch die Mühlen der kolumbianischen Justiz mahlen langsam; bis zur Urteilsverkündung vergingen mehr als zehn Monate.

»Im Fall Galán wissen alle, wer wirklich dahintersteckt«, behauptet Popeye, der als Kronzeuge gegen Santofimio aussagte. »Pablo hat es organisiert, doch was die Menschen in Kolumbien wirklich fürchten, sind die Politiker hinter der Mafia.

Escobar war schlecht beraten, als er Galán umbrachte. Er wollte Galán gar nicht töten, weil er ja wusste, was nach dem Tod von Lara Bonilla geschehen war. Galán war eine große Nummer. Die Politiker sahen in Pablo Escobar einen Mörder, dem sie vertrauen konnten. Und Pablo wollte Leute an der Macht sehen, die ihm gefällig waren.«

Zu beweisen, dass Politiker in der Lage waren, Escobar und Gacha bei einer derart wichtigen Entscheidung zu beeinflussen, hat sich als schwierig herausgestellt. Viele glauben nicht, dass Escobar sich dazu hergegeben hätte, die »Drecksarbeit« zu machen.

»Wenn er eine Drohung aussprach, machte er sie auch wahr«, sagt Octavio Vargas, der von 1986 bis zu Escobars Tod stellvertretender Chef der Nationalpolizei war. »Und er hat seine Entscheidungen alleine getroffen.«

Escobars erbitterter Feind, Gilberto Rodríguez Orejuela, sagte den Ermittlern gegenüber aus: »Pablo Escobar war ein Psychopath, der unter Größenwahn litt. Wenn er nicht um Erlaubnis fragte, Präsidentschaftskandidaten, Senatoren, Polizei- und Armeeoffiziere, Richter und zwischen vier- und fünfhundert Polizisten allein in Medellín zu töten, weshalb sollte er dann die Erlaubnis benötigen, eine weitere Person zu töten? Ich glaube nicht, dass Señor Escobar sich von irgendjemandem unter Druck setzen ließ.«

Am nächsten kam Escobar einem Geständnis seiner Beteiligung an dem Mordkomplott, als er 1991 Alberto Villamizar sagte, er, Escobar, wäre nicht der Einzige gewesen, der Villamizars Freund Galán hatte umbringen wollen. »Ich fragte ihn, ob das wahr sei, und er sagte, dass eine Menge Leute Galán nach dem Leben trachteten. Er sprach von Politikern, den Kongressabgeordneten, den paramilitärischen Gruppen und dem Cali-Kartell. Und er sagte, es sei eine Entscheidung gewesen, die nach einer ausführlichen Diskussion aller Beteiligten gefallen sei, und alle hätten beschlossen, ihn zu ermorden.«

El Chinos Alben

Edgar Jiménez, den seine Freunde El Chino nennen, ging mit Pablo Escobar zusammen zur Schule. Sie verloren sich siebzehn Jahre aus den Augen, ehe Jaime Gaviria, Escobars Vetter, sie während Escobars Wahlkampf um einen Sitz im Kongress wieder zusammenbrachte. Escobar erinnerte sich an die gemeinsame Schulzeit und bot ihm an, sein persönlicher Fotograf zu werden. El Chino war dazu da, auf Partys und bei anderen Gelegenheiten zu fotografieren, und er war der Einzige, der Fotos von Escobar und seiner Familie machen durfte. Die meisten von El Chinos Negativen wurden 1992 vernichtet, als Escobars Feinde das Haus eines Schwagers niederbrannten, wo sie aufbewahrt wurden. Nichtsdestotrotz enthüllen die Fotos, die erhalten geblieben sind, zahlreiche Facetten von Escobars Familienleben während der Achtziger. Auf diesen Fotos ist weder etwas Kompromittierendes zu finden, noch weist irgendein Detail auf seine kriminellen Aktivitäten hin.

Pablo, der Familienmensch

Seine Familie war Escobar das Liebste, und es machte ihn rasend, wenn er aufgrund des erhöhten Fahndungsdrucks der Polizei daran gehindert wurde, bei ihr zu sein.

»Er war der beste Ehemann, der beste Vater, der beste Sohn, der beste Bruder und der beste Freund«, behauptet El Poeta. »Ich kenne niemanden, der mehr Menschlichkeit im Umgang mit seinen Kindern gezeigt hätte als er.«

Die Umstände, die die Geburt seiner beiden Kinder begleiteten, hätten verschiedener nicht sein können.

»Als 1977 sein erstes Kind, Juan Pablo, geboren wurde, nahm Pablos Leben richtig Fahrt auf«, erzählt El Chino, den Escobar mit den Fotoaufnahmen der Familientreffen betraut hatte, die im Lauf der Jahre immer konspirativer stattfinden mussten. »Danach begann er mit dem Bau von Nápoles und El Diamante in El Poblado. Aber mit der Geburt seines zweiten Kindes, Tochter Manuela im Jahr 1984, fing alles an schiefzulaufen.«

Ein Familienmitglied erinnert sich, dass die Kinder schon früh getrennt vom Vater aufwuchsen. »Sie mussten sehr schnell groß werden. Sie hatten keine Kindheit. Stellen Sie sich vor, Sie werden aus der Schule genommen und sind die ganze Zeit von Bodyguards umringt.«

Da es ihm nicht möglich war, viel Zeit mit Manuela, seiner »kleinen Ballerina«, und »Grigory«, wie er Juan Pablo nannte, zu verbringen, begann der meistgesuchte Mann Kolumbiens Kindergeschichten zu schreiben und Kassetten mit Gedichten und Kinderliedern aufzunehmen. Um die Kinder für seine Abwesenheit zu entschädigen, überschüttete er sie mit teuren Geschenken. Die Geburtstagsfeiern waren besonders rührende Ereignisse, da sie die seltene Möglichkeit boten, dass Vater und Kinder zusammenkamen. Bei diesen Gelegenheiten trug er seine Nike-Turnschuhe, für den Fall, dass ihre Party plötzlich von der Polizei gestört wurde.

Der Zuneigung für die Kinder kam nur noch die Wertschätzung seiner Frau Victoria gleich.

»Die Jungs können ja ziemliche Machos sein, aber er pflegte zu sagen: ›Sie ist meine Ehefrau und mein Engel hier auf Erden, die Mutter meiner Kinder‹«, erzählt Gloria Ospina, die Frau von Álvaro de Jesús Agudelo alias El Limón, einem von Escobars treuesten Leibwächtern.

Die Geburtstagsparty anlässlich Juan Pablos 12. Geburtstag 1989 in Nápoles.

Weitere Fotos von der Geburtstagsparty ▶
Eine seltene Gelegenheit, die eigenen Kinder zu Gesicht zu bekommen; Pablo schenkte ▶▶
seiner Tochter einen Schimmel und tanzte mit seiner Frau. Kurz zuvor war er zur
Nummer 1 der FBI-Liste der meistgesuchten Verbrecher ausgerufen worden.

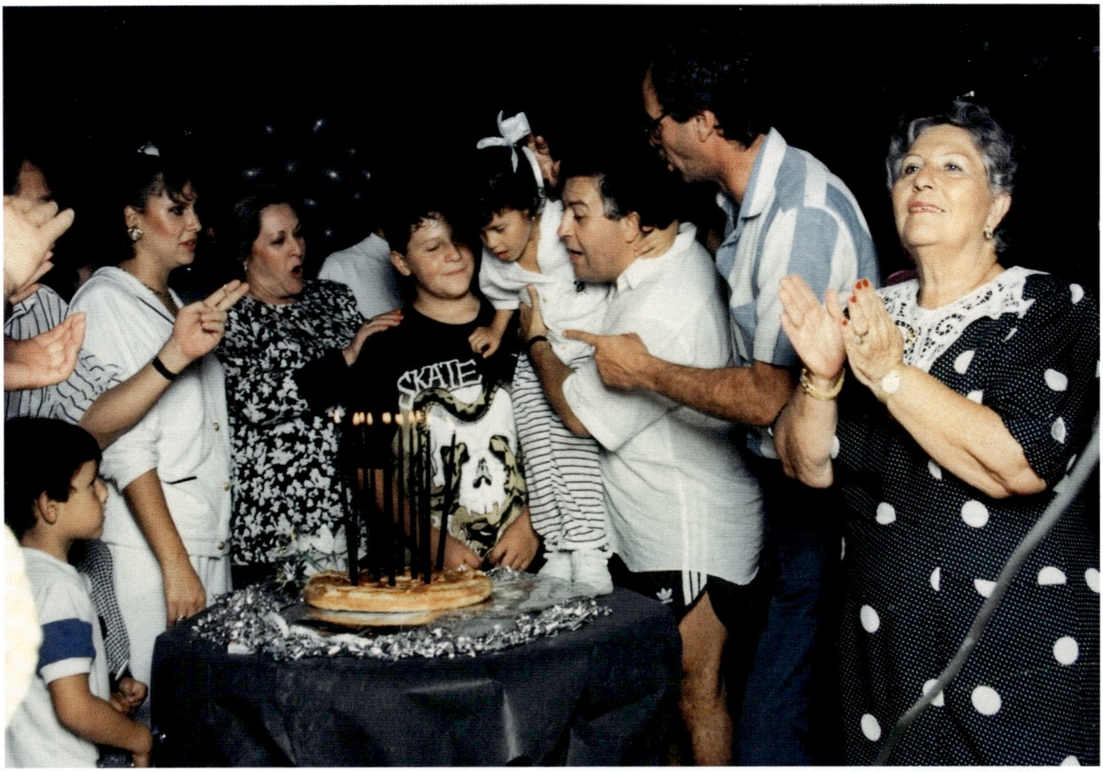
SKATE

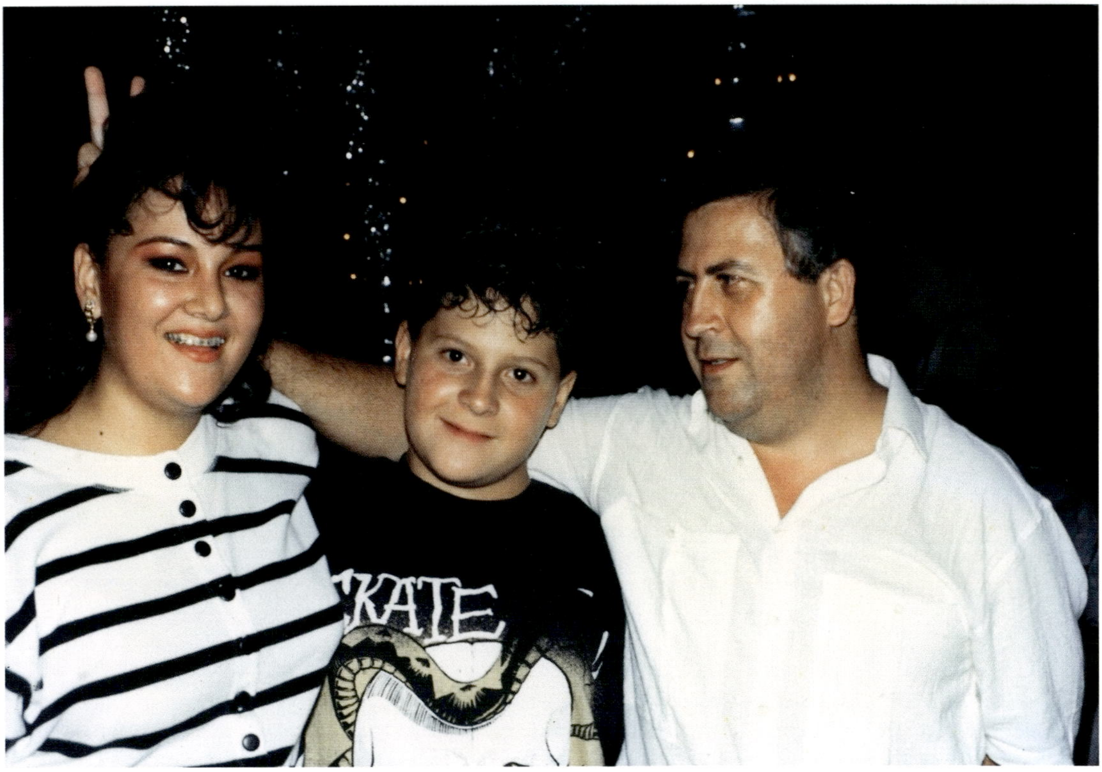

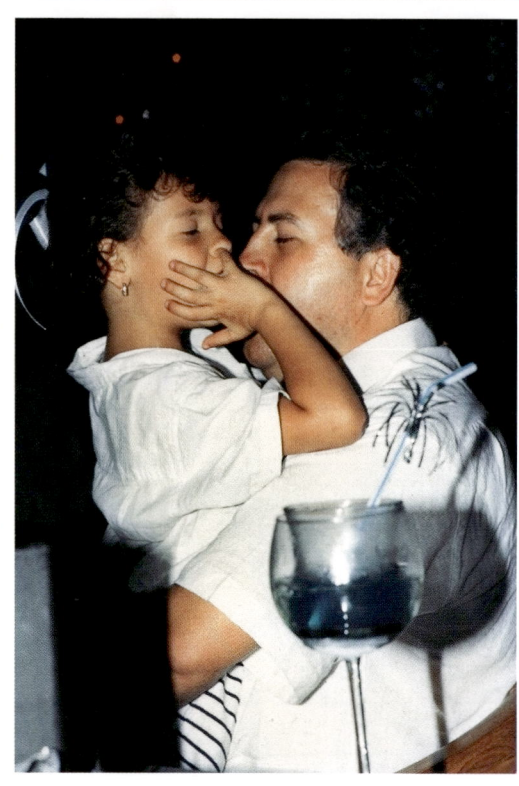

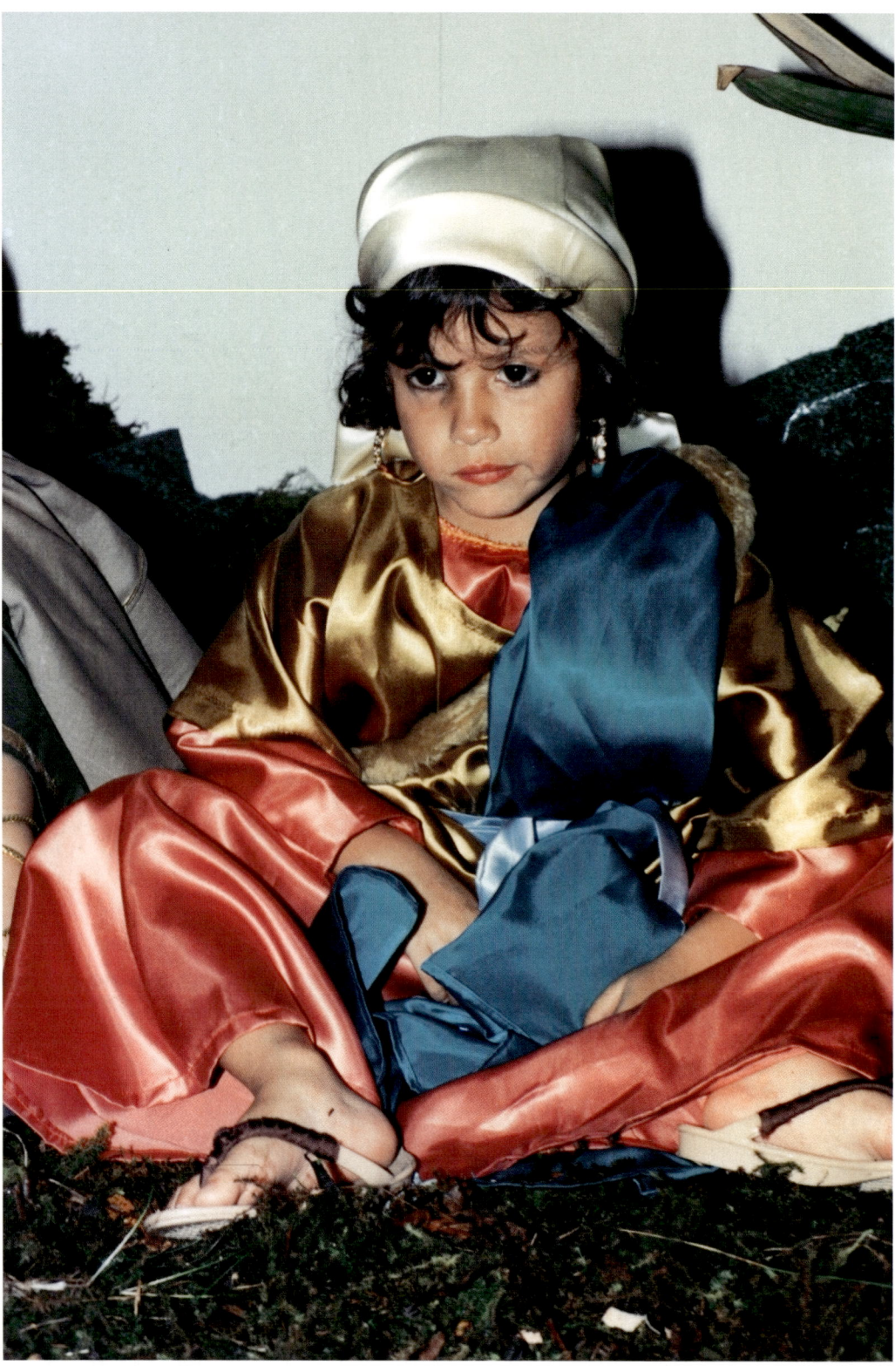

Auch eine Serie von Affären mit Schönheitsköniginnen und Fernsehprominenten konnte das Band, das ihn und Victoria einte, nicht zerstören. Er hatte sie 1976, als sie gerade fünfzehn war, geheiratet, und sie blieb von seinen ersten Ausflügen ins Kokaingeschäft bis zur permanenten Verfolgung durch die Polizei stets treu an seiner Seite.

»Sie war der Mensch, der dafür sorgte, dass er nicht abhob«, sagt Popeye. »Sie mochte es zwar nicht, wenn er Affären hatte, sie machte ihm aber auch keine Vorwürfe. Er verhielt sich ihr gegenüber äußerst respektvoll, und sie war sehr liebevoll zu ihm.«

Escobar ließ auch nicht zu, dass seine Affären seine Ehe gefährdeten.

»Einmal stellte ihn eine Schönheitskönigin namens Sofia vor die Wahl: ›Ich oder Tata‹«, erinnert sich Popeye. »El Patrón war zwar mächtig verknallt in sie, aber er antwortete ohne zu zögern: ›Tata, denn du kennst mich nur so, wie ich jetzt bin, reich und berühmt, aber Tata habe ich mit Schokoriegeln für mich gewonnen, und sie stand mir in guten wie in schlechten Zeiten stets treu zur Seite.‹«

Jeder, der Escobars eheliches Glück bedrohte, lernte prompt die skrupellose Seite von Pablo, dem Familienmenschen, kennen.

Popeye erinnert sich weiter: »Wendy Chavarriaga, die später auch mal mein Mädchen war, wurde von Pablo schwanger. Er hatte ihr zwar gesagt, sie solle verhüten, aber sie ließ sich trotzdem schwängern, um ihre Finger an sein Vermögen zu bekommen. Sie war eine kalte und kalkulierende Frau. Ich weiß das, denn am Ende musste ich sie deswegen liquidieren. Als sie also schwanger wurde, schickte Pablo vier seiner Männer und einen Arzt zu ihr, und sie trieben das Kind ab.«

Stand es um die Ehe einmal nicht zum Besten, mühte sich Escobar stets um Wiedergutmachung.

»Es war eine immerwährende Liebesgeschichte«, meint El Poeta. »Wenn es einmal Zwist zwischen den beiden gab, schickte er sofort einen Riesenstrauß gelber Rosen. Eine wunderbare Liebesgeschichte. Einer der Führer dieser schrecklichen Organisation besaß eine außergewöhnlich menschliche Seite.«

Doch mit Beginn der Verfolgung wurde das Familienleben komplizierter.

»Er ließ immer nach mir schicken«, erinnert sich seine Mutter. »Alle zwei, drei Wochen bekam er seine ›Mamaitis‹ und beorderte mich zu sich. Ich musste in ein Auto einsteigen, und bevor wir ankamen, setzten sie mir eine Maske auf, damit ich nicht mitbekam, wo er sich aufhielt. Ich sagte zu ihm: ›Das musst du

Pablos Tochter Manuela beim Krippenspiel 1990.
Die Fotos waren für ihren Vater gedacht, der nicht teilnehmen konnte.

Juan Pablos 14. Geburtstag, 24. Februar 1991. Sein Vater, der nicht ▶
teilnehmen konnte, schenkte ihm ein schweres Motorrad.

Halloween-Party, Oktober 1989. Rechts mit dem Turban ist Pablos Schwager ▶▶
Mario Henao zu erkennen, der kurz darauf erschossen wurde.

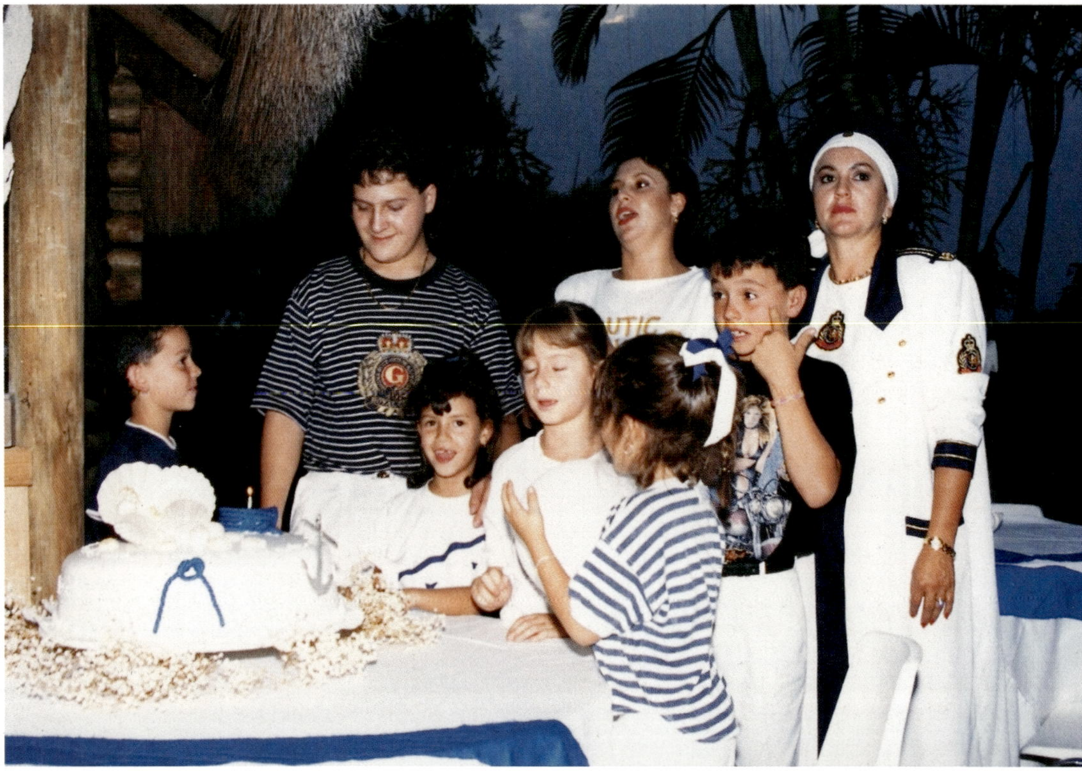

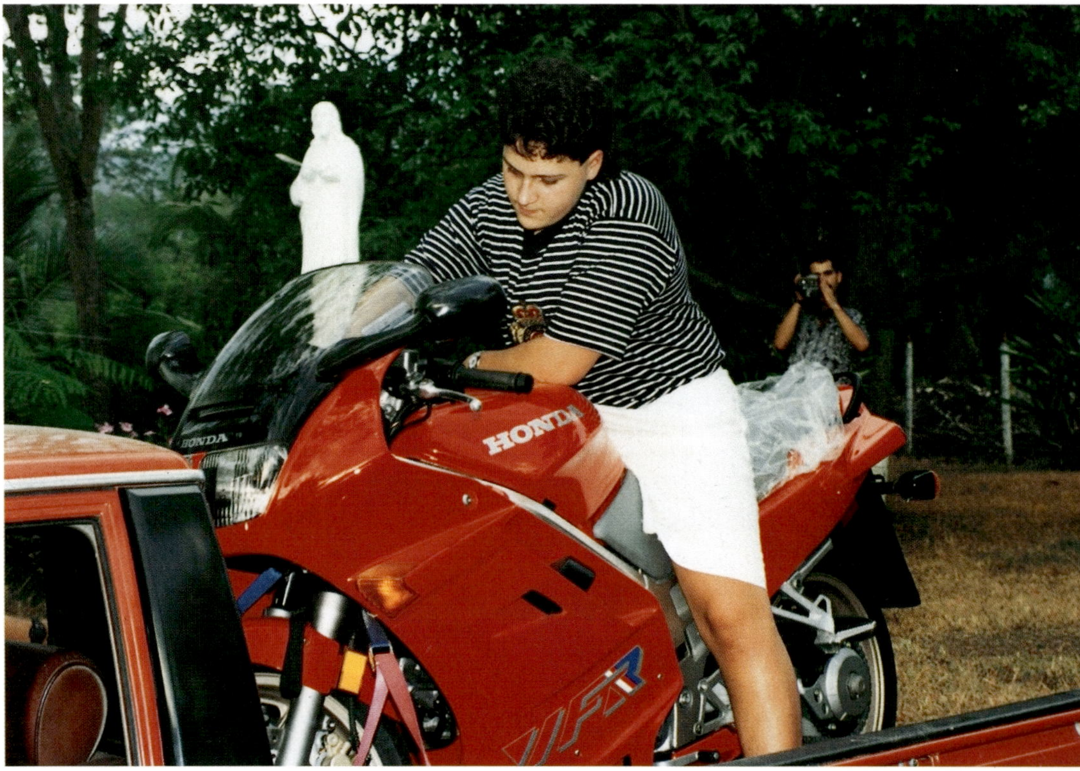
HONDA
HONDA

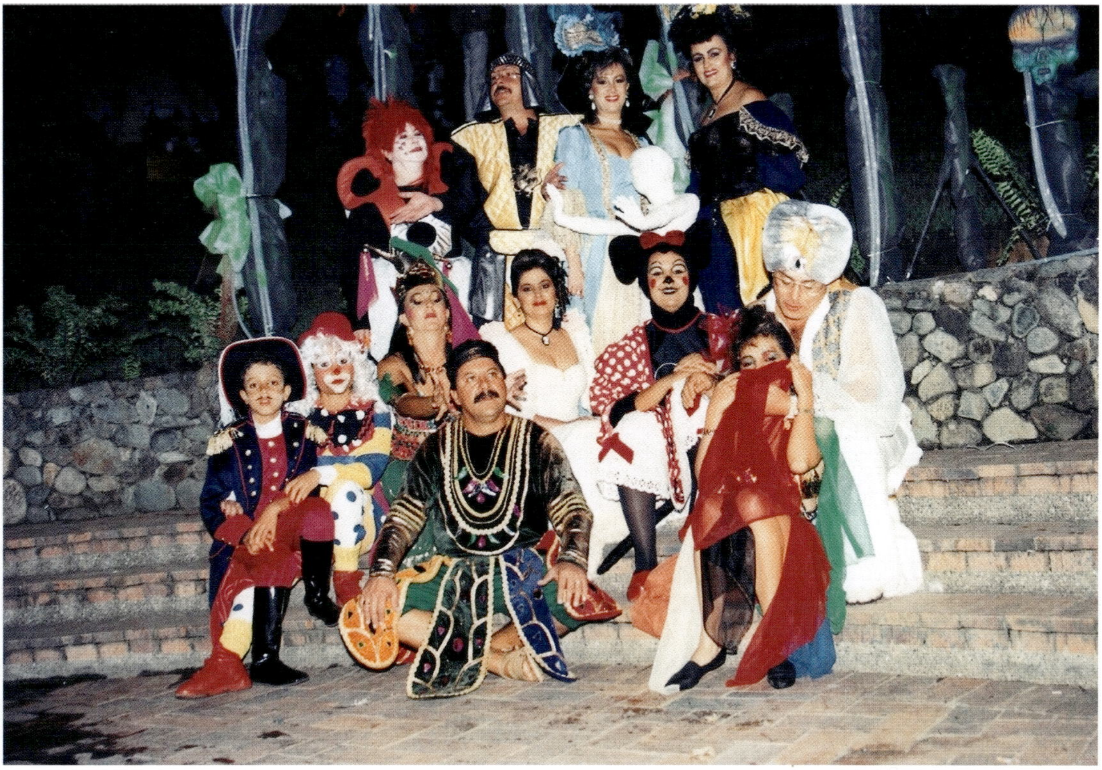

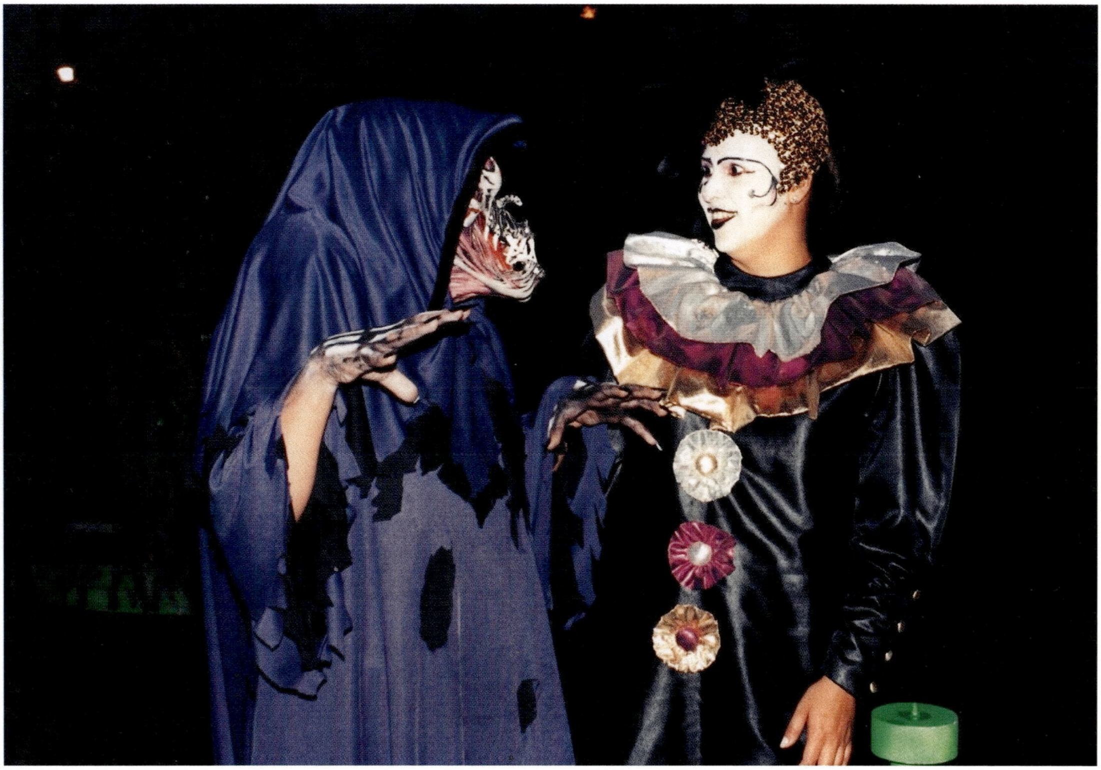

nicht machen‹, doch er antwortete: ›Ay, Mama, die könnten dich foltern, und dann würdest du vielleicht verraten, wo ich bin.‹«

Laut El Chino bekümmerte es ihn am meisten, dass er seine juristischen Probleme nicht abschütteln und die goldenen Zeiten der Siebziger in Nápoles nicht wiederaufleben lassen konnte.

»Ein Foto gefällt mir besonders. Es wurde an Juan Pablos zwölftem Geburtstag aufgenommen, als er bereits verfolgt wurde (Seite 121). Das ist mein Lieblingsfoto von ihm, weil er mitten auf der Party ins Grübeln geriet. So war er. Immer am Grübeln. Dieses Foto charakterisiert ihn am besten. Er war kein glücklicher Mensch. Er hatte eine Menge Probleme zu schultern, die ihn bedrückten. Er hatte immer eine Menge Probleme.«

Verrat an Pablo

Escobar war ein Mann scharfer Kontraste, und der vielleicht schärfste war die Hingabe an seine Familie und die Art, wie er mit den Familien anderer umsprang.

Hugo Martínez schildert eine Episode, die dies verdeutlicht. »Als er nach Nápoles kam, begann er in großem Stil Grundstücke zu kaufen. Denjenigen, die nicht verkaufen wollten, schickte er einen Blankoscheck, in den man theoretisch jeden Betrag einsetzen konnte. Aber es war, als wollte er sagen: ›Du kannst reinschreiben, was du willst, aber du kennst den wahren Wert, also versuch nicht, mich zu bescheißen.‹

Einer indes wollte auf keinen Fall verkaufen. Er lebte auf der anderen Seite des Flusses. Jemand hatte diesen Mann zudem bezichtigt, ein *sapo* [Kröte, Slang für Polizeispitzel] zu sein, und so lud Escobar alle, die in der Gegend wohnten, ein, ›vorbeizukommen und sich anzusehen, was mit einem *sapo* passiert‹. Er fesselte ihn und beschwerte ihn mit Steinen. Dann zündete er ihn an und warf ihn ins Wasser, um die Flammen zu löschen. Danach zündete er ihn wieder an, und wieder, aber der Mann wollte einfach nicht sterben. Auch nach dem dritten Mal war er noch nicht tot. Da sagte Escobar zu dem Sohn des Mannes, der neun oder zehn Jahre alt war: ›Bring ihn um!‹, und drückte ihm eine Pistole in die Hand. Er zwang ihn, seinen Vater zu erschießen. Dann warfen sie ihn mit Steinen beschwert in den Fluss.«

Treffen auf der Hacienda Nápoles, 1982
Unten: Pablo (links) mit Freunden und Geschäftspartnern, darunter sein Vetter Gustavo Gaviria (mit den Händen auf dem Knie). Von Gustavo, der für Finanzen und Logistik zuständig war, hieß es, er sei mit dem Taschenrechner gefährlicher als Pablo mit der Knarre.

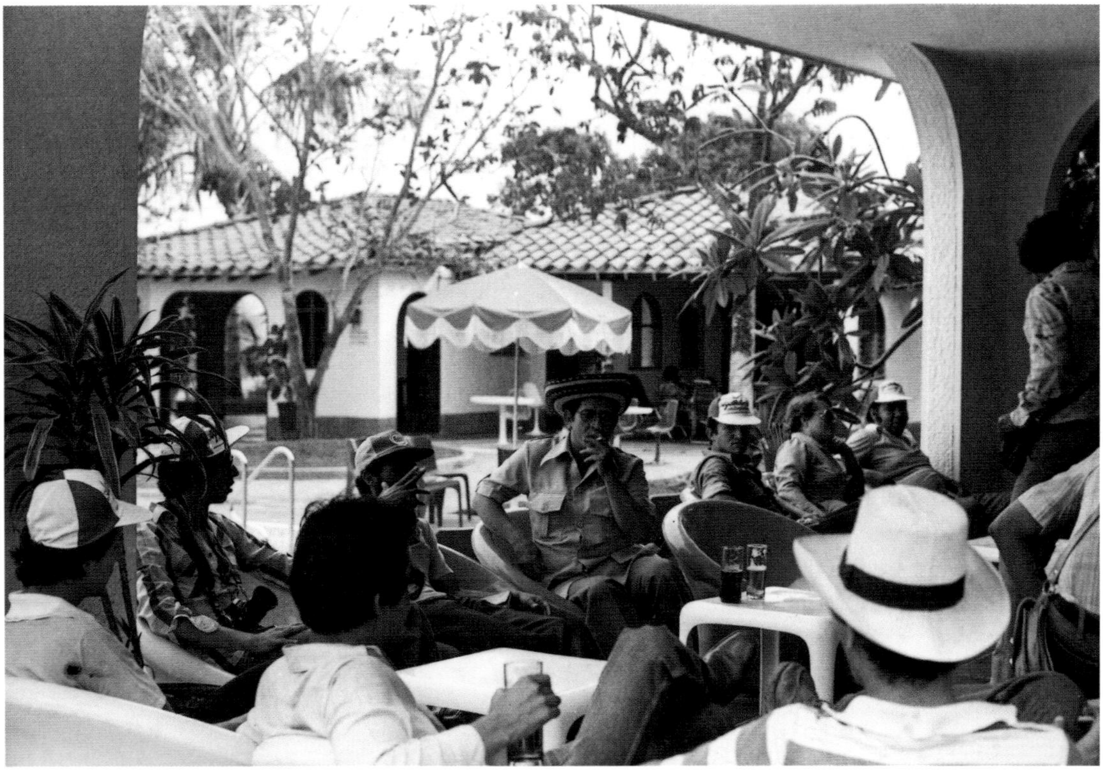

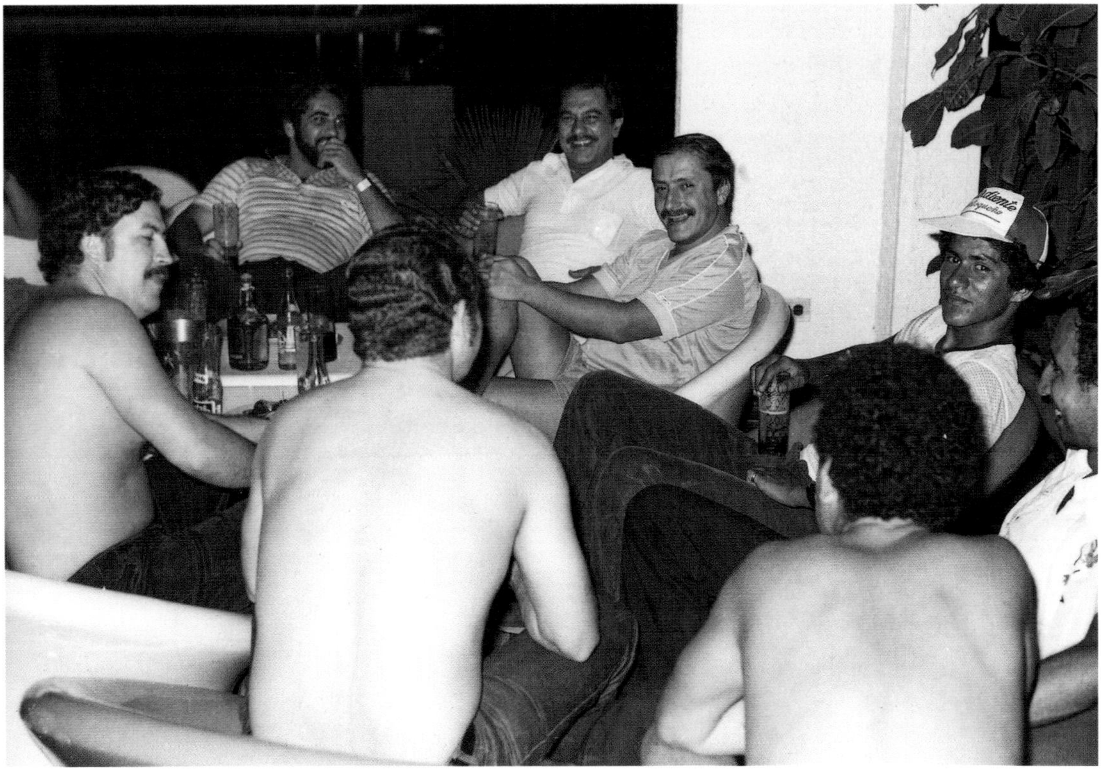

Fast jeder von Escobars Gegnern weiß eine ähnliche Geschichte zu erzählen. Über die Familien seiner Feinde herzufallen, wurde laut Javier Peña, einem DEA-Agenten, der von Medellín aus operierte, so etwas wie sein Markenzeichen.

»Er folterte eine Menge Leute, jagte ihnen schreckliche Angst ein. Und dann machte er sich über die Familienmitglieder her, nur um seiner Sache Nachdruck zu verleihen. Ich erinnere mich noch an ein Telefongespräch mit seiner Frau, das ich abhörte. Er erzählt ihr, wie sehr er sie liebt, und plötzlich hält er die Hand vor den Hörer und brüllt seine Leute an: ›Stopft dem Typen das Maul.‹ Man hört so einen armen Kerl schreien, es war klar, dass sie ihn folterten, und Pablo steht daneben und telefoniert mit seiner Frau.«

Der Chef der DAS, General Miguel Maza Márquez, wahrscheinlich der Erste, der Pablo öffentlich herausforderte, sagt, er habe keine Gnade mit den Kindern derer gekannt, von denen er sich verraten fühlte.

»Pablo fand den Namen eines Bodyguards heraus, der Armeeoffizier war. Irgendjemand in der von Klatsch und Gerüchten gesättigten Welt des Drogenschmuggels hatte ihm zugetragen, dass der Typ sich illoyal verhalten habe. Was tat Pablo? Er lud ihn in eines seiner Häuser ein und sagte: ›Ich will dir eine Belohnung geben. Bring Frau und Kinder mit, damit sie sehen, wie wichtig ihr Ehemann und Vater ist.‹ Außerdem lud er noch eine Menge Freunde ein.

Als alle da waren, unterwarf er diesen Mann einer Tortur, die seine ganze Grausamkeit offenbarte. Er tötete zunächst die Kinder, ein Baby und zwei andere, dann tötete er die Frau und schließlich den Mann selbst. Es heißt, sie hätten ihn angezündet. So grausam war er. Ein Mann ohne die geringsten Skrupel.«

Das Büro

Nachdem er in den Untergrund gezwungen worden war, sich aber dennoch weiter auf dem Kriegspfad bewegte, brauchte Escobar die Unterstützung der Medellíner Gangs und ganz besonders den Schutz seiner treuesten Leibwächter.

Neben Pinina und La Yuca zählten Carlos Alzate alias »El Arete« (Ohrring), Carlos Aguilar Gallego alias »El Mugre« (Der Fleck), Otoniel de Jesús González alias »Otto«, Alberto Castaño Molina alias »El Chopo« (Große Knarre), Brances Muñoz Mosquera alias »Tyson« sowie »El Negro« Pabón zum »Büro« oder »Combo« genannten inneren Kreis von Escobars Gefolgsleuten.

»Die Combo bekam reguläre Gehälter«, sagt El Profe, der anfangs zu El Chopos Gang gehörte. »Die Mitglieder waren seine persönlichen Leibwächter, die Männer, denen er absolut vertraute. Das waren nicht mehr als zehn Personen. El Chopo, Pinina und die anderen. Die wiederum hatten jeweils ihre eigene Combo mit weiteren vierzig *muchachos* oder so, und so konnten sie jederzeit problemlos 400 Mann zusammentrommeln.

Das Grundgehalt eines Combo-Mitglieds lag bei 150 000 Peso im Monat (1500 US-Dollar). Das war nicht viel, aber es bedeutete eine Ehre, auf der Gehaltsliste zu stehen. Es hieß allerdings auch, dass du jeden Tag im Büro aufkreuzen musstest.«

Indem er die Zahl der Leute reduzierte, die in direktem Kontakt zu ihm standen, erschwerte es Escobar der Polizei, Informationen über ihn zu sammeln.

»Sie bekamen ihre Befehle direkt von Pablo Escobar«, berichtet der ehemalige Polizeichef Octavio Vargas. »Er sprach persönlich mit den Anführern der Gangs, die seine Befehle persönlich ausführten. Aus diesem Grund war es schwierig, zu beweisen, dass er den Befehl gegeben hatte. Er gab eine Anweisung immer nur an einen Vertrauten, höchstens an zwei, das war alles ziemlich gut abgeschottet.

Sie alle waren seine Freunde. Mit Verbrechen wie Entführungen von einer oder mehreren Personen, Schutzgelderpressung, Waffen- und Drogenhandel festigten sie die inneren Strukturen.«

Popeye arbeitete zunächst als Chauffeur für eine von Escobars Mätressen, ehe er in Pininas Combo Karriere machte und 1988 zum persönlichen Leibwächter Escobars ernannt wurde. »Ich fing als Eskorte für Pablo Escobars Geliebte an und führte dann ›Junior-Exekutionen‹ aus«, erzählt Popeye. »Das heißt, ich brachte Anwälte und andere Leute um, die Ärger mit der Mafia hatten. Ich bewies, dass ich die Eier dazu hatte, und stieg langsam auf. Pablo wusste, dass ich es tat, weil er mir Arbeit gab. Dann arbeitete ich mit Killern zusammen, die erfahrener waren als ich, Mamey und Pinina, und die sagten zu mir: ›Pass auf, Popeye, wir werden dieses Auto angreifen. Aber wir schießen nicht gleich auf unser Opfer, wir erschießen erst den Fahrer, denn damit setzen wir den Wagen außer Gefecht und können dann unser Opfer ohne Schwierigkeiten abknallen oder entführen.‹ So lernte ich das Geschäft.«

Die Welle der Morde und Entführungen, die Männer wie Popeye begingen, festigte Escobars Position als »Capo der Capos« und verwandelte die Mitglieder seines inneren Kreises von Hunger leidenden Straßenkriminellen in Multimillionäre.

Mitglieder von Pablos Gang, die sich auf der Hacienda Nápoles entspannen; 1988. ▶

Oben: Arete, der das Attentat auf die Avianca-Maschine gestand; »El Negro« Pabón, der Guillermo ▶▶
Cano ermordete, und Popeye, der an dem Mord an Generalstaatsanwalt Mauro Hoyos beteiligt war. –
Unten: Pablos Spitzenleute (sitzend, von links nach rechts): Arete, Otto (begleitete Pablo überallhin;
Pablos Bruder Roberto nannte ihn Pablos Glücksbringer) sowie »El Negro« Pabón.

Pablo schlafend am 1. Dezember 1980, seinem 31. Geburtstag. ▶▶▶
Am Ende des Bettes sitzt seine Schwägerin Ligia.

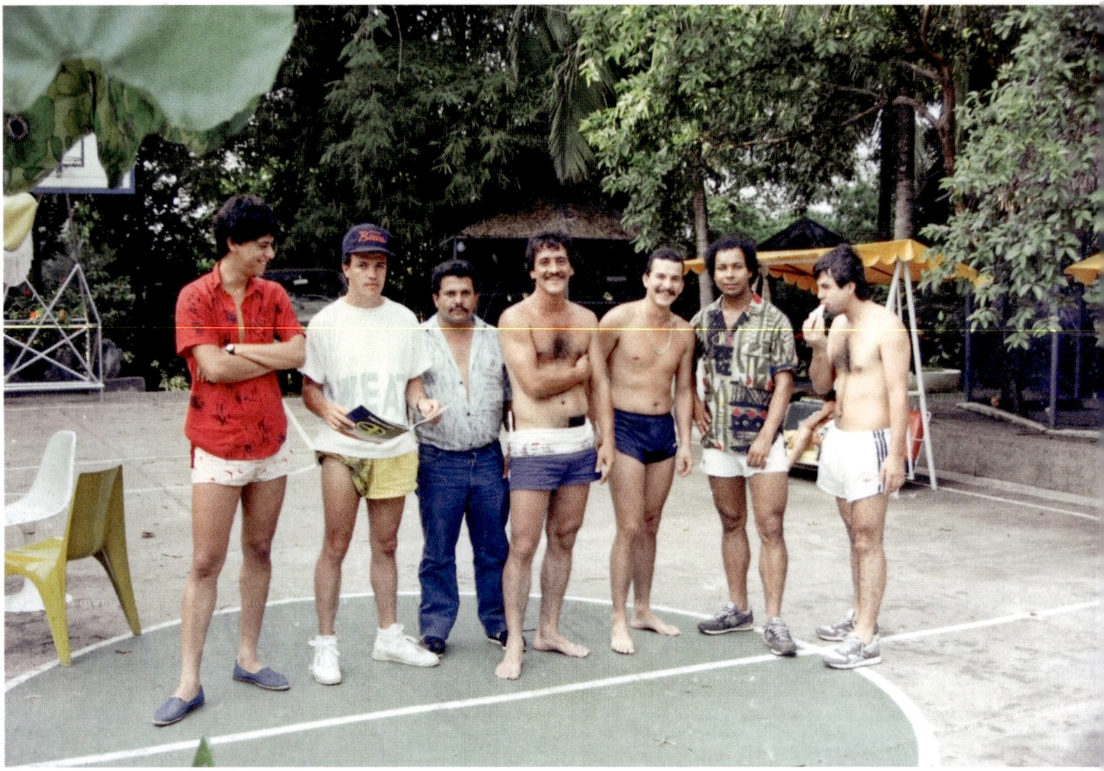

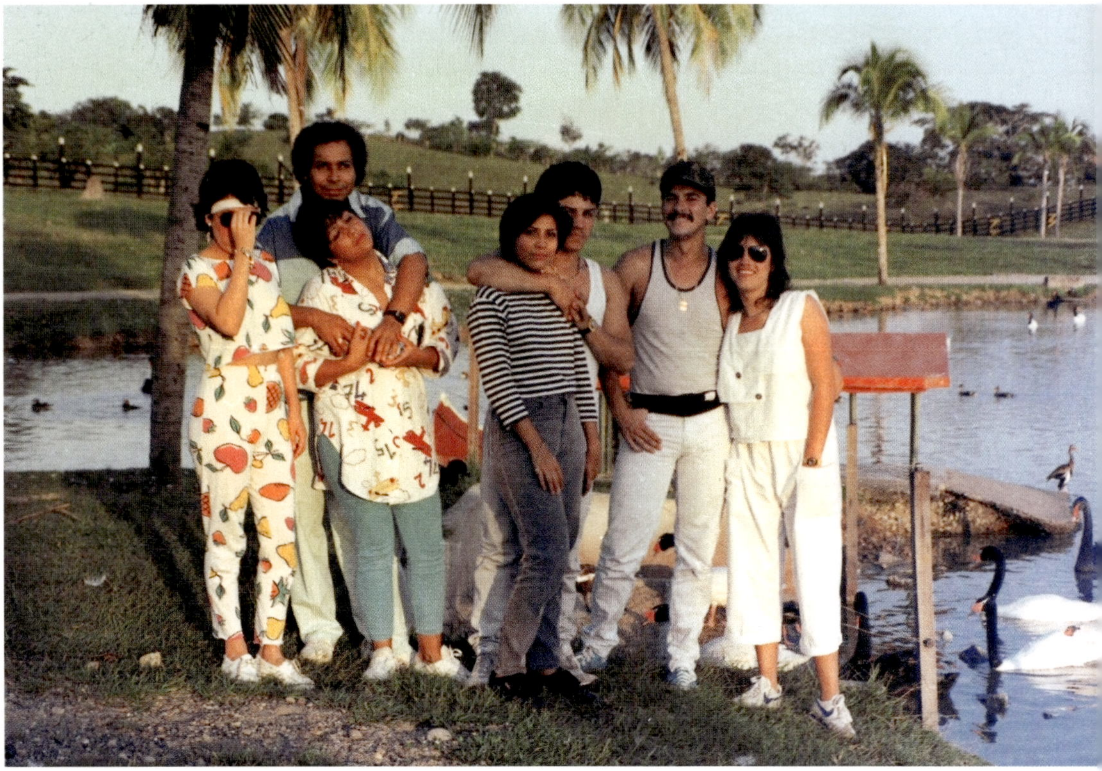

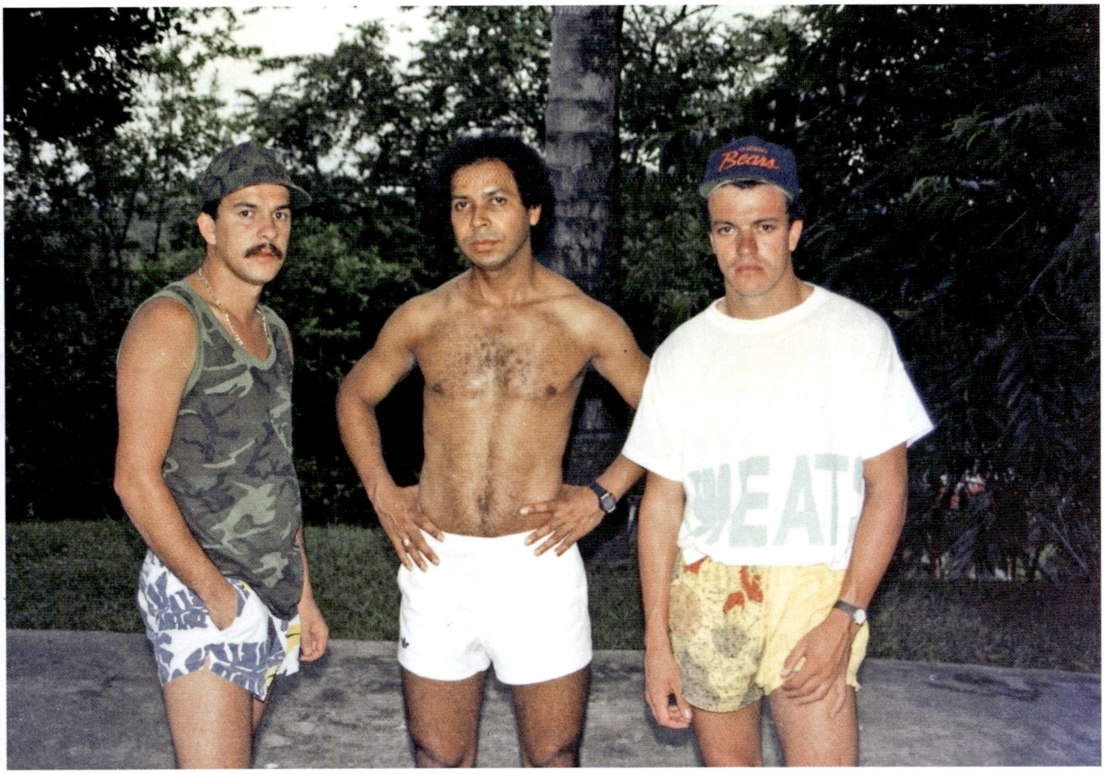
Bears

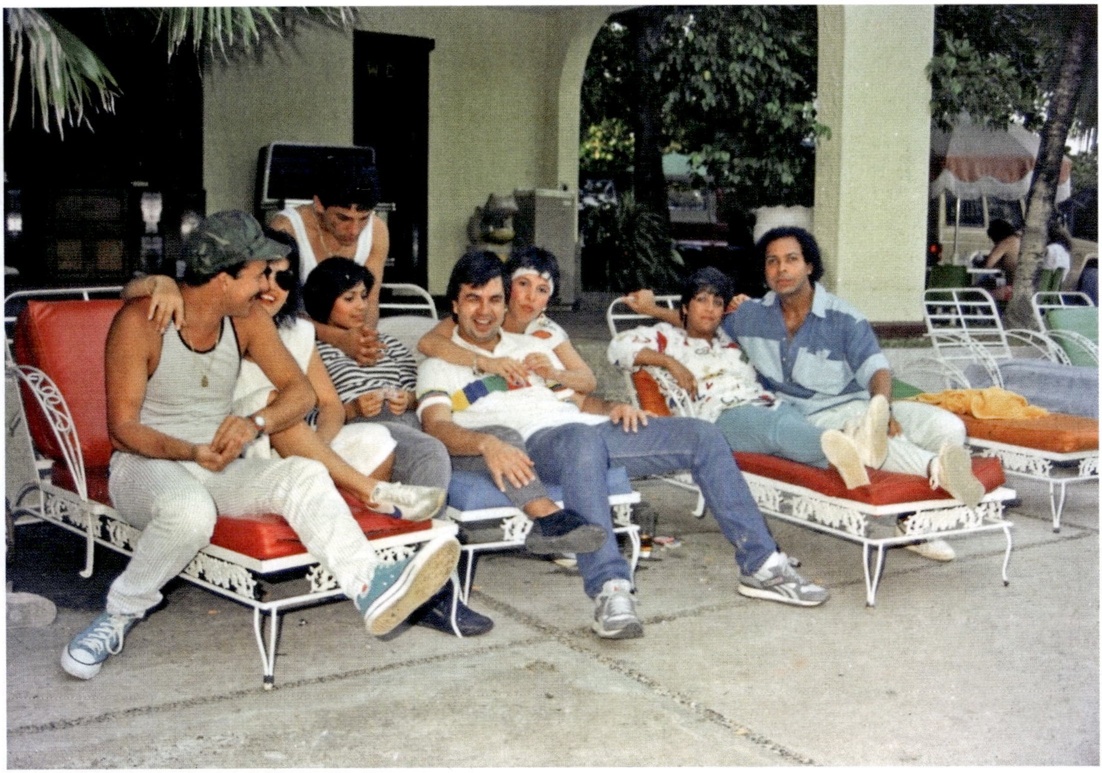

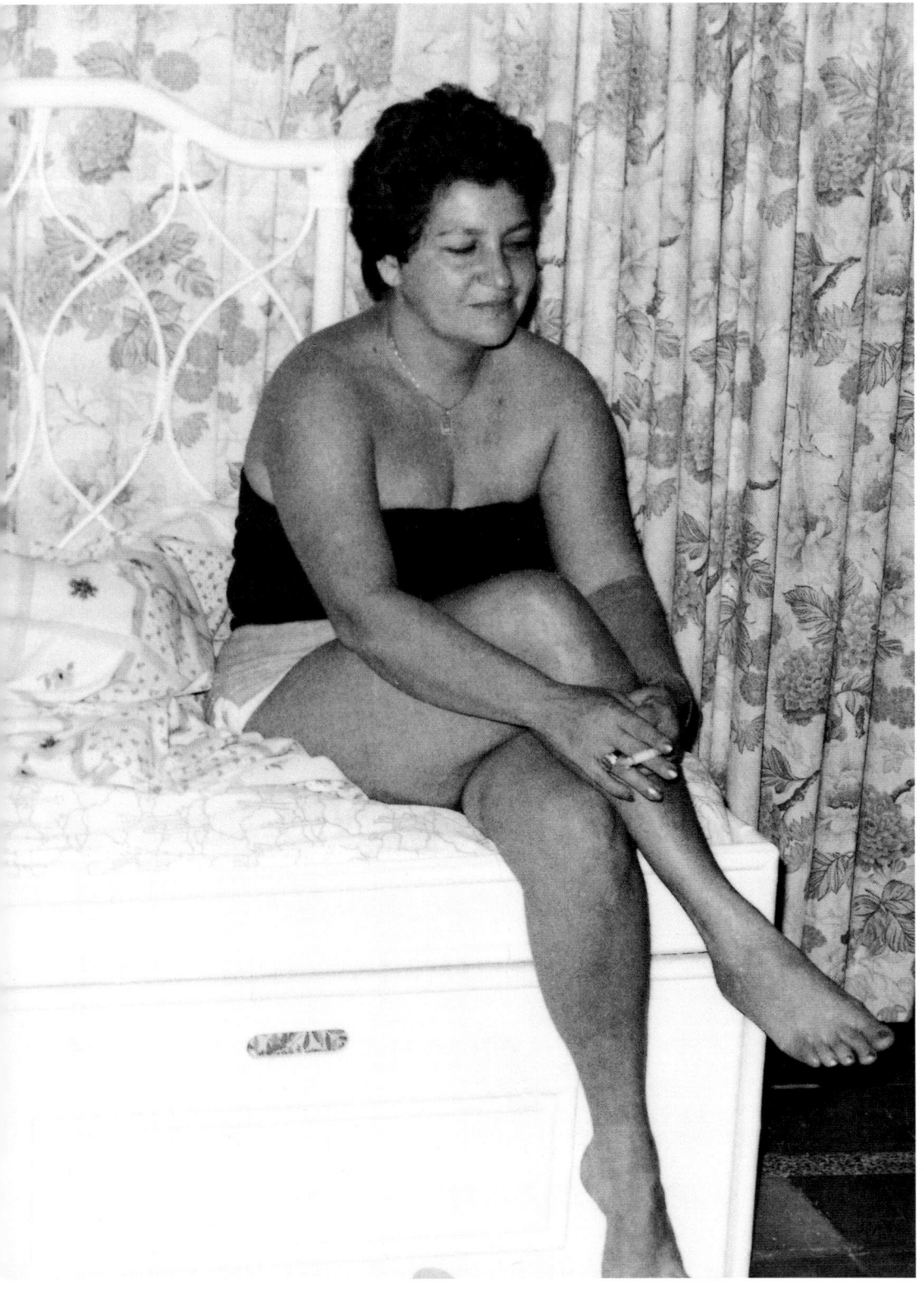

Innerhalb der pyramidenförmigen Hierarchie der Mafia war es das Ziel aller, so nah an Escobar heranzukommen, um mit einem Anteil aus den Drogenlieferungen entlohnt zu werden.

»Wir zogen Entführungen durch, bei denen es um fünf, sechs, sieben oder acht Millionen Dollar ging, und wenn man davon einen Anteil bekam, verdiente man richtiges Geld«, sagt Popeye. »Für einen normalen Gangster sind vier oder fünf Millionen Dollar das große Geld. Für einen *narcotraficante* ist das gar nichts.«

Konfrontiert mit dem alltäglichen Tod von Freunden und Feinden und von einer schier endlosen Folge gut bezahlter *vueltas* genährt, lebten Escobars Männer jeden Tag, als wäre es ihr letzter. »Natürlich starben eine Menge Leute«, sagt El Profe, »aber alle wollten ein aufregendes Leben führen und sei es nur für eine kurze Zeit.«

»Ich habe nie einen Penny gespart«, sagt auch Popeye. »Weil ich alles verprasst habe. Beim Glücksspiel, für Frauen, Schnaps, Waffen, Autos, ich habe Freunden geholfen, die in Schwierigkeiten waren, Anwälte bezahlt, Polizisten bestochen und war ständig auf Reisen. Wir haben das Geld mit vollen Händen ausgegeben.«

Das Leben auf der Überholspur, das Escobars Combo mit der neuesten Mode aus Miami und ihren Mitsubishi- und Toyota-Geländewagen vorführte, wurde für eine ganze Generation zum Vorbild.

»In Medellín bist du Gangster geworden, weil es keine anderen Möglichkeiten gab«, sagt Popeye. »Der Hunger in den *comunas* [Gemeinden], die mangelnde Bildung – deine und die der Eltern – führten dazu, dass du ein Gangster in Escobars Diensten wurdest. Du hast dir die Killer zum Vorbild genommen und warst bereit, für Geld zu töten, nur um sagen zu können, dass du für Pablo arbeitest. Es war eine Ehre, für Pablo Escobar Gaviria zu arbeiten und sagen zu können, ich gehöre zu Pablo.

Das erste Mal bin ich ihm in Nápoles begegnet. Er war wie ein Gott. Umgeben von einer Aura der Macht. Der Tag, als ich zum ersten Mal vor ihm stand, war der wichtigste in meinem Leben.«

Mit seiner Combo kontrollierte Escobar Popeye zufolge mehr als zweitausend Männer. Und das Geld, das in die unteren Ränge des militärischen Arms seines Kartells hinuntersickerte, wurde für dieselbe Mischung aus Schnaps, Frauen und Drogen verprasst wie an der Spitze der Hierarchie.

»Das waren noch Zeiten«, sagt »La Sily«, ein Transvestit, der für die Feiern auf Escobars Anwesen die Frauen besorgte. »Die Mafiosi liebten die Partys mit den Prostituierten.«

»Das Geld hat nie lange gehalten«, sagt Quesito. »Es wurde so schnell ausgegeben, wie es verdient wurde. Je leichter es verdient wurde, desto schneller wurde es verprasst.«

Loyalität

Obwohl Geld wichtig war, war es für Escobars inneren Zirkel nicht das Hauptmotiv. In dem Maße, wie die Combo sich regelmäßig auf einem von Escobars Anwesen traf, deren Zahl in die Hunderte ging und die von einem Netzwerk von *testaferros* (Strohmännern) unterhalten wurden, in dem Maße entwickelte sie ihre eigene Moral, wobei die Ergebenheit ihrem Boss gegenüber eine machtvolle Münze wurde.

Um in diesen Kreis aufgenommen zu werden, musste man sich Vertrauen und Respekt erwerben.

»Jemand wurde von Pablos Combo auserkoren«, erläutert El Profe. »Er durfte ein paar *vueltas* erledigen, und wenn er gut war, konnte er seine eigene Combo bilden.«

El Mugre kam 1980 in den inneren Zirkel und entwickelte sich zu einem von Escobars engsten Vertrauten. »Ich arbeitete für Pablo, seit ich neunzehn war«, erzählt er. »Als für ihn zu arbeiten noch etwas war, worauf man stolz sein konnte. Man hatte Macht, Geld und genoss eine Menge Respekt. Da ich aus einer armen Familie stamme, habe ich ihn immer als meinen besten Freund betrachtet. Er war der beste Boss, der intelligenteste Mensch der Welt, ich habe ihn immer wie einen Vater gesehen.«

Die, die Pablo ihre Ergebenheit bewiesen, wurden von ihm behandelt, als zählten sie zur Familie.

»Er mochte Leute, die aufrichtig waren«, sagt Escobars Vetter Jaime. »Leute, die sagten, was sie dachten, aber hundert Prozent zu ihm standen. Leute, die bereit waren, für ihn zu sterben.«

»Für uns war Loyalität gut und Illoyalität schlecht«, erklärt Popeye. »Es ging nicht ums Geld – es ging eher um die Sache mit den Auslieferungen. Wir verteidigten unser Bild von Pablo.

Für uns war morden, rauben und entführen ›gut‹, denn wir taten es für Pablo, der unser Idol war. Von Pablo gelobt zu werden, war das Größte. Es interessierte uns nicht, ob sich die Gesellschaft in der Krise befand. Für uns war das nicht schlimm. Für uns war es ›schlimm‹, wenn wir eine Bombe gelegt hatten, die nicht explodierte. Das war ›schlimm‹.«

Escobar wusste, dass seine Macht und wichtiger noch seine Sicherheit davon abhing, dass er das väterliche Verhältnis zu seinen Männern aufrechterhielt. Als es darum ging, sich zwischen seinen Männern und Carlos Lehder, Anfang der Achtziger eines der wichtigsten Mitglieder des Medellín-Kartells, zu entscheiden, war Escobars Wahl klar.

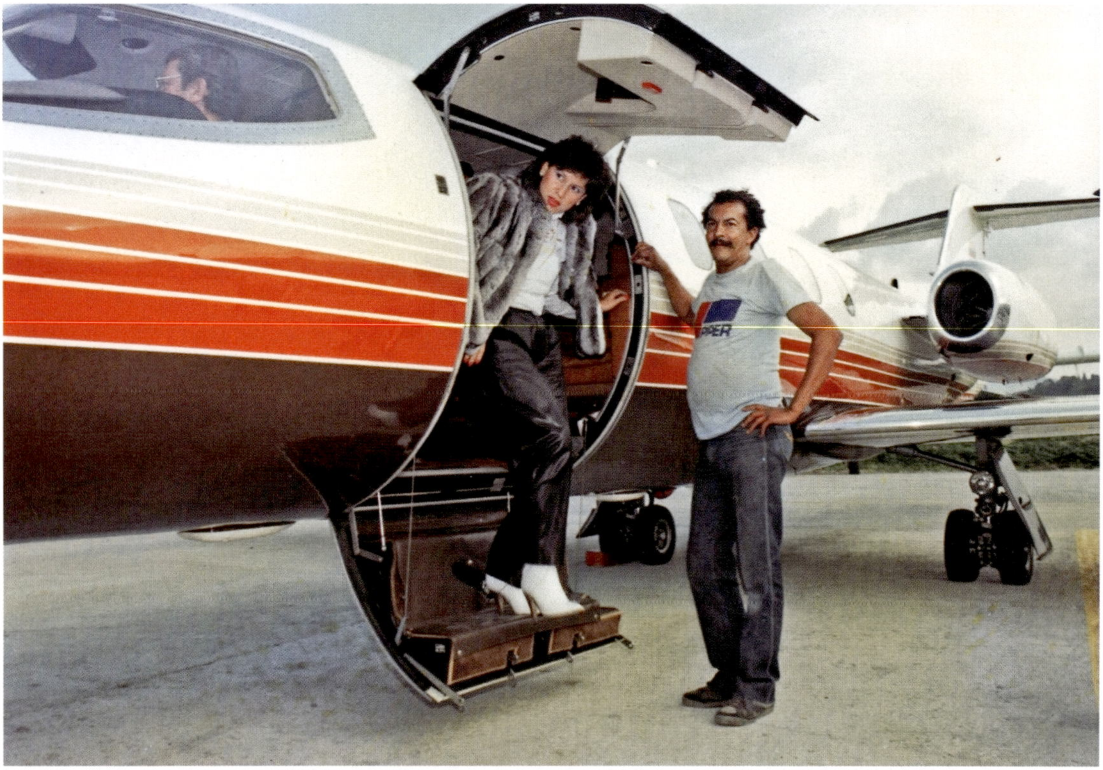

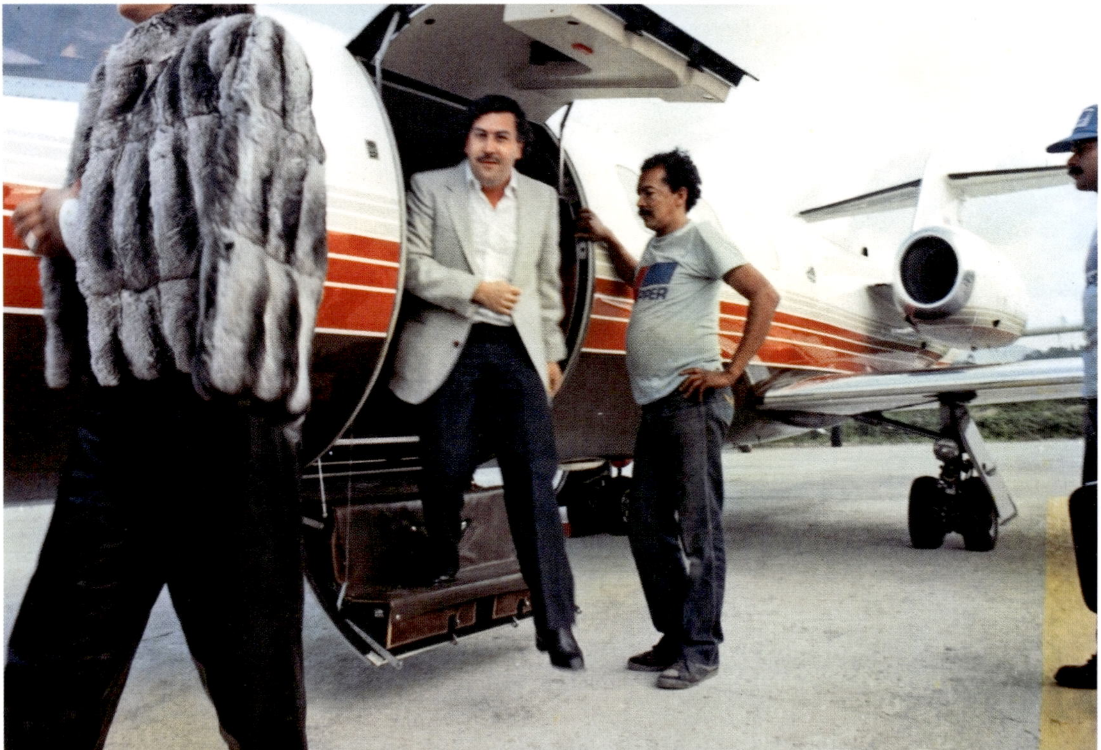

Lehders Niedergang und seine darauf folgende Auslieferung an die USA nahm seinen Ausgang im Januar 1987 auf einer kokaingeschwängerten Party in Nápoles. Laut El Chino traf Lehder in Khaki-Uniform und mit einer MP und zwei Pistolen bewaffnet auf dem Anwesen ein. »Wir feierten eine Party, und Rollo, der ziemlich gut aussah, flirtete mit einem von Lehders Mädchen. Später in der Nacht stand Lehder auf, klopfte an Rollos Tür, und als der öffnete, erschoss er ihn mit seiner Maschinenpistole.«

»Die erste Salve riss Rollo die Schulter auf«, erzählt Popeye, »die zweite spaltete seinen Kopf.«

»Pablo war stinkwütend«, erinnert sich El Chino, »doch er sagte Lehder nur, er solle gehen, und wies einen seiner Männer an, die Sauerei zu beseitigen.«

»Als Lehder den Fehler beging, Rollo auf der Hacienda Nápoles zu erschießen, wurde Pablo bewusst, dass, wenn er Lehder nicht zur Rechenschaft zog, seine Männer den Respekt vor ihm verlieren würden«, räsoniert Popeye. »Und Pablos Stärke gründete auf seinen Gangstern. Er zog die Gangster den Mafiosi vor.«

Am 4. Februar 1987 wurde Lehder in Guarne, einem Außenbezirk von Medellín, verhaftet; in einem Haus, das Pablo Escobar zur Verfügung gestellt hatte. »Er lockte ihn auf eine Farm und denunzierte ihn«, sagt Miguel Maza. Lehders Verurteilung zu lebenslänglicher Haft plus 130 Jahren vor einem US-amerikanischen Gericht diente auch als Wink an Escobars Partner, im Kampf gegen die Auslieferungen nicht nachzulassen. Doch die Art und Weise, wie Lehder an die Behörden ausgeliefert wurde, hinterließ bei vielen, die mit Escobar zusammenarbeiteten, ein ungutes Gefühl. »Deshalb hasste ihn auch Carlos Lehder. Am Ende hassten ihn alle, weil er zu niemanden loyal war«, sagt Maza.

Unter den Partnern des Kartells existierte, einem Mitglied der Ochoa-Familie zufolge, wenig Vertrauen. »Als ich Pablo das erste Mal begegnet bin, war mein erstes Gefühl das der Furcht. Er war ein freundlicher Mensch, und sehr höflich, aber er weckte in einem entweder völlige Ergebenheit oder totalen Hass.«

Während seine Partner im Drogenhandel seiner langsam überdrüssig wurden, verstärkten Geschichten wie die von Lehders Bestrafung die Loyalität von Pablos Männern zu El Patrón.

»Er war ein einfacher Mensch, freundlich, ruhig, strahlte aber eine große Kraft aus«, sagt Popeye. »Als wir uns zusammen mit ihm versteckten und die Amis fünf Millionen Belohnung boten, haben wir nicht eine Sekunde daran gedacht, das Geld zu kassieren. Ich machte mich als Frau und oft auch als Priester verkleidet davon, und er blieb in unserem Versteck, völlig gelassen, weil er wusste, dass uns die Belohnung egal war. Für uns war Loyalität wichtiger als Geld.«

Pablo und seine Frau treffen in seinem Learjet auf der Hacienda Nápoles ein, 1982.

Unbedingte Vasallentreue zahlte sich aus, doch wer aus der Reihe tanzte, wurde gnadenlos bestraft. Eines der Opfer war La Yuca, der sich hochgedient hatte und 1982 zu Escobars innerem Zirkel stieß. Er war an wichtigen Attentaten, wie dem auf Lara Bonilla, beteiligt, wurde aber von einer Gruppe um Escobar zu Fall gebracht.

»Es gab so etwas wie ein ›Syndikat‹«, erklärt El Profe. »Wir sagten: ›Der und der ist ein Schwein, er muss sterben‹, und das kam irgendwann Pablo zu Ohren, der dann die endgültige Entscheidung traf. Pablo tötete nie jemanden selbst. Er gab den Befehl, und damit war die Sache erledigt.

La Yuca hielt sich mit der Zeit selbst für den Patrón, und deshalb wurde er beseitigt. Das Syndikat flüsterte Pablo ein, ihn umzubringen. ›Mach ihn kalt, Pablo‹, sagten sie. Die Combo hatte ihn groß gemacht, und das Syndikat hat ihn umgebracht.«

Ein weiteres Opfer des Syndikats war ein Verwalter von Nápoles, der zusammen mit seinem Onkel ermordet wurde.

»In Nápoles konnte man morgens um vier in Knoblauch geschwenkten Hummer bestellen«, erinnert sich El Profe. »Die Küche war rund um die Uhr geöffnet. Der Küchenchef hieß Héctor Barrientos, aber er wurde zu gierig. Pablo hatte ihm eine der Landebahnen in Nápoles überlassen und ihn so zum Millionär gemacht. Er bekam drei Millionen Peso pro Flugzeug und nahm mehr Geld ein als der Flughafen von Medellín. Doch genau da lag das Problem. Er fing an Drogen zu verkaufen, um noch mehr Geld zu scheffeln, und am Ende blieb die Küche geschlossen. Dann traf die Combo ein, und es gab nichts zu essen. Deshalb ließ Pablo ihn umbringen.«

Geschichten aus Nápoles

Selbst 1987, auf dem Höhepunkt der Fahndung nach Pablo Escobar, blieb Nápoles das Zentrum des Medellín-Kartells und eine Oase der Entspannung für seine Familie und seine engsten Freunde.

»Die Hacienda Nápoles«, sinniert Popeye, »das waren für Pablo die goldenen Zeiten. Ein exotisches Paradies. Wunderschön. Mit all den Tieren. Es war einfach fantastisch.«

Oben: Pablo (Mitte) bei einem Treffen nach Pablos Wahl 1982 mit Kartell-Partner Carlos Lehder (vorne rechts). Hinter ihm im blauen Hemd Jaime Gaviria. – *Unten:* Vordere Reihe (von links nach rechts): La Yuca (war in den Mord an Lara Bonilla verwickelt), der mexikanische Musiker Gabriel Reynolds sowie Otto.

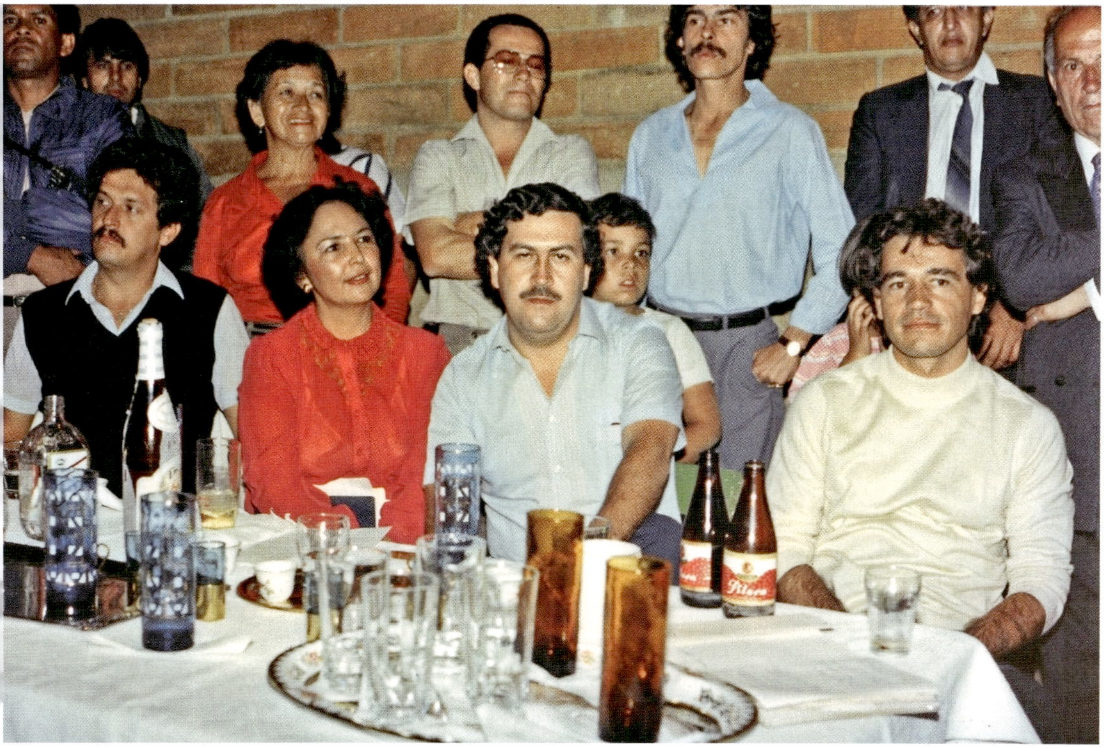
Pilsen
Pilsen

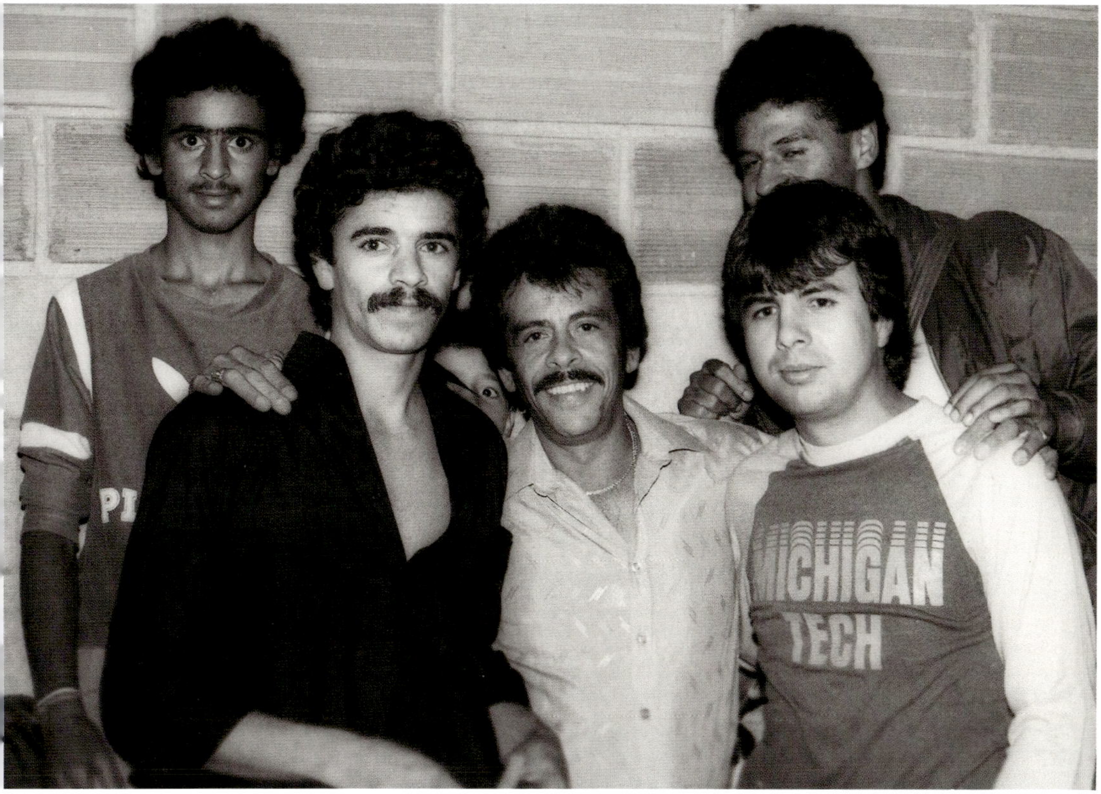
MICHIGAN
TECH

Drei Sicherheitskordone, die um das gesamte Gelände gelegt waren, demonstrierten die Bedeutung, die das Anwesen für seine Besitzer, Escobar und seinen Vetter Gustavo, hatte. Autos, die den Eingang passierten, wurden von den Wachen ebenso ins Haupthaus gemeldet wie alle anderen Fahrzeuge, die von der Hauptstraße abbogen oder dort anhielten. Zwanzig Autominuten Fahrt bis zum zweiten Checkpoint gaben den Besuchern des Hauses ausreichend Vorwarnzeit, falls Polizei oder Armee im Anmarsch waren. Ein letzter Checkpoint außerhalb des Hauptgebäudes war mit Mitgliedern von Escobars innerem Zirkel besetzt.

Nur die engsten Freunde und Geschäftspartner gelangten laut El Chino an allen Kontrollpunkten vorbei. »Einmal kam ich nach Nápoles, um ein paar Tiere zu fotografieren«, erzählt er. »Pablo hatte zu mir gesagt, ich könne wann immer ich wollte kommen und die Fotos machen, aber als ich eintraf, waren Ochoa, Lehder und Pablo – die ganzen Schwergewichte – anwesend. Die Sicherheitsvorkehrungen waren verschärft worden, und die Wachen ließen mich beinahe nicht passieren. Pablos Schwager, Carlos Henao, war kurz zuvor abgewiesen worden, doch als ich ankam, befahl Pablo: ›Keine Sorge – lasst El Chino durch.‹«

Hatte man es einmal auf das Anwesen geschafft, ging die größte Gefahr von den Tieren aus. »Sie zu fotografieren, war gar nicht so einfach. Einer dieser verdammten Straußenvögel hätte mich einmal fast umgebracht. Wenn einer von Pablos Männern nicht eingegriffen hätte, wäre ich heute nicht hier. Und dann gab es noch einen Emu, den wir ›Rammler‹ nannten, weil er versuchte alles zu ficken, was sich bewegte.«

Entgegen der Legenden, Escobar habe Löwen und Hyänen benutzt, um Gefangene zu foltern, befanden sich keine Großkatzen auf dem Gelände. Weder Tiger noch Löwen. Sie waren vom Anwesen verbannt worden, nachdem eine der »Schmusekatzen« Escobars Lieblingspapagei gefressen hatte.

»Chinchón, so hieß der Papagei«, erinnert sich El Chino. »Er kam immer angeflogen und hat sich mit *aguardiente* [Schnaps] betrunken, den er aus unseren Gläsern schlürfte. Einmal hat er es übertrieben, er wurde ohnmächtig, und die Katze hat ihn gefressen.«

Aufgrund von Escobars Aberglauben wurden zudem Tausende von Kaninchen auf der Ranch ausgesetzt. »Er glaubte, sie brächten Glück«, sagt El Poeta. »Als er 1976 in Nariño im Gefängnis saß, nachdem man ihn in Itagüí mit Kokain geschnappt hatte, hatte er einen Mitgefangenen, der ein Kaninchen besaß. Als dieser Mann freikam, überließ er das Kaninchen einem Mithäftling, der dann als Nächster freigelassen wurde, und so kam jeder, der das Kaninchen in seiner Obhut hatte, frei, bis die Reihe schließlich an Pablo kam und er ebenfalls entlassen wurde. Deshalb waren Kaninchen für ihn Glücksbringer. Als er Nápoles kaufte, befahl er seinen Männern, sie aus allen Teilen des Landes einfliegen zu

El Chino reitet Maggi, die Elefantenkuh, Anfang der Achtziger.

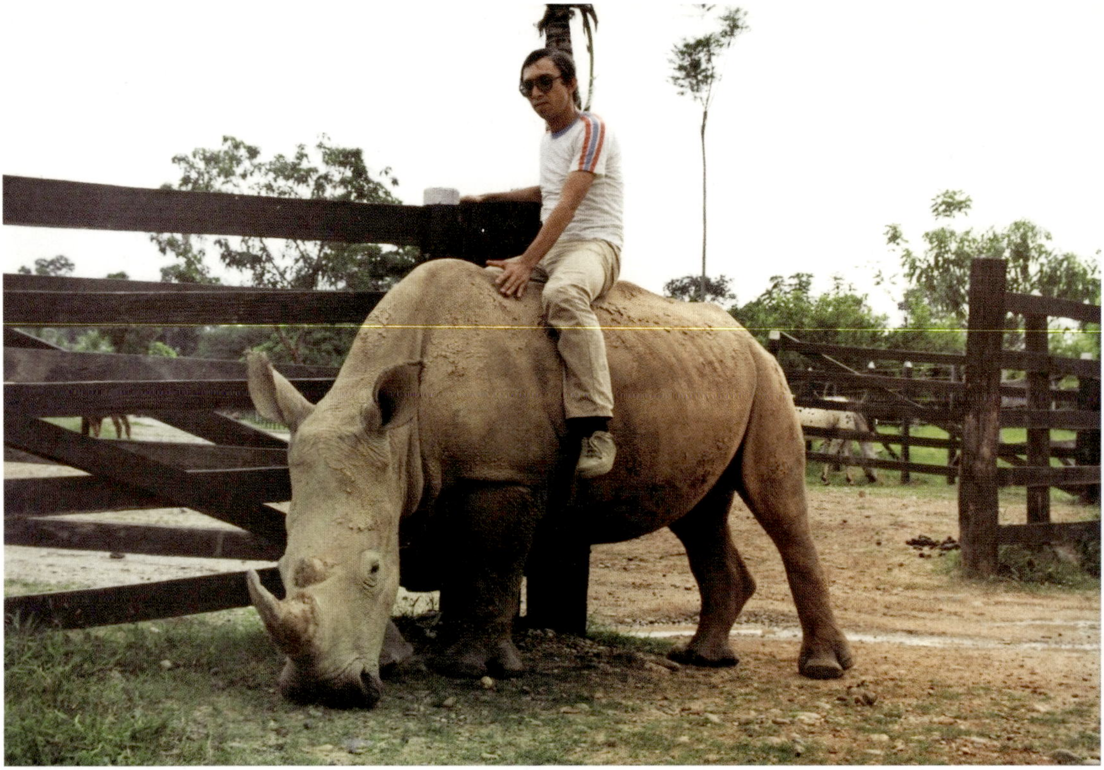

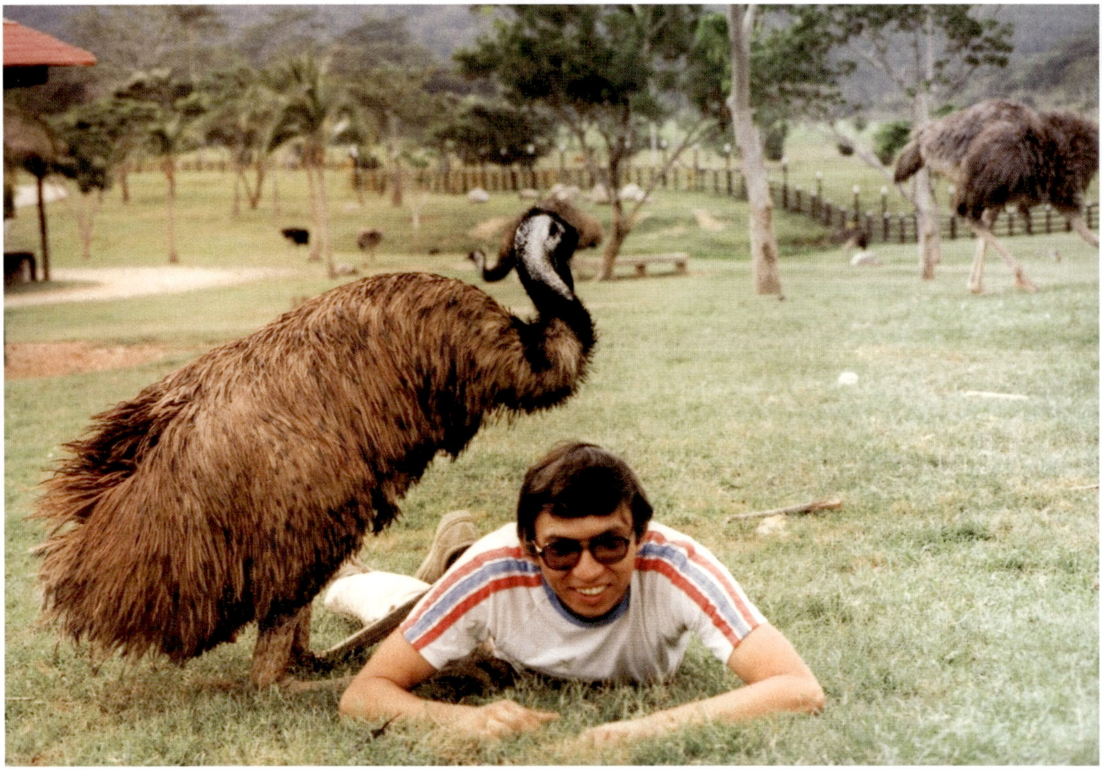

lassen. Ganze Flugzeug- und Helikopterladungen ließ er nach Nápoles verfrachten. Es war wie in Macondo.« Macondo ist die imaginäre Stadt, die Gabriel García Márquez in seinem Klassiker *Hundert Jahre Einsamkeit* geschaffen hat.

Dank eines kostspieligen Informantennetzwerkes gelang es Escobar, sich Polizei und Justiz vom Leib zu halten. »Informationen sind das, was in jedem Krieg richtig ins Geld geht«, sagt Jaime. »Ein General oder ein Oberst kosteten etwa zwanzig bis dreißig Millionen Peso [200 000 bis 300 000 US-Dollar]«. Doch sie verhalfen Escobar zu einem ruhigen Schlaf, und er konnte sein Leben trotz einer drohenden Festnahme genießen.

Um das Risiko so gering wie möglich zu halten, wurden laut El Chino die Treffen erst in allerletzter Minute festgelegt. »Eine ganze Truppe von uns Künstlern saß in Medellín herum und wartete darauf, dass man uns sagte, wo die Party stattfinden würde. Das Orchester, Fotografen, Filmleute.« Sie wurden erst informiert, wenn der Ort der Veranstaltung feststand.

»Er ging, wohin er wollte, und dann schickte er nach den Leuten«, sagt Limóns Frau Gloria. »Es war verrückt. Er hielt ein Bündel Geldscheine in der Hand und bot jedem, der seine Augenbrauen halb abrasierte oder ähnlichen Unsinn mitmachte, Geld an. Zu Weihnachten versteckten sie kleine Geschenke, das heißt, jede Menge Geldbündel. Dann spielten wir ›Kalt oder Warm‹ – es war einfach toll, wenn man so ein hübsches Sümmchen gewann. Ich durfte auch dabei sein, sogar mit der Familie, und helfen, das Geld zu verstecken. Sie waren alle so glücklich.«

Neben Geld gab es auch Spielzeug für die Jungs. »Jetskis, Autos, Motorräder, alles Mögliche«, sagt Darío Ramírez, ein Koch, der auf Partys in Nápoles kochte. »Sie liebten Wettrennen. Pablo und Gustavo gewannen immer.«

Jairo Rua, ein Zuhälter, der die weniger Familiensinnigen mit Frauen versorgte, sagt: »Niemand hat je so mit Geld um sich geschmissen wie diese Typen. Sie sind mit Luftkissenbooten auf den Claro hinausgefahren, und wenn sie etwas gerammt haben, rief Pablo mit dem Walkie-Talkie einen Hubschrauber, der ihnen ein neues Boot brachte und das alte Boot abschleppte.«

Auch wenn es um Unterhaltung ging, wurden keine Kosten gescheut. »Man konnte kochen, was man wollte. Mitten im Magdalena Medio mangelte es an nichts«, sagt Ramírez. »Wir bekamen alles, egal was es kostete. Das war echt speziell.« Hummer, Kaviar und andere Luxuswaren standen regelmäßig auf der Speisekarte, obwohl der Koch sich erinnert, dass Pablos eigene Vorlieben weniger extravagant waren und er die in Antioquia populären Reis-Bohnen-Gerichte bevorzugte.

René Higuita, der schillernde kolumbianische Nationaltorhüter, der durch seinen Skorpionkick in Wembley unsterblich geworden war, erinnert sich, dass er und sein Team 1989 nach Nápoles geflogen wurden, nachdem Atlético Nacio-

Oben: El Chino auf der Hacienda Nápoles, Anfang der Achtziger. Verkatert reitet er auf einem Nashorn. – *Unten:* El Chino und »Shagger«, das Emu, das »versuchte, alles zu ficken, was sich bewegte«.

nal als erste kolumbianische Mannschaft die Copa Libertadores – das lateinamerikanische Pendant zur Champions League – gewonnen hatte.

»Nachdem wir die Copa geholt hatten, lud er uns zum Grillen nach Nápoles ein. Die Hubschrauber landeten direkt neben dem Pool. Er hat alle Spieler eingeladen. Ich meine, das sagt doch alles über ihn. Für Pablo war ›Stress‹ ein Fremdwort. Er war die entspannteste Person, die mir je begegnet ist.«

Popeye erinnert sich, dass Pablo die ersten tapsigen Versuche der kolumbianischen Behörden, ihn festzunehmen, kaum beeindruckten. »Er hatte Nerven wie Drahtseile. Häufig waren wir in Nápoles, im Haupthaus, und die Armee passierte das Eingangstor zum Gelände. Dann pflegte er zu sagen: ›Wickelt eure Sandwiches gut ein und macht euch frisch. Wir gehen.‹ Er blieb unglaublich gelassen. Wir verließen die Hacienda, die Polizei kam und durchsuchte sie, und wenn sie wieder weg war, kamen wir zurück. Keine zehn Minuten später. Nápoles war so groß, dass es sein eigenes Straßennetz hatte. Man konnte gut zwei Stunden auf dem Anwesen herumfahren.«

Bei anderer Gelegenheit, wenn Escobar nicht auf Nápoles war, ließen seine Nachrichtendienste eindeutige Mängel erkennen.

Am 2. März 1988 lieferte Escobars enger Vertrauter El Arete eine der irrwitzigsten Aktionen in der Geschichte des Kartells. Er sowie zwei Piloten, die man nach der populären Fernsehserie »Los Magníficos« (*Das A-Team*) nannte, überfielen einen Luftwaffenstützpunkt in Bogotá und eroberten ein Flugzeug zurück, das von den Behörden beschlagnahmt worden war.

»Ich war gerade mit El Chopo zusammen, der seine achtjährige Tochter dabeihatte«, erinnert sich El Profe. »Wir waren in Nápoles, und man war gerade dabei, Kokain von einem Laster abzuladen. In jener Nacht stahlen Los Magníficos den Turbo Commander vom Luftwaffenstützpunkt in Bogotá. Jemand hatte einen Freund auf dem Stützpunkt bestochen, so dass das Flugzeug vollgetankt und flugbereit war und Los Magníficos es nach Nápoles fliegen konnten. Ein anderes Flugzeug war auch schon da, es wurde gerade mit dem Kokain aus dem Lastwagen beladen und war praktisch startbereit. Da tauchte plötzlich eine Polizeimaschine auf und fing an, uns zu beschießen. Dabei hat es Arete erwischt.

Das Problem war, dass man wegen des Mordes an Lara Bonilla nach El Chopo fahndete, deshalb konnte er nicht bleiben. So hatten schließlich ich und noch ein anderer Typ den Laster mit dem restlichen Stoff am Hals. Aber wir parkten ihn dort, wo sie ihn am wenigsten suchen würden: Direkt neben der Polizeiwache. Wir warteten bis zum Morgen, dann kam Pinina und holte ihn ab.«

Die Tiere auf der Hacienda Nápoles, Anfang der Achtziger.

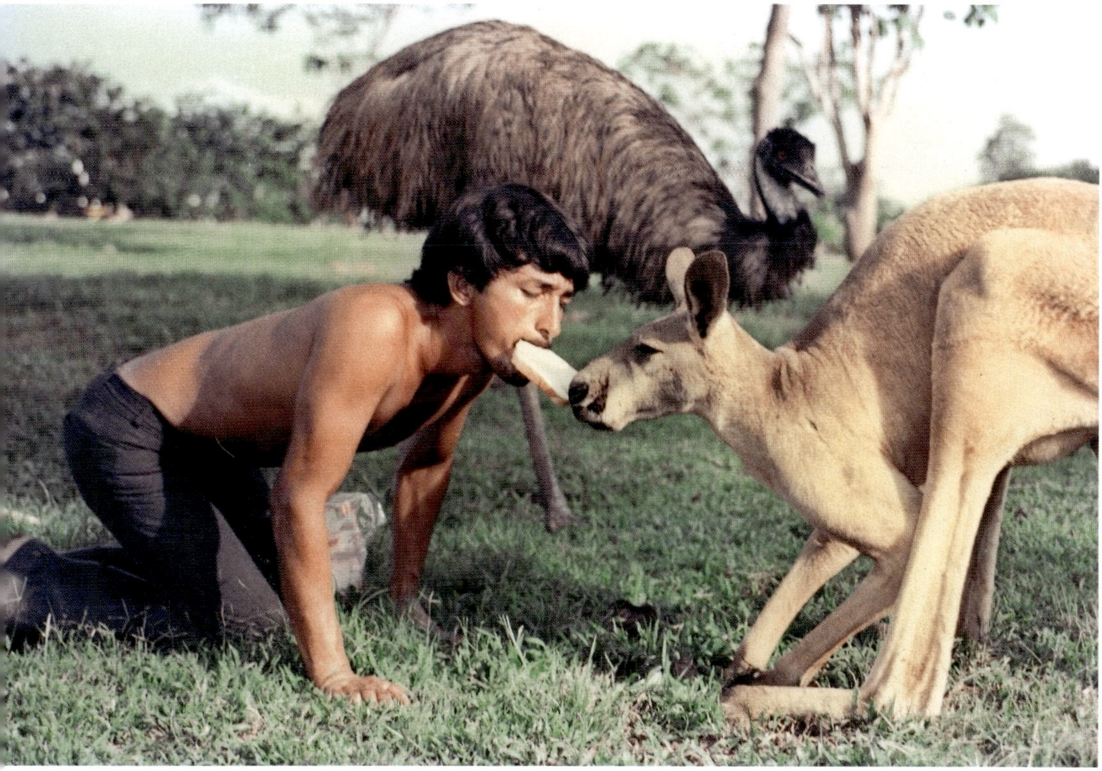

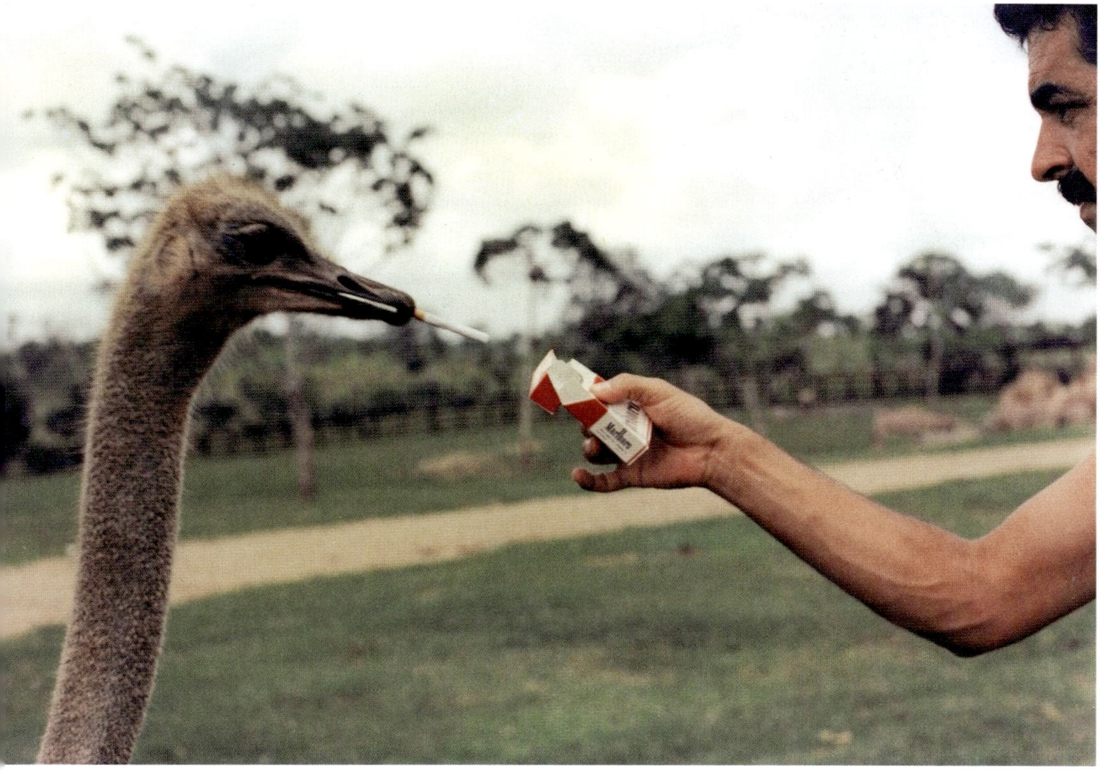
Marlboro

Die Polizeiakten

Die Dokumente, die in diesem Kapitel zusammengefasst sind, stellen eine Auswahl aus den Akten und Beweismitteln dreier Abteilungen der kolumbianischen Polizei dar: der DIJIN (Spezialeinheiten), der DAS (Geheimdienst) und der Staatsanwaltschaft (Strafverfolgungs- und Ermittlungsbehörde). Aus der Zeit bevor Escobar sich 1991 den Behörden stellte, existieren nur wenige Dokumente. Er organisierte eine Kampagne aus aufeinander abgestimmten Aktionen, um alle Dokumente zu zerstören, die gegen ihn hätten verwendet werden können. Die bekannteste dieser Aktionen war die M-19-Attacke auf den Justizpalast, während der Tausende Seiten Beweismaterial verbrannt wurden. Von den Akten, die seit 1991 geführt wurden, sind einige von Trophäenjägern geplündert worden, andere werden nach wie vor streng gehütet und der Öffentlichkeit vorenthalten, weil sie in laufenden Verfahren, etwa bei den Ermittlungen im Mordfall Luis Carlos Galán, noch Verwendung finden. Trotz der Tausenden von Handfeuerwaffen, die den Leuten Escobars abgenommen und beschlagnahmt wurden, und den Hunderttausenden von Seiten, die seine kriminellen Machenschaften dokumentieren, wurde Pablo Escobar in Kolumbien lediglich einmal verurteilt – wegen illegalen Waffenbesitzes.

Der Krieg mit dem Cali-Kartell

1984 kontrollierten Escobar, Gacha und die Ochoas achtzig Prozent der weltweiten Kokainproduktion. Drei Jahre später jedoch hatte es den Anschein, dass das Medellín-Kartell seine globale Monopolstellung verlieren würde. Eine rivalisierende Gruppe aus Cali unter der Führung der Gebrüder Gilberto und Miguel Orejuela, José Santacruz und Helmer »Pacho« Herrera zogen ein konkurrierendes Netzwerk in New York und Los Angeles auf. Ihre Methoden waren weniger aggressiv als die von Escobar und Gacha; statt die Behörden zu provozieren, benutzten sie die Milliardenprofite, um sie zu schmieren. »Pablo war Wilder Westen«, sagt der DEA-Agent Javier Peña. »Cali, das waren Geschäftsleute in Anzügen.«

Durch die Bildung der Extraditables im Jahr 1985 nahm die Schärfe der Auseinandersetzung um den lukrativen Kokainmarkt zu.

»Pablo hasste Gilberto und Miguel, weil sie den Mord an Lara Bonilla heftig kritisiert hatten«, sagt Popeye. »Die behaupteten, der Mord sei der Grund für die Auslieferungen.«

Diejenigen, die sich nicht an Escobars Krieg gegen den Staat beteiligen wollten, wurden selbst zu Zielscheiben seiner Attacken, als er versuchte, seine Macht über die kolumbianische Mafia auszudehnen. »Er forderte von allen großen Schmugglern Geld«, erzählt Alberto Otero, der ehemalige Chef des Nachrichtendienstes der DAS. »Er sagte, diejenigen, die nicht bereit wären zu zahlen, befänden sich im Krieg mit ihm, und er würde sie angreifen oder umbringen. Seine Vorstellung war, dass sein Feldzug gegen den Staat von allen anderen, die auch im Drogengeschäft waren, mitfinanziert werden sollte.«

Der Konflikt trieb die Mordrate in den kolumbianischen Städten in schwindelerregende Höhen. Medellín wurde 1985 mit 1698 Morden zur Welthauptstadt der Morde gekürt. Im Jahr darauf verdoppelte sich die Zahl sogar auf fast 3500.

Hugo Martínez erinnert sich noch gut an die Leichen, die einfach am Straßenrand abgelegt wurden. »Wir als Polizei wurden Zeuge eines Phänomens, das sich zwischen den beiden Kartellen abspielte. In Cali wie auch in Medellín wollten sie die totale Kontrolle über ihre Stadt haben, deshalb bezahlten sie die Polizei, damit diese sie informierte, wenn Leute aus der anderen Stadt eintrafen. Die Polizei nahm diese Leute fest und verhörte sie. Wenn es keine Kriminellen waren, ließen sie sie wieder laufen. Standen sie jedoch im Verdacht, Kriminelle zu sein, wurden sie umgebracht. Nicht von den Polizisten selbst, aber sie wurden in eine Garage oder sonst wohin verfrachtet und dort den Gangstern überlassen.«

MUNICIPIO DE MEDELLIN

SECRETARIA DE GOBIERNO

PLANIMETRIA JUDICIAL

Foto nro 5 M_uestra al igual que la anterior.

Foto nro 6 M_uestra una residencia del frente

Immobilien aus dem Besitz von Pablo Escobar in Medellín
Oben: Das Edificio Mónaco im Januar 1988, nachdem das Cali-Kartell eine Bombe gezündet hatte. Escobar selbst war bei der Explosion nicht im Gebäude, aber seine Tochter trug einen Hörschaden davon. Escobar betrachtete den Anschlag auf seine Familie als äußerst respektlos.

Foto nro 27 muestra los destrosos en una cosina del piso 9°

Foto nro 28 M₁₁estra tomada del piso nro 9° al hueco.

Der von der Mónaco-Bombe gerissene Krater; bei dem Anschlag kamen zwei Arbeiter ums Leben.

Pablos Oldtimer-Sammlung. Die Fotos wurden während der Ermittlungen über den Bombenanschlag im Januar 1988 von der Polizei gemacht und führten der Öffentlichkeit erstmals Pablos immensen Reichtum vor Augen.

FOTOS ORDENADAS POR EL JUZGADO 77 TOMADAS EL EL
SOTANO DEL EDIFICIO MONACO EN CARRERA 45 CON
CALLE 16 SUR el DIA 13 DE ENERO DE 1988

MUNICIPIO DE MEDELLIN
D E C Y P O L
PLANIMETRIA JUDICIAL

Zu Beginn versetzte Escobar seinen Rivalen aus Cali einige empfindliche Schläge, da er eine Armee von *sicarios* kommandierte, die von dem unaufhörlichen Strom der *vueltas* profitierte, die seine Combo anordnete.

»El Poeta schickte mir Fotos von den Typen aus Cali«, erinnert sich El Chino. »Man sagte mir, ich solle hundert Abzüge machen, die sie unter ihren Jungs auf der Straße verteilten.«

»Escobar war effizienter als seine Gegner, weil er mehr Leute umbrachte«, sagt Martínez. »Die in Medellín eintrafen, wurden geschnappt und manchmal geviertelt und an Laternen aufgehängt, weil sie angeblich *sapos* waren. Niemand erwähnte, dass sie aus Cali stammten, aber wir wussten, was da ablief. Es herrschte Krieg zwischen den Kartellen. Die Ochoas und Orejuelas trafen sich zwar und legten die Regeln des Geschäfts fest. Aber auf der Ebene der Killer, Banditen und Mörder lief ein unsichtbarer Krieg ab. Die Bosse taten so, als stünde alles zum Besten. Sie benahmen sich wie in den italienischen Mafiafilmen, trafen sich, gaben sich Küsschen, doch hinterrücks setzten sie ihre Gesetze durch, indem sie den Feind töteten, wenn er in ihr Territorium eindrang.«

Was die Auseinandersetzung um die Kontrolle des Kokainhandels zu einem erbitterten Kampf bis zum letzten Mann eskalieren ließ, war eine bizarre Dreiecksgeschichte, in die einer von Escobars ältesten Freunden, El Negro Pabón, sowie ein Cali-Killer namens Piña und einer der Führer des Cali-Kartells, Pacho Herrera, verwickelt waren.

Die Schilderungen, wie der Krieg begann, gehen weit auseinander. Popeye erzählt, Pabón, Piña und Herrera hätten in den USA zusammen im Gefängnis gesessen. Piña wird ein Jahr vor Pabón entlassen, und Pabón bittet ihn, seine Freundin zu besuchen. Als Pabón ein Jahr später herauskommt, muss er feststellen, dass die beiden zusammenleben. Der Verrat löst eine persönliche Fehde aus, in deren Verlauf die beiden sich gegenseitig umzubringen versuchen. Als Escobar gebeten wird, einzuschreiten, fordert er, dass Piñas Boss, Herrera, umgebracht werde, um den Mordanschlag auf Pabón zu sühnen. Gilberto Orejuela weigert sich, und der Krieg wird erklärt.

Juventud dagegen behauptet, Herrera habe Piña beschützt, weil sie Liebhaber waren. »Pablo sagte zu Gilberto: ›Bring Pacho um, oder es gibt Krieg.‹ Und Gilberto erwiderte: ›Dann gibt es Krieg.‹ Ungelogen, der Krieg mit dem Cali-Kartell ist wegen zweier Schwuchteln ausgebrochen.«

Indes plante Gilberto, »Der Schachspieler«, bereits seinen nächsten Zug. Am 13. Januar 1988 erschütterte die Explosion einer Autobombe das Edificio Mónaco,

Pablos Jukebox, eines der wenigen Artefakte, die der neue Nutzer, die Generalstaatsanwaltschaft, nicht hat entfernen lassen. Die Auswahl enthält unter anderem: Lionel Richie: »Say You, Say Me«; Madonna: »Crazy For You«; Los Dandys: »Pobre Soy« (Arm bin ich); Miami Sound Machine: »Dr. Beat«; Baltimora: »Tarzan Boy (Club Mix)«; Willie Rosario: »Good Lovin'«; Pitín Sánchez: »El Presidario« (Der Gefangene), »Roberto Revolver«; Lionel Richie: »Dancing on the Ceiling«, »Love Will Find A Way«; The Latin Brothers: »Fuma el Barco« (Das Schiff legt ab).

Pablo Escobars Stadthaus in Medellín. Zwei Leibwächter kamen ums Leben, doch die verstärkten Betonmauern retteten Escobars Frau und Kindern das Leben. Seine vierjährige Tochter trug allerdings einen Gehörschaden davon.

Die Fotos, die im Zuge der Ermittlungen von der Polizei gemacht wurden, gaben der Öffentlichkeit zum ersten Mal einen Eindruck vom Vermögen des damals siebtreichsten Mannes der Welt. Eine Oldtimersammlung, eine unschätzbar wertvolle Kunstsammlung mit Bildern von Picasso und Botero, goldene Badezimmerarmaturen, diamantbesetzter Schmuck, seltene Uhren und eine schier unendliche Fülle von Schuhen und Parfüms fanden sich auf der fünfundzwanzigseitigen Liste der Besitztümer, die die Polizei zu Protokoll nahm.

Escobar befand sich in einem anderen Haus, das zwanzig Fahrminuten entfernt lag. Als er von der Explosion hörte, glaubte er zunächst, dass es sich um einen Mordanschlag der DEA handelte, doch ein Anruf von Gilberto Orejuela beseitigte alle Zweifel.

Popeye erinnert sich: »Gilberto rief an und sagte: ›Pablo, wegen der Bombe vor dem Haus, in dem sich deine Familie befand, wollen wir dir unser Mitgefühl ausdrücken. Und glaube nur nicht, dass wir etwas damit zu tun haben.‹ Pablo legte auf und sagte: ›Das Cali-Kartell steckt hinter der Bombe.‹ Denn Pablo sagte immer: ›Eine Erklärung, um die nicht gebeten wurde, ist so gut wie ein Geständnis. Die wollten nur sehen, ob ich tot bin oder noch lebe.‹«

Die Bombe eröffnete ein neues Kapitel in der blutigen Geschichte Kolumbiens und verlieh dem Krieg mit dem Cali-Kartell endgültig eine persönliche Dimension.

»Am meisten brachte Pablo auf, dass sie versucht hatten, die Kinder zu töten«, sagt El Profe. »Außerdem entstand ein Sachschaden in Höhe von drei Millionen Dollar, die Pablo als Schadensersatz forderte, ehe er bereit war, über einen Waffenstillstand zu verhandeln. Nachdem sie sein Haus in die Luft gejagt hatten, bewies er eine gewisse Größe, obwohl er die Tat als extrem ehrabschneidend empfand.«

Allerdings bewies er diese Größe, indem er selbst eine Welle von Bombenanschlägen auslöste. Um seine Leute im Bau von Bomben zu unterweisen, heuerte er dieselben britischen, israelischen und spanischen Söldner an, die bereits für seine Konkurrenten aus Cali gearbeitet hatten.

»Nach der Attacke kam die Kriegserklärung«, berichtet Martínez. »Pablo antwortete, indem er Filialen der Apothekenkette ›La Rebaja‹ in die Luft jagte.« Sie gehörte den Orejuelas und hatte etwa tausend Zweigstellen. In den vier Monaten, die auf den Anschlag auf das Mónaco-Gebäude folgten, wurden landesweit Bombenattentate auf 85 Filialen verübt, bei denen siebenundzwanzig Menschen ums Leben kamen. Escobars Gewaltbereitschaft hatte eine neue Stufe erreicht.

Maza

General Miguel Maza war während der Amtszeiten der Präsidenten Belisario Betancur und Virgilio Barco Chef der kolumbianischen Geheimpolizei DAS.

Mit der Statur eines Pitbulls wurde er mehr als jeder andere zum Wahrzeichen des staatlichen Kampfes gegen Escobar und das Medellín-Kartell. Sein Konterfei ist in Kolumbien so bekannt wie das eines Filmstars, und man bringt ihm eine Mischung aus Bewunderung, Respekt und Furcht entgegen. Hugo Martínez beschreibt ihn schlicht als »mutig«, andere raten bei seiner Person zur Vorsicht.

»Als alle Welt sich vor Escobar fürchtete, erhob Maza als Einziger die Stimme gegen ihn«, erinnert sich Martínez. Und Alberto Otero fügt hinzu: »Vom Standpunkt der Behörden aus war es General Maza, der ernsthaft mit der Bekämpfung des Drogenhandels begann.«

»Als Barco die Präsidentschaft übernahm, hatten wir eine vertrauliche Unterredung«, erinnert sich Maza. »Er fragte mich: ›Was können wir gegen die unternehmen?‹, und ich antwortete: ›Wir müssen Stärke demonstrieren, denn niemand kann sich über den Staat erheben. Es wird ein langer Kampf werden, aber er lohnt die Schmerzen, denn es gibt keine Alternative.‹ Und so beschlossen wir, nach vorne zu schauen und es mit den Drogenhändlern aufzunehmen.«

1987 versuchte Escobar, Maza zu kaufen, aber der wählte statt des Silbers lieber das Blei.

»Ein Anwalt kreuzte in meinem Büro auf und sagte mir, Pablo Escobar wolle sich mit mir treffen. Ich erklärte ihm, dass ich nichts mit ihm zu besprechen hätte, und daraufhin schickte er mir jemanden, der mir sagte, wenn ich ein Signal gäbe, würde er mich zum reichsten Mann Kolumbiens machen. Ich erwiderte, Geld sei nicht das Wichtigste im Leben und dass ich gemeinsam mit Präsident Barco eine Mission begonnen hätte, die wir zu Ende bringen würden.« Escobar nahm an, wenn Maza sein Geld nicht haben wollte, musste er bereits vom Cali-Kartell gekauft worden sein. Über Nacht wurde der General damit zum obersten Feind des Medellín-Kartells in der Regierung.

Eine Reihe von Operationen, die ins Herz des Medellín-Kartells trafen, trieben den Preis, den Escobar auf Mazas Kopf ausgesetzt hatte, auf fünf Millionen Dollar. Da war zunächst der Tod eines der Führer der Prisco-Gang, José Rodolfo Prisco, der während einer DEA-Operation in Bogotá ums Leben kam. Ein Jahr darauf wäre Escobar beim ersten groß angelegten Versuch, ihn festzunehmen, in der Nähe von El Bizcocho beinahe gefasst worden. Zudem machte er Maza auch für das Erstarken der Todesschwadronen verantwortlich, die mit der Ermordung Hunderter Teenager in Medellín in Verbindung gebracht wurden.

Deshalb gingen Escobar und Gacha mit aller Macht gegen Maza vor. Nach Mazas eigener Zählung schlugen sieben Bombenattentate des Medellín-Kartells gegen ihn fehl. Im Mai 1989 zerstörte eine Bombe sein gepanzertes Dienstfahrzeug und tötete sieben seiner Leibwächter. Ein zweiter Anschlag zerstörte das Hauptquartier der DAS in Bogotá, tötete 89 Menschen und verletzte weitere fünfhundert.

»Das war keine Autobombe, das war eine Busbombe. Das Lenkrad war festgezurrt, und auf das Gaspedal hatte man einen Ziegelstein gelegt«, erinnert sich Manuel Rozo, einer von Mazas Leibwächtern. »So haben sie ihn die Straße hinunterfahren lassen, direkt auf den Empfang des Gebäudes zu. Stellen Sie sich einen mit tausend Kilo Sprengstoff beladenen Bus vor, der direkt auf das Hauptquartier von Kolumbiens wichtigster Polizeibehörde zurast. Der psychologische Effekt der Bombe und die Zerstörung, die sie verursachte, waren gewaltig.«

Popeye ergänzt, dass der Schulbus so umgebaut und verstärkt worden war, dass er acht Tonnen Dynamit fassen konnte. »Die reden von tausend Kilo, aber in Wirklichkeit waren es achttausend.«

Die Gewalt der Explosion hinterließ einen vier Meter tiefen Krater und deckte noch in zehn Kilometern Entfernung die Dächer ab. »Wenn der Bus in das Gebäude hineingerast wäre, hätte er die DAS vom Angesicht der Erde getilgt, kapierst du?«, sagt Popeye. »Das war der größte Anschlag, den die Welt bis dahin erlebt hatte.«

Nur der Zusammenstoß mit einem Auto verhinderte, dass die Bombe das Gebäude dem Erdboden gleichmachte.

Erstaunlicherweise entkam Maza unverletzt aus seinem Büro im 9. Stock. Seine Sekretärin und sein Leibwächter hatten allerdings nicht so viel Glück.

»Es war pure Intuition, dass ich am Tag des Anschlags nicht den mit Dynamit beladenen Bus passierte, sondern über den Markt ging. Und ich glaube, dass die Person, die damit betraut war, den Bus in die Luft zu jagen, entweder abgelenkt war oder mich nicht erkannt hat, als ich morgens das Gebäude betrat. Wenn sie mich in diesem Moment oder beim Betreten des Aufzugs erwischt hätte, hätte sie mich umgebracht, denn der Aufzug war kaputt.

So aber betrat ich unsere Abteilung und folgte meiner täglichen Routine. Ich begrüßte die Sekretärin, die mir einen Kaffee brachte; manchmal unterhielt ich mich eine Weile mit ihr, aber an diesem Morgen nicht. Ich ging mit Kaffee und Zeitung in mein Büro, und gerade als ich ankam, ging die Bombe hoch. Das kugelsichere Fenster wurde eingedrückt und stürzte auf meinen Schreibtisch. Wenn ich schon gesessen hätte, hätte es mich erschlagen. Die Wand stürzte ebenfalls ein und begrub meine Sekretärin und den Leibwächter unter sich. Ich war tatsächlich der Einzige im gesamten Stockwerk, der überlebt hat.«

General Miguel Maza, von 1982 bis 1990 Chef der DAS; wiederholte Mordanschläge des Medellín-Kartells gegen ihn schlugen fehl.

SE APRECIA EN LA GRAFICA EL EDIFICIO DEL DAS PARTE
ORIENTAL, OBSERVANDOSE LA DESTRUCCION PARCIAL OCA
SIONADA POR LA ONDA EXPLOSIVA.

Das Hauptquartier der DAS, das am 6. Dezember 1989 mit der Absicht in die Luft gesprengt wurde, General Maza zu ermorden; 89 Menschen starben und mehr als 500 wurden verletzt.

Viele Überlebende des Anschlags sind noch immer in therapeutischer Behandlung, um die emotionalen Wunden, die er gerissen hat, zu verarbeiten.

»Der Anblick war schrecklich«, erinnert sich der DAS-Agent Mauricio Alonso. »Überall lagen Leichenteile. Arme, Beine, Hände, Finger. Wir fanden jede Menge abgerissene Gliedmaßen. Sogar im Keller entdeckte ich ein Bein. Die ganzen Wände waren blutverschmiert. Da die Leute durch den Staub nichts erkennen konnten, tasteten sie sich an den Wänden entlang und rissen sich an den Scherben, die die Wucht der Explosion in die Wände getrieben hatte, die Hände auf.«

Trotz der verheerenden Wirkung des Anschlags weigerte sich Maza, klein beizugeben. Vor den Trümmern des Gebäudes stehend, beschuldigte er umstandslos Escobar und erklärte, er werde von einem provisorischen Büro aus weiterarbeiten.

»Die Leute wollten, dass er weitermacht«, sagt Alonso. »Er führte von der Spitze aus und motivierte seine Leute, sich unbeirrt in den Dienst des Landes zu stellen.«

Seine Nachbarn dagegen waren von seiner Zähigkeit weniger erbaut. Einige Monate nach dem Anschlag wurde in der Nähe seines Hauses eine weitere Bombe gefunden, worauf die Nachbarn eine Petition unterzeichneten, in der er gebeten wurde, wegzuziehen. »Niemand wollte ihn in seiner Nähe haben«, erinnert sich Martínez. Mazas bemerkenswerte Zähigkeit machte ihn zur Legende, zumindest bei denen, die nicht in seiner unmittelbaren Nähe leben mussten. Seine Popularität veranlasste ihn 1994, für das Amt des Präsidenten zu kandidieren.

»Escobar war besessen von mir«, sagt Maza. »Diese Obsession hat ihn verfolgt. Der einzige Mensch, den er umbringen wollte, und der noch am Leben ist, bin ich.«

So sehr war Maza in ein Duell auf Leben und Tod verstrickt, dass viele nach den Motiven seiner verbissenen Hartnäckigkeit gefragt haben. Diejenigen, die von ihm verfolgt wurden, waren überzeugt, es müssten finanzielle Gründe sein. Laut El Mugre ließ das Cali-Kartell leitenden Polizeioffizieren wie Maza »gewaltige Summen« zukommen, damit sie Escobar und seine Männer zur Strecke brachten.

»Auf jeden von uns war ein Kopfgeld ausgesetzt«, behauptet El Mugre. »Und die Höhe richtete sich nach unserer Stellung in der Organisation.«

»In den Mafia-Kriegen bleibt das Geld immer an den Polizisten kleben«, meint auch Popeye.

Maza hat – wie auch seine »Gegenspieler« – stets heftig dementiert, dass die Behörden mit dem Cali-Kartell gemeinsame Sache machten oder Zahlungen von

EN LA GRAFICA SE APRECIA LA DESTRUCCION TOTAL DE LAS
EDIFICACIONES UBICADAS CERCA AL LUGAR DEL ATENTADO.

Das Gebäude gegenüber dem Hauptquartier der DAS, das am 6. Dezember 1989 in die Luft
gesprengt wurde. Bei dem größten Bombenanschlag in der Geschichte Kolumbiens wurde ein mit
acht Tonnen Sprengstoff gefüllter Bus verwendet.

den Orejuela-Brüdern entgegennahmen, um im Gegenzug führende Mitglieder des Medellín-Kartells zu foltern und zu töten.

Er behauptet stattdessen: »Pablo Escobar sagte: ›Wir müssen diesen Maza vernichten, physisch oder moralisch.‹ Da sie es physisch nicht schafften, versuchte er mich zu diskreditieren. Escobar konnte nicht akzeptieren, dass sich jemand gegen ihn stellte.«

Pablos Regeln

Als Bewunderer klassischer Führungsfiguren wie dem mexikanischen Revolutionär Pancho Villa und dem Chicagoer Mafiaboss Al Capone, bediente Escobar sich freizügig bei seinen Helden, um der Auslieferung in die USA einen Riegel vorzuschieben und sich selbst als unumstrittener Kopf der kolumbianischen Mafia zu etablieren.

Mit der Unterstützung seines blutrünstigen Partners Gacha und seines Vetters Gustavo machte Escobar sich daran, das Land mit einer bisher nicht dagewesenen Welle von Bombenanschlägen und Politikermorden wie dem an Galán zu destabilisieren. Auch Gacha, »Der Mexikaner«, scheute vor keiner Auseinandersetzung zurück.

»Der Mexikaner war noch verrückter«, sagt Maza, »verrückter und gewalttätiger aufgrund seiner Herkunft, seines Mangels an Bildung. Escobar war sadistisch und berechnend, der Mexikaner dagegen war der Typ, der, um Maza zu töten, eine ganze Stadt ausradiert hätte.«

Gachas Macht beruhte auf den paramilitärischen Gruppen, die das Magdalena Medio kontrollierten und die er finanzierte, bewaffnete und ausbildete. Escobar kontrollierte mehr als zweitausend *sicarios* allein in Medellín. Zusammen waren die beiden für mehrere Tausend Tote verantwortlich.

Die Bombenanschläge und politischen Morde, die die Extraditables in Auftrag gaben, stießen nicht bei allen Mitgliedern der kolumbianischen Mafia auf Zustimmung. Doch in dem von Escobar und Gacha errichteten Feudalsystem war kein Platz für Dissens.

»Pablo glaubte, er sei Gott«, sagt Ex-Polizeichef Vargas. »Er hörte auf niemanden. Sie nannten ihn El Patrón oder El Doctor und begegneten ihm mit absoluter Unterwürfigkeit.«

Auch Popeye gesteht ein, dass die »Kriegsregierung« lediglich aus zwei Personen bestand. »Pablo und der Mexikaner fällten alle Entscheidungen, die anderen mussten für die Finanzierung sorgen. Mehr als siebzig Prozent von ihnen hatten es irgendwann satt, ständig bezahlen zu müssen und die ganze Gewalt zu erleben. Sie hatten Pablos autoritäre Vorstellungen satt und begannen sich zurückzuziehen. Damals wandte sich der von Pablo kontrollierte militärische Apparat der Extraditables gegen seine eigenen Mitglieder. Sie fingen sogar an, Familienangehörige der Extraditables zu entführen. Die, die in Medellín und Kolumbien Grundbesitz hatten, mussten Pablos Vorstellungen akzeptieren und ihm Tribut zollen, sonst wurden sie selbst *secuestrable* – entführbar – und waren so gut wie tot.«

Juventud erinnert sich, wie die Extraditables sich an den wohlhabenden Schichten Medellíns schadlos hielten, um ihre *vueltas* zu finanzieren. »1985 nahm der Kampf gegen die Auslieferungen an Schärfe zu. Erst presste Pablo seinen Kumpels Geld ab, doch bald hatte er keine Kumpels mehr, weil er sie fast alle umgebracht hatte. Wer nicht im Knast saß, haute ab, und wer die Eier hatte zu bleiben, wurde entführt und erschossen. Irgendwann gingen ihm die Kumpels aus, und so hielt er sich an die wohlhabenden Mitglieder der Gesellschaft.«

Niemand wurde verschont. Selbst der Schwager von Jorge Ochoa, einem von Escobars wichtigsten Partnern, wurde entführt und ermordet. »Haben Sie schon mal einen gut dressierten Polizeihund gesehen? So war Jorge. Entweder er machte für Pablo Männchen, oder Pablo gab ihm eins auf die Nase.«

Nur wenige wagten es, sich Escobars Geldforderungen offen zu widersetzen. Die meisten bezahlten schlicht ihren Tribut und konzentrierten sich darauf, ihre eigenen möglichst lukrativen Reiche zu errichten.

»Pablo schuf eine ganz eigene Kultur«, räsoniert El Profe. »Er führte einen Krieg, den niemand führen wollte, von dem aber alle profitierten. Sein Problem bestand darin, dass, während er sich dem Kampf widmete, die andern sich dem Handel widmeten, und während sie immer reicher wurden, gab Pablo immer mehr aus.«

Pablo als Pancho Villa verkleidet, ca. 1981. Der Legende zufolge stammte der mexikanische Revolutionär ursprünglich aus Antioquia. Pablo hatte einen gerahmten Abzug des Fotos in seiner Gefängniszelle hängen.

Polizistenmorde

1989 gab Escobar den Befehl aus: »Tod den Polizisten in der Stadt«, und eröffnete damit die blutigste Front in seinem Krieg gegen den Staat.

»Wir setzten Kopfgelder aus«, erklärt Popeye. »Eine Million Peso (2500 US-Dollar) für einen einfachen Polizisten, zwei Millionen für einen Korporal, drei Millionen für einen Feldwebel, vier Millionen für einen Leutnant, fünf Millionen für einen Hauptmann, zehn Millionen für einen Major, fünfzig Millionen für einen Oberst und hundert Millionen für einen General. Pablo Escobar befahl, den uns nahestehenden Profikillern die Waffen auszuhändigen, die wir in den *comunas* versteckt hielten. Mini-Uzis, Mini-Atlantas, R-165-Sturmgewehre, .556er, Pistolen von Sig Sauer und Beretta. Wir haben mehr als 2500 Waffen verteilt. Pablo machte keine halben Sachen.«

Zwischen 1989 und 1993 ergoss sich eine Welle der Gewalt über Medellín, die rund tausend Polizisten das Leben kostete. Für jeden toten Polizisten allerdings starben auch zehn Gangmitglieder oder unschuldige Zivilisten; viele durch die von der Polizei aufgestellten Todesschwadronen, die die Morde an ihren Kollegen rächten.

Medellín wurde in einen Krieg gestürzt, dessen Folgen die Stadt auch ein Jahrzehnt später noch spürte. Auf dem Höhepunkt der Gewalt 1991 starben 7081 Menschen, was eine Todesrate von 296 pro einhunderttausend Einwohnern bedeutete.

Hugo Martínez erinnert sich, dass er von der schieren Anzahl der Polizistenbegräbnisse, zu denen er gebeten wurde, überwältigt war. »Die Männer, die starben, waren Polizisten, die auf den Straßen und den Polizeiwachen ihren Dienst versahen. Die Killer legten Bomben, warfen Handgranaten und feuerten von Motorrädern.« Um dem Morden Einhalt zu gebieten, wurde es verboten, einen Sozius auf dem Motorrad mitzunehmen.

Die Polizisten, die nicht ermordet wurden, wurden von Kreditinstituten auf schwarze Listen gesetzt, von Freunden verlassen und gezwungen, in Polizeikasernen abseits ihrer Familien zu leben. Der Krieg hinterließ Hunderte Witwen. Viele von ihnen fanden als Putzfrauen auf den Polizeiwachen ein bescheidenes Auskommen.

Marcia Lópes wurde am 5. April 1990 durch Schüsse von einem Motorrad zur Witwe gemacht. Ihr Mann hatte gerade Urlaub, als er ermordet wurde. »Er sagte immer, Polizist zu sein, heißt, mit einem Bein im Gefängnis und mit dem anderen im Grab zu stehen.«

Für die Armee der Berufskiller war Medellín ein gefundenes Fressen. Die Mitglieder von Escobars innerem Kreis, Tyson, El Chopo, Chiruza und La Modelo, lieferten sich einen regelrechten Wettstreit, wer am meisten Polizisten umbrachte.

Die »freischaffenden« Killer konnten ihre Prämien in Autohäusern, Wechselstuben und Eisdielen abholen und benötigten dazu wenig mehr als ein Stück Papier. Es entstand eine bizarre Mischung aus Bars, Bestattungsinstituten und Bordellen, die alle von den makabren Reichtümern, die sich über die Stadt ergossen, profitierten.

»Die Killer kreuzten mit einem Zeitungsausriss über den Tod eines Polizisten auf und behaupteten, sie hätten ihn umgebracht«, sagt Martínez. »Einer der Läden, der die Auszahlungen vornahm, war eine Wechselstube in Envigado. Die Polizei entdeckte sie, nahm die Betreiber fest und beschlagnahmte das Geld. Die Bücher stimmten nicht, weil mehr Geld ausgezahlt worden war, als überhaupt Polizisten ermordet worden waren. So läuft das unter Gangstern. Die betrügen sich gegenseitig. Es gab sogar Fälle, wo zwei Killer denselben Mord für sich beanspruchten und sich darüber in die Haare gerieten.«

Andererseits sahen laut Deisy Álvarez, die im Juli 1990 Witwe wurde, auch einige skrupellose Polizisten die Chance, ihre mageren Gehälter aufzubessern oder alte Rechnungen zu begleichen. »Viele Polizisten nutzten die Situation aus, brachten ihre Feinde um und behaupteten, sie hätten auf Escobars Lohnliste gestanden. Die Mehrzahl der Morde ging nicht auf das Konto von Pablo. Es war ein Krieg zwischen Narcos, aber er stand nicht zwangsläufig hinter allem.«

Escobars Feinde nutzten das Blutbad, um die Polizeistreitkräfte, die seit Jahren vom Medellín-Kartell geschmiert worden waren, zu »säubern«. Popeye spricht von einem »schmutzigen Krieg«.

Juventud, der sich vom Medellín-Kartell abgewandt hatte und Pablos Feind geworden war, bestätigt, dass der Frontverlauf längst nicht eindeutig war. »In Medellín wurden mindestens fünftausend Leute ermordet. Tausend Polizisten wurden ermordet, aber nicht alle von Pablo. Pablo war vielleicht in der Lage, hundert zu ermorden, aber die anderen neunhundert wurden ermordet, weil sie auf Pablos Lohnliste standen.«

Popeye meint, das Kartell habe 540 Polizisten umgebracht und weitere 800 verwundet. Carlos Castaño, der Gründer der Paramilitärs, glaubt, dass Escobar für etwa 200 Polizistenmorde verantwortlich war. Ex-Polizeichef Vargas dagegen spricht von 2000.

Wie hoch die Zahl auch sein mochte, Pablo Escobar war fest davon überzeugt, dass die Polizistenmorde ein legitimes Mittel der Selbstverteidigung waren, eine verständliche Reaktion auf die Brutalität der neuen Polizeieinheit, dem Bloque de Búsqueda, die am Tag nach den Morden an Galán und Quintero gebildet worden war.

»Der Bloque de Búsqueda war hinter uns her, hinter Pablo und seinen Leutnants«, sagt Popeye. »Die kamen nach Medellín, und wenn sie jemand in einem

Eine der Handfeuerwaffen, die die Medellíner Polizei beschlagnahmte. ▶

...í puedo evitarlo, pensó. *Si hay otra ma-*
...nes y es popular aun...

> «Míralo bien,
> Brown descansa... y
> La tragedia
> Le rodea por todas partes.
> ¡Chiflado! ¡Todos ellos chiflados!
> Están cansados... tan cansados
> Todos los días discutir lo mismo.
> Sólo hay tiempo para una cosa,
> ¡Escuchar la hora del Señor Bocadillo!»

Ocasionalmente se filtraban rumores de las sesiones de la
...T.E. Se decía que se comparaban textos e, irresponsablemente,
...turbios antiecuménicos y, naturalmente, inspiraban nueva...
...anzas.

Pasaron dos años... luego tres.
Los Comisionados, nueve de los primi... ...mostra-
...mplazados, interrumpieron sus deli... algo casi imper-
...los substitutos se instalaran oficia... ...eranza... y entonces
...aban trabajando en la elaboración...
...tirpados «todos los síntomas pato... ...mi decisión? —pregun-
...ones. ...se de sarcasmo en su voz,
—Estamos produciendo un ins...su...dor, alertas a la menor
...lizado de todas las maneras —... ...es lo que...
Muchos consideraron extraño... ...mo y m...un rincón de l...
...peores explosiones de violenc...
...egados fueron reclamados po...de lealtad...bación.
...misionados se suicidó roba...
...ndose con ella al sol. ...ul—. Mis coma...
Los historiadores estim...or. ¿Acaso Stilg...que le indicaba...
...millones de vidas. ...or en la voz de...ella le había en-
...uertos por cada pla...
...ga del Landsraad... Usul, el compañero d... —admitió Paul
...excesiva, aunq...aul-Muad'Dib, el Duque...
...actas seguirá... ...la Voz del Otro Mundo.
...as comunica... ...na, con el rostro
...n su nivel... ...rada para fijarla en la C...
Los trova... ...erto frente a ellos. Bajo... Cualquier Fre-
...una comedia... ...lleno de fuerza y volunta...cuchada en Con...
...distancia de casi el doble qu...

Luxusauto sahen, zerrten sie ihn heraus, schlugen ihn zusammen und sagten: ›Sagt diesen Wichsern Pablo Escobar, Popeye, Otto und Mugre, sie sollen sich stellen. Sie sollen aufhören, sich zu verkriechen, die Feiglinge.‹«

Eine sehr persönliche Ebene erreichte der Bloque mit seiner Razzia »Apokalypse«, bei der Pablos Schwager Mario Henao den Tod fand. Popeye macht die in Zivil auftretenden Polizisten der DIJIN, von den Gangs als »Los Rojos« (die Roten, nach der Farbe des Blutes) beschimpft, auch für eine Welle von Massakern in den ärmsten Gegenden der Stadt verantwortlich.

»Nachts mähte die Polizei, unterstützt von Los Rojos, die Armen in den Elendsvierteln mit Maschinenpistolen nieder. Die glaubten, alle Jungs dort seien Pablos *sicarios*. Beim ersten Mal erschossen sie zwölf junge Burschen, dann sieben, fünf und nochmal siebzehn. So ging das Nacht für Nacht, immer in einem anderen Viertel von Medellín. Pablo Escobar liebte die Leute in den Armenvierteln. Er liebte die Menschen von Medellín und Antioquia. Deshalb traf er sich mit den anderen, der Mafia, seinen Freunden, Kiko Moncada und Albeiro ›El Campeón‹ Areiza. Er traf sich auch mit uns, mit Ricardo Prisco und den Tysons, den Bossen der mittleren Ebene, und sagte: ›Wir werden es der Polizei heimzahlen, denn ich lasse nicht zu, dass sie unsere jungen Burschen einfach so abknallen.‹ Wir waren besorgt, da das alles nicht so einfach war. Es war ein Befehl, den kein anderer Krimineller zu diesem Zeitpunkt zu geben gewagt hätte.«

Escobars Freunde wussten wohl, dass es ein Fehler war, die Polizei aufs Korn zu nehmen. Sie standen der losbrechenden Mordwelle aber ohnmächtig gegenüber.

»Die Polizei ist eine Institution, die du nicht ausrotten kannst. Einer wird einfach durch den Nächsten ersetzt«, sagt El Profe. »Es endete alles im totalen Wahnsinn, am Ende benahm sich sogar der Staat wie ein gewöhnlicher Gangster. Das hat eine Menge Leid verursacht, aber Pablo war nicht für alles verantwortlich. Eine Menge Leute haben sich hinter ihm versteckt und sind durch ihn reich geworden.«

Aber die Anschläge auf die Polizisten rüttelten eine Institution auf, die zuvor zögerlich reagiert hatte, wenn sie gegen die Kartelle vorgehen sollte. Präsident Barco hatte der Nationalpolizei die Vollmacht erteilt, Verdächtige ohne Haftbefehl zu internieren, und die Auslieferungen per Dekret wieder in Kraft gesetzt.

Laut dem geheimnisumwitterten José David Pedreros, einem ehemaligen Mitglied der Spezialeinheit zur Bekämpfung von Erpressungen und Entführungen GOES (Grupo Operacional Contra Extorsión y Secuestros), wurden die Methoden der Polizei subversiver. Er erzählte von seiner Mitgliedschaft in einem

Eine Auswahl der beschlagnahmten 11 000 Handfeuerwaffen, darunter eine halbautomatische Ingram-Maschinenpistole (2. Reihe von oben, 1. von links), die bevorzugte Waffe der Medellíner Motorrad-Killer, und eine Schweizer Sig Sauer (4. Reihe, 1. von links), wie sie auch Pablo stets bei sich trug.

Geheimkommando namens »Comando Halcón«, das, wie er behauptete, von hohen Polizeioffizieren gegründet worden war, um unter den Mitgliedern des Medellín-Kartells Angst und Schrecken zu verbreiten.

»Es handelte sich um ein geheimes Kommando, das von denen *del abajo* [im Untergrund] gebildet wurde, um gegen die Polizistenmorde vorzugehen. Es hatte seine eigene Befehlsstruktur und arbeitete mit Informationen, die Los Rojos lieferten. Wir waren fünfundzwanzig unverheiratete Männer von außerhalb Medellíns. Ich kam aus Santander und war gerade mal achtzehn. Über die Gruppe existieren keine Aufzeichnungen. Wir lebten von dem, was wir den Personen abnahmen, die wir ausschalteten, und was wir sonst kriegen konnten. Wenn wir Waffen brauchten, besorgten wir uns Waffen, wenn wir Motorräder brauchten, besorgten wir uns Motorräder. Wir waren ein SWAT-Team, das darauf trainiert war, zurückzuschlagen. Wann immer ein Polizist ermordet wurde, reagierten wir. Es wurde ein Ziel ausgemacht, und über Beeper bekamen wir die Adresse und eine kurze Beschreibung der Person. Namen wurden nie genannt. Es hieß nur: Avenida 45, Nummer 65, Jeans, schwarzes T-Shirt. Wir fuhren zu der Adresse und schalteten das Ziel aus. Wir haben kein einziges Mal versagt.«

Auf die Frage, wie sie sicherstellten, dass sie die richtige Person ins Visier nahmen, erklärte er schlicht: »Wenn sie bewaffnet waren, waren sie ein Ziel.«

Nach jedem erfolgreichen Anschlag nahmen sie die Fingerabdrücke ihrer Opfer und schickten sie zur Bestätigung an Los Rojos. »Wir existierten nicht. Ich existierte nicht.«

Mittlerweile ist Pedreros an Blutkrebs verstorben. Er hatte noch behauptet, der letzte Überlebende der fünfundzwanzigköpfigen Gruppe zu sein.

Bomben

Trainiert von baskischen ETA-Separatisten und israelischen und britischen Söldnern, entwickelten Escobars Männer sich von Motorradkillern zu ausgewachsenen Terroristen, die eine bis dahin nie dagewesene Welle von Bombenattentaten verübten.

»Escobar hob die Gewalt auf eine völlig neue Ebene«, sagt der ehemalige Verteidigungsminister Rafael Pardo. »Er war sehr reich und sehr grausam, er kannte bei der Ausübung von Gewalt keine Grenzen.«

Nicht detonierte Autobombe während Pablos Krieg gegen den Staat (ca. 1989).

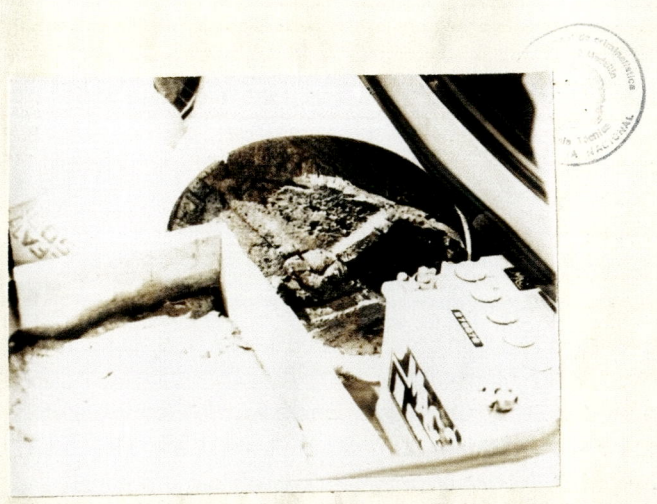

GRAFICA NRO 003. LA GRAFICA NOS MUESTRA LA CARGA DE DINAMITA QUE SE ENCONTRABA
EN EL BAUL DEL VEHICULO.

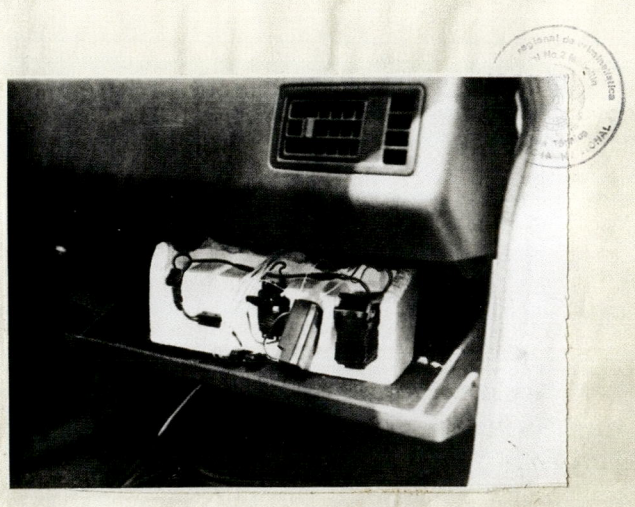

GRAFICA NRO 004. EN LA GRAFICA PODEMOS OBSERVAR EL CONTROL REMOTO QUE SE ENCON-
TRABA CAMUFLADO EN LA GUANTERA DEL VEHICULO.

Verstecke, in denen zuvor Kokain gelagert worden war, wurden nun dazu benutzt, Tonnen von Dynamit aufzunehmen, das aus Ecuador importiert oder in Kolumbien selbst hergestellt wurde. Auto- und Busbomben töteten Hunderte; neben dem Anschlag auf das DAS-Hauptquartier und Attacken auf Polizeipatrouillen galten die Angriffe auch Einkaufszentren. Eine Bombe brachte ein Flugzeug der kolumbianischen Fluggesellschaft Avianca zum Absturz.

Dabei wurde die Benutzung »entbehrlicher Burschen« zur bevorzugten Taktik.

»Das war ziemlich einfach«, erläutert Popeye. »Damals wollten eine Menge Typen für uns arbeiten, die aber nicht mit dem Herzen bei der Sache waren. Deshalb wurden sie verarscht. Man sagte ihnen, sie sollten ein Auto mit Kokain zu einem Versteck fahren. Wir bauten eine Bombe mit Fernzündung ein, und wenn sie an eine Straßensperre kamen und die Polizei das Auto umstellte, sprengten wir die Bombe, je nach Sichtverhältnissen aus fünfzig oder hundert Metern Entfernung.«

Andere Anschläge auf Supermärkte, Konzerte oder Sportveranstaltungen, bei denen die Polizei die Zuschauer kontrollierte, wurden verübt, um Angst und Schrecken zu verbreiten.

Im Februar 1991 explodierte eine Bombe vor der Macarena-Stierkampfarena in Medellín. Sie sollte den Polizisten töten, der Escobars Vetter Hernando Gaviria umgebracht hatte.

»Man hatte uns untersagt, zum Stierkampf zu gehen, aber wir gingen trotzdem«, berichtet Limóns Frau Gloria. »Sobald die Veranstaltung zu Ende war, verschwanden wir. Limón hatte ein sicheres Gefühl für das Timing, und tatsächlich explodierte die Bombe nur Sekunden, nachdem wir die Arena verlassen hatten.« Diejenigen, die nichts von dem Anschlag wussten, hatten weniger Glück. Von den zwanzigtausend Zuschauern wurden achtundzwanzig getötet, darunter sieben Polizisten in Zivil.

Von 1989 bis 1991 waren die Bombenanschläge Escobars wichtigstes Mittel im Kampf gegen die Auslieferung; mit ihnen terrorisierte er die kolumbianische Bevölkerung und zwang sie in die Knie.

»Er wollte Panik verbreiten und seine Macht demonstrieren«, sagt Popeye. Die Opfer, die seine Anschläge kosteten, interessierten ihn nicht. »Beim Terrorismus ist es am Ende egal, ob du ein paar umbringst oder Tausende und Abertausende. Wenn im Krieg zwischen den Kartellen aus Medellín und Cali und dem Staat Polizisten starben, wenn Richter starben, ein Justizminister, der Präsident der Republik, der Gangster Popeye, der Gangster Pablo Escobar – wenn die alle starben, interessierte das die Leute nicht. Die kauften sich ein Sandwich und eine Cola und schauten sich den Krieg im Fernsehen an. Es waren ja nur Gangster, die

Opfer einer in Medellín detonierten Bombe während Pablos Krieg gegen den Staat (ca. 1989).

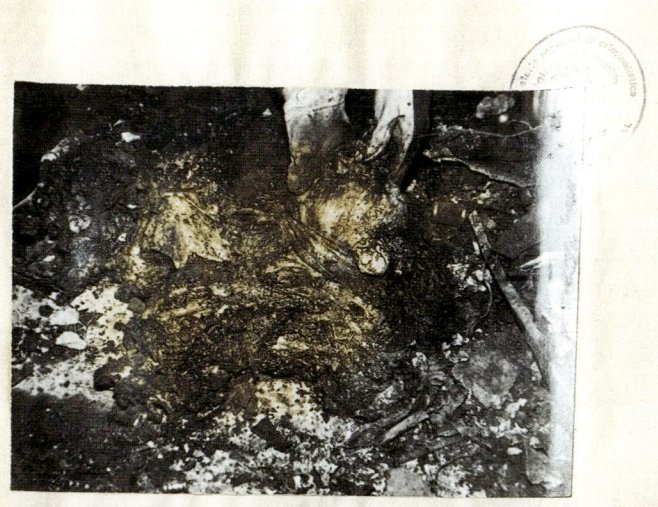

GRAFICA NRO 013 FILIACION. SE APRECIA LOS RESTOS DE LA CARA DEL PRIMER CADAVER.

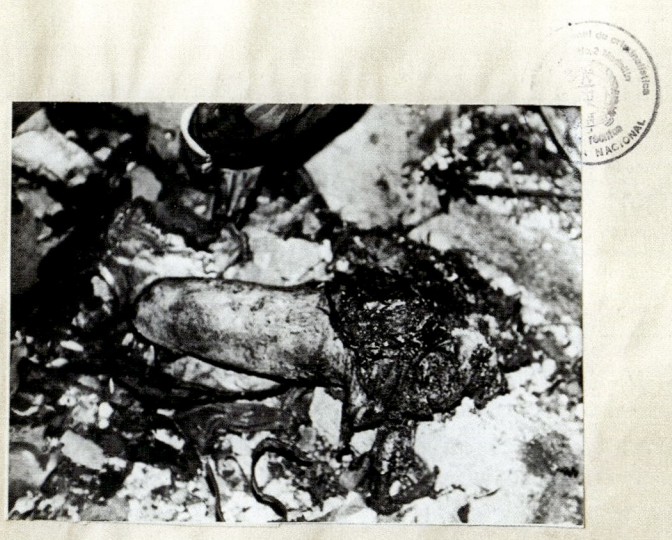

GRAFICA NRO 014 CONJUNTO. SE OBSERVA EN LA FOTOGRAFIA EL CUERPO DEL SEGUNDO CADAVER.

andere Gangster umbrachten. Aber als der Krieg dann auch Unschuldigen das Leben kostete, begannen die Leute sich Sorgen zu machen und nach einem Waffenstillstand zu rufen.«

Escobar rechtfertigte die Anschläge mit dem Unrecht, das die kolumbianischen Behörden und das Cali-Kartell seiner Familie, seinen Männern und der Jugend von Medellín zugefügt hätten. Außerdem brachten die Presseerklärungen der Extraditables die Bombenanschläge für die kolumbianische Öffentlichkeit eindeutig mit der Frage der Auslieferungen in Verbindung.

»Die militärischen Aktionen sind das einzige Mittel, das wir zur Verteidigung gegen die Nötigungen und Barbarcien besitzen, die gegen die Extraditables und ihre Familien begangen werden«, schrieb Escobar, nachdem achttausend Kilo Dynamit das DAS-Gebäude zerstört hatten.

Escobars gewalttätige Kampagne wurde zum moralischen Kreuzzug, bei dem die Terroristen um göttlichen Beistand flehten.

»Sie begingen ein Verbrechen, verübten einen Bombenanschlag, der vielen das Leben kostete, und das Erste, was sie taten, war, der Heiligen Jungfrau zu danken, dass sie ihr Ziel erreicht hatten, selbst wenn es darin bestand, Unschuldige zu töten«, sagt Oberst Hugo Aguilar, einer der Führer des Bloque de Búsqueda.

»Sehen Sie sich seine Moral an. Er hielt es nicht für unmoralisch, ein Bombenattentat zu verüben, aber er fand, es schlage dem Fass den Boden aus, wenn man selbst in Kauf nahm, dass seine Leute getötet oder gefoltert wurden«, sagt Gustavo de Greiff, Kolumbiens Generalstaatsanwalt von 1992 bis 1994. »Er hatte keine Moral. In seinen Augen war der Sieger moralisch und der Verlierer unmoralisch.«

Während Escobar von seiner tödlichen Strategie überzeugt war, hatte seine Familie Schwierigkeiten, das wahllose Morden zu rechtfertigen. Laut Popeye hat sich seine Frau Victoria bei Pablo immer wieder über die Bomben beklagt.

Und selbst seine ihm ergebene Mutter fand es schwierig, das Bild von ihrem engelhaften Sohn mit dem Tod Unschuldiger in Einklang zu bringen. Doch da sie die Verteidigung ihres Sohnes keine Sekunde aufgeben wollte, suchte sie Trost in der Vorstellung, er habe in Notwehr gehandelt.

Die ganze Familie hängt krampfhaft an der Behauptung: »Er hat nicht angefangen.«

»In einem seiner letzten Briefe schrieb er mir«, sagt Doña Hermilda, »›Mutter, glaub nicht alles, was die Zeitungen schreiben. Ich war gut, sie haben mich zum Bösen getrieben.‹ Mit ihren Bomben haben sie ihn zum Bösen verleitet.«

Pablos Freunde dagegen waren sich der Rolle bewusst, die die Bomben bei seinem Niedergang spielten. »Er ist in die Terrorismusfalle geraten«, sagt El Profe.

»Er war nicht der Erste, der Bomben geworfen hat – tatsächlich war er ihr erstes Opfer. Aber sein größter Fehler war, Bomben mit noch mehr Bomben zu beantworten.«

Die Avianca-Bombe

Zwei Wochen bevor die Busbombe das DAS-Hauptquartier zerstörte, tötete eine andere Bombe 107 Passagiere und Crewmitglieder an Bord des Avianca-Fluges HK1803.

Die Bilder der Zerstörung schockierten die Nation, doch wie bei vielen epochalen Ereignissen blieben die Umstände der Tat im Dunkeln.

Escobars Mann Arete gestand, die Bombe gelegt zu haben, um den Präsidentschaftskandidaten César Gaviria zu ermorden.

»Die Bombe erfüllte zwei Ziele«, erklärt Popeye. »Den Feind attackieren und Panik stiften.« Über die Opfer sagt er nur: »Auch wir haben eine Menge Freunde so gefunden.«

In seinem Geständnis erklärte Arete, dass ein »entbehrlicher Bursche« benutzt worden war, um die Bombe zu zünden. Man hatte dem Handlanger eine Tasche übergeben und gesagt, sie enthalte ein Tonband, um die Gespräche der Passagiere aufzuzeichnen.

»Der wusste nicht, dass er eine Bombe transportierte«, sagt Hugo Martínez. »Die haben ihm gesagt: ›Wir wollen, dass du aufnimmst, was der Mann neben dir sagt. Die Maschine in der Tasche nimmt alles auf.‹ Er drückte auf den Knopf und bumm.«

Gaviria schilderte uns, wie er dem Tod nur knapp entkam: »Die dachten, ich würde das Flugzeug nehmen, was ich aber nicht tat. Ich nahm ein Privatflugzeug, aber die Security sollte mit Avianca fliegen, und das wurde erst im letzten Augenblick geändert.«

Trotz des allgemeinen Konsens, dass Gaviria das Ziel des Anschlags gewesen war, überzeugten die Ermittlungen nicht alle.

Dandenys Muñoz Mosquera alias La Quica verbüßt für seine Beteiligung an dem Anschlag in New York eine lebenslängliche Freiheitsstrafe, da sich unter den

Polizeidiagramm in Zusammenhang mit dem Avianca-Flug HK1803, ▶ auf dem am 27. November 1989 eine Bombe explodierte.

Opfer der Avianca-Bombe. Die allgemeine Auffassung ist, dass Pablo ▶▶ und Gacha das Flugzeug sprengten, um den Präsidentschaftskandidaten ▶▶▶ César Gaviria, den sie an Bord vermuteten, zu ermorden.

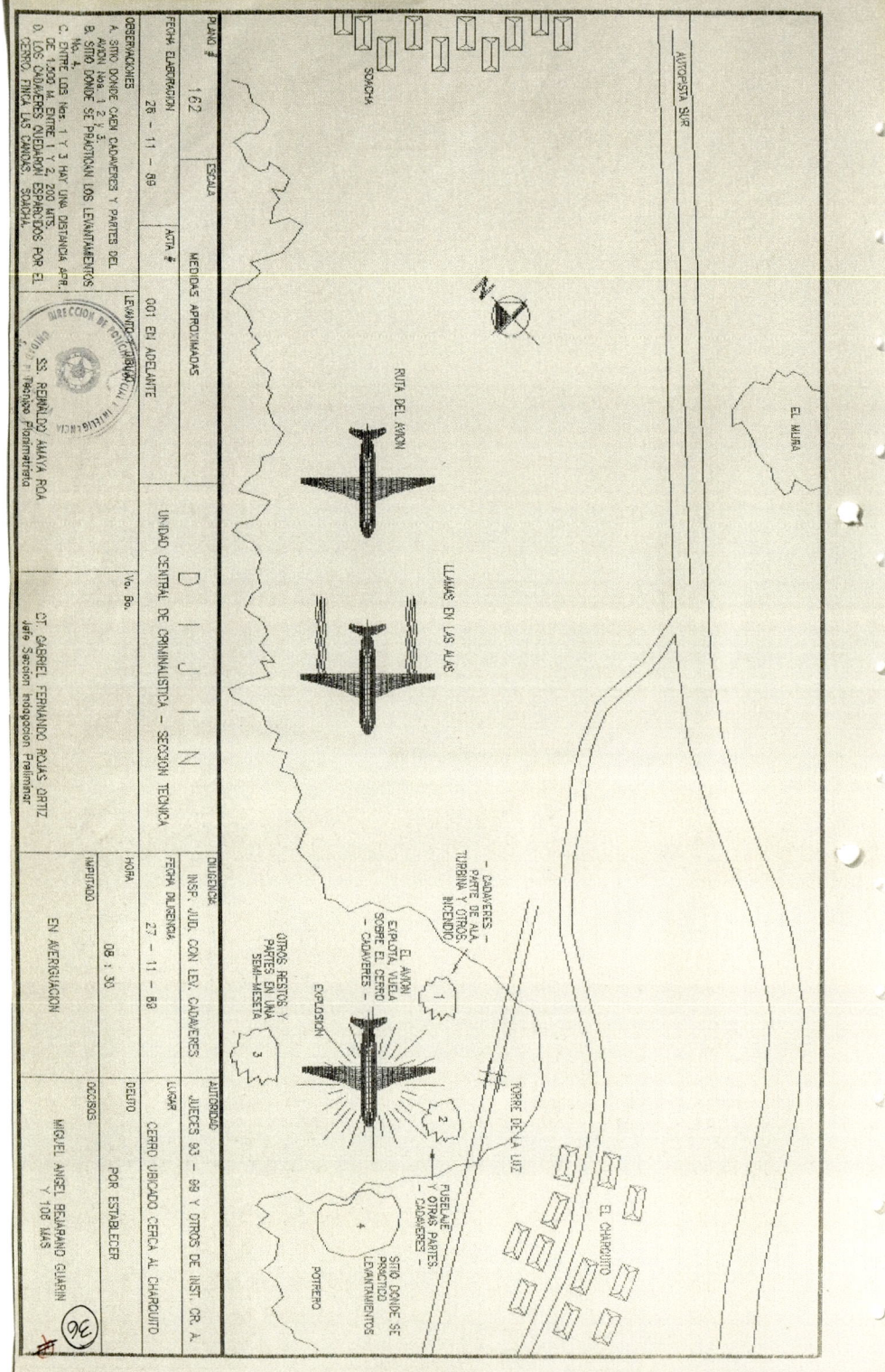

AUTOPISTA SUR

SOACHA

EL MUÑA

RUTA DEL AVION

LLAMAS EN LAS ALAS

N

- CADAVERES -
PARTE DE ALA,
TURBINA Y OTROS,
INCENDIO

OTROS RESTOS Y
PARTES EN UNA
SEMI-MESETA

EXPLOSION

EL AVION
EXPLOTA, VUELA
SOBRE EL CERRO
- CADAVERES -

1

3

2

4

- FUSELAJE
Y OTRAS PARTES,
- CADAVERES -
SITIO DONDE SE
PRACTICO
LEVANTAMIENTOS

TORRE DE LA LUZ

POTRERO

EL CHARQUITO

PLANO #	162	ESCALA	MEDIDAS APROXIMADAS
FECHA ELABORACION	26 - 11 - 89		001 EN ADELANTE
ACTA #			

LEVANTO

SS. REINALDO AMAYA ROA
Trabajo Planimetrista

OBSERVACIONES

A. SITIO DONDE CAEN CADAVERES Y PARTES DEL
B. SITIO DONDE SE PRACTICAN LOS LEVANTAMIENTOS
No. 4.
C. ENTRE LOS Nos. 1 Y 3 HAY UNA DISTANCIA APR.
AVION Nos 1 2 y 3.
DE 1.000 M. ENTRE 1 Y 2, 200 MTS.
D. LOS CADAVERES QUEDARON ESPARCIDOS POR EL
CERRO, FINCA LAS CANOAS, SOACHA.

DIJIN
UNIDAD CENTRAL DE CRIMINALISTICA - SECCION TECNICA

Vo. Bo.

DILIGENCIA	INSP. JUD. CON LEV. CADAVERES	AUTORIDAD	JUECES 93 - 89 Y OTROS DE INST. CR. A.
FECHA DILIGENCIA	27 - 11 - 89	LUGAR	CERRO UBICADO CERCA AL CHARQUITO
HORA	08 : 30	DELITO	POR ESTABLECER
IMPUTADO			EN AVERIGUACION
		CONOCIDOS	MIGUEL ANGEL BEJARANO GUARIN Y 105 MAS

CT. GABRIEL FERNANDO ROJAS ORTIZ
Jefe Seccion Indagacion Preliminar

DIRECCION DE POLICIA JUDICIAL E INTELIGENCIA

GRAFICA No. 68936: DE CONJUNTO SE ILUSTRA OTRO SECTOR DONDE CAYERON RESTOS DEL AVION ACCIDENTADO.

GRAFICA No. 68909: DE SEMICONJUNTO SE APRECIA EL CADAVER DE MIGUEL ANGEL BEJARANO GUARIN, EN POSICION NATURAL DE CUBITO DORSAL, CON LA CABEZA DIRIGI DA AL ORIENTE, PIES AL OCCIDENTE, EL QUE PRESENTABA DESTRUCCION TOTAL DEL

CUERPO, CRANEO, TEJIDO MUSCULAR, OSEO E INTENSTINAL; LE CORRESPONDIO EL ACTA DE LEVANTAMIENTO No. 011.

GRAFICA No. 68924: DE SEMICONJUNTO SE OBSERVA LE CADAVER DE RAFAEL MEZA BARBOSA EN POSICION NATURAL DE CUBITO DORSAL, CABEZA AL ORIENTE, PIES AL NORTE, PRESENTA DESTRUCCION TOTAL DE LA CABEZA, PARCIAL DEL TRONCO Y EXTREMIDADES, SE LE ASIGNO EL ACTA No. 030.

GRAFICA No. 68925: DE SEMICONJUNTO DONDE SE APRECIA EL CADAVER DE JOSE DEL CARMEN GAITA, EN POSICION NATURAL DE CUBITO ABDOMINAL, CON LA PARTE SUPERIOR AL NORTE, PIES AL SUR, SE OBSERVA LA AUSENCIA DE LA CABEZA Y MUL TIPLES HERIDAS EN TRONCO Y EXTREMIDADES, LE CORRESPONDIO EL ACTA No. 031.

GRAFICA No. 68938: DE SEMICONJUNTO SE OBSERVA EL CADAVER DEL N.N. HOMBRE EN POSICION NATURAL DE CUBITO DORSAL, CON LA CABEZA DIRIGIDA AL OCCIDENTE, PIES AL ORIENTE, CON UN PEDAZO DE PANTALON QUE PORTABA.

GRAFICA No. 68938: DE SEMICONJUNTO SE OBSERVA EL CADAVER DE N.N. HOMBRE EN POSICION ARTIFICIAL DE CUBITO ABDOMINAL, TOTALMENTE DESTRUIDO.

GRAFICA No. 68961: DE DETALLE EL TESTIGO METRICO ILUSTRA LA PAERDIDA PARCIAL DEL MIEMBRO INFERIOR IZQUIERDO A LA ALTURA DE LA RODILLA.

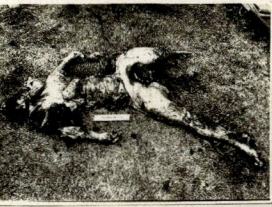

GRAFICA No. 68959: DE DETALLE EL TESTIGO METRICO ILUSTRA LA DESTRUCCION TOTAL DE CRANEO, PARTE DE LA CARA, PERDIDA PARCIAL DEL MIEMBRO SUPERIOR DERECHO A LA ALTURA DEL TERCIO SUPERIDO DEL BRAZO, HERIDA ABIERTA EN EL ANTEBRAZO IZQUIERDO, DESTRUCCION TOTAL DEL TORAX Y PARTE DEL ABDOMEN Y DESTRUCCION DE LOS ORGANOS GENITALES.

GRAFICA No. 68958.- DE SEMICONJUNTO SE APRECIA EL CADAVER DE N.N. MUJER EN POSICION ARTIFICIAL DE CUBITO DORSAL, CON LA CABEZA DIRIGIDA AL NORTE, PIE DERECHO AL SUR, IZQUIERDO AL OCCIDENTE, TOTALMENTE DESNUDA.

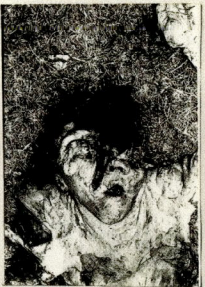

GRAFICA No. 68960: DE FILIACION CORRESPONDIENTE AL CADAVER DE N.N. MUJER, A QUIEN LE CORRESPONDIO EL ACTA DE LEVANTAMIENTO No. 3100/06.

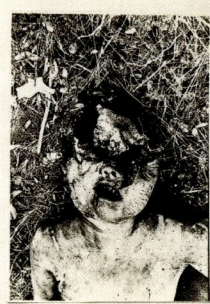

GRAFICA No. 68942: DE FILIACION CORRESPONDIENTE LA CADAVER DE N.N. MUJER DE APROXIMADAMENTE 30 AÑOS DE EDAD, A QUIEN LE CORRESPONDIO EL ACTA DE LEVANTAMIENTO No. 3092/02.

GRAFICA No. 68944: DE SEMICONJUNTO SE APRECIA EL CADAVER N.N. HOMBRE DE APROXIMADAMENTE 40 AÑOS DE EDAD EN POSICION ARTIFICIAL DE CUBITO DORSAL? CON LA CABEZA DIRIGIDA AL NORTE, PIES AL SUR Y LAS PRENDAS QUE VESTIA EN EL MOMENTO DE LA DILIGENCIA.

ANEXO 1

GRAFICA No. 22771.- MUESTRA EL NUMERO DE MATRICULA HK1803, CORRESPONDIENTE AL AVION 727 ACCIDENTADO, LAS LINEAS SEÑALAN ROTURAS POR IMPACTO O CHOQUE.

GRAFICA No. 22765.- SE APRECIAN PARTES DE LAMINA, COMPONENTES DE LA PARTE CENTRAL DEL APARATO, LAS ROTURAS LINEALES Y SEMICURVAS, INDICAN QUE LAS MISMAS SE PRODUJERON POR CHOQUE O IMPACTO.

GRAFICA No. 68914: DE SEMICONJUNTO DONDE SE OBSERVA EL CADAVER DE N.N. HOMBRE EN POSICION NATURAL DE CUBITO DORSAL, CON LA CABEZA DIRIGIDA AL NORTE, PIES AL SUR ORIENTE, EL QUE PRESENTABA DESTRUCCION PARCIAL DE LA CABEZA, TRONDO YEXTREMIDADES; LE CORRESPONDIO EL ACTA DE LEVANTAMIENTO No. 016

GRAFICA No. 68915: DE SEMICONJUNTO SE APRECIA EL CADAVER DE N.N. HOMBRE, EN POSICION NATURAL DE CUBITO ABDOMINAL, CON LA CABEZA DIRIGIDA AL SUR, PIES AL NORTE; PRESENTA DESTRUCCION PARCIAL DE LA CARA, PARTE ANTERIOR DEL TRONCO Y MIEMBROS SUPERIORES E INFERIORES; LE CORRESPONDIO EL ACTA DE LEVANTAMIENTO No. 017.

Opfern auch zwei US-amerikanische Staatsbürger befanden. Doch laut Gustavo de Greiff gibt es keinerlei Indizien, die ihn mit dem Anschlag in Verbindung bringen. »Der verwendete Sprengstoff ist nicht der, den La Quica immer benutzt haben soll. Das ist die Wahrheit. Die Person, die in New York im Gefängnis sitzt, ist unschuldig. Ich weiß nicht, ob er sich nicht anderweitig schuldig gemacht hat, aber in diesem Fall ist er unschuldig.«

Juventud glaubt, dass in diesem Fall die Binsenweisheit zutrifft, nach der die Geschichte von den Siegern geschrieben wird. Er behauptet, der Führer der Paramilitärs, Carlos Castaño, sei der eigentliche Urheber. »La Quica wurde fälschlicherweise angeklagt und verurteilt.« Da er wusste, dass Castaño hinter dem Anschlag steckte, gestand Arete, ihn organisiert zu haben, »um Carlitos (Castaño) nicht gegen sich aufzubringen. Arete hatte mit dem Anschlag nichts zu tun. Er musste es auf sich nehmen, um Carlitos zu besänftigen und lebend aus dem Gefängnis zu kommen.«

Nachdem er das Itagüí-Gefängnis verlassen hatte, wurde Arete ins Bein geschossen. Es ist nicht bekannt, ob er noch lebt oder tot ist.

Eine Anwältin, die sich mit dem Fall befasst hatte, behauptet, ein Informant an Bord sei das eigentliche Ziel des Anschlags gewesen. »An Bord befand sich ein *muchacho*, der unter falschem Namen reiste«, erklärt sie. »Der Typ, der an Bord ging, war aus Medellín, und Maza hatte ihm falsche Papiere verschafft. Dieser *muchacho* arbeitete für die DEA und war auf dem Weg nach Cali.«

Entführungen

Das Land mit Bomben in die Knie zu zwingen, war nicht die einzige Strategie Escobars in seinem Krieg gegen den Staat. Seine zweite Spezialität waren Entführungen.

Er benutzte sie als Waffe, die er gegen Freund und Feind gleichermaßen einsetzte. Er entführte Familienmitglieder einflussreicher Personen, um Lösegelder in Millionenhöhe oder die Kontrolle über lukrative Drogenrouten zu erlangen.

Außerdem erpresste er so Gelder von Medellíns Elite. Die Extraditables planten auch, Verwandte des spanischen Sängers Julio Iglesias und des reichsten Mannes Kolumbiens, Julio Santodomingo, zu entführen, weil sie davon ausgingen, dass diese 30 Millionen Dollar zahlen würden, um ihre Liebsten zurückzubekommen.

FECHAS.			ASUNTOS	CONTENIDO DE LOS ASUNTOS
D	M	A		

19 X 90 · DATOS BIOGRAFICOS

APELLIDOS · SANTOS CALDERON
NOMBRE · FRANSISCO
C.C. No. · 19.446.238 Bogotá
NOMBRE DEL PADRE

HERNANDO SANTOS CASTILLO

PROFESION · PERIODISTA. JEFE REDACCION DEL TIEMPO

FECHA DE NACIMIENTO · 14 OCTUBRE DE 1.961

ESTADO CIVIL · CASADO
NOMBRE DE LA ESPOS · MARIA VICTORIA GARCIA

NOMBRE DE LOS HIJOS · GABRIEL SANTOS GARCIA BENJAMIN SANTOS GARCIA.

RESIDENCIA · Ka.22 A No. 136-47 Int.15
EXIGENCIA DE LOS S.S..... · HASTA LA FECHA NO HA HABIDO NINGUNA CLASE DE NEGOCIACION.

NOMBRE DEL NEGOCIADOR · EL NEGOCIADOR ES DE NOMBRE ROBERTO POMBO.-

INTEGRACION DEL COMITE · EL JEFE DE POLICIA JUDICIAL Mayor (r). ORLANDO DAVID TATIS, LUIS MIGUEL CALIXTO Y HERNANDO SANTOS CASTILLO.

Die Polizeiakte über die Ermittlungen im Entführungsfall Francisco Santos, den die Extraditables am 19. September 1990 kidnappten.

1989 richtete Escobar seine Strategie gegen die politische Elite des Landes, um so den Auslieferungen ein Ende zu setzen. Im Dezember entführten sie drei Personen: Álvaro Diego Montoya, den Sohn von Präsident Barcos Privatsekretär Germán Montoya, Patricia Echavarría, die Tochter des Textilmagnaten, und Roberto Zuluaga, den Sohn des Besitzers von Kolumbiens größter Einzelhandelskette.

Im Monat darauf veröffentlichten die Extraditables eine Erklärung, in der sie die Entführungen rechtfertigten (Seite 90): »Wir haben den Führern der Armenviertel befohlen, Mitglieder der traditionellen Oligarchie als Geiseln zu nehmen, insbesondere solche, die sich nie durch soziale Taten zum Wohl der Gemeinden und der Schutzlosen hervorgetan haben.« – »Die Einnahmen«, so die Erklärung weiter, »werden zu fünfzig Prozent zur Finanzierung des Kriegs verwendet, den wir der politischen Oligarchie erklärt haben, während die anderen fünfzig Prozent für die Errichtung von Häusern für die Obdachlosen benutzt werden. Diese Maßnahmen wurden als Reaktion auf die offizielle Verfolgung unserer Familien und Organisationen ergriffen.«

Die Entführungen erzeugten einen enormen Druck, der bis in die höchsten Regierungskreise spürbar wurde. Eine Gruppe mächtiger Persönlichkeiten, darunter drei ehemalige Präsidenten, erklärte sich bereit, zu vermitteln. Intern wird davon ausgegangen, dass die Übereinkunft zustande kam, um Álvaro Diego Montoyas Freilassung zu erreichen.

Die Extraditables boten an, ihre Geschäfte aufzulösen und ihre Vermögen zu legalisieren, wenn dafür die Auslieferungen eingestellt würden. In Erwartung eines möglichen Handels verriet Escobar der Polizei sogar das Versteck von tausend Kilo Dynamit sowie die Lage einer Drogenküche, die zwanzigtausend Kilo Kokain pro Monat produzieren konnte.

Allerdings gehörte zumindest die Drogenküche wahrscheinlich nicht Escobar, sondern einem seiner Konkurrenten. Das Angebot war genau mit dem Besuch von George Bush sen. abgestimmt, der zum Drogengipfel nach Cartagena kam, an dem auch die Präsidenten von Peru, Bolivien und Kolumbien teilnahmen. Montoya wurde eine Woche später freigelassen, die anderen Geiseln kurz darauf, nachdem ihre Familien bezahlt hatten.

Präsident Bush allerdings lehnte derartige Vereinbarungen grundsätzlich ab und teilte dies während des Gipfels auch seinem kolumbianischen Amtskollegen mit. Escobar wusste davon nichts, und so erlebte das Land eine kurze Feuerpause, bis im Mai zwei Bomben in Einkaufszentren im Norden Bogotás explodierten und den fragilen Frieden zerstörten.

Im August 1990 organisierte Escobar eine weitere Serie unverfrorener Entführungen. Diesmal nahm er hochrangige Journalisten ins Visier, die familiäre

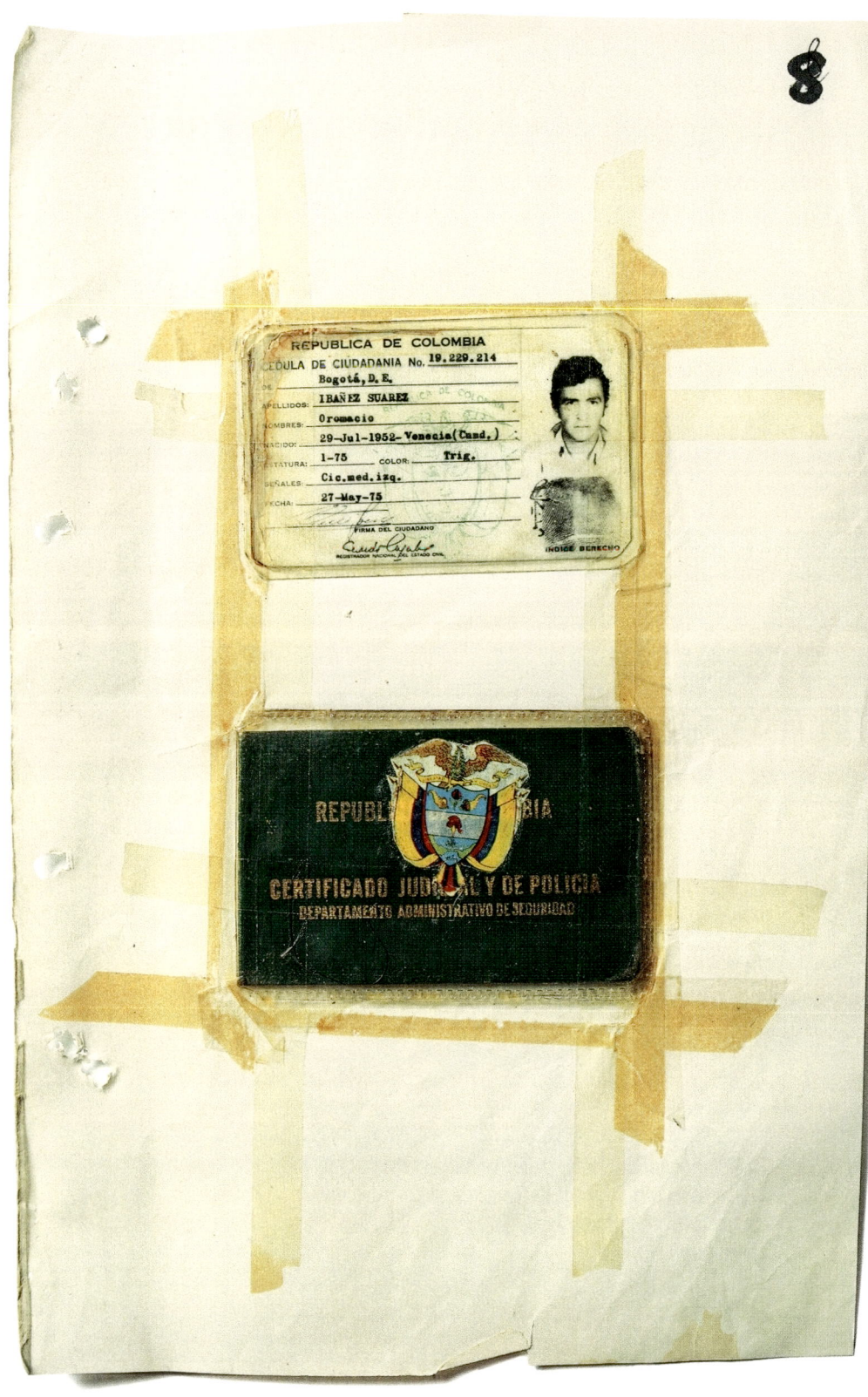

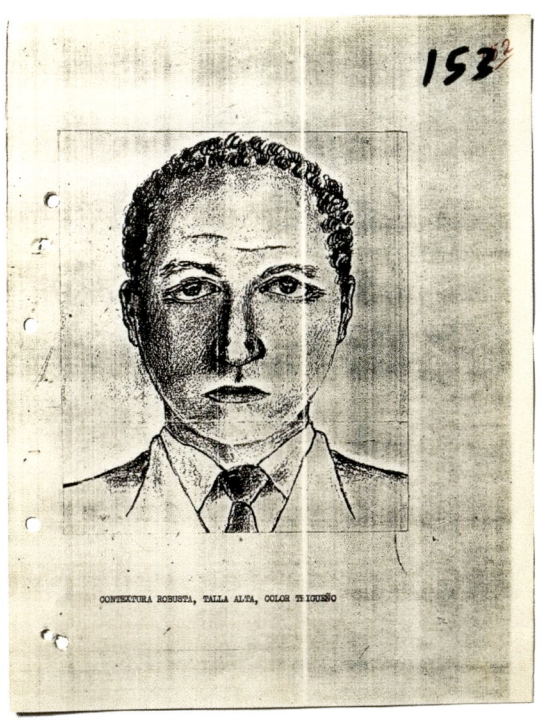

153

CONTEXTURA ROBUSTA, TALLA ALTA, COLOR TRIGUEÑO

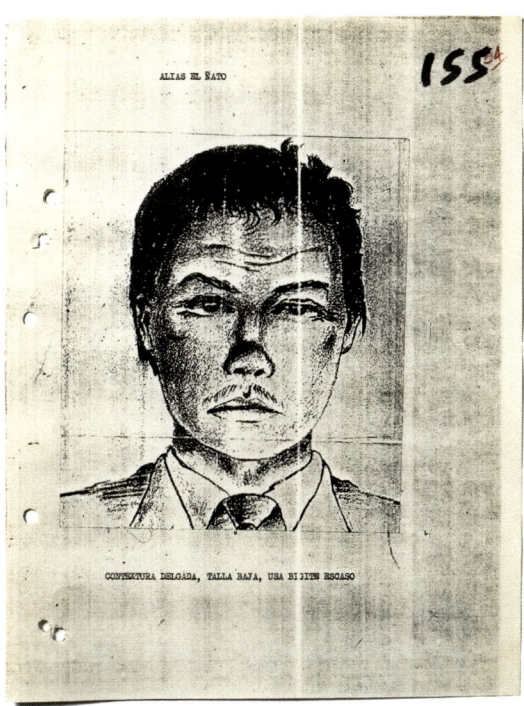

ALIAS EL ÑATO

155

CONTEXTURA DELGADA, TALLA BAJA, USA BIGOTE ESCASO

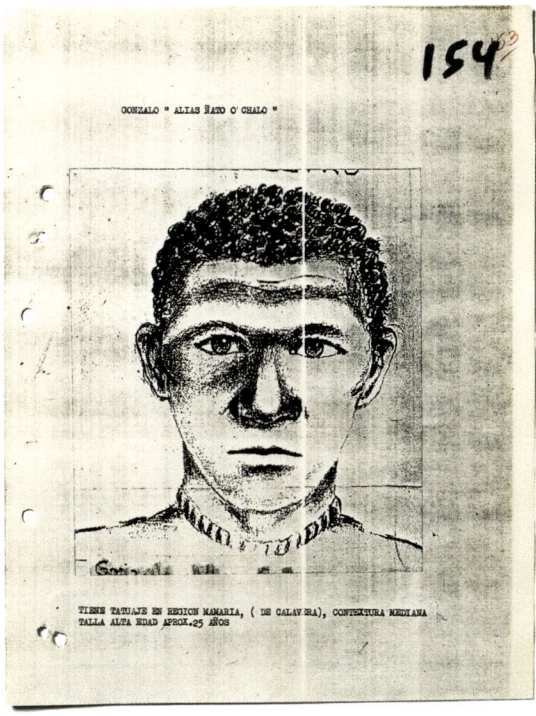

GONZALO " ALIAS ÑATO O' CHALO "

154

TIENE TATUAJE EN REGION MAMARIA, (DE CALAVERA), CONTEXTURA MEDIANA
TALLA ALTA EDAD APROX.25 AÑOS

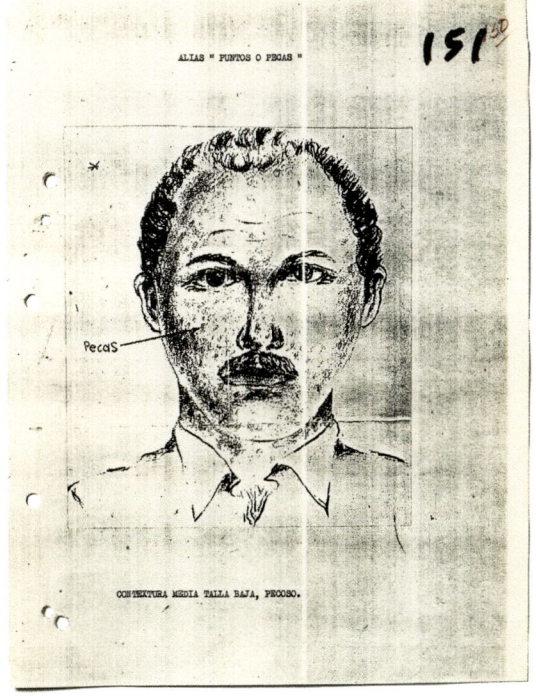

ALIAS " PUNTOS O PECAS "

151

Pecas

CONTEXTURA MEDIA TALLA BAJA, PECOSO.

Phantombilder der Entführer.

Linke Seite: Oromacio Ibáñez, Francisco Santos' Fahrer, der bei der Entführung getötet wurde.

Bindungen zu wichtigen Politikern hatten. Sein Ziel war es, so die Medien zu manipulieren und den Druck auf die Politik in der Auslieferungsfrage zu erhöhen.

Die Tochter von Ex-Präsident Turbay, Diana, sowie ihr vierköpfiges Kamerateam und ein deutscher Journalist waren Ende August, drei Wochen nachdem Gaviria die Präsidentschaft von Barco übernommen hatte, die ersten Opfer. Ricardo Prisco gaukelte Diana und ihrem Team erfolgreich vor, sie würden zu einem Interview mit dem Führer der Guerillabewegung ELN (Ejército de Liberación Nacional) geführt.

Im September wurde Francisco »Pacho« Santos, der Chefredakteur von Kolumbiens bedeutendster Tageszeitung *El Tiempo*, beim Verlassen seines Büros entführt.

Santos war der Sohn des Medienmoguls und Vertrauten des Präsidenten, Hernando Santos, und war deshalb laut Popeye für Escobar ein Ass im Ärmel. »Pablo war klar, dass er, wenn es ihm gelänge, Francisco Santos zu schnappen, Einfluss auf Dr. Hernando Santos nehmen konnte. Dr. Santos war die eigentliche Machtfigur innerhalb der Oligarchie und Pablo wusste, dass Francisco der verwöhnte Lieblingssohn des Alten war.«

Die Leiche von Santos' Chauffeur Oromacio Ibáñez wurde am Tatort zurückgelassen – ein Markenzeichen der Extraditables.

»Man hätte den Chauffeur auch fesseln können wie im Film«, sagt Popeye, »aber ihn zu erschießen, machte einen größeren Eindruck. Damit sagte man: ›Wir sind die Extraditables.‹«

Als am selben Tag auch Germán Montoyas Schwester Marina entführt wurde, nahm die Öffentlichkeit an, das wäre Escobars Rache, weil er sich von Marinas Bruder betrogen fühlte.

Die Entführungen schockierten Kolumbiens politische Elite. Francisco Santos, der seine Gefangenschaft an ein Bett gefesselt verbrachte und die Fernsehnachrichten verfolgen konnte, führte ein Tagebuch über die Entwicklung der Ereignisse. Er ist sich sicher, dass seine Familie sehr viel mehr unter den Umständen gelitten hat als er selbst. »Ich habe keinen Zweifel daran, dass die Familie immer mehr leidet, denn wenn du entführt wirst, denkst du nur ans Überleben, jede einzelne Minute. Es geht nur ums Überleben. Die Familie dagegen muss sich von Anfang an mit dem Gedanken vertraut machen, dass die Person vielleicht schon tot ist.«

Erst am 31. Oktober übernahmen die Extraditables die Verantwortung für die Entführung von Diana Turbay, Francisco Santos und Marina Montoya. Eine Woche darauf entführten sie Maruja Pachón de Villamizar und Beatriz Villamizar de Guerrero. Sie zerrten sie einen Block von ihrer Wohnung entfernt aus

Die Kugeln, die Oromacio Ibáñez, Francisco Santos' Fahrer, am 19. September 1990 töteten.
Der Fahrer wurde erschossen, um dem Ganzen mehr Nachdruck zu verleihen.

Bogotá, 20 de Septiembre de 1990

ALBUM FOTOGRAFICO TOMADO DURANTE LA DILIGENCIA DE INSPECCION JUDICIAL
CON LEVANTAMIENTO DE CADAVER

AUTORIDAD	:	Juzgado 75 Instrucción Criminal Permanente
DILIGENCIA	:	Levantamiento
DELITO	:	Homicidio
VICTIMA	:	OROMACIO IBAÑEZ SUAREZ
SINDICADO	:	En Averiguación
ACTA	:	1168
FECHA	:	190990
HORA	:	21:00
LUGAR	:	CARRERA 64 FRENTE AL No.78-48
FOTOGRAFO	:	E1. GUSTAVO GOMEZ GIL

GRAFICA No. 74393 DE CONJUNTO.- Se observa el Vehiculo marca Chevrolet
Trooper, distinguido con las placas AU-1970, frente al No.78-48 de la
carrera 64.

GRAFICA No.74394 DE SEMICONJUNTO.Complemento de la anterior y tomada -
desde otro ángulo.

ihrem Auto. Ihr Fahrer wurde vom Anführer der als DAS-Agenten getarnten Kidnapper erschossen.

»Wir hatten Polizeifahrzeuge, Uniformen, alles«, sagt Popeye. »Wir hatten auch Uniformen der staatlichen Telefongesellschaft und waren in der Lage, Anrufe abzuhören und zurückzuverfolgen. Unser militärischer Flügel verfügte über in Panama gekaufte Hubschrauber, die wir für diese Operationen wie Polizeihubschrauber lackierten. Wir hatten einfach alles.«

187

Der Kongressabgeordnete Alberto Villamizar, der Mann von Maruja und Bruder von Beatriz, der 1986 selbst Ziel eines Mordanschlags von Escobar gewesen war, übernahm eine zentrale Rolle in der Affäre, indem er sich nachdrücklich für die Freilassung der Geiseln starkmachte.

»Escobar versuchte, sich zu schützen«, sagt er. »Ich glaube, er hatte vor, sich zu ergeben, fürchtete aber, dass man ihn ermorden könnte, deshalb benötigte er jemanden, der ihn schützte, eine Art Schutzschild.«

Des Lebens auf der Flucht müde, suchte Escobar damals tatsächlich nach einer Möglichkeit, sich zu ergeben. Ursprünglich war er zuversichtlich, er könne von dem Friedensprozess profitieren, in dessen Verlauf die M-19-Guerilla entwaffnet worden war und ihre Mitglieder Immunität erhalten hatten. Doch schnell wurde klar, dass die Regierung die Extraditables nicht als politische Bewegung sah und ihm keine Immunität gewähren würde. Escobar würde für seine Verbrechen ins Gefängnis gehen müssen. Deshalb änderte er seine Taktik und arbeitete an einem Plan, sich der kolumbianischen Justiz zu stellen – allerdings zu seinen eigenen Bedingungen. Die beinhalteten die Garantie, nicht ausgeliefert zu werden, und Sicherheitsvorkehrungen, die ihn vor der Ermordung durch seine Feinde schützten. Ein Aufenthalt im Gefängnis würde ihn zudem vor Verfolgung bewahren und ihm die Möglichkeit geben, seine Geschäfte zu reorganisieren und mehr Zeit mit seiner Familie zu verbringen.

Ende Januar 1991 eskalierte die zweite Geiselkrise. Am 23. Januar tötete die Polizei Ricardo Prisco und seinen Bruder Armando. Letzterer, so behauptete Escobar, sei im Rollstuhl sitzend vor den Augen seiner Familie erschossen worden.

Die Extraditables reagierten und kündigten an, zwei der verbleibenden Geiseln zu exekutieren. Montoya sollte die Erste sein. Die Erklärung versetzte die Familien der Betroffenen in Angst und Schrecken. »Das war der schlimmste Tag meines Lebens«, erinnert sich Villamizar.

Marina Montoya wurde am 24. Januar ermordet, ihre Leiche aber erst eine Woche später identifiziert. Die zweite Exekution brauchten die Extraditables gar nicht mehr auszuführen. Am Abend des 25. Januar stürmten Polizeikräfte auf der Suche nach Escobar das Haus, in dem Diana Turbay gefangen gehalten

Seite aus der Polizeiakte über die Ermittlungen im Entführungsfall Francisco Santos am 19. September 1990. Sie zeigt Santos' Jeep am Ort der Entführung.

wurde. Sie kam bei der Schießerei ums Leben. Am selben Tag noch hatte Dianas Mutter in einem Brief an Präsident Gaviria gefleht, keine Befreiungsversuche zu unternehmen.

Weniger als eine Woche nach Diana Turbays Tod erließ Präsident Gaviria das dritte von drei Dekreten, die Escobars Kapitulation erleichtern sollten. Laut Gavirias »Kapitulationsbedingungen« sollte Escobar eine geringere Strafe erhalten, wenn er seine Verbrechen gestand. Das letzte Dekret beseitigte ein juristisches Hindernis und sicherte Escobar zu, alle Verbrechen einschließlich der Entführungen von Santos und Marjua Pachón seien Gegenstand von Strafminderungen.

Obwohl der ehemalige Präsident stets betont hatte, das Dekret sei keine Reaktion auf ihren Tod gewesen, wurde es unter dem Namen »Dianas Gesetz« bekannt.

Laut Francisco Santos zwang Escobar das Land in die Knie. »Escobar war der da Vinci des Verbrechens. Er war ein äußerst scharfsinniger Krimineller. Er wusste genau, wie er bestimmten Bereichen der Gesellschaft den größtmöglichen Schmerz zufügen konnte.«

Villamizar schuf über die Ochoa-Familie, die sich bereits im Dezember 1990 gestellt hatte, einen Kommunikationskanal zu Escobar. Man brachte ihn mit Pater Rafael García zusammen, einem schillernden achtzigjährigen Priester, dessen Einflussnahme sich als entscheidend herausstellen sollte.

Als Pater García eines Abends im April seine populäre Fernsehsendung *El Minuto de Dios* (Augenblick Gottes) mit einer Bitte an Escobar eröffnete, reichte er ihm den ersehnten Palmzweig.

»O Meer, o gewaltiges Meer! O einsames Meer, das alles weiß! Ich will dich ein paar Dinge fragen, antworte mir. Du hütest die Geheimnisse. Ich würde gerne eine große Anstalt zur Resozialisierung der *sicarios* von Medellín gründen. Was hältst du davon, o Meer? Sprich zu mir, du, das du die Geheimnisse hütest. Ich würde gerne mit Pablo Escobar sprechen, am Rande des Meeres, genau hier, wir beide am Strand sitzend.« So obskur die Predigt auch war, leitete sie doch für Escobar das Endspiel einer verfahren scheinenden Partie ein.

Im Mai traf der Priester sich mit El Patrón, nahm ihm die Beichte ab und segnete ihn. Binnen zwei Wochen wurden die verbleibenden Geiseln freigelassen.

Kapitulationsbedingungen

Im August 1990 trat Kolumbiens neu gewählter Präsident César Gaviria in einer Atmosphäre von das Land demoralisierenden Bombenattentaten, Entführungen und Mordanschlägen sein Amt an.

Der überraschende Nachfolger Galans begann seine vierjährige Amtszeit mit der Erkundung juristischer Möglichkeiten, die Gewalt zu beenden, wie er es in seinem Wahlkampf versprochen hatte. Eine der jüngsten Regierungen der kolumbianischen Geschichte entwickelte eine »Politik der Kapitulation«. Sie bot den Drogenhändlern, Mördern, Terroristen und Guerilleros Strafmilderung an, wenn sie sich stellten und ihre Verbrechen gestanden.

Den ersten Durchbruch erzielte die Regierung am 18. Dezember 1990, als Fabio, der jüngste der Ochoa-Brüder, sich den Behörden stellte. Seine Brüder Jorge und Juan David folgten im Januar und Februar seinem Beispiel.

»Dieser Mechanismus erwies sich als nützlich«, erinnert sich Gaviria. »Die Ochoas stellten sich, andere folgten, und so hatten wir der Justiz eine Chance verschafft. Zuvor hatten wir Krieg gehabt. Die brachten unsere Leute um und wir ihre. Das war damals die Haltung des Staates. Es war eine Art Jagd.«

Doch obschon sowohl der Bloque de Búsqueda als auch das Cali-Kartell Escobar enorm unter Druck setzten, zögerte er, es dem Beispiel der Ochoas gleichzutun.

Was folgte, war eine intensive Periode der Verhandlungen, in denen Escobars Anwälte Guido Parra und Roberto Uribe mit dem Justizministerium eine Übereinkunft erzielten, die beide Seiten zufriedenstellte.

Mit den Kindern eines ehemaligen Präsidenten und des wichtigsten Zeitungsmagnaten des Landes als Faustpfand hoffte Escobar, durch seine Extraditables-Konstruktion politischen Status zu erhalten.

Später wurden seine Forderungen noch spezifischer. Er verlangte die Absetzung des DAS-Chefs Miguel Maza, des Chefs der Nationalpolizei Miguel Gómez sowie von dessen Stellvertreter Octavio Vargas, zudem die Einstellung aller Aktivitäten der Eliteeinheiten in Medellín, die Legalisierung seines Grundbesitzes und seines aus dem Drogenhandel stammenden Vermögens sowie den Bau eines auf seine Bedürfnisse zugeschnittenen Gefängnisses für ihn und seine Männer. Und natürlich die Beendigung der Auslieferungspraxis.

Die Polizei, die er anklagte, 250 seiner Männer getötet zu haben, sollte keinen Zutritt zu dem neuen Gefängnis haben, es sollte von Wärtern bewacht werden,

Pablos Gefängnisakte, eine komplette Liste aller Verbrechen, die ihm, als er sich am ▶ 19. Juni 1991 den Behörden stellte, zur Last gelegt wurden. Die Ermittler vernahmen ihn im Zusammenhang mit so wichtigen Fällen wie dem Tod von Luis Carlos Galán und dem Guillermo Canos, doch Pablo bestritt jegliche Beteiligung. Er räumte lediglich ein, dass er geholfen habe, eine einzige Kokainlieferung mit zwanzig Kilo auf den Weg zu bringen.

MOTIVO DEL PRONTUARIO Y OBSERVACIONES GRALES.

Narcotráfico de Drogas. Pablo E. Escobar Gaviria ce
766 Envigado. pasaporte PO·00864. Circular
#156 oct 22/86. D.P.J. Sco anexa x

* Comandante 6ª Brigada Ibagué (Tol). Radiogra
#4023 VIII·188 Solicaptura a Pablo Escobar Gaviri
fin oir su indagatoria. Sco anexo.

* Juez 89 Inse. Ambulante Btá. Oficio 333 VIII·2
Solicaptura a Pablo Emilio Escobar Gaviria CC 8345
Envigado. 3do de Homicidio. Proceso 2228 E.J.
circ 122 agosto 29/88. Sco anexo.

* Juez 63 Inse. Bta. Oficio 454 VII·16·90 Solicap
de Pablo Emilio Escobar Gaviria CC 8345766 Envi
delito. Lesiones personales y Homicidio. Proceso #
circ. capt. 066 VII·22·90. Sco anexo.

* Juez 3º Orden Público Btá. Oficio 043 Sept
Solicaptura a Pablo Emilio Escobar Gaviria CC·834
Envigado. Delito Concierto para delinquir. proceso #
ex 64388. Circular 194 Sept 18/90. Sco au

* Juez 1º Orden Público Btá. Oficio 1105 V·10·90 S
Pablo E. Escobar Gaviria 8345·766 Envigado. Delito
rismo. Proceso 056 circ #108 V·18·90 mismo J
of 1666 VII·19·90 Solicaptura. delito Inf. Deto
Sumario 056 circ 151·8· agosto/90. Sco au

IMPRESIONES DEL RESEÑADO

1 PULGAR	2 INDICE

FIRMA DEL RESEÑADO

RESEÑADO POR

FOTOGRAFIADO POR

FALLOS Y OBSERVACIONES

...O ——————— DENUNCIANTE O VICTIMA —————————

...TO DETENCION ⚹ Juez ④ Especializado Medellín. en

...239 de J.13.90 Solantecedentes de Pablo Emilio

... Cairira ce 8345766. Preliminar 4322 seo ⧫ se anexo

...z ⑦ Orden Público ? Oficio 015 J.11.91 Solcaptura

...blo Emilio Escobar Cairira ce 8345766 Enviçado

... Homicidio con fines terroristas. Proceso 079 ——

...388. Cire 028 feb 18/91. Seo ⧫. anexo.

...③ Orden Público Bto. Cire - C-04 Sept 11/90

...tura de Pablo Emilio Escobar Cairira ce 8345766.

...do. Delito Homicidio con fines terroristas. Proceso

...EJ 72332 cire 192 Sept 17/90. SCO ⧫ anexo.

...z Direc. Secc. Orden Público Bto. Secc Jurisdicci...

...lcaptura de Pablo E. Escobar Cairira ce 8345766

...do. Oficio 22253 oc 002 Junio 17/91. delito Homi...

... fines terroristas. Proceso 015. DPJ 154 V11-8-91 ⧫ SCO anexo

...al Gral de la Nación, Secretaria Colectiva Bto.

...SEO 1 agosto 3/92. Solcaptura de Pablo Emilio

...r Cairira ce 8345766 Enviçado. sin jindicación

...76 oct 29/92. Seo ⧫ anexo.

...ción Seccional Orden Público Sección Jurisdiccional

...y. SE.0686. V-19.92. Solantecedentes de Pablo E.

... Cairira ce 8346766 Enviçado. Proceso 1623 ⧫ SCO

...ción Regional de Fiscalia de Medellín of 276 VIII-11-92

...tura de Pablo Emilio Escobar Cairira ce 8345766 de

...lo. Proceso 5572/5373. Ley 30/86. Cire 221 VIII-13-92 ⧫ SCO

...alía Gral de la Nación, Dirección Regional de

..., Secretaria Jurídica Bto. Solcaptura orden 002

...3. Pablo E. Escobar Cairira ce 8345766 Enviçado EJ 6136S   Cir 4651

...24 III.10.93. SCO ⧫ anexo Todas las tarjetas D.A.S.

...ticas antes relacionadas. ⧫

die sein politischer Freund Jorge Mesa, der Bürgermeister von Envigado, aussuchen sollte. Zudem bestand er darauf, dass in den Mordfällen Galán und Cano, dem Bombenanschlag auf das Avianca-Flugzeug sowie dem Anschlag auf das DAS-Gebäude nicht weiter gegen ihn ermittelt würde.

Die Regierung wies die meisten seiner Forderungen zurück, doch im Rahmen der »Politik der Kapitulation« wurden erhebliche Zugeständnisse gemacht, die sicherstellen sollten, dass Escobar und seine Männer nicht mehr als insgesamt acht Jahre Haft für alle gestandenen Verbrechen zu gewärtigen hatten.

In den USA stieß diese Politik auf wenig Gegenliebe; dort hatte Präsident Bush Ronald Reagans »War on Drugs« neuen Auftrieb gegeben. 1989 billigte Bush ein Militärhilfepaket für Kolumbien im Umfang von 63 Millionen Dollar, das unter anderem vier Aufklärungsflugzeuge, zwanzig Helikopter und zwölf Flugzeuge umfasste, um illegale Flugzeuge abzufangen.

»Es bestand kein Zweifel, dass Pablo mit den höchsten Stellen der kolumbianischen Regierung ein Arrangement getroffen hatte«, sagt Joe Toft, der von 1988 bis 1994 das DEA-Büro in Kolumbien leitete. »Gaviria wollte, dass die Bombenattentate aufhörten. Er wollte, dass das Morden aufhörte. Deshalb machte er mit Escobar einen Deal.«

Die kontroverse Politik geriet allerdings auch in Gavirias eigenem politischen Lager unter Beschuss.

»Das war eine Politik, die vor den Drogenkartellen kapitulierte, denn sie waren es, die die Bedingungen stellten«, sagt Enrique Parejo, der erste Justizminister, der nach Lara Bonillas Tod das Auslieferungsgesetz in aller Schärfe anwandte. 1987 hatte er den von Escobar gegen den Staat entfesselten Krieg am eigenen Leib erlebt, als ihm ein Killer nach Ungarn nachgesandt worden war, wo er als Botschafter diente. Er wurde von sechs Kugeln getroffen, vier davon in den Kopf, und überlebte wie durch ein Wunder.

Er erinnert sich: »Señor Escobar bot der Regierung seine eigene Farm La Catedral an, um dort das ›Gefängnis‹ zu errichten, wo er als ›Häftling‹ inhaftiert werden sollte, um für seine Verbrechen vor Gericht gestellt zu werden. Die Regierung nahm es hin, dass er gestand, wonach ihm der Sinn stand, und so gab er zu, dass er am Export von zwanzig Kilo Kokain beteiligt gewesen war. Ein Mann, der Tonnen davon in die USA verschoben hatte, redet von zwanzig Kilo! Er behauptete sogar, es sei nicht seine Idee gewesen, sondern ein Freund habe ihn gebeten, ihm beim Kokainschmuggel zu helfen, und ihn mit jemandem zusammengebracht, der über ein Flugzeug und eine geheime Startbahn verfügte.«

Als der kolumbianische Generalstaatsanwalt Carlos Arrieta Escobars Geständnis zu Gesicht bekam, verstand er die Schwäche dieser Art Politik. Er betont aber, dass die Regierung praktisch keine Alternative gehabt habe.

»Das Geständnis war wichtig, denn damit belasteten sie sich und gaben der Justiz die rechtliche Handhabe, sie anzuklagen«, sagt er. »Wenn es diese Geständnisse nicht gegeben hätte, hätten wir die Burschen, selbst wenn wir sie geschnappt hätten, wahrscheinlich wieder laufen lassen müssen. Denn wir hatten keine stichhaltigen Beweise gegen sie. Das war nämlich das große Versäumnis der Behörden der Vorgängerregierung.«

Escobars Geständnis brachte die Regierung zu der Erkenntnis, dass die Aufgabe, ihm, nachdem er einmal inhaftiert war, den Prozess zu machen, sich ebenso schwierig gestalten konnte, wie seiner habhaft zu werden.

»Er führte uns an der Nase herum. Ich glaube nicht, dass er sich selbst für einen schlechten Menschen hielt. Er hatte zwar ein paar schlimme Dinge getan, aber so schlimm waren sie dann auch wieder nicht. Und er glaubte, er würde nicht besonders teuer dafür bezahlen müssen. Wäre er anderer Meinung gewesen, hätte er sich gar nicht erst ergeben«, fährt Arrieta fort. »Er nahm an, er müsste längstens für drei oder vier Jahre ins Gefängnis. Das war ein Witz und machte uns äußerst besorgt. Was sollten wir mit diesem Typen tun? Er stellt sich, gesteht ein paar kleinere Vergehen und läuft in ein paar Jahren wieder frei herum.«

Das Ende der Auslieferungen

Nach einem erbitterten achtjährigen Kampf gegen die Auslieferungen konnten Escobar und seine Extraditables am 19. Juni 1991 endlich erleben, wie das Gesetz, das sie am meisten fürchteten, Vergangenheit wurde.

Seit am 5. Januar 1985 die ersten vier Kolumbianer an die USA ausgeliefert worden waren, hatte man insgesamt 41 Personen in die USA überstellt, um dort angeklagt zu werden. Der Bekannteste von ihnen war Carlos Lehder, der Pionier des Kokainschmuggels. Mit einundfünfzig zu dreizehn Stimmen schloss die Verfassungsgebende Versammlung Kolumbiens, die mit der Aufgabe betraut war, die Verfassung zu ändern, ein kontroverses politisches Kapitel ab und zog einen Schlussstrich unter einen langen und blutigen Krieg.

Doch nur wenige sind auf diesen Meilenstein der kolumbianischen Geschichte stolz.

»Das Verbot der Auslieferung war das Werk von Pablo Escobar«, sagt Enrique Parejo, »das Resultat von Drohungen und Erpressungen gegen die Verfassungsgebende Versammlung. Für mich ist das eines der schändlichsten Kapitel in der Geschichte unseres Landes.«

Der damalige DEA-Chef Joe Toft schätzt, dass die Kartelle von Medellín und Cali die Mehrheit des kolumbianischen Kongresses kontrollierten. »Pablo hatte so viel gegen zahlreiche Mitglieder der Regierung in der Hand, er hatte so viele Leute korrumpiert, dass er das Land praktisch in die Knie gezwungen hatte. Einmal schätzten wir, dass etwa drei Viertel aller Kongressabgeordneten in Kolumbien auf die eine oder andere Weise von den Drogenhändlern kompromittiert worden waren.«

In einer gemeinsamen Operation nahmen DEA und kolumbianische Polizei das Angebot von einem von Escobars Anwälten auf Video auf, einem Mitglied der Verfassungsgebenden Versammlung vor der Abstimmung 2,5 Millionen Peso (4200 US-Dollar) zu zahlen.

Alberto Villamizar war sich der Versuche, seine Kollegen zu bestechen, nur zu bewusst. 1986 hatte er eine Kommission des Kongresses geleitet, die die Abschaffung der Auslieferung verhindern sollte. Er sagt, Escobar sei »sehr, sehr mächtig« gewesen. »Ich glaube, er kontrollierte mehr als die Hälfte des Kongresses, weil er die Leute stets vor die Alternative stellte: ›Silber oder Blei? Was möchtest du? Du willst kein Geld. Okay, dann bringe ich dich und deine Familie um.‹«

Am Vorabend der Abstimmung benutzte Escobar seine Anwälte und seine politischen Berater, um die Bestechungsgelder an den Mann zu bringen. El Profe war einer von ihnen. »Ich bewegte eine Menge Geld und immer in bar«, erklärt er, »damit es keine Spuren hinterließ. Sämtliche Schmiergelder wurden bar ausgezahlt. Die Leute, die es erhielten, wollten nur Bares.«

Popeye, einer der Schatzmeister der Extraditables, sagt, Escobar habe Millionen bezahlt. »Pablo hat mehr als fünf Millionen Dollar für die Verfassungsgebende Versammlung aufgebracht, um das Auslieferungsgesetz zu Fall zu bringen. Er benutzte das Geld der Extraditables sowie sein eigenes, denn damals wollten ihn einige Drogenschmuggler nicht mit Geld unterstützen, und gegen die musste er vorgehen.«

Vielen fällt es noch schwer, die Art und Weise hinzunehmen, mit der die politische Elite Kolumbiens sich Escobars »Silber oder Blei«-Politik ergab.

Präsident Gaviria erhielt eine Kopie der Videoaufzeichnung von dem Bestechungsversuch, doch vor der Abstimmung wurden keine Details publik.

Sieht man einmal ab von den Schmiergeldern und den Drohungen, so glaubt Gaviria, dass das umstrittene Abstimmungsergebnis dennoch mehr oder weniger die allgemeine Stimmung im Land wiedergab.

»Mehr als achtzig Prozent der Menschen waren der Auffassung, Gewalt und Terrorismus rührten nicht von den Drogen her, sondern von den Auslieferungen«, glaubt er. »Zumindest haben die Extraditables diesen Eindruck gefördert. Sie betonten ständig: ›Wir geben auf, wir kooperieren mit der Justiz‹, bis sie das Land überzeugt hatten und es in der Versammlung nur noch wenige gab, die das Auslieferungsgesetz aufrechterhalten wollten.«

»Ich persönlich glaube noch nicht einmal, dass sie die Schmiergeldzahlungen nötig hatten. Gewiss, sie versuchten Leute zu bestechen – es wäre unklug, etwas anderes zu behaupten. Aber persönlich glaube ich, dass die Versammlung aus Überzeugung gegen die Auslieferungen stimmte. Escobar bekam, was er wollte, nicht indem er die Leute korrumpierte, sondern indem er sie bedrohte.«

Carlos Arrieta zufolge hatte die zweijährige Serie von Bombenanschlägen die Menschen mürbe gemacht.

»Die meisten Kolumbianer wünschten Ende der Achtziger verzweifelt irgendeine Lösung, weil sie keine weiteren Morde wollten, keine Entführungen mehr und keine Bomben. Und alle sagten, wenn der Preis dafür ist, sie nicht auszuliefern, dann soll man sie auch nicht ausliefern. Das Land Kolumbien war bereit, die Auslieferungen einzustellen, wenn dafür die Gewalt ein Ende nahm.«

In den USA, wo man der Ansicht war, die kolumbianische Regierung zeige in ihrem »Krieg gegen Drogen« Schwäche, hatten die Verantwortlichen schwer an der Entscheidung zu schlucken.

»Ich glaube nicht, dass die Amerikaner die Dimension des Dramas begriffen«, sagt Arrieta. »Für sie wirkte es, als wären die Regierungsbehörden von den Kartellen unterwandert und eine Korruption gewaltigen Ausmaßes herrsche. Unglücklicherweise entsprach das der Wahrheit, es gab Korruption, wenn auch nicht in dem Umfang, den sie annahmen, und die Korruption war auch nicht so entscheidend, wie sie glaubten. Ich war bei einigen Debatten, die sich mit der ›Politik der Kapitulation‹ beschäftigten, anwesend, und ich glaube, es handelte sich wirklich um den aufrichtigen Versuch aufrichtiger Leute, eine Lösung zu finden. Sie waren sich darüber im Klaren, dass sie einige wichtige Prinzipien opferten, dies aber der einzige Weg war, so etwas wie Frieden zu erlangen.«

Die ständige Ausstellung im Fotolabor der DAS enthält Bilder von Carlos Lehder ▶ (obere Reihe, 2. Bild von links), dem DAS-Attentat von 1989 (obere Reihe, 3. Bild von links), dem Angriff auf den Justizpalast (mittlere Reihe, 4. von links), von schwarzem Kokain (untere Reihe, 2. Bild von links) und dem Avianca-Attentat von 1989 (untere Reihe, 3. Bild von links).

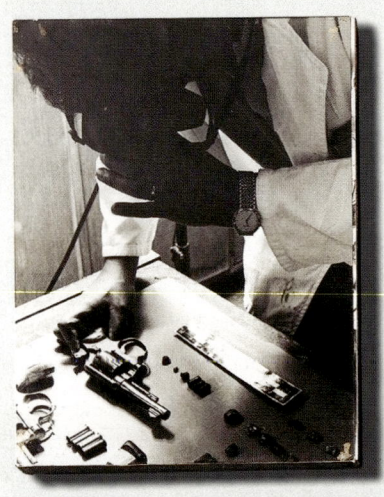

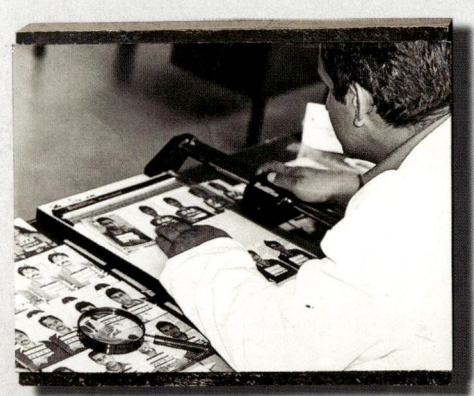

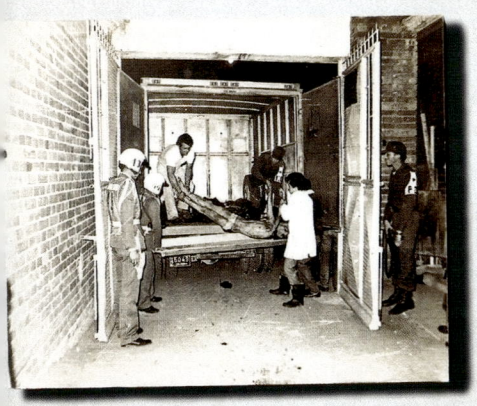

Die Übergabe

»Mit Pablos Kapitulation werden für das Land göttliche Zeiten anbrechen«, verkündete Pater García in seiner Fernsehsendung *El Minuto de Dios*. »Dies wird ein wunderbares Land werden.«

Da er maßgeblich an den Verhandlungen über die Freilassung der von Escobar festgehaltenen Geiseln beteiligt war, kann man seinen Zuschauern verzeihen, dass sie ihm glaubten. Dennoch brauchte es mehr als nur eine göttliche Fügung, um die Kapitulation drei Wochen später, am 19. Juni 1991, tatsächlich wahr werden zu lassen.

Erst nachdem die Verfassungsgebende Versammlung die Auslieferungsgesetze aufgehoben hatte, schickte Escobar einen Boten mit der Instruktion in die örtliche Regierungsrepräsentanz nach Medellín, einen Hubschrauber zu einem Fußballplatz in Envigado zu schicken, wo er mit mehr als hundert Bodyguards wartete.

Um 15:45 Uhr, rund drei Stunden nachdem die Verfassungsgebende Versammlung Escobar zum Sieger im Krieg gegen die Auslieferung erklärt hatte, »ergab« er sich der kolumbianischen Justiz.

Seine vertrauten Leutnants El Mugre und Otto begleiteten ihn zum Gefängnis, um für seine Sicherheit zu sorgen. Zwei Stunden zuvor war bereits Popeye auf dem Landweg vorausgefahren, um sicherzustellen, dass bei Escobars Ankunft alles seine Ordnung hatte.

Alberto Villamizar, der mit Escobar über die Freilassung seiner Frau Maruja verhandelt hatte, begleitete ihn im Hubschrauber. Er erinnert sich deutlich daran, wie gespannt die Atmosphäre war.

»Eine Menge Leute wollten ihn tot sehen. Politiker, weil sie fürchteten, Escobar würde über die Vergangenheit auspacken. Die USA, weil sie fürchteten, wenn Escobar sich einer schwachen kolumbianischen Justiz ergäbe, würde er vielleicht nur drei oder vier Jahre bekommen und danach ein freier Mann sein. Vielleicht überlegten sie insgeheim, ihn umzubringen. Und die vom anderen Kartell dachten, er würde seine Geschäfte vom Gefängnis aus weiterbetreiben, weshalb sie ihn besser umbringen sollten. Alle wollten ihn umbringen. Sogar seine politischen Freunde.«

Um die Übergabe zu erleichtern, hatte Verteidigungsminister Rafael Pardo für die Zeit, die sich der Hubschrauber in der Luft befand, ein Flugverbot in der Region verhängt. In seinem Tagebuch notierte er: »Heute werden nicht einmal Vögel über Medellín fliegen.«

Oben: Pablo mit Pater Rafael García, der eine wichtige Rolle spielte, als Pablo sich am 19. Juni 1991 den Behörden stellte. – *Unten:* Gefängniswärter posieren am 19. Juni 1991 mit Pater García, der die populäre TV-Sendung *El Minuto de Dios* moderierte.

PABLO ESCOBAR GAVIRIA Y EL PADRE GARCIA HERREROS EN LA HABITACION
No.001 DEL PENAL DE MAXIMA SEGURIDAD DE ENVIGADO.

EL PADRE GARCIA HERREROS EN COMPAÑIA DE LOS GUARDIANES: EDER
ANTONIO RAMIREZ RODRIGUEZ, RAUL SANCHEZ GIL Y OTROS SIN
IDENTIFICAR.

Im Gefängnis wurde Escobar von Generalstaatsanwalt Carlos Arrieta erwartet.

»Als Escobars Hubschrauber landete und er ausstieg, war es, als wäre eine Schönheitskönigin eingeschwebt«, erzählt Arrieta. »Eigentlich hätten alle Wachen den Blick nach draußen richten sollen, um den Komplex zu sichern. Aber sie wandten sich alle nach innen. In diesem Moment hätte alles Mögliche passieren können. Ich war extrem verärgert, aber gut, es war nur ein kurzer Moment. Es beschreibt eben den Mythos, der Pablo Escobar umgab. Viele Leute liebten ihn, und viele hassten ihn, aber er war noch immer sehr berühmt, und jeder wollte einen Blick auf ihn werfen.«

Doch abgesehen vom Mythos, der ihn umgab, wies nichts an der verwahrlosten, bärtigen und übergewichtigen Gestalt darauf hin, wie dieser Mann es geschafft hatte, das Land in die Knie zu zwingen, erinnert sich Arrieta.

»Er war mit Abstand der gefährlichste Verbrecher, den ich je zu Gesicht bekommen habe. Ich wusste, dass er ein Krimineller war, der Oberkriminelle. Doch nichts in seinen Zügen, seinem Blick, seinem Äußeren, der Art, wie er sprach, deutete darauf hin. Ich sah nur einen Menschen, der Angst hatte. Er war äußerst nervös, wie wir alle. Man konnte es an seinem Gesicht ablesen. Er war blass, seine Stimme zitterte. Für ihn war das eine schwere Entscheidung.«

Arrieta dementiert jedoch Gerüchte über theatralische Gesten, die Escobar beim Verlassen des Hubschraubers gemacht haben soll. Weder habe er die Wachen angewiesen, die Waffen zu senken, als er begleitet von Pater García aus dem Hubschrauber stieg, noch habe er symbolisch seine Sig Sauer leergeschossen. Das seien Übertreibungen der Medien. »Als er aus dem Hubschrauber stieg, kam er direkt auf mich zu. Seine Frau war ins Gefängnis gekommen und befand sich an meiner Seite. Er händigte mir seine Pistole aus und sagte: ›Dies ist ein symbolisches Zeichen meines Wunsches, mich der Justiz zu überantworten.‹«

Nachdem die Gefängnisbehörde seine Personalien aufgenommen hatte, erklärte ein nun ruhiger wirkender Escobar den Medien, dass seine Kapitulation »der beste Beitrag sei, den er zum Frieden in Kolumbien leisten« könne. Laut Popeye gab es allerdings schon Anzeichen, wie lang dieser Frieden halten würde. »Nachdem er beim Betreten des Gefängnisses seine Waffe abgegeben hatte, besorgte er sich sofort eine neue. Er konnte einfach nicht ohne seine Knarre leben.«

Die Wahl der Männer, die ihn im Gefängnis bewachen sollten, warf ebenfalls ein bezeichnendes Licht auf Escobars Absichten. Die Führer seiner wichtigsten Combos hatten sich nicht zusammen mit ihm gestellt, da er wusste, dass er sie draußen brauchen würde.

Die Insassen von La Catedral: (obere Reihe von links nach rechts) Roberto Escobar, Carlos Aguilar Gallego alias »El Mugre«, Jorge Eduardo Avendaño alias »Tato«, (zweite Reihe) Luis Fernando Henao Giraldo, Pablo Escobar, Jhon Jairo Velásquez Vásquez alias »Popeye«, (dritte Reihe) Valentín de Jesús Taborda, Alfonso Puerta alias »Angelito«, Johnny Rivera alias »Palomo«, (vierte Reihe) Carlos Díaz alias »La Garra«, Jhon Jairo Betancur alias »Icopor«, Otoniel de Jesús González alias »Otto«.

»Erstens, die wichtigste Person drinnen war Pablo Escobar Gaviria, und wir andern waren die Tölpel«, sagt Popeye. »Zweitens, die Männer, die mit ihm ins Gefängnis gingen, waren die, die zusammen mit ihm auf den Fahndungsplakaten auftauchten. Und drittens, damit die Mafia sich nicht gegen uns wandte, brauchte er draußen fähige Leute. Um weiterarbeiten zu können, war er darauf angewiesen, dass seine wichtigsten Männer in Freiheit blieben. Er wollte, dass El Chopo, der bis zu Pablos späterer Flucht nicht auf den Fahndungsplakaten stand, sowie El Arete und Tyson draußen als militärische Unterstützung für die im Gefängnis agierten.«

Pablo Escobars Bruder Roberto stellte sich wenig später, »damit er vor seinen Feinden aus Cali sicher war«, behauptet Popeye.

La Catedral

Ursprünglich als Rehabilitationszentrum für Drogenabhängige konzipiert, erhielt Escobars Gefängnis seinen Beinamen »La Catedral« nach der Farm, auf der es sich befand. Es lag in der Gemeinde Envigado, am Ende einer langen, kurvenreichen Schotterstraße hoch über Medellín. Envigados Bürgermeister hatte der Regierung das drei Hektar große Anwesen angeboten, nachdem Escobar deren Vorschlag zurückgewiesen hatte, in einem Hochsicherheitsgefängnis in Medellín inhaftiert zu werden.

»Ursprünglich sollte Pablo Escobar nach Itagüí verlegt werden, wohin sie auch die Ochoas gebracht hatten«, erinnert sich Popeye, »doch dieses Gefängnis bot im Falle eines Angriffs keinerlei Fluchtmöglichkeit.« Popeye war einer der vierzehn Männer, die Escobar ins Gefängnis begleiteten. Eine solche Fluchtmöglichkeit besaß für Escobar höchste Priorität, da ein US-Gesetz es DEA- und CIA-Agenten erlaubte, im Ausland Drogenschmuggler festzunehmen.

»Die Nordamerikaner waren einfach überall«, sagt Popeye. »Deshalb verlangte Pablo Escobar, dass die Regierung von César Gaviria ihm ein Gefängnis baute. Darüber entbrannte ein Streit, doch als Pablo drohte, das Friedensabkommen zwischen der Regierung und den Extraditables aufzukündigen, lenkten sie ein. Sie

Oben: Die Straße, die zu Pablos Gefängnis La Catedral führt. – *Unten:* Luftaufnahme des drei Hektar großen Gefängnisgeländes.

Pablos mit Büro und Küche ausgestattete Gefängniszelle. ▶

Die Schlafräume der Gefängniswärter. Polizeifotos, die nach Pablos Flucht im Juli 1992 aufgenommen wurden. ▶▶

GRAFICA No.12.   DE CONJUNTO, VISTA DE ENTRADA A LA ZONA
                   DE SEGURIDAD DESDE EL ALOJAMIENTO DE
                   GUARDIANES DEL AREA DE RECLUSION.

GRAFICA No.13.   FOTOGRAFIA AEREA DEL AREA DE RECLUSION DE
                   LA CARCEL DE ENVIGADO (LA CATEDRAL).

GRAFICA No.95.   DE CONJUNTO, DONDE SE OBSERVA LA CAMA, LA
                       BIBLIOTECA Y NUMEROSOS EJEMPLARES DEL
                       LIBRO PABLO ESCOBAR EN CARICATURAS
                       (ALGUNOS DE ELLOS CON DEDICATORIA).

GRAFICA No.96.   DE CONJUNTO, DEL OTRO COSTADO DE LA
                       ALCOBA DEL APARTAMENTO 001 CON TODOS LOS
                       MUEBLES Y ENSERES PROPIOS DE UN
                       EJECUTIVO.

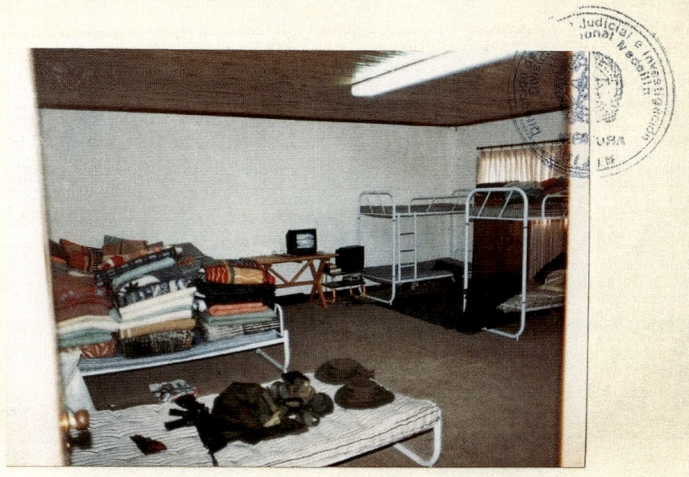

GRAFICA No.211.   DE CONJUNTO, DONDE SE OBSERVA EL INTERIOR
DEL ALOJAMIENTO No.1. EL ARMAMENTO Y
PRENDAS DE USO PRIVATIVO QUE SE OBSERVAN
SON DEL PERSONAL DE LA POLICIA NACIONAL
PRESENTE EN EL LUGAR.

GRAFICA No.212.   DE CONJUNTO, DONDE SE OBSERVA EL INTERIOR
DEL ALOJAMIENTO No.2.

wählten ein im Hochland von Envigado gelegenes Stück Land aus, wo Pablo in seiner Jugend öfter campen war. Eines seiner Landhäuser stand nun dort. Sie legalisierten den Vorgang, indem sie sagten, dass Jorge Mesa, der Bürgermeister von Envigado, der auf Pablos Lohnliste stand, es für die Gemeinde erworben hätte.

Die US-Botschaft war dagegen, die ganze Welt war dagegen. Aber Pablo Escobar besaß erheblichen Einfluss auf die Medien und ließ nun in der Republik Kolumbien das Gefühl einer Atmosphäre des Friedens verbreiten, so dass die Leute am Ende sagten: ›Wenn dieser Typ im Gefängnis sitzt, dann legt er wenigstens keine Bomben und wir können unsere Kinder zur Schule schicken, zur Arbeit gehen und ein Fußballspiel oder einen Stierkampf besuchen.‹«

Das Land, auf dem das Gefängnis gebaut wurde, war aufgrund seiner strategischen Lage ausgewählt worden, denn es ließ sich leicht gegen mögliche Angriffe von Escobars Feinden verteidigen. Bemerkenswerterweise war Escobar von eben diesem Anwesen bereits ein Jahr zuvor einer Polizeirazzia entkommen. Damals hatte Hugo Martínez, der Chef des Bloque de Búsqueda, die Razzia angeordnet, nachdem er einen Anruf aus der Gegend abgehört hatte.

»Das war kein Gefängnis«, erinnert sich Martínez. »Es war eher sein bestes Versteck.« Ex-Präsident Gaviria verteidigt sich gegen die Kritik, sich Escobars Forderungen widerstandslos gebeugt zu haben. »Die Sorge der Medien galt stets Escobars Sicherheit«, erklärt er. »Nur wenige fragten danach, ob er aus dem Gefängnis fliehen würde. Der Druck, dem wir uns ausgesetzt sahen, ging immer in die Richtung: ›Ihr lasst zu, dass er umgebracht wird.‹ Der Grund, weshalb wir das Vorhaben aufgeben mussten, ihn in ein anderes Gefängnis zu verlegen, war seine Sicherheit. Es gibt keine anderen Gründe.«

Wichtig ist ihm außerdem der Hinweis: »Es stimmt auch nicht, dass er sein eigenes Gefängnis baute. Wir haben das Gefängnis gebaut.«

Mit der öffentlichen Meinung und den Medien auf seiner Seite war Escobar allerdings in der Lage, wichtige Zugeständnisse auszuhandeln, die die Möglichkeiten der Regierung, die Anstalt zu kontrollieren, von Beginn an beeinträchtigten.

»Man ließ Pablo mit Erlaubnis des Justizministeriums sein eigenes Gefängnis bauen«, behauptet Popeye. »Sie legten einen Fußballplatz an, sie bauten die Straße, sie errichteten ein paar Gitter, damit der Rest der Welt es auch für ein Gefängnis hielt. Sie bauten einen elektrischen Zaun um das Gefängnis, der hatte 10 000 Watt, und der Schalter befand sich in Pablos Zelle.«

Man kam überein, dass die Armee das Gefängnis von außen bewachte und örtliche Gefängniswärter, bei denen es sich um Pablos Banditen handelte, von

Von der Polizei erstellter Grundriss von Pablos 96,7 Quadratmeter großer Zelle in La Catedral (fälschlicherweise wird sie in der Polizeiakte als die Zelle seines Bruders Roberto ausgewiesen), in der er von Juni 1991 bis zu seiner Flucht im Juli 1992 »einsaß«. Zudem gab es Gerüchte, er habe das Gefängnis regelmäßig verlassen, um Diskotheken und Fußballspiele zu besuchen.

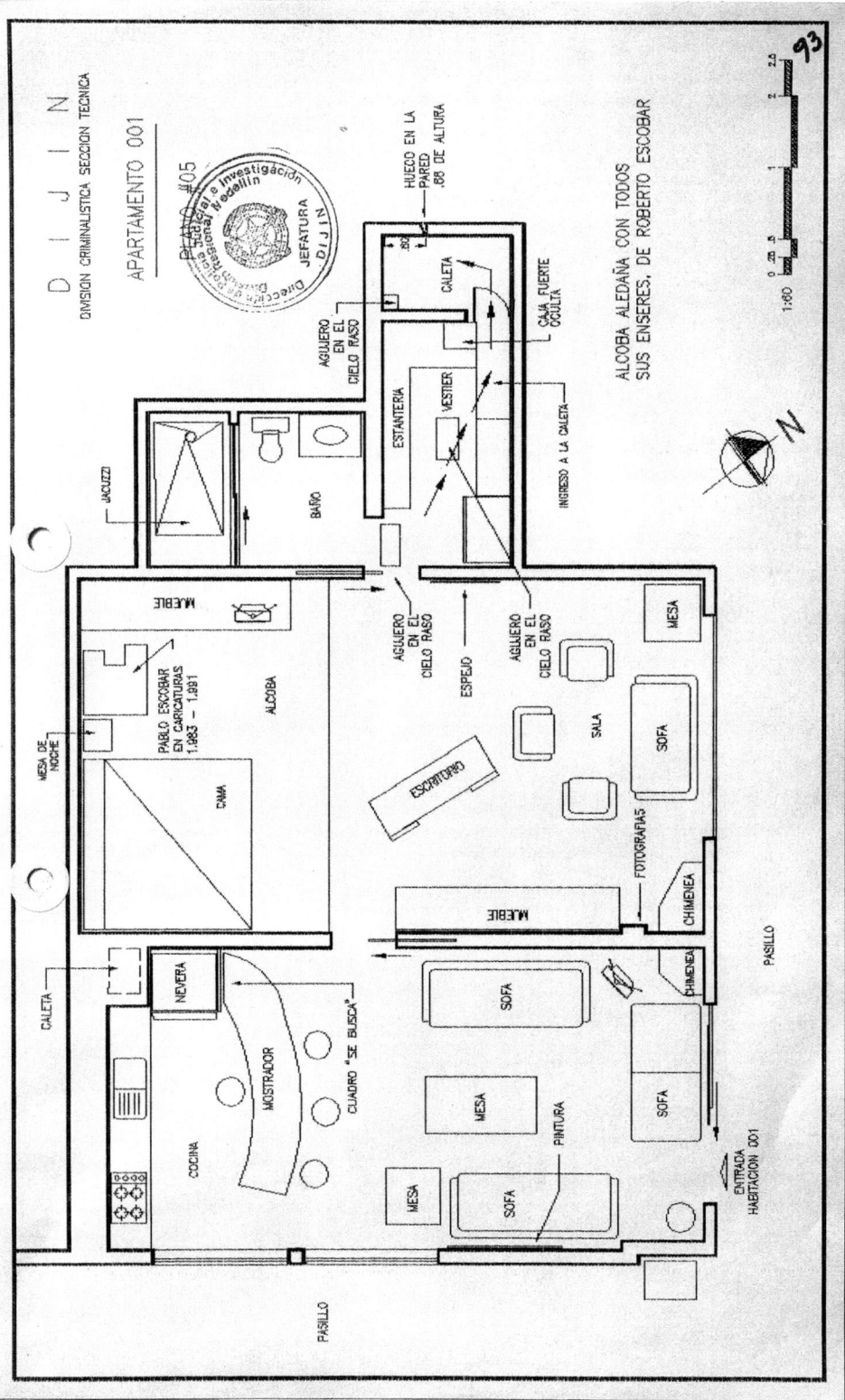

innen. Sie wurden in blaue INPEC-Gefängniswärteruniformen gesteckt und besaßen Pablos absolutes Vertrauen.«

Als Pablo sich am 19. Juni 1991 stellte, wirkte der Bau auf alle Anwesenden wie ein normales Gefängnis.

»Natürlich war es ein Gefängnis«, sagt Arrieta. »Sogar ein ziemlich schlichtes, ohne jeglichen Komfort. Schlicht und einfach, sehr spartanisch, sogar mehr als spartanisch.«

Escobar brauchte allerdings nicht lange, um die Lebensbedingungen dort zu verbessern. Während die Wachen in Räumen schliefen, die der Welt als Zellen von Escobar und seinen Männern präsentiert wurden, begannen die Häftlinge ihre »Zellen« mit allem Komfort auszustatten, der das Gefängnisleben angenehmer macht.

Die Männer, die er ausgesucht hatte, um seine Sicherheit zu gewährleisten, betrachteten das Ganze als Gelegenheit, sich zu erholen und ihre Kriegsbeute zu genießen.

»La Catedral war kein Geschenk«, sagt denn auch Popeye. »La Catedral haben wir im Krieg gewonnen.«

Wachen schmieren

Für den Sieg im Krieg gegen die Auslieferungen erhob Escobar von seinen verbleibenden Kartellpartnern eine monatliche Steuer von 250 000 Dollar, um seine Ausgaben im Gefängnis sowie seine Anwalts- und Gerichtskosten zu decken und die Familien derer zu unterstützen, die verhaftet worden oder im Krieg gefallen waren.

Popeye verwaltete ein monatliches Budget von 500 000 Dollar, das dazu benutzt wurde, die Wachen an den sechs Kontrollpunkten zu bestechen, damit Häftlinge und Besucher sich frei bewegen konnten.

In seinem Gefängnis, das mehr dazu diente, ihn zu schützen, als ihn einzusperren, begann Escobar sein »Büro« zu reorganisieren, während die Häftlinge ihre Belohnungen genossen.

Limóns Aufgabe war es, sicherzustellen, dass die Wärter sich nicht einmischten. Offiziell war er bei der Gemeinde Envigado angestellt, um den LKW zu fahren, der das Gefängnis mit Gütern versorgte.

Monatlich wurden Schmiergelder in Höhe von 100 000 Dollar in Form farbiger Papierstreifen ausbezahlt, die bei einer Bank in Envigado in Bargeld ge-

Bodyguard Popeye, wie er El Mugre, einem anderen geschätzten Leutnant Pablos, einen Kuss in der Gefängnisbar gibt. Das Foto wurde nach Pablos Flucht im Juli 1992 von der Polizei gefunden.

SE OBSERVA A JHON JAIRO VELASQUEZ VASQUEZ EN UN ABRAZO CON
ACTITUDES DESVIADAS, CON UNA PERSONA SIN IDENTIFICAR Y EN
COMPAÑIA DE LOS CITADOS ANTERIORMENTE.

wechselt werden konnten. Zudem wurden die Gefängniswärter mit Geschenken überhäuft, um ihre Loyalität sicherzustellen.

»Anfangs war es nicht nur Geld, es gab auch Haushaltsgeräte«, sagt Limóns Frau Gloria. »Alles Mögliche wurde bestellt, Fernseher, Kühlschränke und dergleichen. Álvaro [El Limón] suchte die Sachen im Einkaufszentrum in El Diamante aus, und ich musste ihn begleiten. Ich weiß noch, dass er immer erst mit einem Papierstreifen in die Granahorrar Bank in Envigado ging und mit fünfzig Millionen Peso (85 000 US-Dollar) in bar wieder herauskam. Dann hieß es: ›Bring zehn davon, zwanzig hiervon, und zwanzig davon.‹ Die Leute in der Mall liebten ihn.«

Nachdem sie sich so der Loyalität der Wärter versichert hatten, machten sich die Häftlinge daran, ihre Zellen mit allem erdenklichen Luxus auszustatten: Computer, Fernseher, Video, Stereoanlagen, Teppiche. Escobars Räumlichkeiten bestanden aus einem Büro, einer Küche und einem Wohnzimmer mit Kamin. Für seine Männer wurde eine Bar eingerichtet.

»Wir hatten nur das Beste vom Besten«, erinnert sich Popeye. »In der Bar haben wir viel zusammen gelacht. Mugre war überhaupt ein fröhlicher Typ. Und wir hatten ziemlich guten Stoff. Dom Perignon, achtzehn Jahre alten Whisky, was du willst.«

Da die Wachen keinerlei »Einschlusszeiten« vorgaben, »trafen wir uns, wann immer es uns beliebte, in der Bar. Wir waren ja an keinen Tagesplan gebunden.«

Doch laut El Profe waren die Gerüchte, man habe Escobar in Nachtclubs und bei Fußballspielen gesehen, lediglich Teil der Legende. »Die Verhältnisse waren äußerst angenehm, aber nichtsdestotrotz war es immer noch ein Gefängnis. Sie hatten alles, was sie brauchten, aber sie konnten nicht raus. Die Behauptung, sie hätten Fußballspiele besucht, ist frei erfunden. Sie haben das Gefängnis an jenem Tag verlassen, an dem sie geflohen sind.«

Familienbesuche

Die Sonntage waren in La Catedral hochheilig für Familienbesuche reserviert. Für Escobar boten sie die Gelegenheit, die glücklichste Zeit seines Lebens wiederaufleben zu lassen, die Zeit, die er mit seinen Kindern verbracht hatte.

Am Tag, an dem er sich stellte, hatte er Generalstaatsanwalt Carlos Arrieta gestanden, dass sein Hauptantrieb in der Auseinandersetzung der Wunsch war, sein Familienleben wieder in Ordnung zu bringen.

»Was mich bei der letzten Begegnung mit Escobar wirklich beeindruckt hat – es war überhaupt das letzte Mal, dass ich ihn sah –, war, als er mir plötzlich fest in die Augen blickte. Plötzlich war er nicht mehr der verängstigte Mann, den ich zuvor gesehen hatte. Er wirkte ruhig und sagte: ›Weißt du, warum ich das mache?‹«

Zwei Monate zuvor hatte Escobar im kolumbianischen Fernsehen gemeinsam mit Millionen anderer Zuschauer ein Porträt Arrietas gesehen. In dem Feature wurde unter anderem gezeigt, wie er mit seiner Tochter spielt. Diese Szene war Escobar im Gedächtnis geblieben.

»›Weißt du, warum ich das mache?‹, fragte er mich. ›Nein‹, erwiderte ich, ›warum?‹ – ›Weil ich mit meiner Manuela auf die gleiche Weise einen Tag verbringen möchte, wie du mit deiner Camila.‹ Und für einen Augenblick sah ich den Menschen und nicht den Verbrecher. Denn in diesem Augenblick konnte ich als Vater sein Verlangen verstehen.«

Seit der Geburt von Manuela einen Monat nach seiner Flucht nach Panama 1984 war es Escobar verwehrt geblieben, viel Zeit mit seiner einzigen Tochter zu verbringen.

Nun wollte er die verlorene Zeit nachholen. »Jetzt war der Moment, in dem er seinen Triumph genießen konnte«, sagt Popeye. »Seine Kinder besuchten ihn, auch seine Nichten und Neffen.«

Auf dem Gelände des Gefängnisses ließ er für seine Tochter ein Spielhäuschen bauen, und für seinen Sohn Juan Pablo ließ er PS-starke Motorräder und Videospiele kommen.

Laut seiner Schwester Luz María verlebten alle eine wundervolle Zeit.

»La Catedral brachte alle wieder zusammen, die ganze Familie«, erzählt sie. »Es gab herrliche Familientreffen, die völlig anders verliefen, als es die Medien dargestellt haben. Man könnte sagen, dass er sehr verschiedene Leben geführt hat. ›Meine Familie hat nichts mit dem zu tun, was ich sonst mache‹, sagte er immer. Er wollte uns nie in irgendetwas hineinziehen.«

Doch er konnte nicht alles von seinen Liebsten fernhalten. Während der Zeit in La Catedral erfuhr Luz María, dass ihr Bruder Marihuana rauchte.

»In La Catedral habe ich zum ersten Mal Marihuana gesehen. Ich fand es, als ich die Bücherregale in seinem Zimmer abwischte. Man hatte mir zwar etwas über Marihuana erzählt, aber trotzdem fragte ich Popeye: ›Ist das Marihuana?‹ Und seitdem zog er mich immer wieder damit auf, dass die Schwester von El Patrón nicht wusste, was Marihuana ist. Darüber haben natürlich alle gelacht.«

Pablo mit seiner Frau Victoria und seiner Tochter Manuela in seiner Zelle. ▶
Dies sind die letzten Aufnahmen von Pablo im Kreise seiner Familie. Die Fotos wurden nach Pablos Flucht im Juli 1992 von der Polizei gefunden.

Das Spielhäuschen von Pablos Tochter Manuela auf dem Gelände des Gefängnisses. ▶▶
Auf dem Schild steht: »Privateigentum – Betreten verboten«. Polizeifotos, die nach Pablos Flucht im Juli 1992 aufgenommen wurden.

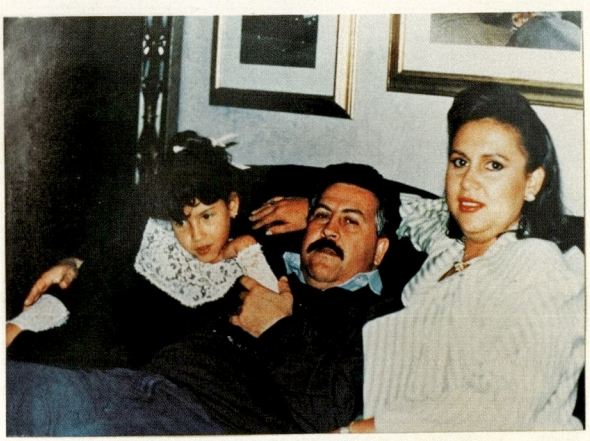

OBSERVESE A PABLO ESCOBAR GAVIRIA, SU HIJA MANUELA ESCOBAR HENAO
Y A SU ESPOSA MARIA VICTORIA HENAO, EN UN SILLON DE LA HABITACION
DEMARCADA CON EL No.001,DEL PENAL DE MAXIMA SEGURIDAD DE
ENVIGADO.

GRAFICA No.139.   DE DETALLE DONDE SE OBSERVA EL AVISO
"PROPIEDAD PRIVADA NO PASE" UBICADA A UN
LADO DE LA PUERTA DE LA CASA DE MUÑECAS.

GRAFICA No.140.   DE SEMICONJUNTO DONDE SE OBSERVA LA
ENTRADA A LA CASITA DE MUÑECAS.

In der Umgebung seiner Familie musste er mit den verschiedensten Menschentypen zurechtkommen und oftmals als Vermittler die Streitigkeiten zwischen der Familie seiner Frau und denen seiner Mutter, seines Vaters und seiner Geschwister glätten, während er gegenüber seinen Männern weiterhin als El Patrón auftrat.

»Einmal waren wir alle in La Catedral, und Doña Tata ist ja eine sehr elegante Dame, während Pablos Mutter eine bescheidene Frau mit bescheidenen Ansprüchen ist. Nun, am Tag vor Weihnachten bereitete Doña Hermilda Reibekuchen, Karamellpudding und alles für ein traditionelles Medellíner Weihnachtsessen vor. Doch dann schleppte Dona Tata Hummer, Kaviar und andere Delikatessen an. Pablo nahm das Essen seiner Mutter und teilte es in zwei Hälften, dann nahm er den Kaviar von Doña Tata, tat ihn auf den frittierten Reibekuchen und aß ihn auf. Ich sagte zu ihm: ›Patrón, das ist eine gute Szene für das Buch, das ich einmal schreiben werde.‹ Sofort veränderte sich sein Gesichtsausdruck, und er sagte: ›Tote schreiben keine Bücher.‹«

Seine Feinde machten die Nähe Pablos zu seiner Familie als seine größte Schwäche aus. Juventud zufolge war es die Liebe zu seiner Familie, die ihn letztlich in den Tod führte.

»Ich glaube, die Geschichte hat gezeigt, dass nicht nur Pablo, sondern viele Gangster tief im Innern ein Bedürfnis nach Liebe haben, und Pablo empfand eine sehr tiefe Liebe für seine Tochter. Er hing sehr an seiner Familie und konnte ihr gegenüber sehr, sehr gefühlvoll sein. Wenige sind nah genug an ihn herangekommen, um seine menschliche Seite zu erkennen. Die meisten haben einen harten Mann gesehen. Doch im Kreise seiner Familie war Pablo ein Mensch, und das ist einer der Gründe, warum er starb.«

Frauen

Einen der größten Ausgabeposten in La Catedral stellte die regelmäßige Versorgung mit Frauen dar, die von Medellín heraufgeschafft wurden.

»Die sahen eine im Fernsehen und sagten dieser Puffmutter Bescheid, die die Mädchen dann einlud und ihnen erzählte, wenn die Dinge gut liefen, bekämen sie ein Auto oder so«, erzählt Limóns Frau Gloria. »Pablo ließ die *muchachos* wissen, was er wollte – die schönsten Mädchen von den Schulen Medellíns – und wie viele er brauchte, und Limón musste sie auftreiben. Pablo liebte

Unbekannte Frau auf einem Kontaktabzug, der nach Pablos Flucht
im Juli 1992 von der Polizei gefunden wurde. Pablo und seine Männer erhielten
Fotos von Models, aus denen sie auswählen konnten.

Backfische, fünfzehn, sechzehn Jahre alte Schulmädchen. Die Puffmutter schickte so eine Art Katalog, mit Bildern von den Mädchen, manche nackt, manche angezogen.«

Niemand vermag wirklich zu sagen, ob es die Furcht war, verraten zu werden, die Suche nach einer verlorenen Unschuld oder einfach nur die gute alte Midlife-Crisis, die Pablo in die Arme blutjunger Mädchen trieb.

Limón brachte die Mädchen ins Gefängnis. Er benutzte einen alten Lieferwagen, der noch vor der Kapitulation mit verborgenen Sitzmöglichkeiten ausgestattet worden war. Eine der jungen Frauen, die von ihm und Gloria nach La Catedral begleitet wurden, war Claudia Patricia Escárraga K'David, eine zwanzigjährige Schönheitskönigin, die später mit Pablos älterem Bruder Roberto drei Kinder haben sollte und heute in Medellín eine Boutique betreibt.

»Sie besuchte La Catedral, und am nächsten Tag fuhr sie ein nagelneues rotes Auto. Das neueste Modell«, erinnert sich Gloria.

Roberto und Claudia hatten sich einen Monat, nachdem sie bei der jährlichen Miss-Kolumbien-Wahl Vierte geworden war, kennengelernt.

Claudia erinnert sich: »Ich traf Pablo und Roberto, als sie in La Catedral waren. Ich hatte im Rahmen der Wohltätigkeitsarbeit, die ich damals machte, dort zu tun.« Sie brachte Blue Jeans und Deodorant mit, obgleich Escobar und seine Mithäftlinge nicht auf Wohltätigkeiten angewiesen waren. »Das war mehr so eine Ausrede, die sie für uns erfanden, damit man uns hineinließ.«

Den Pablo, den sie in La Catedral kennengelernt hat, beschreibt sie als entspannten, unterhaltsamen und nüchternen Gastgeber. »Er war bei allem dabei, er war sehr gesellig. Und ein einfacher Mensch. Er trug immer nur Sweatshirt, Blue Jeans und Tennisschuhe. Überhaupt nicht extravagant, kein Schmuck, nichts dergleichen. Er hatte ein sehr schlichtes Auftreten.

Ich könnte auch nicht behaupten, dass er jemals grob war. Er hat nie geflucht oder ordinäre Sachen gesagt. Für mich war Pablo der Größte. Ein guter Mensch, höflich und zurückhaltend. Aber er konnte einen dennoch zum Lachen bringen – ein richtiger Witzbold. Als ich ihn kennenlernte, war er glücklich. Glücklich und zufrieden. Und ich habe ihn nie betrunken gesehen, denn er trank nicht.

Man sah ihn zwar in Gesellschaft von jungen Frauen, es waren auch Mädchen vom Miss-Kolumbien-Wettbewerb da, aber ich habe ihn nie in einer verfänglichen Situation erlebt. Sie haben sich einfach nur unterhalten. Pablo war sehr respektvoll. Ich meine, ich weiß nicht – es kamen eine Menge Mädchen dorthin. Einige von der Miss-Kolumbien-Wahl, aber ich werde keine Namen verraten. Aus meinem Jahrgang verkehrten viele dort – die überwiegende Mehrheit. Das muss man sich einmal vorstellen.« Sie erzählt, dass sie sich manchmal mehrere Tage in La Catedral aufgehalten habe und dass die Atmosphäre dort wesentlich zurückhaltender gewesen sei, als die Fotos von Sexspielzeugen und aufblasbaren Puppen vermuten ließen.

»Roberto war nicht gerade ein Partylöwe. Sie spielten zusammen Fußball und grillten. Dann gab es noch so eine Art Wohnzimmer, wo man tanzen konnte, aber nur wir, das waren keine Partys mit fünfzigtausend Leuten – überhaupt nicht. Es war viel intimer, wie ein gemütlicher Familienabend.«

Doch an den Tagen, an denen Pablos richtige Familie – Frau, Kinder, Schwester und Mutter – zu Besuch kamen, war sie nicht eingeladen. »Ich bin nie da gewesen, wenn seine Frau kam. Ich traf mich mit Roberto, mit Pablos Freunden, aber ich habe ihn nie zusammen mit seiner Frau gesehen.«

Für Pablo waren die Sonntage mit der Familie sakrosankt, und der Sex mit den schönsten Frauen der Welt war nur eine andere Art, zwischen diesen Besuchen seine Macht zu demonstrieren.

Doch trotz seiner Macht und seiner Reichtümer blieb eine Frau, die er begehrte, für ihn unerreichbar. Mario Arango, ein kolumbianischer Autor, der Escobar 1985 zwei Tage lang für sein Buch *Coca-coca* interviewte, erinnert sich noch lebhaft an die verblüffendste Antwort, die er auf eine seiner etwa tausend Fragen erhielt.

»Ich fragte ihn, mit welcher Frau er am liebsten schlafen würde, und statt einen Filmstar oder ein Supermodel zu nennen, antwortete er: ›Margaret Thatcher!‹«

Arango glaubt, diese Antwort spiegle die Arroganz wider, mit der er die Welt als seinen Spielplatz betrachtete, auf dem er tun und lassen konnte, was er wollte.

»Er hatte vor niemandem Respekt. Er hielt sich für etwas Besseres als alle anderen. Er sah sich nicht als Delinquenten, und niemand in der Welt konnte ihm das Wasser reichen.«

Auch seine Feinde waren von seiner Arroganz angewidert, so zum Beispiel Miguel Maza, der ihn in den Jahren zuvor unerbittlich gejagt hatte. »Die waren ja so degeneriert«, sagt er.

Doch für Killer wie Popeye waren die Sexpartys lediglich die Belohnung für die nach erbitterten Kämpfen gewonnenen Schlachten der vergangenen Jahre. »Ein Krieger braucht nun mal seine Gelage«, erklärt Popeye. »Er muss ja auch mal Dampf ablassen.« Escobar war da keine Ausnahme. »Die Sexspielzeuge waren für die Mädchen, weil Pablo sich gerne von ihnen eine Lesbennummer vorführen ließ.«

Sexspielzeug, das im Gefängnis gefunden wurde.
Die Fotos wurden nach Pablos Flucht im Juli 1992 von der Polizei aufgenommen. ▶▶

Pablos Bodyguard Popeye am »Tag des Kostümfests« als Prostituierte verkleidet, 28. Dezember 1991. ▶▶▶
Die Fotos wurden nach Pablos Flucht am 22. Juli 1992 von der Polizei gefunden.

GRAFICA No.109. DE SEMICONJUNTO DONDE SE OBSERVAN ELECTRODOMESTICOS HALLADOS EN LOS APARTAMENTOS 004 Y 012. NOTESE LA EXISTENCIA DE ALGUNOS ELEMENTOS ELECTRICOS EROTICO-SEXUALES.

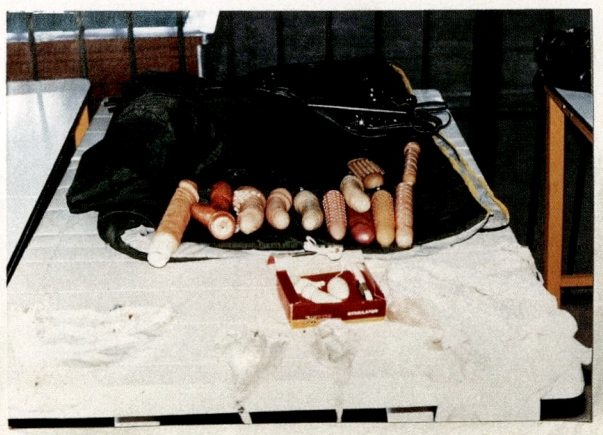

GRAFICA No.110. DE DETALLE, DE LOS ELEMENTOS EROTICO-SEXUALES HALLADOS EN LOS APARTAMENTOS 004 Y 012.

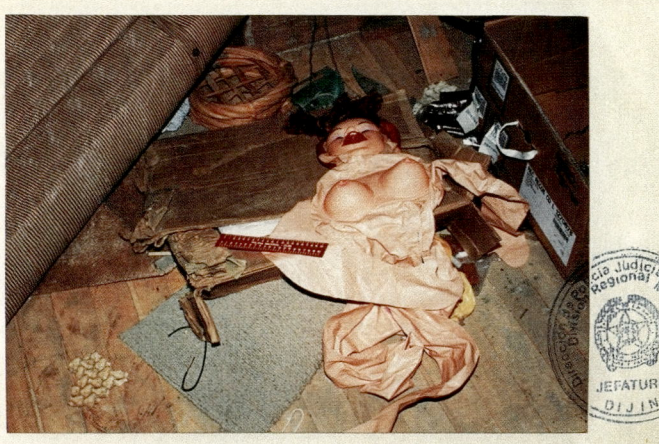

GRAFICA No.111.   DE CONJUNTO,   DONDE SE OBSERVA UNA MUÑECA
                      DE INFLAR,   ENCONTRADA EN EL ZARZO DE LOS
                      APARTAMENTOS 004 Y 012.

GRAFICA No.112.   DE DETALLE, LA MUÑECA INFLADA.

3.

4.

Doch es waren nicht nur die Mädchen, die ihre Homosexualität erforschten. »Die Männer trieben es auf die Spitze«, erzählt Escobars Vetter Jaime. »Sie schliefen mit allem und jedem – heute mit der Beauty-Queen und morgen mit der Drag-Queen. Sie hatten so eine Redensart: ›Un culo al año no hace daño [Ein Arsch pro Jahr schadet nicht].‹«

Ein bei einer Inspektion des Gefängnisses gefundenes Foto, das Popeye als Prostituierte verkleidet zeigt, löste bei den Behörden einen Skandal aus und zog sogar eine Kongressdebatte über die »schwule Mafia« nach sich.

»Das war am Tag des Kostümfests, am 28. Dezember«, erinnert sich Popeye. »Die Leute erzählen, ich wäre schwul und so, aber das stimmt nicht – ich bin eben ein lustiger Kerl. Das waren die glorreichen Zeiten. Als wir auf der Flucht waren, hatte ich mich auch schon als Frau verkleidet. Weil sie ja nach Männern suchten und nur Männer umbrachten, deshalb haben wir uns so angezogen. Also hat Pablo gesagt, man solle ihm ein Nuttenkostüm für Popeye bringen. Und da ich ein lustiger Typ bin, habe ich mich als Nutte verkleidet. Dieses Foto da ist echt peinlich, weil es um die ganze Welt gegangen ist. Als sie im Kongress über unsere Flucht debattierten, behaupteten die Senatoren, dass wir uns als Frauen verkleideten, um miteinander Sex zu haben. Blödsinn.«

Das Fußballspiel

Es waren aber nicht nur Schönheitsköniginnen, die im Gefängnis gesichtet wurden. Escobars Geld und sein Einfluss gestatteten es ihm auch, seiner anderen Leidenschaft zu frönen, dem Fußball.

Alle drei großen Fußballclubs von Medellín besuchten Escobar und seine Mithäftlinge während ihres einjährigen Aufenthalts in La Catedral. Die Spieler von Atlético Nacional Medellín machten am Namenstag der Virgen de la Mercedes, der Schutzpatronin der Gefangenen, den Anfang.

Torhüter René Higuita erinnert sich, dass es einen Skandal verursachte, als ein Großteil des ersten kolumbianischen Teams, das die Copa Libertadores gewonnen hatte, zum Freundschaftsspiel gegen das Medellín-Kartell antrat.

»Wie immer bei Pablo, war es ein Riesending«, sagt er. »Und wie alles, was mit ihm zu tun hatte, ging auch diese gut gemeinte Geschichte böse aus.«

Oben: Die kolumbianischen Fußballnationalspieler Leonel Álvarez und René Higuita posieren mit einem Gefängniswärter in La Catedral. Das Foto wurde nach Pablos Flucht am 22. Juli 1992 von der Polizei gefunden. – *Unten:* Der Fußball mit ihren Autogrammen wurde Pablo von den Spielern von Atlético Nacional überreicht, dem ersten kolumbianischen Verein, der die Copa Libertadores gewann. Das Foto wurde nach Pablos Flucht im Juli 1992 von der Polizei aufgenommen.

GRAFICA No.1.   DE CONJUNTO DONDE SE MUESTRA UNA
FOTOGRAFIA EN EL INTERIOR DEL APARTAMENTO
001 DONDE SE OBSERVA A LEONEL ALVAREZ.
(JUGADOR DE FUTBOL AMERICA DE CALI), EL
GUARDIAN LUIS FERNANDO VELASQUEZ QUIROZ Y
RENE HIGUITA (JUGADOR DEL ATLETICO
NACIONAL).

GRAFICA No.2.   DE DETALLE UN BALON DE FUTBOL
AUTOGRAFIADO POR JUGADORES DEL
INDEPENDIENTE MEDELLIN ENTREGADO EN LA
DIRECCION.

Atlético Nacional spielte in seinen Vereinsfarben, während das Medellín-Kartell die Trikots der deutschen Nationalmannschaft trug. Escobar spielte mit der Nummer 9 Mittelstürmer, und die Wärter komplettierten das Team. Freunde und Verwandte feuerten die Teams von der Seitenlinie aus an.

»In den ersten fünfzig Minuten schossen wir drei Tore«, erinnert sich Higuita. »Aber nach neunzig Minuten stand es unentschieden. Tréllez schoss das vierte und Leonel Álvarez das fünfte Tor. Doch weniger als eine halbe Stunde vor Schluss glichen sie aus, als Escobar von der Strafraumgrenze traf. Das Spiel endete 5 : 5, und es gab Elfmeterschießen.«

Popeye sagt, Pablo sei dafür berüchtigt gewesen, so lange zu spielen, bis er gewonnen hatte. »Mit El Patrón war es immer dasselbe – man konnte nicht aufhören, ehe er nicht gewonnen hatte. So ein Spiel konnte manchmal drei Stunden dauern.«

In seinem Buch *Mi Hermano Pablo* (Mein Bruder Pablo) schreibt Roberto Escobar, Higuita sei absichtlich in die falsche Ecke getaucht, um Escobar den siegbringenden Elfmeter zu schenken.

Gefragt, ob er seinen eigenen Elfmeter absichtlich verschossen habe, um dann Escobar treffen zu lassen und ihn so bei Laune zu halten, lächelt Higuita verlegen. »Er hat ihn reingemacht. Was soll ich sagen?«

Die Ermordung alter Weggefährten

Das Jahr in La Catedral gab Escobar die Zeit, sein Imperium zu reorganisieren, das nach jahrelangen Kämpfen gegen den Staat und das Cali-Kartell darniedergelegen hatte. Seine Möglichkeiten, an den Milliarden teilzuhaben, die der Drogenschmuggel abwarf, waren durch den Tod seines Vetters Gustavo 1989 ernsthaft beeinträchtigt worden. Er hatte ein Cashflow-Problem.

»Als er im Gefängnis war, hat er uns einmal gestanden, dass er nicht mehr wisse, was er tun solle, da er nicht einen Peso mehr in der Tasche habe«, erzählt seine Schwester Luz María. Und Popeye ergänzt: »Als er nach La Catedral kam, war er illiquide, aber nicht verarmt. Er hatte ja jede Menge Immobilien und Kunstwerke, er war nur nicht flüssig.«

Escobar hatte einen Plan entwickelt, um das zu ändern; er besteuerte diejenigen Drogenhändler, die von seinem Sieg im Kampf gegen die Auslieferung profitiert hatten.

49

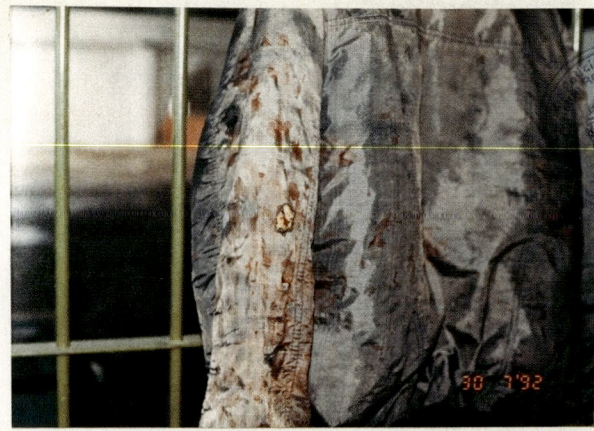

30 7'92

GRAFICA No.87.   DE DETALLE, DONDE SE OBSERVA UN ORIFICIO
                        Y UNAS MANCHAS AL PARECER DE SANGRE, EN
                        LA MANGA IZQUIERDA DE LA CHAQUETA ANTES
                        DESCRITA.

GRAFICA No.88.   DE DETALLE, DONDE SE OBSERVA UN
                        TELESCOPIO, SOBRE UNA MESA PLASTICA, EN
                        LA TERRAZA FRENTE A LA HABITACION 001, A
                        TRAVES DEL CUAL SE TIENE CONTROL VISUAL
                        DEL AREA GENERAL DE MEDELLIN, Y VIAS DE
                        ACCESO AL CENTRO DE RECLUSION.

Mit den beiden verbleibenden Partnern des Medellín-Kartells, Fernando Galeano und Kiko Moncada, einigte er sich darauf, dass die beiden »La Fany« übernehmen sollten, eine der lukrativsten Routen des Kartells, auf der das Kokain von Buenaventura per Schiff nach Mexiko gebracht wurde und von dort weiter mit Schnellbooten nach Los Angeles. Mit 10 000 Kilo pro Monat warf »La Fany« fast 240 Millionen Dollar im Jahr ab, von denen Escobar monatliche Zahlungen in Höhe von 500 000 Dollar erhalten sollte, um seine laufenden Kosten im Gefängnis zu decken.

Doch nach neun Monaten in La Catedral verschlechterte sich Escobars Verhältnis zu Moncada schlagartig, da sich sein Verdacht bestätigte, dass dieser mit dem Cali-Kartell flirtete und Informationen über die geplante Ermordung des Cali-Bosses José Santacruz hatte durchsickern lassen. Im zehnten Monat schrumpfte zudem die Bezahlung durch Galeano und Moncada auf 27 000 Dollar, was die beiden damit begründeten, dass »La Fany« aufgeflogen sei.

Zu diesem Zeitpunkt jedoch hatte Escobar sein Geschäft bereits reorganisiert. José Posada hatte die Lücke, die sein Vetter Gustavo hinterlassen hatte, gefüllt, und Escobar war weniger von den Zahlungen seiner ehemaligen Partner abhängig.

»Er stand finanziell wieder gut da, denn wir hatten neue Routen, die funktionierten«, sagte Popeye. »Er machte fünf bis sechs Millionen Dollar pro Monat, bestand aber nach wie vor auf der Unterstützung dieser Typen.«

Der Diebstahl von 23,7 Millionen Dollar durch El Titi, einem von El Chopos Männern, brachte das Fass dann zum Überlaufen. Das Geld lag in einer Kassette in einem Versteck in San Pio, Itagüí, einer Hochburg Galeanos, und moderte vor sich hin, als El Titi es fand.

Galeano und Moncada forderten Escobar auf, ihnen bei der Wiederbeschaffung des Geldes behilflich zu sein und die Diebe zu bestrafen. Popeye schildert, wie Escobar sich wieder einmal auf die Seite seiner Männer und gegen das Medellín-Kartell stellte.

»El Patrón erklärte El Titi und El Chopo: ›Es ist ganz einfach, ihr könnt fünf Millionen behalten, und ich kriege den Rest und kümmere mich um Galeano

Oben: Blutbeflecktes Jackett, das im Gefängnis gefunden wurde. –
Unten: Fernrohr auf dem Balkon von Pablos Zelle, durch das er das Haus seiner Familie in Medellín sehen konnte. Die Fotos wurden nach Pablos Flucht im Juli 1992 von der Polizei aufgenommen.

Oben: Sofa, in dem Fotos von Mitgliedern des Cali-Kartells versteckt waren. – ▶
Unten: Notizbuch mit Fotos von zu eliminierenden Gegnern: General Miguel Maza, General Miguel Gómez, Oberst Óscar Peláez.

Oben: Eine von Pablos Brieftauben, die offenbar dazu benutzt wurden, Leute zusammen- ▶▶
zutrommeln und die Insassen zu warnen, wenn jemand sich dem Gefängnis näherte. –
Unten: Telefone, die mit Pablos Zelle verbunden waren, damit die Wachen sich Pablos Genehmigung einholen konnten, Besucher durchzulassen. Die Fotos wurden nach Pablos Flucht im Juli 1992 von der Polizei aufgenommen.

GRAFICA No.237.   DE CONJUNTO DONDE SE OBSERVA UNA SALA EN
LA TERRAZA DE LA CABAÑA No.20, NOTESE
UNAS FOTOGRAFIAS AL PARECER DE
INTEGRANTES DEL CARTEL DE CALI EN EL
PISO, AL IGUAL QUE PLANTAS ARTIFICIALES.

GRAFICA No.16.   DE DETALLE DONDE SE OBSERVA LAS
FOTOGRAFIAS DEL GENERAL MIGUEL MAZA,
GENERAL MIGUEL GOMEZ, CORONEL OSCAR
PELAEZ, EN UNA DE LAS AGENDAS HALLADAS EN
EL INTERIOR DE LA CANTINA DESCRITA
ANTERIORMENTE.

GRAFICAS No.161.　　　DE DETALLE, DONDE SE MUESTRA UN ANILLO EN
LA PATA DE LA PALOMA A NOMBRE DE JOHNY
AGUILAR CARCEL DE MAXIMA SEGURIDAD
ENVIGADO.

GRAFICA No.26.　　　OBSERVESE EL APARATO TELEFONICO COMO
PRUEBA DE LA EXITENCIA DE LA LINEA
TELEFONICA.

und Moncada. Oder ihr behaltet alles, und ihr kümmert euch um sie.‹ Sie sagten: ›Gut, wir begnügen uns mit fünf Millionen.‹ Noch am selben Tag wanderte der Rest des Geldes nach La Catedral. Daraufhin schickte El Patrón eine Beeper-Nachricht an Kiko Moncada und Fernando Galeano: ›Wir haben das Geld gefunden, kommt zu uns hoch.‹«

Popeye zufolge war da die Entscheidung, seine einstigen Partner zu entführen und umzubringen, längst gefallen.

»Pablo schätzte, dass, wenn er Kiko Moncada und Fernando Galeano kidnappte, jeder der beiden zwischen zweihundert und dreihundert Millionen Dollar zahlen würde, um mit dem Leben davonzukommen, denn beide waren wenigstens fünfhundert Millionen schwer«, sagt Popeye.

»Und wie hat Pablo ihr Vermögen berechnet? Als er sah, dass das Geld, das in La Catedral ankam, aus Ein-, Fünf- und Zehndollarscheinen bestand und zum Teil verrottet war, fragte er: ›Wenn das die Ein-, Fünf- und Zehndollarscheine sind, wo sind dann die Zwanzig-, Fünfzig- und Hundertdollarscheine?‹ Die mussten wohl auf der Bank sein. Er sagte: ›Schaut her, das ist eine Menge Geld, die stecken bereits mit Cali unter einer Decke, die haben sich geweigert, mir meine Fünfhunderttausend zu zahlen, die klauen mir ‚La Fany’. Sie müssen sterben.‹«

Popeye erzählt weiter, dass Pablo es nicht über sich brachte, Galeano und Moncada persönlich gegenüberzutreten. Er überließ es seinen Männern, seine alten Freunde zu foltern und zu ermorden.

»Er war nicht in der Lage, mit ihnen zu reden, weil er meinte, dass er weich werden würde. Er fürchtete, sie würden ihn überreden, sie am Leben zu lassen, denn tief in seinem Innern mochte er sie immer noch«, räsoniert er weiter.

»Aber die Entscheidung war gefallen. Er gab die Befehle. Ich musste Moncada umbringen, und Otto tötete Fernando.«

Außerhalb der Gefängnismauern trieben Escobars Topkiller El Chopo, Arete und Geovanny die anderen Mitglieder der Galeano- und Moncada-Familien zusammen, ihre Buchhalter und Vertrauten, und inszenierten eine Aktion, die Escobar einen »ökonomischen Putsch« nannte.

In Carlos Castaños offizieller Biografie *Mi Confesión* (Mein Geständnis, Aranguren Molina 2001) erzählt Diego Murillo alias Don Berna, der furchteinflößende Vollstrecker der Galeano-Familie, seine Version der Morde. »Am Tag darauf rief Pablo mich an. Er strahlte eine absolute Ruhe aus, die Schrecken verbreitete. Er sagte: ›Das ist ein ökonomischer Putsch. Ich will keine Publicity. Wenn du mit mir zusammenarbeiten willst, werde ich dein Leben verschonen. Ich will, dass du mir Rafaelito Galeano auslieferst. Besprich es mit Rey.‹ Rey war der Spitzname von Arete, einem von Escobars Gangstern. Damals nannten sie mich Raúl. Ich erinnere mich, als wäre es gestern gewesen, wie das Telefon an Arete weitergereicht wurde und der sagte: ›Schon komisch, wir laufen hier mit Löchern in den Schuhen herum, und bei euch verrottet das Geld.‹«

Mehr als 250 Millionen Dollar in Immobilien, Flugzeugen, Yachten und anderen Wertgegenständen wurden auf die Namen von Escobars Männern überschrieben. Arete übernahm den Betrieb von »La Fany«. Die Vendetta war der letzte Nagel im Sarg des Medellín-Kartells. Die, die überlebten, waren gezwungen, bei Escobars Konkurrenten aus Cali Schutz zu suchen.

Als Popeye mithalf, die Leichen zu beseitigen, und mit einer Kettensäge die Gliedmaßen vom Rumpf trennte und die Überreste mit Benzin übergoss, dämmerte ihm, wie tiefgreifend die Auswirkungen ihres Tuns sein würden.

»Nachdem sie tot waren und wir sie zersägt hatten, fackelten wir sie mit einem gewaltigen Feuer ab. Einer von Pablos Freunden kam zum Gefängnis hoch und fragte: ›Was verbrennt ihr denn da, Popeye? Ganz Medellín kann die Flammen sehen.‹ Und ich erwiderte: ›Patrón, wir verbrennen ein bisschen Holz.‹ Aber innerlich sagte ich mir: ›Wir verbrennen gerade das Medellín-Kartell.‹«

Die von Kugeln durchsiebten Leichen von Moncadas und Galeanos Brüdern wurden zwei Tage später an einer Ausfallstraße von Medellín gefunden, direkt vor dem exklusivsten Hotel der Stadt. Die Familien mussten für die Freilassung ihrer entführten Angehörigen zehn Millionen Dollar bezahlen. Die Leichen von Galeano und Moncada selbst wurden nie gefunden.

In einer Stadt, in der stündlich ein Mensch ermordet wurde, war es nichts Außergewöhnliches, als binnen drei Tagen die Leichen von vierundzwanzig weiteren Mafiaangehörigen über ganz Medellín verstreut aufgefunden wurden.

Das Interesse des Staatsanwaltes wurde erst geweckt, als die Witwen der Toten mit einem mutigen Schritt an die Öffentlichkeit traten und Moncadas Freund Rodolfo Ospina, dem Enkel des ehemaligen kolumbianischen Präsidenten Mariano Ospina Pérez, gestatteten, dem frisch ernannten Oberstaatsanwalt Gustavo de Greiff wichtiges Beweismaterial zukommen zu lassen.

Im Austausch für Immunität bezüglich seiner eigenen Verbrechen kooperierte Ospina mit den Behörden, um Escobar ein für alle Mal zur Strecke zu bringen.

Weitere elf Männer mit intimen Kenntnissen des Medellín-Kartells leisteten seinem Beispiel Folge und sagten im Austausch gegen Immunität und Zeugenschutz gegen Escobar aus. Sie wurden als »Das Dreckige Dutzend« bekannt, zu dem auch Juventud zählte.

»Kolumbien muss diesem Ospina dankbar sein. Er war ziemlich clever«, sagt Juventud. »Pablo hat den Frauen von Galeano und Kiko erzählt, dass er gerade

Kiko, William, Fernando und Fernandos Bruder umgebracht hat, und ihnen erklärt: ›Ich werde mir euren gesamten Besitz unter den Nagel reißen. Ihr könnt jeder ein Apartment und ein Auto behalten, und wenn euch das nicht passt, sagt es gleich, denn dann bringe ich euch um, und eure Kinder werde ich auch umbringen.‹ Die Frauen waren in Tränen aufgelöst und erzählten es Ospina weiter. Der nahm alles auf und ging mit dem Band zu Staatsanwalt de Greiff, der damit zum Präsidenten ging und um die Genehmigung bat, Escobar von da oben runterzuholen. Und das war tatsächlich der Anfang vom Ende.«

Die Regierung greift durch

Es dauerte sechs Monate, bis die ersten Schritte unternommen wurden, die Exzesse, die Escobar und seine Männer vom Gefängnis aus begingen, abzustellen. Im Januar 1992 ordnete Carlos Arrieta eine Inspektion von La Catedral an. Die Fotos, die bei diesem Anlass aufgenommen wurden, schockierten alle, die sie zu Gesicht bekamen.

»Es war unglaublich und bewies natürlich, dass wir das Gefängnis nicht unter Kontrolle hatten«, sagt Arrieta. »Dass dort eine gewaltige Korruption herrschte. Das Erste, was uns durch den Kopf schoss, war, dass es sich nur um die Spitze eines Eisbergs handelte. Wenn wir nicht einmal imstande waren, ein Gefängnis zu beaufsichtigen, was sonst entzog sich dann noch unserer Kontrolle. Ich werde nie Gavirias Gesicht vergessen, als wir ihm die Fotos zeigten.«

Doch der Austausch des Anstaltsleiters und der Gefängniswärter sowie des für das Gefängniswesen zuständigen Staatssekretärs zeigten ebenso wenig Wirkung wie die Beschlagnahmung der Luxusgüter und die Einführung strengerer Kontrollen.

»Wir waren extrem naiv«, sagt Arrieta. »Alle Beteiligten waren ausgesprochen blauäugig. Wir glaubten, dass man die Dinge im Guten regeln könne. Wir hätten nicht gedacht, dass dieser Mann eine solche Korruptionsmacht besaß. Tatsache ist, selbst nachdem wir diese Änderungen durchgesetzt hatten, besaßen wir nie wirklich die Kontrolle über das Gefängnis.«

So war es der Tod von Galeano und Moncada, der Escobars einstige Freunde zum Handeln zwang.

»Vielen seiner Mitstreiter, die mit ihm zusammen im Schmuggelgeschäft waren, wurde bewusst, dass, wenn Escobar sich so seinen Freunden gegenüber

Waffen, die in einer der Blockhütten gefunden wurden, die Pablo auf dem Gefängnisgelände errichten ließ. Die Fotos wurden nach Pablos Flucht im Juli 1992 von der Polizei aufgenommen.

121

GRAFICA No.231.   DE CONJUNTO DONDE SE OBSERVA UNA PISTOLA
M-P-5, UN FUSIL AR-15 Y UN RADIO DE
COMUNICACIONES EN UNA CALETA EN EL
INTERIOR DEL CLOSET DE LA CABAÑA No.21.

GRAFICA No.232.   DE CONJUNTO, DONDE SE OBSERVA UNA PISTOLA
MP-5, UNA PISTOLA SMITH & WESSON CALIBRE
10mm, 5 RELOJES, CUATRO CHEQUERAS
HALLADAS EN LA CALETA No.2 EN LA PARTE
BAJA DE UN MUEBLE PARA TELEVISOR EN EL
INTERIOR DE LA CABAÑA No.21.

verhielt, ihnen dasselbe widerfahren konnte. Deshalb haben sie die Staatsanwaltschaft kontaktiert.«

Ein Brief an Verteidigungsminister Rafael Pardo sowie Informationen, die ein ehemaliges Mitglied des Medellín-Kartells lieferte, zeitigten schließlich eine Reaktion der Regierung.

Doctor Rafael Pardo
Verteidigungsministerium
Santa Fe de Bogotá

Verehrter Minister,
ich möchte Sie über die wahren Annehmlichkeiten und Privilegien in Kenntnis setzen, die Señor Pablo Escobar Gaviria auf seinem Landsitz La Catedral genießt, und so die Beteuerungen hochrangiger Regierungsmitglieder ad absurdum führt, er »sei nur ein gewöhnlicher Häftling in Kolumbien«.

1. BESUCHE – Es existiert absolut keine Kontrolle, geschweige denn, dass die Besucher die Bedingungen erfüllten, die von der Regierung gestellt werden; im Gegenteil, es herrscht ein ständiger Andrang von Prominenten: Anwälte, Journalisten, Fußballspieler von Deportivo Independiente Medellín, Nacional und Envigado Fútbol Club, Ärzte, Drogenhändler, Auftragskiller und Milizenchefs etc. wie auch die kürzlich erzwungenen Besuche von Entführungsopfern, die wenig später ermordet wurden.

2. ANNEHMLICHKEITEN – Fußballplatz, Turnhalle, Go-Kart-Strecke für seinen Sohn, ein Spielhaus für seine Tochter, all das mit Mitteln der Regierung errichtet. Drei in den Berg eingebettete Apartments, gelegen zwischen Bäumen, wo es keine Landemöglichkeit für Hubschrauber gibt. Dort wickeln sie ihre Drogengeschäfte ab, er exportiert jetzt mehr Drogen als jemals zuvor. Dort trifft er sich auch mit den Anführern seiner Mörderbanden. IN DIESEN APARTMENTS BEFINDEN SICH SENDESTARKE TELEKOMMUNIKATIONSANLAGEN, nicht einmal die Büros der Brigada en Antioquia (Militäreinheit) haben solch starke Geräte wie PABLO ESCOBAR.

3. KOMMUNIKATION – Pablo hat DREI MOBILTELEFONE ÖFFENTLICHER UNTERNEHMEN AUS MEDELLÍN; zwei für Pablo und eines für seinen Bruder Roberto. DREI BEEPER, die der Anführer seiner Mörderbrigaden benutzt, der ihn begleitet und für seine Sicherheit sorgt.

4. WAFFEN – Don Pablo und sein Bruder Roberto haben jeder eine 9-mm-PISTOLE in ihrem Zimmer, und seine Genossen oder Leibwächter besitzen SCHROTFLINTEN, HANDGRANATEN, PISTOLEN und REVOLVER.

Oben: Marihuana, das in einer der Blockhütten gefunden wurde.
Pablo trank nicht und schnupfte auch kein Kokain, rauchte aber zur Entspannung regelmäßig Marihuana. Die Fotos wurden nach Pablos Flucht im Juli 1992 von der Polizei aufgenommen.

GRAFICA No. 127. DE DETALLE DONDE EL INDICADOR MUESTRA EL
CONTENIDO DEL SOBRE (MATERIAL VEGETAL AL
PARECER MARIHUANA Y PAPEL DE ARROZ.

GRAFICA No. 128. FOTOGRAFIA DE LOS ENSERES DEL APARTAMENTO
010.

5. KRIMINELLE AKTIVITÄTEN – ENTFÜHRUNGEN – Es stimmt nicht, dass Don PABLO ESCOBAR, wie von internationalen Zeitschriften behauptet wird, Millionen von Dollars besitzt. Die Wahrheit ist, dass er, wie er selbst sagt, KEIN GELD MEHR HAT, DASS ER PLEITE IST. Sein Krieg gegen den Staat hat ihn sein ganzes Geld gekostet. Aus diesem Grund ... hat er beschlossen, ENTFÜHRUNGEN und MORDANSCHLÄGE durchzuführen, um sich in den Besitz des Geldes und des Eigentums nicht nur SEINER FREUNDE UND GENOSSEN AUS DEM KARTELL zu bringen, sondern auch den der Familie ECHEVARRÍA OLÓZAGA, von FABIO ECHEVERRI CORREA und DEN DIREKTOREN DER VERSICHERUNGSGESELLSCHAFT SURAMERICANA DE SEGUROS. Er hat Befehl erteilt, dass seine Killer, EL CHOPO, ALEJO, PININA, TITI, ARETE, TYSON ETC. diesen Leuten nachstellen sollen. Er beschloss, AUS LA CATEDRAL ABZUHAUEN, als er merkte, dass sein Plan: ›NACH SIEBEN JAHREN BIN ICH DAS PROBLEM LOS‹ aufgrund der Beweise, die die Regierung aus dem Ausland erhalten hatte, scheitern würde. Deshalb sagte er sich: ›ICH ZIEHE WIEDER IN DEN KRIEG.‹ Er plant auf die gleiche Weise abzuhauen, wie seine wichtigen Besucher, Narcos, Guerillas, Auftragskiller, das Gefängnis verlassen, in dem WEISSEN CHEVROLET-3.5-TRUCK mit der Leinwandplane oder dem ROTEN TURBO-DIESEL-3.5-TRUCK, mit dem ebenfalls Besucher unter Mithilfe des Gefängnispersonals von La Catedral befördert werden.

(Anon.)

De Greiff nahm die Warnung, Escobar plane nach der Ermordung Galeanos und Moncadas in La Catedral seine Flucht, sehr ernst und verlangte dessen sofortige Verlegung in ein anderes Gefängnis.

»Ich sagte Präsident Gaviria, dass wir den Verdacht hätten, Señor Escobar ordne Mordanschläge an und setze aus dem Gefängnis heraus seine kriminellen Aktivitäten fort«, sagt de Greiff, der heute in einer exklusiven Wohngegend von Mexico City lebt. »Ich weiß noch, wie ich sagte, man müsse kein Sherlock Holmes sein, um darauf zu kommen, dass Señor Escobar sich darüber im Klaren sei, dass die Staatsanwaltschaft von den Verbrechen wisse, die er aus dem Gefängnis heraus begehe, und dass deshalb für ihn Fluchtgefahr bestünde. Aus diesem Grund bat ich den Präsidenten, Señor Escobar in ein anderes Gefängnis zu verlegen.«

Die Ereignisse, die folgten, waren für alle Beteiligten verheerend.

Die Flucht

Am Morgen des 21. Juli 1992, zwei Wochen nachdem Escobar Galeano und Moncada wegen ihrer »Illoyalität« hatte ermorden lassen, trafen sich einige führende Minister und beschlossen, Pablo Escobar in ein anderes Hochsicherheitsgefängnis zu verlegen.

Die Informationen über Escobar von seinen vormaligen Geschäftspartnern hatten Präsident Gaviria keine andere Wahl gelassen. »Als Staatsanwalt de Greiff herausfand, dass Escobar in die Morde an Galeano und Moncada verwickelt war, mussten wir handeln«, erinnert sich der ehemalige Präsident, dem dabei sichtlich unwohl ist. »Deshalb ordneten wir an, ihn nach Bogotá zu verbringen, doch dann passierte die Katastrophe.«

»Er ist einfach davonspaziert«, fährt Gaviria fort. »Unglaublich, wie er entkommen ist. Was haben wir falsch gemacht? Nun, im Wesentlichen haben wir Escobars Fähigkeiten unterschätzt, besonders seine Fähigkeit, andere zu korrumpieren.«

Escobar hätte nie gedacht, dass die Regierung sich in eine, wie er fand, Mafiaangelegenheit einmischen würde, aber seine übermäßige Selbstgewissheit wurde ihm schließlich, laut dem DEA-Chef in Kolumbien Joe Toft, zum Verhängnis.

»Am Ende hielt er sich für Gott«, sagt Toft. »Er glaubte ernsthaft, dass die Regierung nicht in der Lage wäre, etwas gegen ihn zu unternehmen.«

Die Inkompetenz, mit der die Verlegung betrieben wurde, bestärkte ihn nur in seiner Überheblichkeit.

»Gaviria war weder mutig noch clever genug, es durchzuziehen«, sagt Toft. »Er hatte immer noch Angst vor Pablo, deshalb schickte er ein paar Emissäre zu ihm, die ihn höflich baten, ›doch bitte in eine andere Anstalt umzuziehen‹. Anstatt dort aufzumarschieren, La Catedral zu stürmen und Pablo wenn nötig mit Gewalt festzusetzen.«

Die beiden Männer, die die Verlegung beaufsichtigen sollten, waren der stellvertretende Justizminister Eduardo Mendoza und der Leiter der Gefängnisbehörde, Oberst Hernando Navas.

Doch sie hatten andere Anweisungen erhalten als General Gustavo Pardo, der Kommandant der 4. Brigade in Medellín, der mit seinen vierhundert Männern für die Sicherheit des Gefängnisses verantwortlich war. Carlos Arrieta, der als Generalstaatsanwalt an der Sitzung auf höchster Ebene teilgenommen hatte, sagt, die mangelnde Planung sei der Befürchtung geschuldet gewesen, Escobar könne durch sein Netzwerk an Informanten gewarnt werden.

GRAFICA No.283.   DE DETALLE DONDE SE OBSERVA UN TABLERO
                         FRENTE AL CRIADERO DE TRUCHAS.

GRAFICA No.284.   DE DETALLE DE LA GARITA TRES.

»Diese Entscheidungen bleiben nicht immer im engsten Kreis«, sagt er. »Die Regierung war besorgt, dass Pablo, wenn er erführe, man plane ihn zu verlegen, versuchen könnte zu entfliehen.«

Doch die Widersprüchlichkeit der Signale, die von unterschiedlichen Regierungsbehörden ausgingen, ließen Escobar einen Trick vermuten.

Obwohl er dafür gesorgt hatte, dass er nicht mehr ausgeliefert werden konnte, befürchtete er noch immer einen von der DEA eingefädelten Mordanschlag oder schlimmer noch, einen Versuch, ihn in die USA zu entführen. Die DEA-Flugzeuge, die über dem Gefängnis kreisten, waren für Escobar und seine Männer ein ständiger Quell der Besorgnis.

Die Hoffnung auf eine reibungslose Verlegung verflüchtigte sich, als ein zögerlicher General Pardo entschied, lieber auf Verstärkung durch zwei Eliteeinheiten zu warten, als nachts in das Gefängnis einzudringen.

Gaviria ist überzeugt, Pardo habe in gutem Glauben gehandelt. Andere vermuten jedoch, Escobar habe sich die Zeit gekauft, um seinen eigenen Plan in die Tat umzusetzen.

»Man kann das nicht einmal ›Flucht‹ nennen«, sagt der damalige Justizminister Enrique Parejo. »Er kam und ging, wie es ihm passte, und das auch noch mit Unterstützung der Sicherheitsbehörden und der Streitkräfte.«

Popeye erklärt, dass Escobar es nicht nötig hatte, Generale zu bestechen, da sein Plan viel einfacher war. »Der General war eine ehrliche Haut«, meint Popeye. »Ich kann das sagen, denn am Tag der Razzia kam er nach La Catedral, um uns umzubringen. Er war ehrlich, aber dumm. Wir sind direkt unter ihren Augen da herausmarschiert, trotz ihrer ganzen Eliteeinheiten. Mit Generalen wie ihm würde Kolumbien jeden Krieg verlieren.«

Mendoza und Navas trugen unfreiwillig ebenfalls zur Flucht bei, als sie um 21.40 Uhr die unsinnige Entscheidung trafen, mit Escobar zu sprechen. Er nahm sie als Geiseln und benutzte sie als menschliche Schutzschilde, um seinen Rückzug zu decken.

»El Patrón beschloss, dass wir diese Leute als Geiseln nehmen«, erinnert sich Popeye, der Mendoza einen Heidenschrecken einjagte, als er ihm mit der Maschinenpistole übers Gesicht streichelte und sagte: »Ich wollte schon immer mal einen Vize-Minister umlegen«. »Er wies Eduardo Mendoza an, im Präsidentenpalast anzurufen, und der Sekretär, Silva – der aussieht wie Superman –, ging ans Telefon. Wir hörten mit, als Silva sagte: ›Die Regierung hat Sie nicht autorisiert, mit Oberst Navas das Gefängnis aufzusuchen. Sie sind im Moment kein Repräsentant des Staats.‹«

Oben: Ein von El Mugre gemaltes Schild vor dem Forellenteich mit der Aufschrift: »Es ist verboten, mehr als eine Forelle zu angeln. Zuwiderhandlungen werden mit einer Kugel in den Kopf geahndet.« – *Unten:* Wachturm. Allerdings gingen Pablo und seine Männer trotz der Präsenz von 400 Soldaten, die das Gefängnis umringten, nach Belieben ein und aus. Die Fotos wurden nach Pablos Flucht im Juli 1992 von der Polizei aufgenommen.

»El Patrón sagte«, so Popeye weiter, »›Die werden uns umbringen.‹ Wir hatten nicht einmal mehr Zeit, zu den Hütten zu gehen und das Geld zu holen, das wir dort versteckt hatten. El Patrón sagte: ›Wir warten, bis der Nebel aufzieht, dann hauen wir ab.‹ Das war alles. Die Flucht war wirklich völlig unspektakulär. Keine Bestechung von Soldaten, kein Geballer, um uns den Weg freizuschießen, keine getarnten Autos, nichts. Als El Patrón das Gefängnis baute, ließ er einen Zaun errichten, und dieser Zaun war mit Pfeilern in die Erde betoniert. Nur – vier dieser Pfeiler waren nicht mit Beton verankert, sondern mit Gips, der dieselbe Farbe hatte. Nur El Patrón und ich wussten, um welche Pfeiler es sich dabei handelte. Als wir aufbrachen, sagte er nur: ›Geh und reiß die vier Pfeiler raus.‹ Ich setzte mich auf den Boden und stemmte sie mit den Füßen um, und so sind wir abgehauen.«

Die skandalöse Leichtigkeit, mit der Pablo Escobar und seine neun Männer am 22. Juli um 1.30 Uhr das Gefängnis verließen, wurde nur noch von der Unfähigkeit der kolumbianischen Eliteeinheiten in den Stunden nach der Flucht übertroffen.

Offenbar ohne zu merken, dass die Häftlinge längst über alle Berge waren, wartete die 4. Brigade in aller Ruhe auf das Eintreffen der Eliteeinheiten aus Bogotá. Als sie am 22. Juli um 7.20 Uhr schließlich das Gefängnis stürmten, töteten sie aus Versehen einen der Gefängniswärter. Pablo Escobar indes schlürfte um diese Zeit längst im Haus eines befreundeten Drogenschmugglers in Envigado seinen Kaffee.

Nachdem sie La Catedral besetzt hatten, begannen die Armeeeinheiten sämtliche Mauern niederzureißen, große Löcher in den Rasen des Fußballplatzes zu sprengen und das Oberste zuunterst zu kehren, in der Hoffnung, das Versteck zu finden, in dem Escobar sich verbarg.

Escobars Neffe Nicolás hatte die Vorstellung genährt, Escobar befinde sich noch immer auf dem Gefängnisgelände, indem er einen Radiosender angerufen und behauptet hatte, Escobar und sein Bruder Roberto versteckten sich in einem geheimen Tunnel und seien bereit, sich zu ergeben.

»Die haben es geglaubt. Wir haben es geglaubt«, sagt Arrieta. »Niemand hat auch nur im Traum daran gedacht, dass er so einfach entwischen könnte.«

Versteck für bis zu neunzehn inoffizielle Besucher, wie zum Beispiel Prostituierte. Die Fotos wurden nach Pablos Flucht im Juli 1992 von der Polizei aufgenommen.

Eine von drei möglichen Routen zur Flucht aus La Catedral.

Der Fußballplatz von La Catedral. Nach Pablos Flucht wurde er von der Polizei gesprengt, da sie ein Tunnelsystem darunter vermutete. ▶▶

GRAFICA No.255.   DE SEMICONJUNTO DONDE SE OBSERVA LA TAPA
DE UNA CALETA HALLADA EN EL INTERIOR DE
LA CABAÑA No.19.

GRAFICA No.256.   DE DETALLE DONDE SE OBSERVA EL INTERIOR
DE LA CALETA.

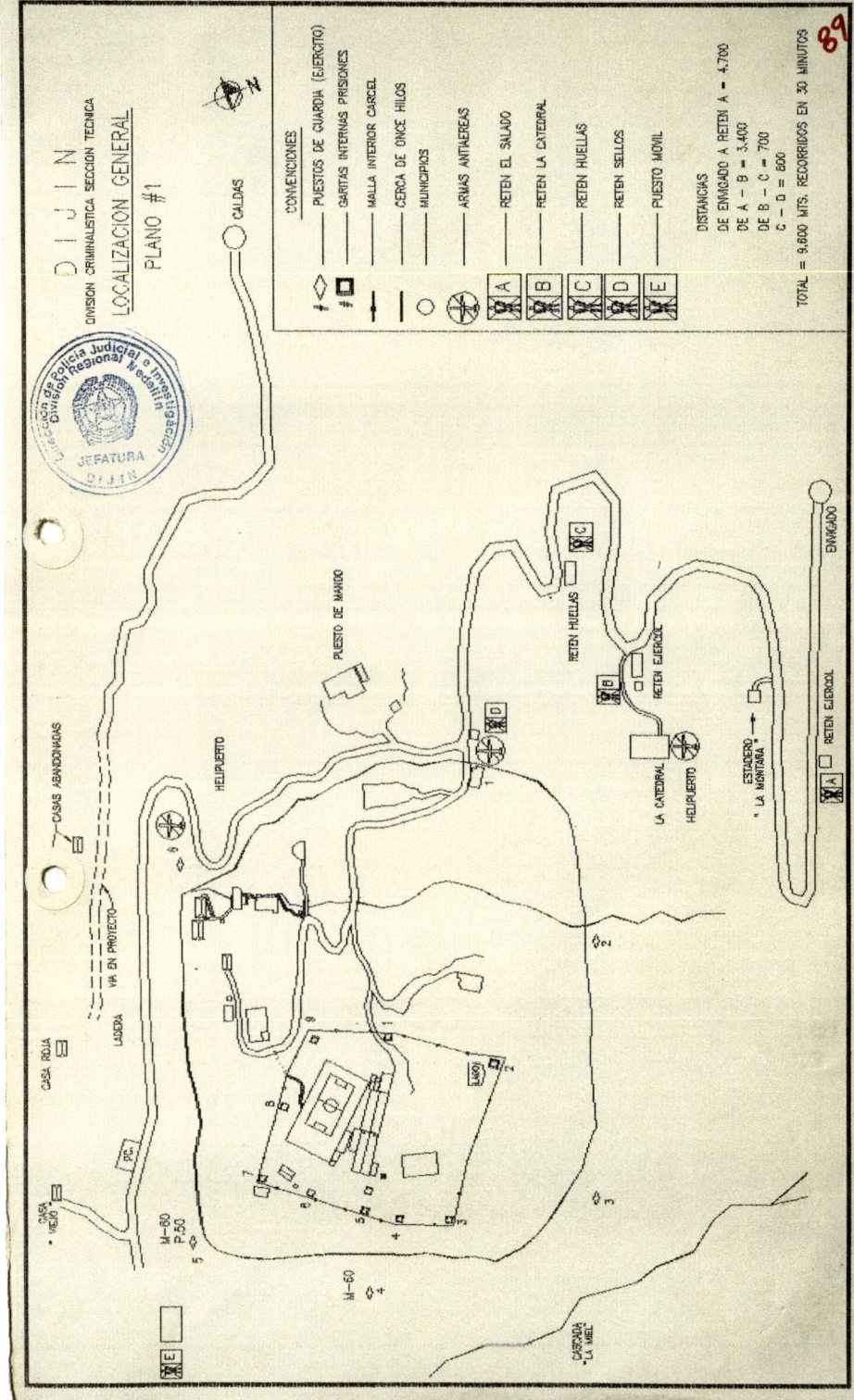

89

DIJIN
DIVISION CRIMINALISTICA SECCION TECNICA
LOCALIZACION GENERAL
PLANO #1

CONVENCIONES

∦	PUESTOS DE GUARDIA (EJERCITO)
◊	GARITAS INTERNAS PRISIONES
↕	MALLA INTERIOR CARCEL
	CERCA DE ONCE HILOS
○	MUNICIPIOS
⊕	ARMAS ANTIAEREAS
A	RETEN EL SALADO
B	RETEN LA CATEDRAL
C	RETEN HUELLAS
D	RETEN SELLOS
E	PUESTO MOVIL

DISTANCIAS

DE ENVIGADO A RETEN A = 4.700
DE A – B = 3.400
DE B – C = 700
C – D = 600

TOTAL = 9.800 MTS. RECORRIDOS EN 30 MINUTOS

Dirección de Policía Judicial e Investigación
División Regional Medellín
JEFATURA
DIJIN

CALDAS

CASAS ABANDONADAS

CASA ROJA

VIA EN PROYECTO

LADERA

CASA VIEJO

M-60
P.50

M-60

CASCADA "LA MIEL"

PUESTO DE MANDO

HELIPUERTO

RETEN HUELLAS

RETEN EJERCOL

LA CATEDRAL
HELIPUERTO

ESTADERO
"LA MONTAÑA"

ENVIGADO

RETEN EJERCOL

A

C

B

D

E

N

101

GRAFICA No. 191.   DE CONJUNTO, DONDE SE MUESTRA LA
EXTENSION DE LA CANCHA DE FUTBOL.

GRAFICA No. 192.   DE DETALLE, DONDE SE MUESTRA DOS
ORIFICIOS EN LA CANCHA DE FUTBOL
PRODUCIDOS POR EXPLOSIONES REALIZADAS POR
LAS AGRUPACION FUERZAS ESPECIALES DEL
EJERCITO NACIONAL.

Schnappt Pablo

Unmittelbar nach seiner Flucht aus La Catedral eröffneten Escobar und seine Anwälte neue Kommunikationskanäle zur Regierung, um eine erneute Kapitulation auszuhandeln. Doch der Schaden, den das Ansehen Kolumbiens im Ausland durch seine Flucht genommen hatte, war so groß, dass Escobar diesmal eine andere Antwort erhielt.

Alberto Villamizar war der Erste, der von Escobar kontaktiert wurde.

»Nachdem er geflohen war, merkte er, dass die Regierung lediglich versucht hatte, ihn von einer Anstalt in eine andere zu verlegen, und so rief er mich in den Niederlanden an. ›Señor Villa, bitte richten Sie dem Präsidenten aus, dass ich mich stellen werde. Sagen Sie das dem Präsidenten.‹ Also rief ich Gaviria an und sagte: ›Hören Sie, er will sich wieder stellen.‹ Doch der Präsident sagte: ›Nein, nein, nein. Auf keinen Fall. Wir werden ihn umbringen.‹ Das war die einzige Lösung, und von diesem Moment an hatte Escobar alle am Hals. Alle, alle, alle.«

Ex-Präsident Gaviria dagegen dementiert energisch, dass die Regierung Escobar umbringen lassen wollte. »Man kann nicht beschließen, jemanden zu töten. Das wäre gegen die Verfassung. Wir beschlossen, ihn wieder festzusetzen, ganz egal, wie schwierig es werden würde und welchen Preis es fordern würde.«

Nach einem Jahr relativer Ruhe fand sich die Regierung nun in einer stärkeren Position. Ihr standen neue gesetzliche Möglichkeiten zur Verfügung, und mit Gustavo de Greiff war ein neuer Mann zum Staatsanwalt ernannt worden, der entschlossen war, Escobar zur Rechenschaft zu ziehen.

Er war bereit, auf jeden Handel einzugehen, wenn es dazu beitrug, Escobar endlich für seine zahllosen Verbrechen zu verurteilen. Der Staatsanwalt machte eine Anleihe beim amerikanischen Justizsystem und versprach all jenen Immunität, die ihn mit Informationen unterstützten.

»Nachdem er geflohen war«, sagt de Greiff, »arbeiteten wir mit den Gerichten ein Kooperationsabkommen aus, und eine Reihe von Leuten erklärte sich bereit, mit uns zusammenzuarbeiten – das berühmte ›Dreckige Dutzend‹. Wir empfingen sie mit offenen Armen, denn unser allererstes Interesse galt der Verhaftung Escobars.«

Ehemalige Komplizen, die in die Vendetta gegen die Familien Galeano und Moncada verwickelt waren, nutzten die Gelegenheit einer Amnestie in der Hoffnung, ihre Kooperation würde Escobars Untergang beschleunigen.

Juventud, für dessen Entführung Escobar zwanzig Millionen Dollar ausgesetzt hatte, war der Erste, der sich den Behörden stellte. »Ich war der, der die ganze

Sache ins Rollen gebracht hat«, sagt er. »Ich habe die Zeugen zusammengetrommelt. ›Ihr wollt Aussagen‹, habe ich gesagt, ›dann gebt uns Immunität.‹«

Juventud behauptet, es sei von Anfang an klargewesen, dass niemand Escobar wieder im Gefängnis sehen wollte. »Es war unmöglich, ihn auf Dauer einzusperren, und jedermann wusste, was zu tun war, um ihn unschädlich zu machen. Wir sind davon ausgegangen, dass niemand ihn lebend haben wollte.«

Der Chef der DEA in Kolumbien, Joe Toft, hatte einen ähnlichen Eindruck. »Wissen Sie, anfangs hofften wir, es würde uns gelingen, Pablo außer Landes zu schaffen und ihn auf hoher See, auf einer Yacht oder so, zu verhaften«, sagt er. »Aber dann wurde uns klar, dass Pablo nicht lebend gefasst werden würde – und zwar weniger, weil er das nicht wollte, sondern weil er zu viel wusste, und deshalb war ich mir ziemlich sicher, dass die kolumbianische Regierung den Mann auf keinen Fall am Leben lassen würde. Ich glaube nicht, dass jemand in der Regierung wollte, dass Pablo Escobar in den USA säße, uns seine Lebensgeschichte erzählte und dabei ausplaudern würde, wen er in der Vergangenheit alles bestochen hatte. Ich glaube nicht, dass es viele Kolumbianer gab, die das wollten. Selbst diejenigen, die nicht korrupt waren, wollten es nicht.«

Auf Gavirias Ersuchen hin übernahm die DEA bei der Jagd nach Escobar eine wesentlich aktivere Rolle. Sie erhöhten die Belohnungen, die die kolumbianische Regierung für seine Ergreifung ausgesetzt hatte, und stellten Ausrüstung und Personal zur Verfügung, um seine Telefongespräche abzuhören und seine Bewegungen nachzuvollziehen.

Doch es gab eine Gruppe, die die Ausschaltung Escobars noch sehnlicher wünschte als George Bush, César Gaviria und die ganze DEA. Da es bereits einen Großteil des weltweiten Kokainhandels kontrollierte, konnte das Cali-Kartell mit der Eliminierung ihres ärgsten Konkurrenten zusätzliche Milliarden verdienen. Fotos, die in La Catedral gefunden worden waren, bezeugten, dass Escobar immer noch davon besessen war, seine Rivalen zu töten. Er war außer sich, dass es ihm nach einigen knappen Fehlschlägen noch nicht gelungen war, einen ihrer Anführer zu ermorden.

»Das hat gewaltig an ihm genagt«, sagt Popeye. »Es ist, als wärst du ein Hundertmeterläufer und hättest alles gewonnen außer der Olympiade. Wir haben alle geschlagen, mit Ausnahme des Cali-Kartells. Bei dessen Spitzen haben wir immer versagt. Dabei waren wir so dicht dran. Wir hatten Autobomben, die nicht explodiert sind. Drei Millionen Dollar waren sie uns wert, und wir hatten sie genau da, wo wir sie haben wollten, und dann ist die Bombe nicht hochgegangen. Das Cali-Kartell hatte im Krieg immer die Nase vorn, und ständig haben sie um Frieden gebeten. Pablo Escobar war immer der Unterlegene, aber er hat niemals ihre Friedensangebote akzeptiert. Daran sieht man, was für ein Kämpfer er war.«

Juventud zufolge kamen damals sowohl das Cali-Kartell als auch die Regierung zu der Auffassung, dass es zu ihrem beiderseitigen Nutzen war, wenn sie eng zusammenarbeiteten.

»Sie wissen, was Churchill gesagt hat: ›Wenn wir uns mit dem Teufel verbünden müssen, um Hitler zu besiegen, dann werden wir uns mit dem Teufel verbünden. Und uns später überlegen, was wir mit dem Teufel machen.‹«

Die intime Kenntnis, die das »Dreckige Dutzend« von Escobars Netz von Verstecken und Kollaborateuren, von seinen militärischen Strukturen und von seinen Geschäften besaß, sowie die Hinweise, die vom Cali-Kartell großzügig entlohnte professionelle Informanten lieferten, erwiesen sich als ausschlaggebend, den anfänglichen Bemühungen der Behörden die richtige Richtung zu geben.

»Was uns zu diesem Zeitpunkt am meisten interessierte«, sagt de Greiff, »waren die Orte, an denen er sich versteckte, die Personen, die ihn begleiteten und die Gegenden, in denen er sich bewegte. Diese Leute lieferten uns eine Menge nützlicher Informationen.«

Die Aufgabe, sämtliche nachrichtendienstlichen Erkenntnisse auszuwerten und darauf zu reagieren, oblag dem Bloque de Búsqueda, der von Rafael Pardo neu formiert und mit zusätzlichen Kräften ausgestattet worden war. Der Verteidigungsminister koordinierte sämtliche militärischen Operationen, die nach Escobars Flucht durchgeführt wurden.

Los Pepes

Nach seiner Flucht aus dem Gefängnis bekam Escobar zum ersten Mal eine Dosis seiner eigenen Medizin verabreicht. Es hatte sich eine neue terroristische Gruppe gebildet, die alles daransetzte, ihn zur Strecke zu bringen.

Eine tödliche Serie von Bombenattentaten, Mordanschlägen und Entführungen brach über Escobars engste Vertraute herein und erinnerte fatal an seine eigene Terrorkampagne zwischen 1989 und 1991.

Die paramilitärische Terrorgruppe »Los Pepes« (**Pe**rseguidos por **P**ablo **Es**cobar – Von Pablo Escobar Verfolgte) wurde im August 1992 offiziell gegründet und setzte sich zum Ziel, Escobars Organisation zu vernichten und seiner Herrschaft

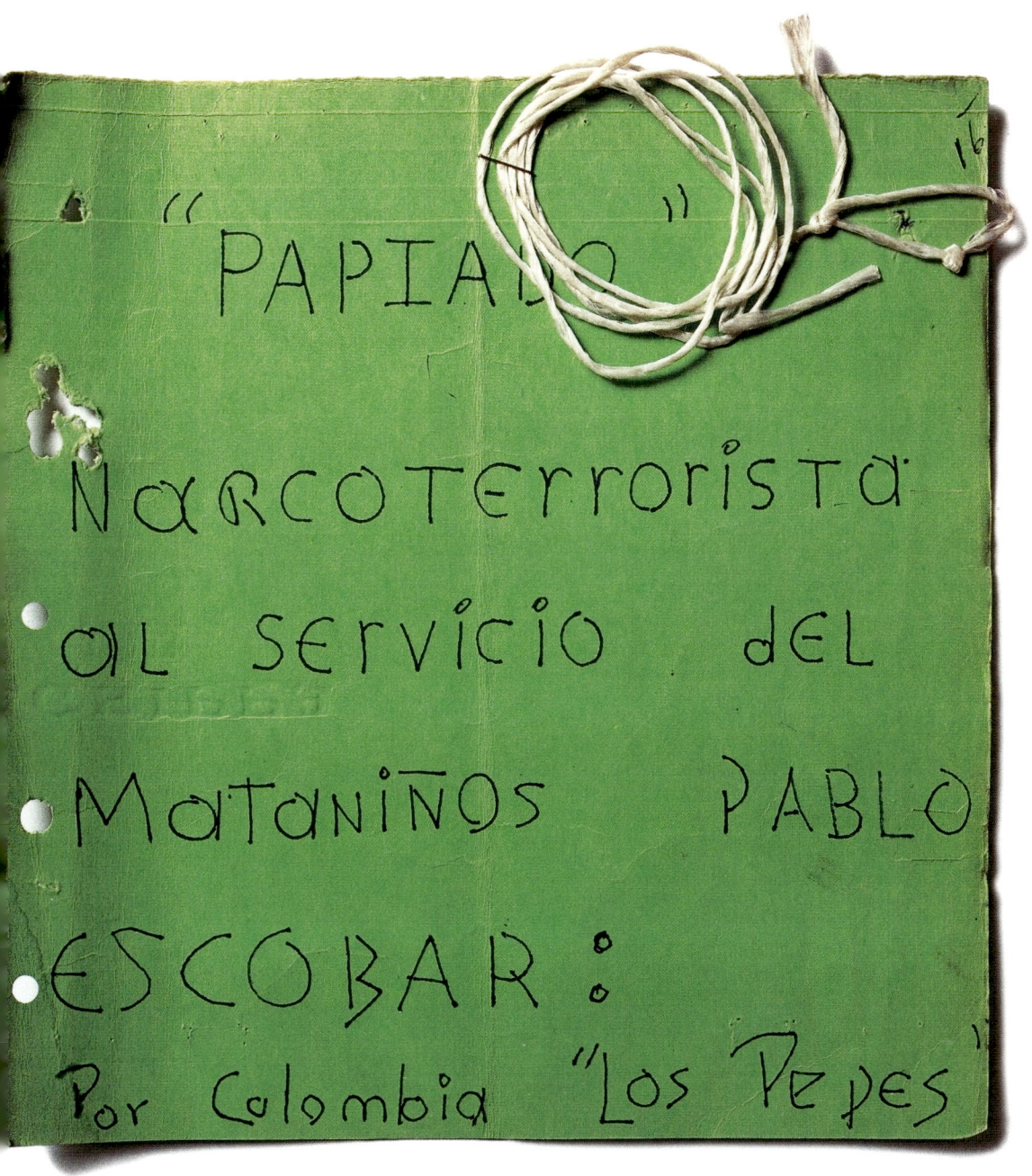

Schild, das die Paramilitärs Los Pepes der Leiche eines von Pablos Partnern umhängten.
Die Aufschrift lautet: »›Papiado‹, Narco-Terrorist, im Dienst des Kindermörders Pablo Escobar.
Für Kolumbien ›Los Pepes‹«.

ein für alle Mal ein Ende zu setzen. Angeführt wurde sie von zwei von Escobars früheren Freunden und Nachbarn, Fidel und Carlos Castaño.

Seit die Guerilla ihren Vater entführt und getötet hatte, waren die Brüder Castaño fanatische Antikommunisten, die lange mit Escobar kooperiert und als Söldner für ihn gearbeitet hatten. Sie verfügten über eine Privatarmee im Norden des Landes und über ausgezeichnete Verbindungen zum kolumbianischen Militär.

Die Morde an den Familien Galeano und Moncada hatten sie jedoch genötigt, sich für eine Seite zu entscheiden, und sie begannen, mit Escobars Feinden zu kooperieren, insbesondere mit Don Berna, dem ehemaligen Sicherheits-Chef von Galeano.

Manche glauben, die wahren Strippenzieher hinter »Los Pepes« hätten zu einer geradezu mystischen Gruppe namens »La Mano Negra« (Die schwarze Hand) oder »El Grupo de los Seis« (Die Gruppe der Sechs) gehört.

In seiner Biografie von Carlos Castaño, *Mi Confesión,* zitiert Mauricio Aranguren Molina Castaño mit den Worten, die Grupo de los Seis seien »Männer aus den höchsten Schichten der kolumbianischen Gesellschaft, die Crème de la Crème!«, gewesen. Der Führer der paramilitärischen Milizen sagt, auf den regelmäßigen Treffen mit diesen »wahren Patrioten« seien die Opfer seines Feldzugs gegen die kolumbianischen »Subversiven« ausgewählt worden. »Ich zeigte ihnen eine Liste mit Namen, erklärte, wer sie waren und wo sie sich aufhielten, und fragte sie: ›Wen soll ich exekutieren lassen?‹ Sie zogen sich mit der Liste in ein anderes Zimmer zurück. Wenn sie wiederkamen, waren der Name oder die Namen derjenigen, die eliminiert werden sollten, unterstrichen, und wir führten die Aktion mit meist sehr guten Resultaten aus. So lernte ich, dass man gewisse militärische Operationen selbst durchführen musste, um sie dem Staat zu ersparen.«

Los Pepes waren das beste Beispiel dafür.

»Es gibt in Kolumbien ein paar mächtige Leute, die immer sehr viel mächtiger waren, als Escobar es je gewesen ist«, sagt Antonio, ein ehemaliges Mitglied der Medellíner Unterwelt. »Als Escobar denen auf die Füße trat, beschlossen sie, dass es an der Zeit war, ihn loszuwerden.«

Laut Castaño hatte Rodolfo Ospina Don Berna bereits von der Notwendigkeit, zurückzuschlagen, überzeugt. »Wir müssen dieses Monster fertigmachen, sonst bringt es uns alle um.«

Don Bernas Ruf gründete sich auf einen Anschlag, bei dem er, von siebzehn Schüssen getroffen, ein Bein verloren hatte und stark verstümmelt worden war. Es bedurfte jemandes mit seiner unbeugsamen Zähigkeit, um Escobar die Stirn zu bieten. In Castaños Biografie erzählt Don Berna, dass Ospina Los Pepes mit

José Santacruz und den Orejuela-Brüdern zusammenbrachte, den Bossen des Cali-Kartells. Sie stellten die finanziellen Mittel bereit, um Informationen über Escobars Vorhaben zu kaufen, Auftragsmorde zu bezahlen und denen, die die Seiten wechseln wollten, Schutz anzubieten.

Gilberto Orejuela, »Der Schachspieler«, begann seine Figuren zu entwickeln.

»Die hatten es alle ziemlich eilig, nach Cali zu fahren und mit dem Kartell einen Handel abzuschließen«, erinnert sich Joe Toft. »Das Cali-Kartell hat eingewilligt und ihnen die Informationen zur Verfügung gestellt, die es seit langer Zeit gesammelt hatte. Im Verlauf dieser Kooperationen kam es auch zu einer stillschweigenden Vereinbarung mit der Regierung, obwohl nicht ganz klar ist, wie genau sie zustande kam. Offenbar ist das Cali-Kartell an die Regierung herangetreten und hat gesagt: ›Wir schaffen ihn euch vom Hals.‹ Und die Regierung hat daraufhin weggesehen.«

Andere glauben, die Motive der Castaño-Brüder, Los Pepes zu formieren, seien heimtückischerer Natur gewesen.

»Am Anfang waren sie ja Freunde«, sagt El Profe. »Als die Freundschaft dann aufgrund von Pablos Aktionen Schaden nahm, fühlten sie sich bedroht, und sie merkten langsam, was sie tun mussten, um sich ihr Problem vom Hals zu schaffen. Sie dachten: ›Wenn er das mit den Galeanos und Moncadas machen kann, dann macht er es morgen mit uns.‹ Sie wollten dem einen Riegel vorschieben.« Dennoch macht El Profe Los Pepes dafür verantwortlich, die kolumbianische Geschichte nachhaltig verändert zu haben.

In seiner Biografie schreibt Carlos, der Auskunftsfreudigste der Castaño-Brüder, dass beim ersten Treffen er, Don Berna und Carlos Fernández alias »Doble Cero« (Doppel-Null) anwesend waren. Das Treffen fand im August 1992 in einem Haus ganz in der Nähe von Escobars bevorzugtem Familienanwesen in El Poblado statt. Die Ermittlungen der Staatsanwaltschaft brachten zudem den Castaño-Bruder Vicente mit der Gruppe in Verbindung.

»Die Gruppe wurde von uns fünf gegründet, dazu kamen vierzig weitere ›Pepes‹, die die Organisation komplettierten«, berichtet Carlos Castaño. Seine Idee war es auch, eine Masche Escobars zu benutzen und sich einen Markennamen zuzulegen, um die Bedrohlichkeit zu steigern. »Eines Tages sagte ich zu Adolfo: ›Berna, ich weiß, wie wir uns nennen müssen. Von jetzt an sind wir Los Pepes.‹ Er lachte und erwiderte: ›Du und deine blöden Ideen – das ist doch eine Jeansmarke.‹«

Doch die blöden Ideen der Gruppe wurden mit tödlicher Effizienz in äußerst wirksamen Aktionen umgesetzt. Escobars Anwälte wurden umgebracht, seine Leutnants gefoltert und ermordet, Angehörige und Buchhalter wurden entführt und seine Anwesen in die Luft gesprengt.

Ihre intime Kenntnis seines Netzes an Verstecken, seiner militärischen Strukturen und seiner verwandtschaftlichen Beziehungen zwangen Escobar, den Kontakt zu seiner Familie abzubrechen und seine Infrastruktur unter gewaltigen finanziellen Anstrengungen zu reorganisieren.

Laut Castaño operierte seine Gruppe mit der stillschweigenden Duldung der Behörden. »Der Generalstaatsanwalt ließ uns gewähren, die Polizei, die Armee, die DAS und die lokalen Verwaltungen und selbst Präsident César Gaviria Trujillo hat niemals angeordnet, uns zu verhaften. Die Presse applaudierte im Stillen, und das war auch angemessen.«

Die Jagd auf Escobar diente letztlich dazu, Castaños Verhältnis zu den Behörden zu stärken. Unter dem Decknamen Alekos wurde er einer der wichtigsten Informanten der DAS, der einen einzigartigen Einblick in Escobars Organisation lieferte und überdies auch bereit war zu handeln.

»Man muss verstehen, dass alle Ermittlungen, insbesondere die im Zusammenhang mit der Bekämpfung organisierter Kriminalität, letztlich von der Quantität und Qualität der Informationen abhängen, die die Behörden zu sammeln in der Lage sind«, sagt Alberto Otero, einer der führenden Köpfe der DAS. »Diese Informationen können natürlich nicht von irgendwem stammen, sondern müssen von den Leuten kommen, die an den Verbrechen beteiligt waren. Und Carlos Castaño hatte Zugang zu all diesen Informationen.«

Da sie die gleichen Interessen verfolgten, arbeitete der Staat Hand in Hand mit Escobars erbittertsten Feinden, und es war kaum mehr möglich, beide Seiten auseinanderzuhalten.

»Der Kampf um die Macht kannte keine Gnade«, sagt El Profe. »Pablo war der Feind, und gegen ihn stand eine Allianz mächtiger Leute. Sie bildeten ein Syndikat, und der Staat wurde zum Gangster.«

Gaviria und Arrieta behaupten beide, es habe kein formelles Bündnis zwischen den Behörden und Los Pepes gegeben, sondern dass im Gegenteil sogar Anstrengungen unternommen wurden, ihrer habhaft zu werden.

Tatsächlich wurden Fahndungsfotos der Gruppenmitglieder veröffentlicht und ihre Häuser durchsucht. Doch auf der operativen Ebene konnten sich Fidel, Carlos und Don Berna in Medellín frei bewegen und wurden häufig im Hauptquartier des Bloque de Búsqueda gesichtet.

Juventud beteuert allerdings, dass Los Pepes nicht so gut organisiert und omnipotent waren, wie manche behaupteten, und dass die Morde, die auf Escobars Flucht folgten, eher einem allgemeinen Aufstand der Medellíner Unterwelt geschuldet waren.

Pablos Anwalt Guido Parra, der zusammen mit seinem Sohn im April 1993 von Los Pepes ermordet wurde. Ihre Leichen wurden mit einem Schild versehen, auf dem stand: »Was hältst du jetzt vom Bombenlegen, Don Pablo?« Parra hatte als Verbindungsmann zur Regierung fungiert, um die Bedingungen auszuhandeln, unter denen sich Pablo den Behörden stellen und die Geiseln freigelassen würden.

758

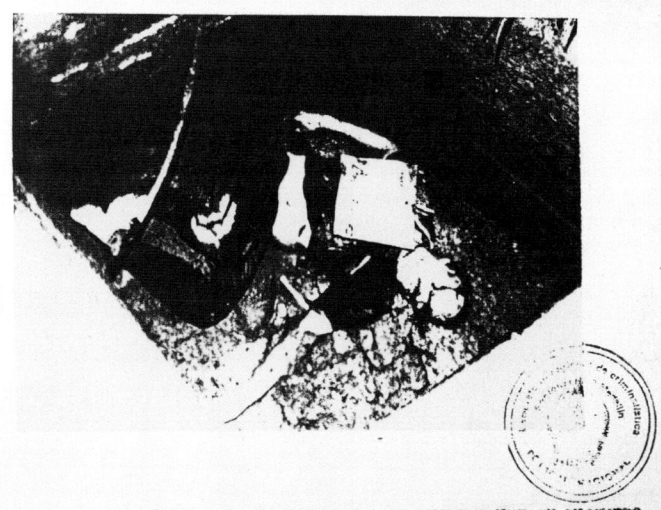

GRAFICA NRO. 15 : EN LA GRAFICA PODEMOS OBSERVAR EL LUGAR DONDE SE ENCONTRO
EL TERCER CADAVER A DOS KILOMETROS APROXIMADAMENTE DE LOS
ANTERIORES.

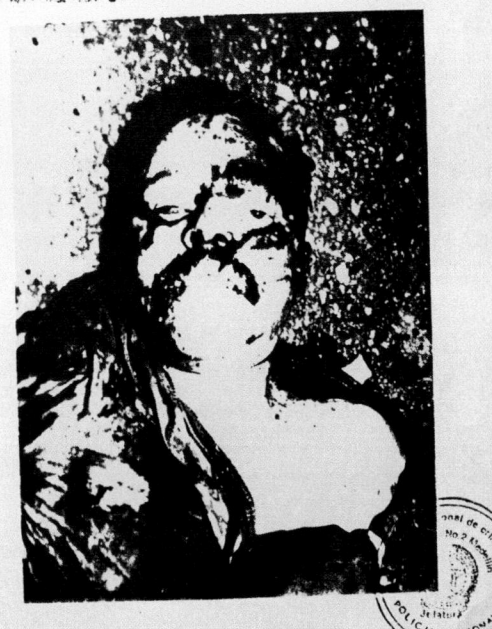

GRAFICA NRO. 16 : EN LA GRAFICA SE PUEDE OBSERVAR LOS RASGOS FACIALES DEL OCCI-
SO TRUJILLO TRUJ, RN. 37 AÑOS.

VICENTE CASTAÑO GIL.

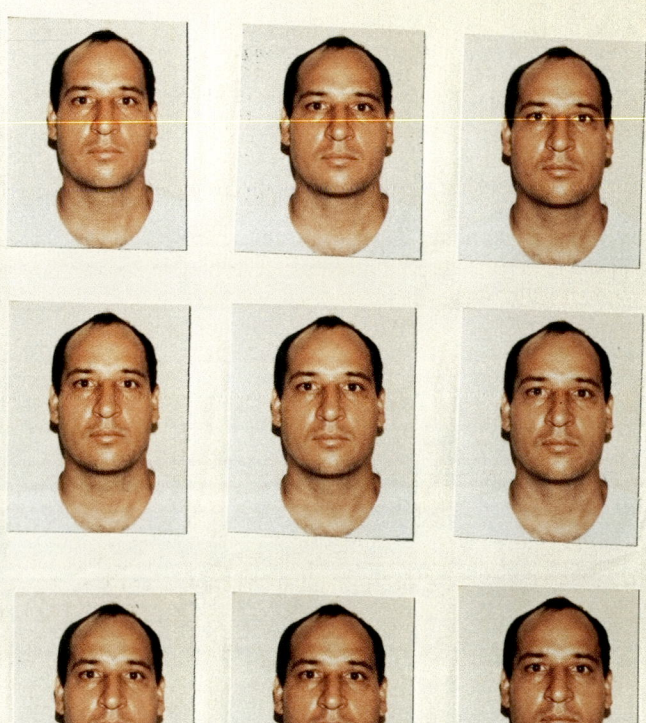

»In seiner Verbrecherkarriere hat Pablo womöglich mehr als zehntausend Menschen umbringen lassen. Angenommen, ich komme aus einer armen Familie und habe die Möglichkeit, jemanden umzubringen, und dann erschießt Pablo meinen geliebten Bruder, dann wäre das für Medellín ein typisches Schicksal, ich wäre wie jeder hier. Einer von zehntausend. Wie viele Feinde hatte er? Zehnmal so viele? Hunderttausend Feinde! Und zumindest die Hälfte davon waren Leute, die die Eier hatten, jemanden umzubringen. Fünfzigtausend Menschen in Medellín hatten also die Eier, etwas gegen Pablo Escobar zu unternehmen.

Zumal sich das Bewusstsein der Leute wandelte. Pablo Escobars Feinde kamen aus der Versenkung und wurden immer zahlreicher. ›Schön, dass die Schweine bluten.‹ Es war wie eine Lawine, wie ein Virus. ›Dieses Schwein arbeitet für Pablo. Machen wir es kalt.‹ Zwischen 1990 und 1995 wurden in Medellín mindestens fünftausend Leute umgebracht; es ist einfach unmöglich, dass eine einzige Gruppe dafür verantwortlich ist.«

Für die Familie Escobars wurden Tod und Zerstörung zu ständigen Begleitern, denn die Anschläge galten mehr und mehr den Angehörigen. Diese Strategie diente auch dazu, seine finanziellen Verhältnisse zu zerrütten.

»Fidel Castaño befahl einem seiner Männer, das Haus von Pablos Schwester in Altos del Campestre niederzubrennen«, erinnert sich die Witwe eines Los-Pepes-Mitglieds. »Allerdings wollte er es nicht wie sonst mit Dynamit in die Luft sprengen, denn sein eigenes Haus befand sich direkt in der Nachbarschaft. Deshalb befahl man dem Handlanger, Benzin zu verwenden. Aber vorher sollte er die Kunstwerke in Sicherheit bringen, denn Fidel war ein großer Kunstfreund. Als der Typ zurückkam, übergab er Fidel ein Poster von der WM ’86 und ein paar Fotos. Da fragte Fidel ihn: ›Wo ist der Picasso?‹ Der Typ wurde blass, als ihm dämmerte, dass er Mist gebaut hatte. Den kostbaren Picasso, der fast die gesamte Wand des Wohnzimmers einnahm, hatte er so hässlich gefunden, dass er glaubte, es könne sich unmöglich um Kunst handeln. So ging das Gemälde zusammen mit dem Haus in Flammen auf.«

Zwei der Häuser, die Escobar seiner Mutter geschenkt hatte, wurden gesprengt, und das Haus, in dem sich seine Mutter, seine Frau und seine Kinder aufhielten, wurde mit einer Panzerfaust beschossen. Seine unschätzbare Oldtimersammlung, die er in seinem Testament seinem Sohn vermacht hatte, verbrannte in einer Lagerhalle. »Terremoto« (Erdbeben), ein wertvoller Hengst, der seinem Bruder Roberto gehörte, wurde entführt. Als man ihn in einem Park Medellíns an einen Baum gebunden fand, wirkte er traumatisiert. Kein Wunder, denn man hatte ihn kastriert.

Vicente Castaño, der Bruder von Fidel und Carlos Castaño, einer der Führer von Los Pepes; ca. 1992. Pablos Fotograf El Chino berichtet, er habe zahlreiche Abzüge von Fotos von Feinden des Kartells angefertigt, und sie unter den Killern des Kartells verteilt.

REPUBLICA DE COLOMBIA

DIRECCION NACIONAL DE INSTRUCCION CRIMINAL

SECCION CRIMINALISTICA

ESPACIO PARA
FOTOGRAFIA DE 3 X 4
SI ES IDENTIFICADO EL
PRESUNTO RESPONSABLE

MORFOLOGIA   JUDICIAL

RETRATO HABLADO ☐

IDENTIFICACION CON BASE EN FOTOGRAFIAS ☐

REGISTRO MORFOLOGICO Nº _____

FIRMA PERSONA QUE SUMISTRO LA VERSION.

FIRMA TECNICO MORFOLOGIA JUDICIAL. C.T.P.J.

CARNÉ Nº 1068

Antonio zufolge hatte die Gruppe mit Escobar Ähnliches vor. »Die wollten ihn nicht einfach umbringen«, erzählt er. »Weißt du, was Los Pepes mit ihm gemacht hätten, wenn sie ihn erwischt hätten? Sie wollten ihm Arme und Beine amputieren, richtig chirurgisch, und ihn dann auf die Straße werfen, um zu sehen, wie er sich verteidigte. Damit wollten sie ihm und allen Kolumbianern eine Lektion erteilen: Man kann vielleicht alles Geld dieser Welt besitzen, aber das heißt noch lange nicht, dass man auch Macht hat.«

Phantombild, das wahrscheinlich Don Berna darstellt, einen der Gründer der 1992 gebildeten paramilitärischen Miliz Los Pepes.

Javier Peñas Album

Javier Peña trat 1984 in Austin, Texas, als Special Agent in die US Drug Enforcement Administration ein. 1989 ließ er sich freiwillig ins DEA-Büro in Bogotá versetzen, wo er einer von zwei Agenten war, die mit Pablo Escobars Fall befasst waren. Im Rahmen dieser Tätigkeit war er auch für die Verbindung zwischen DEA und der Anti-Drogen-Polizei in Medellín zuständig. Auf diese Weise gut mit der Jagd auf Escobar und den Umständen seines Todes vertraut, hat Peña seine Erlebnisse zwischen 1989 und 1994 in einer Serie von Schnappschüssen festgehalten.

Amerikas »War on Drugs«

Als der ehemalige CIA-Direktor George H. W. Bush 1989 vom Vizepräsidenten zum Nachfolger Ronald Reagans im Amt des Präsidenten avancierte, rief er eine neue Ära im »War on Drugs« aus.

Nancy Reagans »Just say no«-Kampagne hatte die Crack-Epidemie, die sich in den USA ausbreitete, nicht eindämmen können, und die »Anden-Strategie« der DEA hatte lediglich dafür gesorgt, dass der Kokaanbau sich von Bolivien und Peru in den Dschungel und die Hochebenen Kolumbiens verlagerte. Auch die Versuche, die Nachfrage auszutrocknen, hatten nur geringen Einfluss auf die Kokainproduktion, sondern führten lediglich dazu, sie noch stärker in den Händen der kolumbianischen Kartelle zu konzentrieren.

Doch nach dem Fall der Berliner Mauer und dem Ende des Kalten Krieges richtete sich die Aufmerksamkeit nun verstärkt auf die Drogenbarone. Praktisch über Nacht wurden sie zum vorrangigen Ziel der Bush-Regierung, unter der die sogenannte Kingpin-Strategie formuliert wurde, deren Ziel es war, die berüchtigtsten Capos aus dem Verkehr zu ziehen.

Der ehemalige CIA-Informant General Manuel Noriega wurde das erste Opfer dieser neuen Politik. Er wurde nach einer massiven Invasion der US-Streitkräfte in Panama festgenommen, die Noriegas ehemaliger Boss Präsident Bush angeordnet hatte. Die größten Ziele im Visier der USA blieben aber nach wie vor Pablo Escobar und José Gacha, die beiden wichtigsten Bosse des Medellín-Kartells.

Escobar und Gacha erwarben das zweifelhafte Verdienst, die einzigen Menschen zu sein, die sowohl in der Forbes-Liste der 500 reichsten Männer der Welt als auch auf der FBI-Liste der meistgesuchten Verbrecher auftauchten. Bush dämonisierte die beiden und versprach dem amerikanischen Volk »die Todesstrafe für die Drogenbarone«.

Joe Toft, der für das DEA-Büro in San Antonio, Texas, gearbeitet hatte, ehe er 1988 nach Kolumbien versetzt wurde, bekam die Aufgabe, die Kampagne zu organisieren. Der in Bolivien geborene Toft sagt, nichts hätte ihn auf das vorbereiten können, was ihn bei seiner Ankunft erwartete.

»Ich dachte, ich hätte meine Hausaufgaben gemacht, als ich da runterging. Ich dachte, ich hätte ein ziemlich gutes Gespür für die Verhältnisse dort. Aber auf das, was mich dort erwartete, war ich in keiner Weise vorbereitet. Es war viel, viel schlimmer, als ich gedacht hatte.«

Die größte Menge Kokain, die er in San Antonio zu Gesicht bekommen hatte, waren fünf Kilo gewesen.

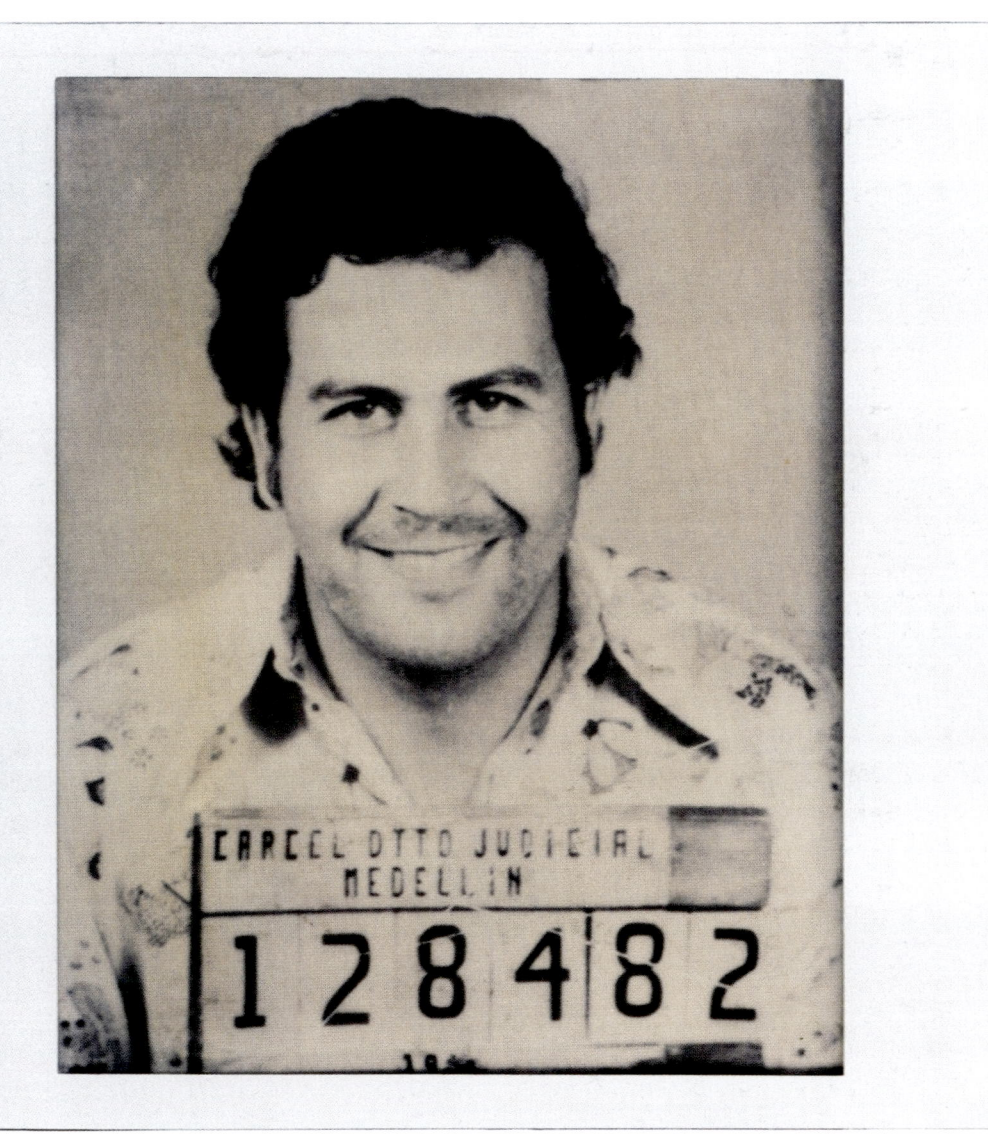

Javier Peñas Polaroid, das er von Pablos erstem Polizeifoto machte, das 1976 nach seiner Festnahme wegen Kokainschmuggels angefertigt worden war.

Gonzalo

Sr. Ribera
Esposa de Fabio

Jorge

Alvaro

Ivan

María Lía
(Espsa de Jorge)

Als er in Kolumbien eintraf, fanden dort Razzien statt, bei denen mehr als fünftausend beschlagnahmt wurden.

»Die ersten Wochen wusste ich nicht, wo mir der Kopf stand: die Razzien, die Morde, die Entführungen, die Korruption. Ich brauchte fünf Monate, um Boden unter die Füße zu bekommen, und ein Gefühl dafür, was wirklich los war. Von da an gab es kein Halten mehr.«

Seine ganze Intelligenz und Schläue gegen das Kartell aufwenden zu müssen, war nicht das einzige Problem, mit dem er sich konfrontiert sah. Ebenso schwierig schien es ihm, sich im Minenfeld der kolumbianischen Politik zwischen korrupten Polizisten und paramilitärischen Gruppen zurechtzufinden.

»Es war ein ständiger Adrenalinschub«, erinnert sich Toft. »Wir befanden uns mitten in einer verzwickten Schachpartie, und zwar nicht nur gegen die Drogenhändler, sondern auch gegen die Behörden, denn es herrschte eine ungeheure Korruption, die bis in die höchsten Stellen der Regierung reichte.«

Auch Javier Peña hatte, ehe er den Job als DEA-Feldagent in Medellín übertragen bekam, nicht mehr Ahnung von der kolumbianischen Realität als der Durchschnittsamerikaner in den Straßen von Laredo, Texas, wo er vier Jahre lang für das Sheriffsbüro gearbeitet hatte.

»Ich wusste nur, dass Escobar ein größerer Drogenschmuggler war, aber das war es auch schon. Ich kannte nur den Namen. Aber ich hatte keine Ahnung von der Infrastruktur, seinen Partnern, den Netzwerken, der Organisation oder sonst etwas.«

In Zusammenarbeit mit seinem Partner Gary Sheridan begann er Stück für Stück ein besseres Verständnis des Medellín-Kartells zu entwickeln und wie es sich in die komplizierte Struktur des kolumbianischen Drogennetzwerkes einfügte.

»Alle arbeiteten irgendwie zusammen, aber jeder hatte seine speziellen Stärken und Schwächen«, erinnert sich Peña. »Jeder griff auf die Unternehmungen des anderen zurück. Da gab es die Ochoas, Gacha, Escobar, die anderen. Gacha zum Beispiel kontrollierte eine Menge Drogenlabore im Magdalena Medio. Gustavo Gaviria, Escobars Vetter, kontrollierte die Routen, die Transportwege. Er hatte auch die Kontakte nach Mexiko. Die Ochoa-Brüder wiederum investierten große Mengen Drogengelder. Und Gacha hatte seine eigenen Geldwäscher. Die Labore schließlich wurden rund um die Uhr von den Paramilitärs bewacht, die alle für Gacha und Escobar arbeiteten.«

Für Peña war Escobar eine Art CEO, ein Vorstandsvorsitzender eines stark vernetzten multinationalen Konzerns. »Er verfügte über Führungsqualitäten, er

Oben: Javier Peñas Überwachungsfoto von Jorge Ochoa und Partnern. – *Unten:* Zehn Tonnen Kokain, die im Magdalena Medio, Pablos und Gachas Hauptoperationsgebiet, gefunden worden waren.

war das Sprachrohr, er gab die Leitlinien vor. Aber zu Lebzeiten war Gacha wahrscheinlich noch erbarmungsloser als Escobar. Pablo hatte Charisma, er war eine Führernatur.«

Die Erfahrungen von Toft und Peña verdeutlichten, mit welchen Schwierigkeiten die USA in ihrem »War on Drugs« konfrontiert waren.

»Als ich bei der DEA anfing, war ich ziemlich idealistisch«, sagt Toft. »Ich glaubte wirklich, wir könnten den Kampf gewinnen. Mit der Zeit erkannte ich, dass wir niemals in einer Gesellschaft ohne Drogen leben würden, ich meine, Drogen wird es immer geben. Doch gleichzeitig wurde mir klar, dass die Polizeiarbeit äußerst wichtig war, und statt der idealistischen Perspektive, wir würden alles unter Kontrolle bekommen, sah ich meine Aufgabe, die Aufgabe der Strafverfolgungsbehörden mehr und mehr darin, am Ball zu bleiben. Es ging darum, den Deckel fest auf der Mülltonne zu halten und sie am Überlaufen zu hindern.«

Javier Peña

Als Javier Peña die Jobausschreibung am Schwarzen Brett seiner Universität in Laredo, Texas, entdeckte, wusste er »nicht einmal, was DEA bedeutet. Ich musste es nachschlagen, aber es war ein besserer Job, besser bezahlt, mit besseren Sozialleistungen.«

Bei seiner Arbeit für das Büro des Sheriffs hatte er es bis dahin lediglich mit Dealern zu tun gehabt, die Heroin und LSD in die Universitätsstadt Austin schmuggelten.

In den fünf Jahren an der Medellíner Front dagegen konnte er aus nächster Nähe die Praktiken des Kartells studieren. Doch obwohl er Razzien miterlebte, bei denen zehn Tonnen Kokain oder 80 Millionen Dollar in Scheinen und Goldbarren beschlagnahmt wurden und er Undercover-Trips in die Karibik unternahm, waren seine Erlebnisse immer noch Lichtjahre von der Fantasiewelt der Yachten, Ferraris und pastellfarbenen Anzüge von *Miami Vice* entfernt.

Peña und Sheridan hatten den Auftrag, von Medellín aus operierend den Kontakt zu den kolumbianischen Behörden zu halten und ihnen bei der Informationsbeschaffung für die erste konzertierte Fahndung nach Escobar zu helfen.

»Mir gefiel der Job, und ich sagte allen meinen neuen Partnern: ›Sie werden dich mögen, die Kolumbianer. Es ist ihr Land. Wir sind Gäste hier.‹ Man sagte ihnen nicht, was sie zu tun hatten oder wie sie etwas tun sollten. Man unterbreitete Vorschläge. Gab ihnen Informationen … aber sie hatten ihren Stolz. Wir teilten unsere Erkenntnisse mit ihnen, nach dem Motto: ›Hey, schaut mal, wie wär's damit?‹ Aber es war ihr Land. Für die kolumbianischen Polizisten war das eine persönliche Angelegenheit, es waren schließlich ihre Leute, die ermordet wurden. Das sind ziemliche clevere Typen, gute Polizisten, und sie hatten ein ausgezeichnetes Netz zur Informationsbeschaffung.«

Die USA reichten Erkenntnisse, die sie in Miami, New York und Los Angeles gewonnen hatten, an die Kolumbianer weiter.

»Für eine Menge der Verstecke, die sie aushoben, haben wir die Informationen geliefert, wo all die edlen Karossen von Escobar versteckt waren und so. Wir bekamen eine Menge Tipps, weil wir in den USA angefangen hatten, die TKO-Strategie (Technischer Knockout) anzuwenden und uns auf Schlüsselfiguren zu konzentrieren. Wir fokussierten unsere Arbeit, und wir machten allen unseren Büros im Ausland wie in den Staaten klar, dass alles, was mit Medellín zu tun hat, an uns berichtet werden musste.«

Die Strategie zeigte erste Erfolge, als für Distribution und Schmuggel zuständige Schlüsselfiguren wie Max Mermelstein und Barry Seal in den USA verhaftet wurden. Die DEA arbeitete sich vom Piloten über den Verteiler zum Buchhalter und von da zum Geldwäscher systematisch die Kette entlang und erhielt so wie auch durch die scharfe Observierung von Escobars Familie ein besseres Bild vom Kartell.

Die Verhaftung eines Buchhalters in Bogotá ermöglichte Einblick in die Reichtümer, die Escobars wichtigster Partner Gacha angesammelt hatte.

»Gacha hat eine Menge Geld vergraben, und ich bin überzeugt, dass einiges davon noch immer nicht gefunden wurde«, mutmaßt Peña.

Zu den Wertgegenständen, die in der Wohnung des Buchhalters gefunden wurden, zählten Revolver mit goldenen Einlegearbeiten, diamantenbesetzte Halsbänder und Goldbarren sowie Unterlagen, die zu einem 80 Millionen Dollar schweren Konto in der Schweiz führten.

»Gacha vertraute den Banken eigentlich nicht, und die achtzig Millionen, die wir in der Schweiz konfiszierten, waren für ihn bloß Spielgeld, das er dort herumliegen hatte. Spielgeld, können Sie sich das vorstellen?«

Auch bei einer der seit der Aushebung von Tranquilandia spektakulärsten Drogenrazzien, bei der im Magdalena Medio zehn Tonnen Kokain beschlagnahmt wurden, spielte die DEA eine wesentliche Rolle.

»Das ganze Dope gehörte letztlich Pablo. Man musste sich nur die ›Brands‹ ansehen – Perlam 17, Diamante, Oro –, alles sehr bekannte Kokainmarken, die durchweg im Besitz von Escobar und Gacha waren.«

Peña betont, dass während seiner Zeit in Medellín der Name Pablo Escobar unter allen anderen herausgeragt habe, und dass es sein Job gewesen sei, dem Capo der Capos auf den Fersen zu bleiben.

»Sein Name war ständig in den Medien. Es waren nicht die Ochoas, es war nicht Gacha, es war immer Escobars Name, der auftauchte, und so gab es zwangsläufig eine Menge junger Krimineller, eine Menge junger Gangster, die ihn vergötterten und wie er sein oder für ihn arbeiten wollten. Escobar war der Name, um den sich alles drehte. Deshalb nenne ich ihn den CEO. Die anderen haben die Jobs ausgeführt, aber er hatte die Führungsposition inne.«

Deshalb landete er auch ganz oben auf der Liste der meistgesuchten Verbrecher, und die USA setzten 2,5 Millionen Dollar für seine Ergreifung aus.

»Er war ein charmanter Typ, sehr charismatisch, aber auch extrem gewalttätig«, fährt Peña fort. »Er war der Boss, und weil er so gewalttätig war, brachte er dich einfach um, wenn du dich weigertest, für ihn zu arbeiten.«

Das Foto eines halbzerfressenen Leichnams öffnete Peña die Augen über die Person, mit der er es zu tun hatte. Es zeigte ihm aber auch, wie Escobars Gewalt dazu führte, dass die Menschen sich gegen ihn wandten, sie dazu brachte, mit den Behörden zusammenzuarbeiten und so schließlich zu seinem Untergang beitrug.

»Das Foto hat mir der Vater eines Opfers gegeben«, erzählt Peña. »Er berichtete mir, dass Escobar seinen Sohn umgebracht habe, weil er ihn verdächtigte, ein Informant zu sein. Sie haben ihm den Penis abgeschnitten, ihn halb verbrannt und dann ins Wasser gehalten, und ihn schließlich aufgeschlitzt. Nur damit die Menschen sahen, zu welchen Scheußlichkeiten er fähig war.«

Javier Peña mit der goldenen Pistole sowie einem Smaragdring und einem Armband aus Gachas Besitz, der in Bogotá beschlagnahmt worden war.

Oben: Bild aus Peñas Album. – *Unten:* Eines von Javier Peñas Überwachungsfotos von Escobars Frau Victoria. ▶

Oben: Elektronik, die im Magdalena Medio gefunden wurde. – *Mitte und unten:* Zehn Tonnen Kokain, die bei dem größten Fund seit Tranquilandia entdeckt worden waren.

Oben: Gustavo Gavirias Schwester Aimée. – *Unten:* Pablos Schwester Luz María ▶▶▶

Kokainfund ▶▶▶▶

Humberto Buitrago
Atty For P. Escobar

Maria Victoria Henao Vallejo
aka TATA
Pablo Escobar's wife

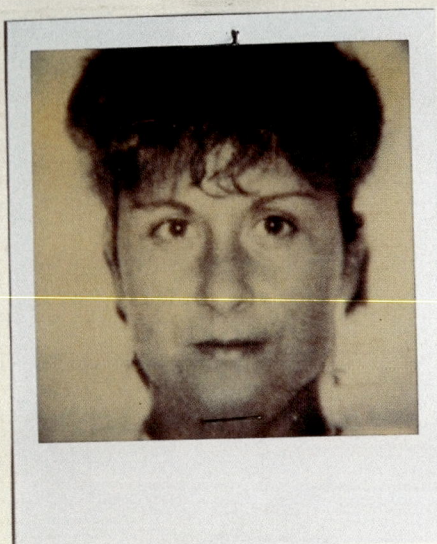

Aimee Gaviria Rivcas De Gomez
sister of Gustavo Gaviria

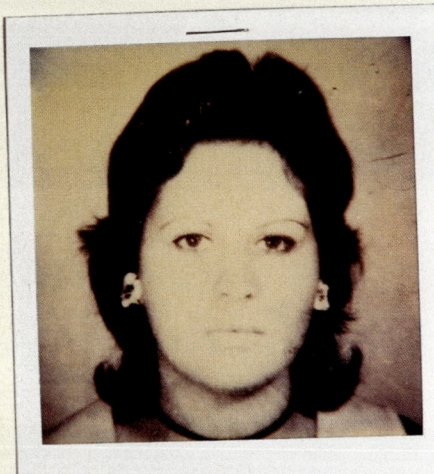

Luz Marina Escobar
sister of Pablo Escobar

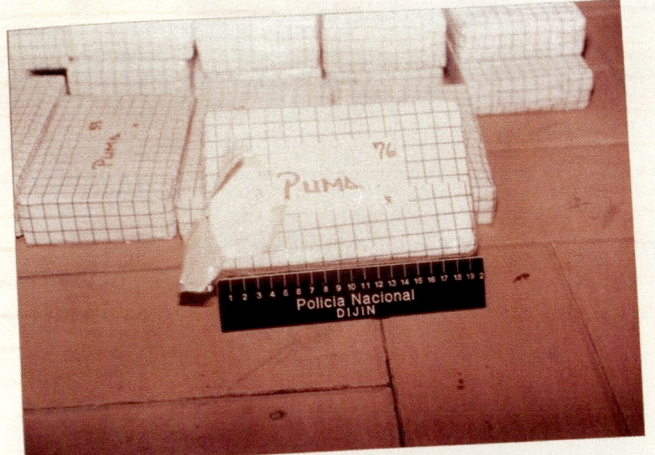

Oben links: Peña mit Chemikalien, die bei der Kokainproduktion Verwendung finden. –
Oben rechts: Auf der Hacienda Nápoles. – *Mitte links:* Mit Teilen von Gachas Vermögen. –
Mitte rechts: Mit Opiumblüten. – *Unten:* Bei einer Kokainrazzia.

Der vielleicht bemerkenswerteste Aspekt in Peñas über einen Zeitraum von fünf Jahren reichender Dokumentation der Jagd nach Escobar ist das Fehlen der Hauptfigur, Pablo Escobars, selbst.

»Das Frustrierende war, dass wir Pablo nicht finden konnten«, sagt Peña. »Er war der Staatsfeind Nummer eins. In Kolumbien hatten alle Agenten verschiedene Aufgaben. Und meine war die Suche nach Escobar.«

An dem Tag, als Escobar schließlich in Medellín in die Falle ging, befand sich Peña in Haiti, wo er gerade eine Spur verfolgte.

Das Polizeimuseum

Das Museum für Polizeigeschichte befindet sich im historischen Zentrum von Bogotá, in den Räumlichkeiten des ehemaligen Polizeipräsidiums. Der Ausstellungsteil über den Bloque de Búsqueda enthält Gegenstände, die bei der Jagd auf Escobar zum Einsatz gekommen waren, Besitztümer, die man im Gefängnis und am Schauplatz seines Todes gefunden hatte, sowie Verlautbarungen, die Escobar und seine Komplizen verschiedenen Medien hatten zukommen lassen. Die Sammlung enthält auch ein Exemplar des Buches *Pablo Escobar Gaviria en Caricaturas 1983–1991*, das Escobar, als er 1991 im Gefängnis war, anfertigen ließ. Er hatte fünfhundert Exemplare drucken lassen, die er als Geschenke verteilte, meistens versehen mit einem Dank für geleistete Dienste.

Pablo in seinen eigenen Worten

Während des Aufenthalts in La Catedral kam ein mit Escobar befreundeter Illustrator namens Guezu auf die Idee, alle Escobar gewidmeten Karikaturen, seit dieser 1982 als Politiker zu zweifelhaftem Ruhm gelangte, in einem Buch zusammenzufassen.

In Leder gebunden, trägt der Band *Pablo Escobar Gaviria en Caricaturas 1983–1991* Pablos Unterschrift und seinen Daumenabdruck auf dem Cover. Das wenige an Text, das das Buch enthält, konzentriert sich auf die Heuchelei des von den Amerikanern ausgerufenen »War on Drugs«.

Escobar ließ fünfhundert Exemplare drucken, die – häufig mit persönlichen Widmungen versehen – an Angehörige und Freunde verteilt wurden. Nach seiner Flucht fand man neben seinem Bett einen Stapel Bücher, die offenbar bereitlagen, um signiert zu werden.

Eines davon befindet sich heute im Polizeimuseum von Bogotá. Andere wurden auf Auktionswebseiten zum Verkauf angeboten, aber auf Druck der Familie Escobar, die behauptete, die Bücher seien gestohlen, nach und nach zurückgezogen.

Pablo Escobar Gaviria en Caricaturas 1983–1991 ist einer seiner Versuche, sich zur Legende zu stilisieren. Als er sich in den letzten Jahren seines Lebens zunehmend mit seinem möglichen Tod konfrontiert sah, sprach er mit seiner Familie auch über den Plan, ein weiteres Buch zu publizieren, in dem er seine Geschichte erzählen und die entscheidenden Ereignisse, mit denen man ihn in Verbindung brachte, kommentieren wollte.

Einige der Aufzeichnungen, die er in der Isolation des Gefängnisses verfasste, wurden bei zwei der Razzien nach seiner Flucht aus La Catedral gefunden. Sie enthalten sowohl einen Schwall von Beschwerden über die Todesschwadronen der Polizei als auch eine Attacke auf die moralische Debatte über den Drogenschmuggel und das blutige Geschäft, das damit einhergeht.

»Der Handel mit Zigaretten, *aguardiente*, Waffen, Wählerstimmen, Jobs im Öffentlichen Dienst, Patronage, Importlizenzen, Stipendien, Mariuhana-Joints oder Kokain ist etwas völlig Obszönes«, schrieb er in einem seiner Notizbücher.

»Weder die Ehescheidung noch die Prostitution sind etwas Schlechtes an sich. Es sind einfach nicht unbedingt erstrebenswerte Lösungen, die jedoch nötig sind, um größere Schwierigkeiten zu vermeiden. Mich persönlich interessiert das herzlich wenig, da ich mit beidem kein Problem habe.« (Strong, 1995)

Der Autor, dessen Texte einer offiziellen Biografie Escobars am nächsten kommen, ist der Kolumbianer Germán Castro Caycedo, der in einem Kapitel seines Buches *En Secreto* (Caycedo, 1996) eine Reihe von Interviews mit Pablo Esco-

Cover und Ausschnitte aus *Pablo Escobar Gaviria en Caricaturas 1983–1991*, ein Band, der Hunderte von Karikaturen Escobars versammelt. Von dem Band wurden 500 Exemplare gedruckt.

bar publizierte. Das Buch liefert einen Einblick in Escobars Gedanken über Drogen, Waffen und die Entwicklung der kolumbianischen Mafia. Zentrales Thema dabei ist seine Abscheu gegen die Doppelmoral der USA bei der Verfolgung von kolumbianischen Drogenschmugglern.

»Die ganzen Stimulanzien und Antidepressiva, die ganzen synthetischen Drogen aus den großen Pharmalaboren im Ausland sind legal, sagen sie, weil sie glauben, damit alle Probleme zu lösen, aber in Wirklichkeit sind sie gefährlicher, tödlicher und suchterzeugender als Kokain. Aber das geben sie nicht zu, denn diese Mittel werden von *ihnen* hergestellt. Das Problem ist, dass das Kokain sie – finanziell gesehen – ins Hintertreffen geraten ließ, und zum ersten Mal in der Geschichte hatten sie nicht die Eier, nicht die Zukunftvisionen und die Macht, die wir jetzt haben.«

Er sah offenbar weder etwas Schlimmes daran, am Kokaingeschäft zu partizipieren, noch extreme Mittel einzusetzen, um die Kontrolle über ein Geschäft zu übernehmen, das überhaupt nur existierte, weil die Konsumenten in Europa und den USA nach der Droge verlangten.

In einem Manuskript, das wenige Monate vor seinem Tod entdeckt wurde, schrieb er: »Wer trägt die schwerere Schuld – auch wenn beide Unrecht tun? Der, der gegen Bezahlung sündigt, oder der, der die Sünde bezahlt?« (Strong, 1995)

Nachdem er sich von der Schuld, das Geschäft überhaupt erst geschaffen zu haben, reingewaschen hat, rechtfertigt er seine Methoden, indem er auf die vielgerühmte Vorstellung der Kolumbianer von der *malicia indígena* rekurriert, ihrer indigenen oder genetischen Fähigkeit, jeglicher illegalen Betätigung mit Erfolg nachzugehen.

»›Schaut euch diese Mafiosi an‹, sagen die Leute, ›wie leicht die ihr Geld verdienen.‹ Aber dieses Geld ist hart erarbeitet und wohlverdient, denn um es in einem Gewerbe wie diesem zu etwas zu bringen, muss man unternehmerische Qualitäten besitzen«, erzählte Escobar Castro Caycedo. »Man kann sich nicht einfach nur ein Kilo Koks schnappen, es einem Matrosen in die Hand drücken und sagen: ›Da, verkauf das.‹ Nein, dazu bedarf es einiges mehr; von der Kaltblütigkeit, den Abzug zu drücken und dem Wichser, der nicht geliefert hat, eine Kugel zu verpassen, bis zur Intelligenz, einen Taschenrechner zu bedienen, um auszurechnen, wie viel du investieren musst, was du riskieren kannst und wie viel du verdienen willst. Und dann brauchst du noch die Geduld, dich im Dschungel zu verstecken, wenn du flüchten musst, und die Cleverness, vom einfachen Polizisten bis zum General alle zu bestechen ... das heißt, wenn sie dich lassen.«

Oben: Pablo, wie ihn sein Freund, der Karikaturist Guezú, zeichnete. – *Unten:* Pablo und sein Sohn Juan Pablo vor dem Weißen Haus, 1982 (aus *Pablo Escobar Gaviria en Caricaturas 1983–1991*).

Die Karikatur des *Hustler* über die Zustände in Pablos Gefängnis ▶ (aus *Pablo Escobar Gaviria en Caricaturas 1983–1991*).

Guezu/91

CLUB MEDELLIN

JNK TANK! **DEATH DIALING**

Ever wonder about the hardships South American cocaine czar Pablo Escobar is facing in prison right now? Wonder no longer. These exclusive HUSTLER photos show the hardened head of Colombia's Medellín drug cartel suffering a punishment every bit as cruel as that of this country's own convicted Watergate conspirators. Hey, Pablo, save some for us!

ado alguna vez los sufrimientos que el Zar de la cocaína Pablo Escobar está encarando en prisión ahora? e más. Estas fotos exclusivas de HUSTLER muestran al cabecilla del Cartel de Medellín, sufriendo un castigo omo aquel de los conspiradores de Watergate convictos de este país. Hey, Pablo, deja algo para nosotros!

In einem Interview, das er, kurz nachdem er sich gestellt hatte, der Zeitschrift *Semana* gewährte, sagte er, Gesetze und die Repressalien der Polizei allein würden den Drogenhandel niemals zum Erliegen bringen.

»Legalisierung und Repression sind Möglichkeiten, mit den Drogenschmugglern fertigzuwerden. Aber um die Drogen selbst zu besiegen, braucht es Bildung.«

Ebenso wie die Verantwortung der US-amerikanischen Drogenkonsumenten bleibt auch die Komplizenschaft der internationalen Waffenproduzenten am Blutvergießen in Kolumbien in Escobars Betrachtungen über Leben und Tod nicht unerwähnt.

Castro Caycedo erklärte er: »Eines musst du begreifen: Kolumbianer sterben an nicht mehr als fünf, sechs Sorten Kugeln. Und damit du noch ein bisschen zum Nachdenken hast, sage ich dir, dass die alle in den USA hergestellt werden, legal importiert oder problemlos geschmuggelt werden und leicht zu kriegen sind, kapierst du?«

All sein Handeln wurde von einem kompromisslosen, wenn auch verzerrten Gerechtigkeitssinn getrieben, während er die Ansichten seiner Gegner als moralisch verkommen geißelte.

»Eine Untersuchungsrichterin verhaftete mich, und ich erinnere mich noch heute an ihr Gesicht, ihre Arroganz, die Grobheit, mit der sie meiner Mutter begegnete«, erzählte er Castro Caycedo, um zu erklären, warum sein Kampf gegen die Auslieferung mit seiner Verhaftung 1976 wegen des Schmuggels von achtzehn Kilo Kokainpaste begann. »Bis zu meinem Tod werde ich nicht vergessen, wie ich mich fühlte, als ich in Ketten gelegt an Bord der DC-3 gebracht wurde. Kurz bevor man die Türen schloss, wandte ich mich noch einmal um und sah meine weinende Familie, meine Stadt, meine Berge. Das alles nahmen sie mir weg. Sie nahmen mir – nahmen mir was, Maestro? Sie beraubten mich meiner Wurzeln. Damals spürte ich am eigenen Leib, was es heißt, ausgeliefert zu werden. Aus dem Grund führe ich diesen Krieg, und deshalb sage ich hier und heute, dass all diese Wichser sterben werden, wenn sie uns dessen berauben, was unser ist.«

Abrechnung mit dem Kartell

Eine zentrale Geheimdiensteinheit in Bogotá sammelte Informationen aus ganz Kolumbien und glich sie mit Erkenntnissen der DEA ab. Óscar Naranjo, heute der Chef der kolumbianischen Nationalpolizei, wertete die Informationen aus.

»Wir hatten fünfundvierzig Leute in Bogotá, die wir auf Ziele ansetzten«, erinnert er sich. »Eine Gruppe durchleuchtete die Geschäfte von Pablo Escobar, eine zweite spionierte seine Familie aus, eine dritte seinen engsten Freundeskreis. Wieder andere konzentrierten sich auf seine Killertruppen oder seine Strohmänner. Das war so strukturiert, dass wir zeitweise neunzig Prozent der Mitglieder seiner Organisation identifiziert hatten.«

Die Organisationsstruktur des Kartells wurde in Diagrammen festgehalten, auf denen auch die je nach Rang des Mitglieds unterschiedlich hohen Belohnungen eingezeichnet waren.

Der Bloque de Búsqueda erhielt den Auftrag, das militärische und polizeiliche Vorgehen zu koordinieren.

Während die nachrichtendienstliche Abteilung lediglich vierzig Mann umfasste, konnte sie auf die Unterstützung von eintausend Elitesoldaten zählen.

Mit der Aktion »Apokalypse«, der Razzia auf Escobars Ranch Nápoles, an der fünfhundert Männer teilnahmen und bei der Escobars Schwager Mario Henao ums Leben kam, etablierte der Bloque sich nachhaltig im Bewusstsein sowohl der Öffentlichkeit als auch der Gangster. Bei der Razzia wurden dreihundert Kilogramm an Dokumenten und Korrespondenz beschlagnahmt, mit deren Hilfe Grundbesitz nachgewiesen und Codes entschlüsselt werden konnten.

Bis zum Jahresende hatte die Truppe durch ihre Taktik die erste größere Trophäe erbeutet: Gacha, »Der Mexikaner«, wurde bei einer Operation an der kolumbianischen Karibikküste erschossen.

»Das war ein einfacher Einsatz. Sein Freund hat ihn verraten«, berichtet Hugo Aguilar, der bei der Aktion einen der zwei bewaffneten Trupps anführte. Bei dem »Freund« handelte es sich um Jorge Velázquez alias »El Navegante« (Der Seefahrer), der Gachas Vorhaben verriet, eine Verschiffung zu überwachen.

El Navegante erhielt für die Information und seine Zusammenarbeit bei der Aktion von der DEA und der kolumbianischen Regierung eine Belohnung in Höhe von einer Million Dollar. Außerdem arbeitete er für das Cali-Kartell.

Gachas Aufenthaltsort zu lokalisieren, wurde allerdings durch die Tatsache erleichtert, dass Gacha von seinem Maschinenpistolen schwingenden Sohn Freddy begleitet wurde. Gabriel Silva, der ehemalige Berater von Präsident Virgilio Barco, behauptet nämlich, Freddy sei während eines Gefängnisaufenthalts

im Sommer 1989 versehentlich radioaktiver Strahlung ausgesetzt worden, und aufgrund dessen habe man ihn noch Monate später bis an die Küste verfolgen können.

Gacha, sein Sohn und fünf Leibwächter waren zunächst in einem Speedboot und später in einem Geländewagen unterwegs und schafften es nicht, die sie verfolgenden Polizeihubschrauber abzuschütteln. Nachdem sie die Hauptstraße verlassen mussten, um einer Straßensperre auszuweichen, entschloss sich Gacha, anzuhalten, und schickte seinen Sohn und zwei Bodyguards zu Fuß los, um die Polizei abzulenken. Die Polizeieinheiten am Boden schnitten ihnen den Weg ab und erschossen sie. Gacha konnte ebenfalls nicht entkommen und wurde zusammen mit seinen verbleibenden drei Bodyguards von einem Helikopter aus niedergemäht. Die Kugeln aus dem M-60-Maschinengewehr spalteten seinen Schädel.

Sein Tod kappte die Verbindungen des Medellín-Kartells zu den paramilitärischen Truppen im Magdalena Medio, die Gacha gegenüber loyal gewesen waren. Einige Anführer der Paramilitärs, darunter Henry Pérez, wandten sich nun gegen Escobar und arbeiteten mit der Polizei zusammen.

Sechs Monate darauf verlor Escobar seinen »Blutsbruder« Jhon Jairo Arias Tascón alias Pinina. Pinina kam bei einer Operation ums Leben, die an dem Tag ausgeführt wurde, an dem die ganze Nation gebannt das zweite Spiel der kolumbianischen Nationalmannschaft bei der WM in Italien verfolgte. Es war der 14. Juni 1990. Hugo Martínez hatte mit Hilfe der französischen und US-amerikanischen Regierung zur Verfügung gestellter Technik seit Tagen die Gespräche auf Pininas Mobiltelefon abgehört. Als Pinina sein Dienstmädchen bat, das Spiel für ihn aufzuzeichnen, damit er es später ansehen konnte, wusste Martínez, dass er später zu Hause sein würde. Nun musste er noch herausfinden, wo das war.

»Ich hatte ihn schon ungefähr drei Tage lang abgehört. Er benutzte das Telefon lediglich, um Anrufe entgegenzunehmen, und zwar nur, wenn er außer Haus war. Er ging dann los, machte irgendwelche Anrufe und kehrte in seine Wohnung zurück. Dann war eines Tages nur das Dienstmädchen zu Hause, und sie rief ihren Freund an, er solle sie abholen.«

Nachdem Martínez und seine Leute den Freund über seine Telefonnummer aufgespürt hatten, überredeten sie ihn, sie gegen eine Belohnung zum Treffpunkt mit seiner Freundin zu führen. Von dort aus folgten die Agenten dem Mädchen zurück zu Pininas dreistöckigem Wohnhaus in einem Villenviertel Medellíns. Die Einsatzkräfte benötigten Sprengstoff, um die kugelsichere Tür zu öffnen.

José Gacha, von der Polizei am 15. Dezember 1989 erschossen. Gacha war der erste prominente Skalp, den sich der Bloque de Búsqueda bei seinen Bemühungen, das Medellín-Kartell zu zerschlagen, an den Gürtel hängen konnte.

»Wir stürmten das Haus, doch wir konnten ihn nirgends entdecken«, erzählt Martínez. »Das Telefon, mit dem er telefoniert hatte, lag da, aber ihn selbst fanden wir nicht. Dann sahen wir ihn draußen am Fenster hängen. Er stürzte ab, und kaum war er auf dem Boden aufgeschlagen, zog er seine Pistole und schoss um sich. Als ich ankam, lebte er noch. Es gelang mir, mit ihm zu sprechen, und ich fragte ihn: ›Wo ist Escobar?‹ Er antwortete nur: ›Er ist im Magdalena Medio.‹«

Mitglieder der Unterwelt hörten auch andere Versionen der Geschichte. »Er stürzte ab«, sagt Juventud. »Das stimmt, aber an dem Sturz ist er nicht gestorben.«

»Das Einzige, was gebrochen war, war sein Arm«, gesteht auch ein Mitglied des Bloque de Búsqueda ein. »Wir schafften es noch, ihn ein bisschen zu verhören, aber das darf man nicht laut sagen, denn das würde bedeuten, dass er hinterher umgebracht wurde.«

Escobar hatte sich wiederholt über die Polizeibrutalität und die Komplizenschaft von Gerichten und Politikern beschwert.

»Seit 1989 existierte in der Polizeischule Carlos Holguín in Medellín ein Folterzentrum, wo man die Jugendlichen aus Antioquia nach ihrer Festnahme an Fleischhaken aufhängte«, schrieb er drei Jahre später an Präsident Gaviria. »Ich habe dies wiederholt den Behörden zur Kenntnis gebracht, aber Sie haben diese Schule nie aufgesucht. Die wahllosen Massaker an den Straßenecken sind nicht weniger geworden. Folter scheint legalisiert worden zu sein.«

Viele derer, die nicht auf den »Organigrammen« der Polizei auftauchten, verschwanden einfach, nachdem sie offiziell aus dem Polizeigewahrsam entlassen worden waren.

»Sie nannten es ›die Sauna‹«, berichtet Rosalita Restrepo, eine Richterin aus Medellín, die ungezählte Haftbefehle unterschrieb, aber selten Gelegenheit bekam, die Verdächtigen zu vernehmen. »Die Jungs beschrieben auch die Fahrzeuge, mit denen sie zu den Folterungen gebracht wurden«, sagt sie. »Sie benutzten dieselben Trucks wie Pablo, wenn er nach La Catedral hochfuhr. Wir baten den Bloque immer, einen von ihnen am Leben zu lassen, damit er seine Geschichte erzählen konnte.«

Die Führer des Bloque, darunter Martínez und Aguilar, bestreiten Folter und illegale Tötungen.

Laut dem ehemaligen Generalstaatsanwalt Carlos Arrieta wurden verschiedentlich Fälle von Polizeibrutalität untersucht.

»Das Ganze geriet an einen Punkt«, erzählt er, »an dem die Polizei es persönlich nahm, es als persönlichen Krieg betrachtete, und in solchen Situationen ist nicht nur der Feind deines Feindes dein Freund, sondern du lässt dich auch zu

José Gachas Sohn Freddy, der zusammen mit seinem Vater
am 15. Dezember 1989 erschossen wurde.

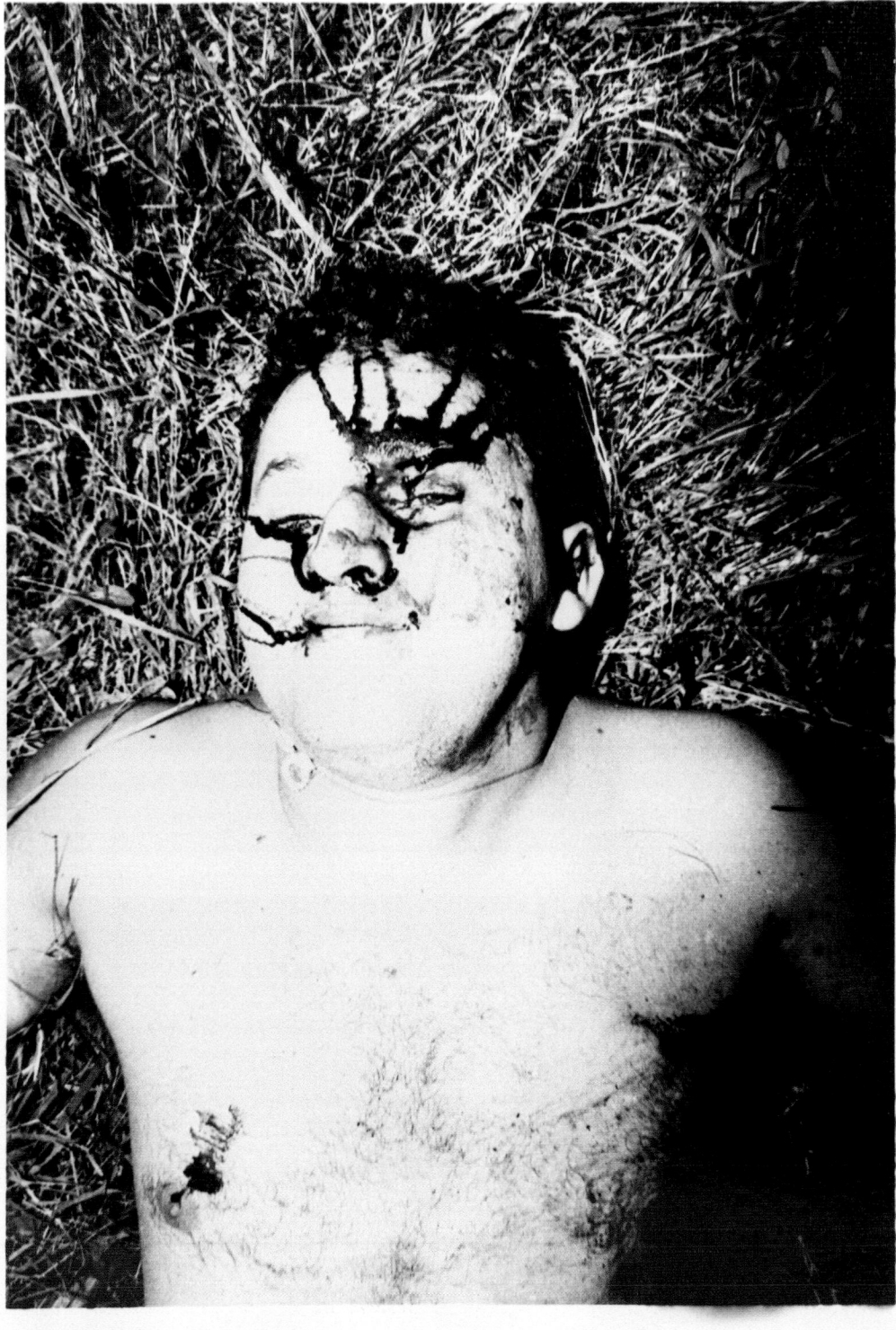

allerlei schlimmen Taten hinreißen. Wir führten diverse Ermittlungen gegen bestimmte Polizeioffiziere und Agenten durch. Wir unternahmen also etwas, aber ich bin ziemlich sicher, dass wir damit nur an der Oberfläche kratzten.«

Todesfälle wie der von Pinina hatten spürbare Konsequenzen für die Mafia. So mussten alle Codes, die Escobars Männer benutzten, geändert werden. Und während der Hexenjagd nach dem *sapo* gelang es Martínez, weitere Anhaltspunkte über die Aufenthaltsorte der Männer zu finden. Das Kartell brach Stück für Stück auseinander.

Pininas Verhör und die Kooperation von Gachas altem Freund Pérez führten zum nächsten groß angelegten Einsatz gegen Escobar, diesmal im Magdalena Medio. Einer von Escobars Gorillas, Hernán Henao, der Verwalter von Nápoles, wurde gefasst.

Den schmerzhaftesten Verlust erlitt Escobar im August 1990 mit dem Tod seines Vetters Gustavo. »Er war der zweitwichtigste Mann«, sagt Martínez. »Wir hörten jemanden ab, ohne zu wissen, dass es sich um Gustavo Gaviria handelte. Eine Stimme sagte: ›Sí, Señor‹ und: ›Was hat der Señor gesagt?‹ Da riefen Leute an, die fragten, welchen Prozentsatz sie von der Lieferung erhalten würden, und ›El Señor‹ entschied das dann.«

Die Leitung wurde bis in ein Armenviertel im Norden Medellíns zurückverfolgt. Als sie an dem Haus ankamen, stellte Martínez fest, dass die Adresse falsch war und die Leitung in ein anderes Haus führte, wo sie Escobars Vetter fanden, der von dort aus die Fäden im Drogenhandel zog.

»Der hat sofort angefangen zu schießen«, sagt Aguilar. »Die Tür wurde geöffnet, er kam schießend heraus, und wir haben ihn draußen erledigt.«

Escobars Familie erzählt die Geschichte anders. »Er kam mit erhobenen Händen heraus«, sagt Gustavos Vetter Jaime Gaviria, »und als er in den Garten herauskam, schlugen sie ihn zusammen und brachten ihn vor aller Augen um.«

Gustavo war für das Tagesgeschäft auf den Schlüsselrouten zuständig gewesen; von seinem Tod hat sich Escobar nicht wieder erholt. Er stützte sich nun in zunehmendem Maße auf Entführungen und die »Besteuerung« der Drogenschmuggler, um seinen Krieg gegen den Staat weiterführen zu können.

Als er seine Kapitulation aushandelte, verschaffte Escobar sich ein wenig Ruhe vor seinen Verfolgern und seinen einstigen Partnern. Doch nach seiner Flucht aus La Catedral wurde die Vernichtung seiner »Offiziere« umso systematischer betrieben. Die Polizei führte einen schmutzigen Guerillakrieg gegen das Medellín-Kartell, während die Konkurrenz aus Cali entspannt zusah, wie der Staat die Rivalen systematisch ausrottete.

Der Mord an Tyson

Nachdem seine Organisation nicht mehr über das Raffinement von Persönlichkeiten wie Pinina und Gustavo verfügte, verließ sich Escobar wieder auf das, was er am besten konnte: den Straßenkampf.

Zwei seiner blutrünstigsten Leutnants koordinierten die Bombenattentate und Drive-by-Shootings; El Chopo, der selbsternannte »König der Banditen«, und Tyson, der Anführer einer der skrupellosesten Banden von Auftragskillern, der mit mehr als siebenhundert Verbrechen in Verbindung gebracht wird.

Im September 1992 wurden siebzehn Polizisten ermordet. Als Tyson im darauffolgenden Monat umgebracht wurde, nahm der brutale Konflikt noch an Schärfe zu. Tyson war bei einer Polizeirazzia im Haus einer Freundin in die Falle geraten und versuchte sich den Weg mit einer MP-5-Maschinenpistole freizuschießen. Er wurde von achtzehn Polizeikugeln getroffen. 100 Millionen Peso (150 000 US-Dollar) gingen an den Informanten, der den Tipp gegeben hatte.

Tysons Familie hatte bereits drei Brüder in Escobars persönlichem Krieg verloren. Angelo Yamid starb 1988, Andy Fernando im Mai 1990. Dandenys, »La Quica«, war im Jahr zuvor in New York verhaftet und später als Urheber des Bombenattentats auf das Avianca-Flugzeug angeklagt worden.

Aus Wut über die Ermordung Tysons gerieten El Chopo, Arete und Tysons verbliebener Bruder Tilton in einen Mordrausch und ermordeten in den folgenden vier Monaten achtzig Polizisten durch Bomben oder Schüsse. Der Krieg eskalierte weiter; in den ärmsten Vierteln von Medellín wurden bei 60 Massakern 240 Menschen getötet. Für jeden toten Polizisten wurden zehn Teenager erschossen. Am zweiten Novemberwochenende schlachteten Todesschwadronen mit stillschweigender Zustimmung der Polizei 45 Teenager ab. In den sechs Monaten nach Escobars Flucht starben allein in Medellín 3479 Menschen, 344 mehr als in der ersten Jahreshälfte.

María Quiroz musste die ganze Brutalität dieses mörderischen Teufelskreises durchleiden. Die Matriarchin einer großen Familie aus Barrio Villatina trug binnen drei Wochen zwei ihrer Liebsten zu Grabe.

Ihr Sohn, ein Undercover-Polizist, war zusammen mit zwei Kollegen erschossen worden. Und zwar einen Tag nachdem Tyson im extravaganten Familienmausoleum, das rund um die Uhr von Ranchero-Klängen beschallt wurde, beigesetzt worden war.

»La Quica und Tyson gehörten zu der Familie, die die Polizistenmorde organisierten«, erinnert sich eine noch immer aufgewühlte María. »Die ermordeten, wen sie erwischen konnten. La Quica wohnte in Castilla, und mein Sohn arbeitete auf dem dortigen Polizeirevier. Sie brachten Tyson um, und einen Tag später brach der Krieg aus. An diesem Tag erschossen sie meinen Sohn mit einer Maschinenpistole, mitten auf der Straße zwischen Buenos Aires, San Juan und Nikitao. Er befand sich mit zwei anderen Kollegen im Einsatz. Sie überraschten sie und erschossen sie alle.«

Noch ehe sie sich ganz der Trauer über den Tod ihres Sohnes hingeben konnte, verlor sie auch noch ihren siebzehnjährigen Enkel, der zusammen mit acht weiteren Teenagern am 15. November um 20.00 Uhr vor dem kleinen Supermarkt des Viertels erschossen wurde. Er und seine Freunde kamen von einer Kirchenveranstaltung. Ein achtjähriges Mädchen fand bei dem Überfall ebenfalls den Tod.

»Die Leute sahen die Autos, und sie wussten, wer die waren«, berichtet die Tante des toten Jungen. »Sie sprangen aus drei Wagen und befahlen ihnen, sich mit dem Gesicht nach vorn an die Wand zu stellen. Dann eröffneten sie einfach das Feuer. Für jeden getöteten Polizisten brachten sie neun Zivilisten um, weil angeblich alle Bewohner Bandenmitglieder waren. Aber er doch nicht.«

Sie erinnert sich, dass sie ihren Neffen blutend vor dem Laden fand. Er lebte noch. »›Sie haben mich umgebracht, Tante‹, sagte er noch. ›Es waren die F-2.‹« Bevor er im Krankenhaus starb, war er noch in der Lage, einige der zwölf Männer, die die Schüsse abgegeben hatten, als Kollegen seines Onkels zu identifizieren.

José David Pedreros vom Comando Halcón, der geheimen Polizeieinheit, die gebildet wurde, um den Tod der Kollegen zu rächen, behauptet, die Attacke hätte Kriminellen gelten sollen.

»Es gab eine Verwirrung, und die Leute, hinter denen wir her waren, haben die Situation zu ihrem Vorteil genutzt«, erzählt er. »Als wir sie schließlich angriffen – und Sie müssen bedenken, wir trugen Zivil –, riefen sie die Armee zu Hilfe, die, als sie eintraf, dachte, wir wären die Banditen, und das Feuer auf uns eröffnete. Die Kids gerieten ins Kreuzfeuer und wurden getötet, aber das hatte nichts mit der Polizei zu tun. Dafür waren wir nicht verantwortlich.«

Doch eine Untersuchung der Interamerikanischen Kommission für Menschenrechte im Auftrag der Organisation Amerikanischer Staaten zwang die kolumbianische Regierung, ihre Verantwortung für das Massaker anzuerkennen.

Im Juli 2002 wurde im Zentrum Medellíns ein Denkmal für die Opfer errichtet, und in dem Viertel, aus dem sie stammten, eröffnete man als Wiedergutmachung ein Gesundheitszentrum.

Tyson-Skulptur aus Fiberglas und Holz. Der Spitzenkiller Escobars wurde am 27. Oktober 1992 von der Polizei getötet.

Die Inschrift des Denkmals lautet: »Dieses Mahnmal soll als moralische Sühne die Erinnerung an die Opfer wachhalten. Auch wenn dies den Schmerz der Familien nicht zu lindern vermag, den die Tat verursacht hat, bedeutet es einen grundlegenden Schritt in Richtung Gerechtigkeit und soll die Kolumbianer daran gemahnen, dass solche Taten sich nicht wiederholen dürfen.« Drei Polizisten waren entlassen worden, aber keiner von ihnen wurde strafrechtlich verfolgt.

Telekommunikation

Die Hauptursache für die erfolgreiche Zerschlagung des Medellín-Kartells durch den Bloque de Búsqueda war die geschickte Auswertung der abgehörten Telefongespräche.

Hugo Martínez, der Chef der Truppe, hörte manchmal stundenlang Bänder ab, die die kolumbianischen und US-amerikanischen Nachrichtendienste zur Verfügung gestellt hatten.

Kleine Beechcraft-Flugzeuge der Centra Spike, der elektronischen Nachrichtenbeschaffungseinheit der US-Armee, kreisten über Medellín und durchscannten die Radiowellen nach dem Stimmenmuster von Escobar und seinen wichtigsten Männern. Außerdem machten sie Luftaufnahmen von dem Gebiet, um auffällige Aktivitäten festzustellen und Razzien vorzubereiten.

Die Tonbänder wurden Martínez von der US-Botschaft ausgehändigt, und der Kolumbianer hatte die Aufgabe, Escobars komplizierte Codes zu knacken.

Manche der Aufnahmen enthielten laut Martínez lediglich Gespräche von Bauern aus Antioquia, die sich über ihre Kühe unterhielten, andere hingegen lieferten wesentliche Hinweise zum Verständnis von Escobars dreitausend Mann starker Organisation.

»Wir hörten uns Tag und Nacht diese Gespräche an«, erzählt er. »Ich habe die Kassetten nummeriert, damit man die Zeiten erkennen konnte. Ich habe sie in Zehn-Sekunden-Abständen markiert. Zehn Sekunden, zwanzig, dreißig und so weiter. Soundso spricht mit Soundso, sie erwähnen Namen, X, Y, Z, und wenn man später ein anderes Gespräch abhörte, konnte man vergleichen, aha, das ist Señor X. Man musste alles aufschreiben, weil es so viel Material war.«

Das tragbare Telefon, das Pablo benutzte, als die Polizei unmittelbar vor seinem Tod am 2. Dezember 1993 seine Anrufe an seine Familie zurückverfolgte.

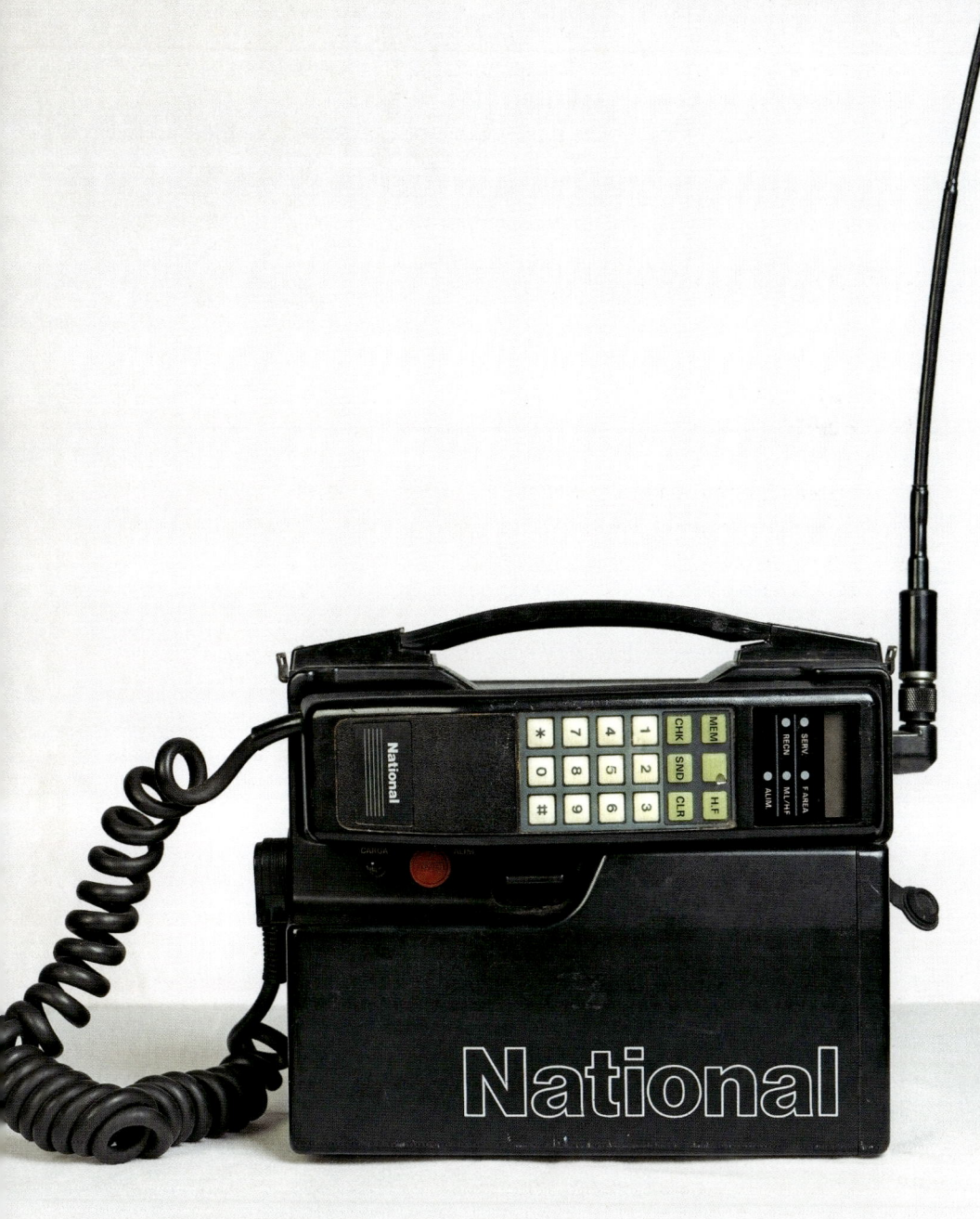

Die minutiöse Kleinarbeit ging über Monate, und langsam kristallisierte sich ein Bild der Organisation heraus. »Heute rief er Roberto an, am nächsten Tag Edward. Manchmal erwähnten sie Zahlen oder sagten ›mach X‹, was bedeutete, dass man so viel von den Zahlen, die sie nannten, dazuzählen oder abziehen musste.«

Manchmal war Martínez überrascht, wie viel Information Escobars Männer preisgaben. »Wir hatten oft den Eindruck, dass erwischt zu werden nicht ihre größte Sorge war. Sie sorgten sich mehr über Bandenkriege, die Auseinandersetzungen ums Geschäft. Natürlich tarnten sie sich, aber manchmal achteten sie nicht auf ihre Deckung, wurden unvorsichtig, schlampten mit ihren Geschäften oder ihren Mordaufträgen, ihrem Banditentum.«

Mit jedem Durchbruch begann die Arbeit von neuem, erinnert sich Martínez. »Wann immer jemand starb oder gefasst wurde, änderten sie die Codes. Dann hörte man sie sagen: ›Alle Mann umziehen, jeder, der ein Treffen hat, soll es verschieben und erst die Namen ändern.‹«

Die frühen Versuche, mit der Elektronik zu arbeiten, führten zu einer Reihe peinlicher Zwischenfälle, unter anderem zu Razzien gegen Politiker, die Escobar kontaktiert hatte, damit sie sich für einen Waffenstillstand starkmachten.

»Wir kamen nach Rionegro auf eine Farm des Gouverneurs von Antioquia, Juan Gómez Martínez (der Eigentümer der Tageszeitung *El Colombiano*). Er war wütend und verlangte eine Erklärung, warum wir sein Haus durchsucht hatten«, erzählt Hugo Martínez. »In Anwesenheit des Kommandanten der Polizei sagte ich, die Durchsuchung habe stattgefunden, weil ein Gringo-Flugzeug einen Anruf von Pablo Escobar in dieses Haus zurückverfolgt hatte. Ich zeigte dem Mann das elektronische Register und sagte: ›Wenn Sie sich das anschauen und immer noch behaupten, ich sei ein Lügner, dann trete ich auf der Stelle zurück.‹ Der Gouverneur entschuldigte sich und akzeptierte unsere Erklärung.«

Bei anderer Gelegenheit fing der Bloque einen Anruf aus dem San-José-Priesterseminar ab, das der katholischen Kirche gehört. Drei Tage lang nahmen die Agenten auf der Suche nach Escobar das Seminar auseinander. Sie fanden nichts, doch Martínez ist immer noch überzeugt davon, dass er dort war.

Nach Escobars Flucht aus La Catedral füllte noch mehr Elektronik aus dem Pentagon den Himmel über Medellín. Die Air Force schickte RC-135er, C-130er, U-2er und SR-71er, während die Navy P-3-Spionageflugzeuge beisteuerte, die die Havilland- und Centra-Spike-Maschinen der CIA ergänzten.

Einige Tage nach seiner Flucht bemerkte Escobar, dass man seinen Aufenthaltsort anhand seiner Telefongespräche feststellen konnte. Aus einem Versteck in Sabaneta telefonierte er nach Hause, um seine Familie zu beruhigen.

Ein weiteres von Pablos tragbaren Telefonen.

»Er telefonierte, und unmittelbar nachdem er aufgelegt hatte, hörten wir ein kleines Flugzeug«, erzählt Popeye. »›Die haben Abhöranlagen‹, rief El Patrón, ›die haben den Anruf geortet.‹ Wir hörten schon die Truppen, die uns einkreisten, hatten aber immer noch keine Hubschrauber gehört. Als wir rausgingen, sahen wir drei DIJIN-Trucks voller schwer bewaffneter Zivilpolizisten. ›Popeye‹, sagte El Patrón, ›die haben uns gesehen.‹

Da habe ich den Sicherungshebel der MP-5 umgelegt. Doch sie hatten uns zwar gesehen, aber irgendwie nicht erkannt, deshalb zogen wir uns zurück und rannten in Richtung eines kleinen Wäldchens. Wir dachten, sie würden uns folgen, und als wir ins Unterholz krochen, bemerkten wir, dass überall auf den Straßen Armee war. Pablo trug ein kleines Transistorradio bei sich, und während wir uns in einer Senke versteckten, hörten wir die Übertragung der Partie zwischen Nacional und Medellín.

Er war unglaublich cool. Er lauschte einfach der Übertragung. Ich dagegen hielt die entsicherte Maschinenpistole in Händen und war furchtbar nervös. Ich war überzeugt, die würden uns umbringen. Irgendwann rief er mich.

›Popeye, Popeye‹, flüsterte er.

›Patrón?‹

›Medellín hat gerade ein Tor geschossen.‹

Ich wusste nicht, ob ich wütend sein oder lachen sollte. Ich sagte: ›Patrón, in einer Minute werden sie die Treffer bejubeln, die sie Pablo Escobar und Popeye verpassen.‹

›Sei nicht so pessimistisch, mein Sohn, sie werden uns nicht finden.‹«

Und für eineinhalb Jahre fanden sie ihn auch nicht. Rivalisierende Dienste und Behörden versuchten sich gegenseitig mit ihrer Technologie zu überbieten. Die Ausrüstung der Centra Spikes erwies sich dabei als die präziseste; sie konnte Signale bis auf einen Radius von 200 Metern einkreisen.

Doch in städtischen Gebieten habe sich auch dieser Fehlerbereich noch als zu groß erwiesen, erinnert sich Martínez. Sich auf die US-Elektronik zu verlassen, bedeutete den Einsatz ganzer Hundertschaften, wodurch die Wahrscheinlichkeit stieg, dass man unterwandert wurde und so die Gesuchten wieder entkommen konnten.

Deshalb benötigte man auch kolumbianische Spezialisten wie Martínez' Sohn Hugo jr., die am Boden operierten und die Signale lokalisierten.

Hugo jr.s Truppe arbeitete mit einem tragbaren französischen Gerät, das der kolumbianischen Telefongesellschaft gehörte und zuvor vom Telekommunikationsministerium benutzt worden war.

Die tragbare Abhöranlage, die Hugo Martínez jr. bei dieser Aktion benutzte.
Der Apparat ist eine Mischung aus Metalldetektor und CB-Funkgerät und zeigte mittels
einer grünen Linie Stärke und Richtung des Signals an.

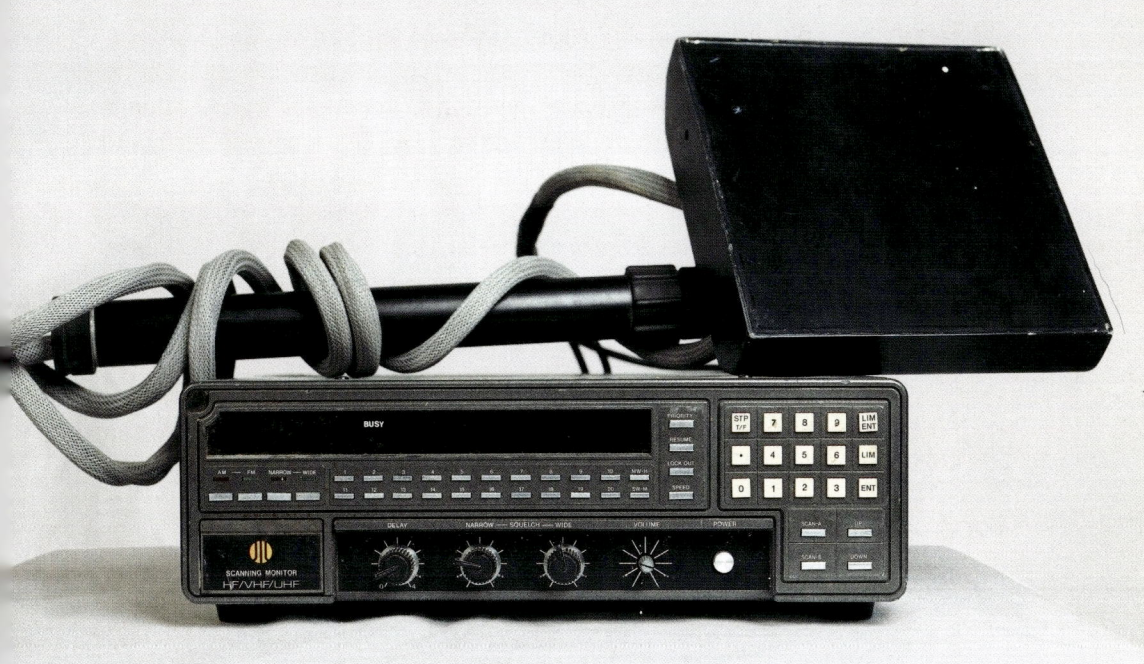

Das Gerät der Marke Thomson-Brandt war eine Mischung aus CB-Radio und Metalldetektor und zeigte mittels einer grünen Linie Stärke und Richtung des Signals an. Die ausgesandten Signale zu interpretieren, kam allerdings dem Versuch gleich, mit Außerirdischen zu kommunizieren.

»Hugo jr. hat das Ding so lange rekonfiguriert, bis es einen Fehlerbereich von null aufwies«, sagt Hugo Aguilar. »Der Erfolg ist Leutnant Martínez zuzuschreiben. Er war es, der die Änderungen eingebaut hat. Er hat zwei Sensoren mit einer kleinen Leuchte verbunden, so dass sie die genauen Koordinaten lieferten. Er hat sein Geheimnis mit ins Grab genommen, denn weder unsere noch die amerikanische Regierung haben seiner Erfindung irgendwelche Bedeutung zugemessen, obwohl sie sehr wertvoll war – sehr wertvoll auch für die ganze Welt hätte sein können. Sie haben es nie wieder geschafft, so eine Operation gegen einen anderen Capo oder Terroristen durchzuführen. Nie wieder.«

Bei Probeläufen funktionierte das Gerät perfekt, doch der Einsatz in Stadtgebieten brachte jede Menge Schwierigkeiten mit sich, da Störfaktoren wie fließendes Wasser und elektrische Interferenzen die Signale ablenken konnten.

Die Gelegenheiten, es einzusetzen, wurden ab Februar 1993 zudem durch ein sechsmonatiges Benutzungsverbot von Handys und Beepern verringert sowie durch Escobars Widerwillen, über das nationale Festnetz zu telefonieren. Stattdessen benutzte er lange Zeit sendestarke Funkgeräte. Wenn er über Funk kommunizierte, verwendete er permanent Codes, um die Frequenzen zu wechseln. Nachdem das Handyverbot im Oktober 1993 wieder aufgehoben worden war, kehrte Escobar zwar zum Einsatz von Mobiltelefonen zurück, telefonierte aber meist nur aus Taxis heraus, die er durch Medellín dirigierte. Damit wurde die Ortung der Anrufe erschwert.

Gelang es einmal, Escobar zu orten, wurden während der anschließenden Einsätze schwere Fehler begangen. Bei einer Razzia auf einer Farm im eine Autostunde von Medellín entfernten Aguas Frías stieß der Bloque de Búsqueda auf Zeitungen, Joints und Kleidungsstücke, die darauf schließen ließen, dass Escobar noch Augenblicke zuvor hier gewesen war.

Tatsächlich hatte Escobar, der sich der Grenzen der gegen ihn eingesetzten Elektronik bewusst war, nicht vom Farmgebäude selbst, sondern von einer hundert Meter entfernten Hütte aus angerufen. Er entkam mit drei seiner Leibwächter zu Fuß, während die Polizei das Haupthaus stürmte.

Die Probleme mit der Elektronik stellten die Geduld aller auf die Probe. Nur Martínez und sein Sohn waren nach wie vor von ihrer Nützlichkeit überzeugt.

Doch schließlich erzielte die Einheit im November 1993 mit der Aktion »Orion II« ihren ersten durchschlagenden Erfolg. Der Einsatz richtete sich gegen Juan Camilo Zapata, einen exzentrischen Drogenschmuggler aus Medellín, der jeden Tag stundenlang über Funk mit einer Wahrsagerin kommunizierte, die er bei allen wichtigen Entscheidungen konsultierte.

»Das war ein durchgeknallter Mörder«, sagt Aguilar. »Wir haben seine Spur in Santa Fe de Antioquia aufgenommen. Ich habe einen Leutnant hingeschickt, und dessen Einheit hat ihn erledigt. Das gab uns Selbstvertrauen, wir wussten, wenn Pablo Escobar noch einmal telefonierte, wäre er geliefert.«

Das Archiv
von Hugo Martínez

General Hugo Martínez war der Chef des Bloque de Búsqueda, der Eliteeinheit, die 1989 zur Ergreifung Pablo Escobars geschaffen worden war. Auf der Jagd nach ihm führte die Truppe fast 14 000 Razzien durch. Drei Jahre lang führte Escobar den Bloque an der Nase herum, der mindestens viermal kurz davor war, ihn zu fassen. Escobar wurde schließlich am 2. Dezember 1993 bei einer Razzia des Bloque erschossen. Martínez hat einige Erinnerungsstücke dieser letzten Razzia aufbewahrt, darunter ein Gebet, das Escobar am Körper getragen hatte.

Hugo Martínez

General Octavio Vargas, dem Operationschef der kolumbianischen Nationalpolizei, wurde die Aufgabe übertragen, das Personal für den neu geschaffenen
Bloque de Búsqueda auszuwählen. Zum Chef der Truppe ernannte er Oberstleutnant Hugo Martínez, den amtierenden Leiter der Polizeischule in Bogotá. »Sie
stellten mich für fünfzehn Tage ab und sagten: ›In zwei Wochen werden wir
einen Oberst schicken, der den Job übernimmt‹«, berichtet Martínez, der inzwischen zum General befördert wurde. Seine Mission, Escobar zur Strecke zu bringen, sollte mehr als vier Jahre in Anspruch nehmen.

Während Miguel Maza die Bereitschaft des Staates, im Kampf gegen Escobar
Gewalt anzuwenden, nach außen repräsentierte, war Martínez weniger sichtbar,
aber ebenso bedrohlich in seiner Entschlossenheit, Escobars Narco-Terrorismus
zu beenden. Martínez war für das Medellín-Kartell ein wahrer Alptraum. Auf die
Frage, wer von den beiden Staatsdienern – Martínez oder Maza – der härtere von
Escobars Gegnern war, antworteten Richter und Killer gleichermaßen ehrfürch-
tig: Martínez.

Als er seine Stelle in seinem Büro in der Carlos-Holguín-Polizeischule in Medellín antrat, fertigte er als eine seiner ersten Amtshandlungen auf zwei DIN-A4-
Blättern ein Organigramm des Medellín-Kartells an. Auf der einen Seite notierte er
die Decknamen der Drogenschmuggler und auf der anderen die der Banditen. Mit
der Zeit wurden den Decknamen die richtigen Namen zugeordnet, und diese, wenn
man die zugehörigen Personen gefasst oder getötet hatte, durchgestrichen.

Martínez' gnadenlose Effizienz kam alsbald auch Escobar zu Ohren, der ihm
sein übliches »Plata o plomo«-Angebot unterbreitete. Escobars Emissär war in
diesem Fall ein Oberst, der unangemeldet bei Martínez im Büro auftauchte, um
die teuflische Alternative zu präsentieren. Damit kein Zweifel aufkam, legte er
seinen Besuch auf den Tag, an dem vor dem Haus der Familie Martínez in Bogotá
eine Bombe explodierte. Nur Martínez' höchstrangige Kollegen wussten, dass
er in die Hauptstadt gefahren war, weil er sich um die Sicherheit seiner Frau und
seiner drei Kinder sorgte.

»Er bot mir sechs Millionen Dollar, wenn ich weiter in Medellín blieb«, erinnert sich Martínez, der seit seiner Pensionierung die meiste Zeit mit seiner Familie auf einem kleinen Landsitz verbringt und Landschaftsaquarelle malt. »Jedoch
nicht, um Escobar festzunehmen, sondern um ihm die Namen der *sapos* zu verraten, wenn eine Operation gegen ihn lief.

Das gefiel mir gar nicht, verstehen Sie, denn erstens hatte mich die Wache
nicht vorgewarnt, und zum Zweiten war dieser Kerl hier in meinem Büro, obwohl

---

Fahndungsplakat von Pablo Escobar. Zu seiner Belohnung werden ca. 1,5 Millionen US-Dollar
ausgesetzt. Das Plakat wurde nach Pablos Flucht aus La Catedral im Juli 1992 verbreitet.

SE BUSCA

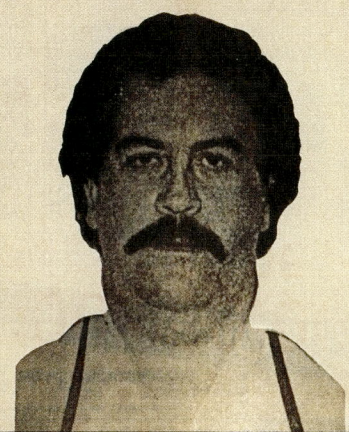

PABLO EMILIO ESCOBAR GAVIRIA

SOLICITADO POR LA JUSTICIA

A QUIEN SUMINISTRE INFORMACION QUE PERMITA SU CAPTURA
EL GOBIERNO NACIONAL LE OFRECE COMO GRATIFICACION

$ 1.000'000.000.oo
MIL MILLONES DE PESOS

¡LLAME YA !
SANTAFE DE BOGOTA
2-22-50-12

GRATIS DESDE
CUALQUIER CIUDAD
9800-10600

¡ ESCRIBA !

APARTADO AEREO
1500
SANTAFE DE BOGOTA

SE GARANTIZA ABSOLUTA RESERVA SOBRE LA IDENTIDAD DE QUIEN OFRECE LA INFORMACION

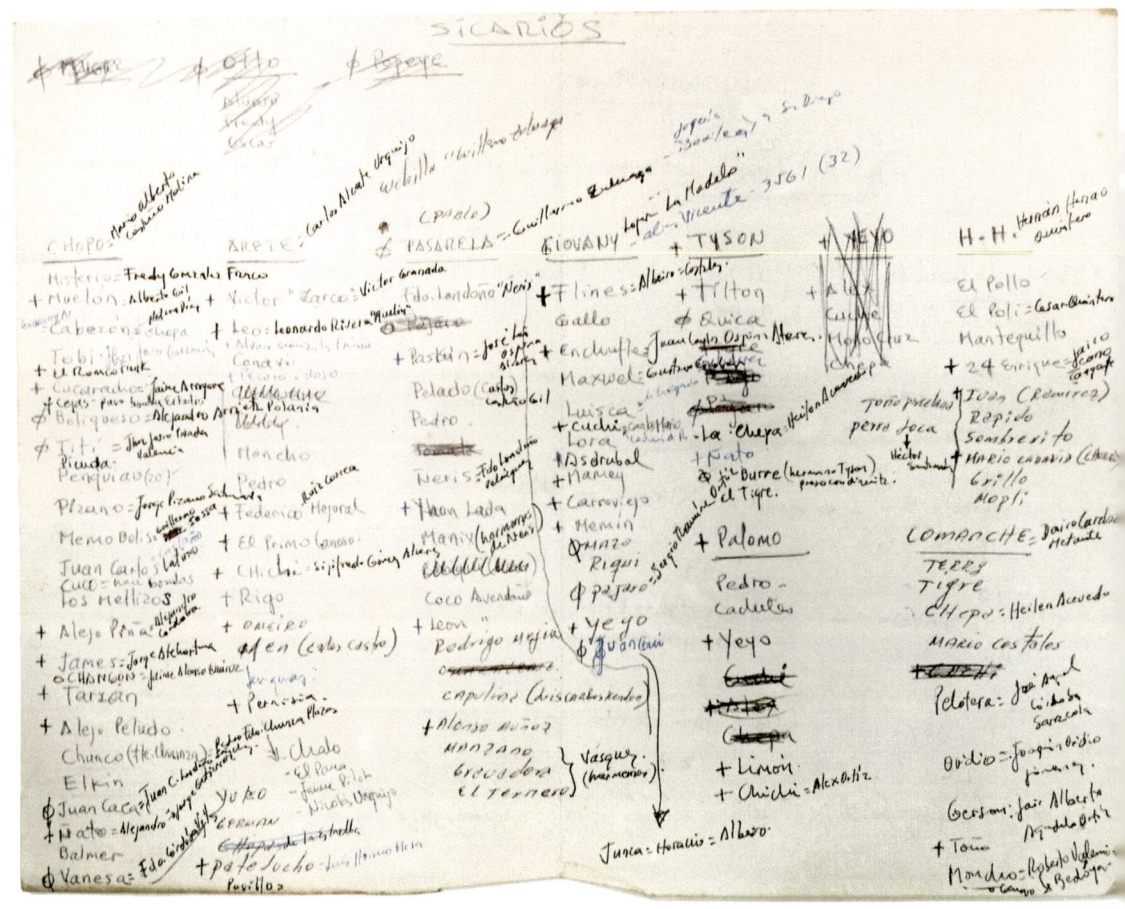

Hugo Martínez' Notizen über die Hierarchie in Pablos Organisation; *sicarios* (Auftragskiller)
sind auf der einen (hier abgebildeten) Seite gelistet, Schmuggler auf der anderen.
Durchgestrichene Namen bedeuten, dass die Person gefasst oder getötet wurde.

niemand wusste, dass ich in Bogotá war. Von daher fühlte ich mich einigermaßen unsicher und fürchtete, jeden Moment ermordet zu werden.«

Der Emissär erklärte, dass seine gesamte Familie mit dem Tode bestraft würde, wenn er ihm nicht diese Botschaft übermittelte.

»Ich erwiderte dem Oberst: ›Sehen Sie, ich verstehe Ihre Lage, aber wenn Sie eine Antwort haben wollen, müssen Sie mir zuerst sagen, wie Sie hierhergekommen sind und wer Ihnen verraten hat, dass ich hier bin. Wenn Sie mir das nicht sagen, habe ich auch Ihre Botschaft nicht erhalten.‹«

Da es ihm nicht gelungen war, Martínez zu kaufen, arbeitete Escobar sein eigenes Organigramm des Bloque de Búsqueda aus. An der Spitze stand natürlich Oberstleutnant Martínez. Im Gegensatz zu seinem Gegner allerdings gelang es Escobar nicht, auch nur einen Namen eines wichtigen Mitglieds der Organisation durchzustreichen.

»Es hätte aber auch alles anders kommen können«, sagt Martínez, »wenn einer der frühen von Pinina ausgeheckten Anschläge Erfolg gehabt hätte.«

Escobars Spitzenkiller hatte an der Polizeischule einen Insider rekrutiert. Der junge Polizist lieferte dem Kartell Informationen über bevorstehende Razzien und die Aktivitäten der hohen Offiziere. Er flog auf, als Martínez' Nummer zwei, Hugo Aguilar, eine Falle stellte, um die Ursache des Lecks aufzuspüren.

»Er gestand, was er getan hatte, und auch, dass Pinina ihm Gift zugesteckt hatte. Er sei gefragt worden, wie viele Leute die Abteilung umfasse, und nachdem er gesagt hatte, sie seien vierzig, befahl man ihm: ›Gut, dann mischst du diese Menge unter ihre Suppe.‹ Der Polizist behauptet, in die Küche gegangen zu sein und den Inhalt des Fläschchens in die Suppe geschüttet zu haben, aber nichts sei passiert.

Das Einzige, was passiert ist, war, dass wir Magenprobleme bekommen haben. Wir erinnerten uns nämlich, dass etwa drei Wochen zuvor die ganze Schule über Durchfall geklagt hatte. Wir hatten aber angenommen, es habe sich um verdorbene Lebensmittel gehandelt. Dabei hatten wir Riesenglück. Denn normalerweise wurde unser Essen separat zubereitet, doch just an diesem Tag wurde für die ganze Schule, für mehr als zweihundert Leute gekocht, deshalb hat das Gift nicht gewirkt.«

Einige Zeit später gab Pinina dem Insider eine Pistole mit Schalldämpfer, die sich heute im Polizeimuseum befindet. Am Tag vor seiner Verhaftung hatte der junge Polizist aus weniger als fünf Metern Entfernung auf den in seinem Büro arbeitenden Martínez angelegt. In letzter Sekunde bekam er Zweifel, dass er mit dem Schalldämpfer richtig zielen konnte, und beschloss, erst noch zu Hause ein paar Probeschüsse abzugeben, ehe er es am nächsten Tag noch einmal versuchte. Doch bevor er eine zweite Chance bekam, wurde er verhaftet.

»Es gibt keine grausamere Würdigung als einen Mordversuch«, meint Maza. Das war die größte Ehre, die Escobar einem Feind angedeihen lassen konnte.

Martínez' vergebliche Bemühungen, Escobar zu fassen, weckten den Verdacht, dass er und seine Truppe korrumpiert worden waren. Obwohl man wiederholt versucht hatte, Martínez umzubringen.

In den Wochen vor Escobars Tod wurde bereits öffentlich, dass Martínez abgelöst werden sollte. Und noch wenige Tage vor Escobars Tod sorgte Chef-Ankläger Gustavo de Greiff für Schlagzeilen, als er behauptete, der Bloque de Búsqueda sei entweder unfähig oder korrupt.

Für jemanden, der so gewissenhaft und hartnäckig arbeitete wie Martínez, wurde das Duell mit Escobar zur Obsession, zumal es für ihn auch um die Verteidigung seiner Ehre ging.

»Ich habe nur meine Arbeit getan«, sagt er und spielt die persönliche Seite der Auseinandersetzung herunter. Doch tatsächlich ließ er fast nichts unversucht, sich in die Gedanken seines Gegners hineinzuversetzen. Nach der Aktion »Apokalypse«, der ersten Razzia auf der Hacienda Nápoles, schlief Martínez in dem Bett, in dem sich wenige Stunden zuvor Escobar mit zwei Mädchen vergnügt hatte. Die Volleyballspielerinnen, die, ohne es zu ahnen, Martínez zu Escobars Versteck geführt hatten, waren von Mario Henao vermittelt worden, der bei der Razzia erschossen wurde.

»Nach zwei Nächten ohne Schlaf döste ich in Escobars Bett ein. Als ich aufwachte, war da eine Hubschrauberladung voller Journalisten, die im Haus herumschnüffeln wollten. Ich hatte meine Unterhose gewaschen und zum Trocknen im Badezimmer aufgehängt, und um mich schneller anziehen zu können, stopfte ich sie unter das Kopfkissen. Als die Journalisten sie entdeckten, dachten sie, sie gehörte Escobar. Das fanden sie toll, danach erschienen die ersten Karikaturen, die Escobar zeigten, wie er halbnackt in den Wald rennt.«

Doch die diversen Gelegenheiten, bei denen Escobar knapp entkommen war, sowie die Stunden, die er mit dem Abhören von Tonbändern zubrachte, begannen Martínez auch in seiner Freizeit zu verfolgen. Er gibt zu, dass er Schwierigkeiten hatte abzuschalten.

»Ich träumte, dass ich mit ihm redete. Ich wollte, dass er mir verrät, wie er entkommen ist.«

14 000 Razzien

Zwischen der Aktion Apokalypse im Dezember 1989 und der letzten Razzia, die am 2. Dezember 1993 mit Escobars Tod endete, führte der Bloque de Búsqueda annähernd 14 000 solcher Aktionen durch.

An der Wand des Hauptquartiers des Bloque in der Carlos-Holguín-Polizeischule hing eine riesige, aus mehreren Luftaufnahmen bestehende Karte von Medellín, und die Truppe machte sich daran, die Stadt zu militarisieren. Die Fotos wurden permanent auf den neuesten Stand gebracht und auf Zeichen illegaler Aktivitäten hin überprüft. Hugo Aguilar, die Nummer zwei der Truppe, sagt, die DEA habe dank ihrer »Geisterflieger« täglich Aufnahmen geliefert, um die Arbeit des Bloque zu unterstützen.

»Wir legten eine einige Quadratkilometer große Fläche fest, in der sie eine Frequenz geortet hatten und nun Fotos von Häusern und Farmen machen sollten. Und was machten wir mit diesen Fotos? Wir analysierten sie und führten Durchsuchungen durch, um zu sehen, ob wir vielleicht irgendwo Dynamit, Waffen oder Dokumente fanden. Letztlich handelte es sich um Orte, an denen Pablo Escobar sich versteckte.«

Am Jahrestag von Escobars Flucht aus dem Gefängnis sah sich der Bloque, aufgrund seines Unvermögens, ihn zu fassen, heftigen Angriffen seitens der Medien ausgesetzt. Diese Reaktionen führten dazu, dass die Truppe im Juli 1993 eine Liste ihrer Erfolge an die Medien gab.

Demzufolge hatte der Bloque 13 122 Razzien durchgeführt, davon mehr als 11 000 in Medellín. Weitere 165 groß angelegte Operationen waren landesweit unter Beteiligung von jeweils mehreren Hundert Männern durchgeführt worden. Man hatte 1879 Straßensperren und 920 Beobachtungsposten eingerichtet. Bei den Razzien wurden 145 mutmaßliche Mitglieder des Medellín-Kartells sowie drei Offiziere des Bloque, sieben Unteroffiziere, 103 einfache Polizisten und sechs zivile Mitarbeiter getötet.

Die Operationen des Bloque hatten zur Verhaftung von 1314 Personen mit Verbindungen zum Kartell geführt. 1215 Waffen, 273 Funkgeräte, 7000 Kilogramm Dynamit sowie 1,4 Millionen US-Dollar waren beschlagnahmt worden. Doch trotz dieser Erfolge war es dem Bloque nicht gelungen, die Mordrate in Medellín zu senken, die bei neunzehn Opfern pro Tag stagnierte.

Popeye, mit diesen Zahlen konfrontiert, bemerkt die Diskrepanz zwischen der Menge an Waffen und Dynamit auf der einen und dem ausgewiesenen Geldbetrag auf der anderen Seite. »Wenn die Polizei Fotos von ihren Entdeckungen aus den Verstecken und aus La Catedral präsentierte, hat immer etwas gefehlt«, sagt er. »Es ist ja ganz schön, die Verstecke vorzuführen, aber die Polizei hat nie das Geld gezeigt, das sich dort gefunden hat. In einem Versteck waren es drei Millionen Dollar, in einem anderen 75000.«

Trotz der nie dagewesenen Intensität des Polizeieinsatzes gelang es Escobar weiterhin, sich dem Zugriff der Behörden zu entziehen und sich frei und ohne Aufmerksamkeit zu erregen in Antioquia zu bewegen. Er hatte aus Gachas Tod an der Karibikküste seine Lehren gezogen und sich entschieden, sich nicht auf unbekanntes Gebiet zu begeben.

»Er bewegte sich wie ein Fisch im Wasser«, sagt Octavio Vargas. »Wir konnten ihn nicht fassen, weil er die Unterstützung der lokalen Bevölkerung genoss. Er bewegte sich immer in seinen Sicherheitszonen in Antioquia. Er verließ die Gegend nie.«

Popeye erinnert sich noch daran, dass Escobar, egal wie angespannt die Lage war, ständig eine Ruhe ausstrahlte, die ihm half, die Fehler der anderen zu vermeiden.

»Im Haus befand sich immer jemand, der als Fassade herhalten musste«, erzählt Popeye. »Wenn sie nach Elefanten suchten, verwandelten wir uns in Mäuse, es gab immer ein Paar mit einem Kind. Wir ließen die Tür offen, und das Kind spielte vor dem Haus mit seinem Dreirad. Die Leute denken immer, Pablo habe jede Menge Technologie benutzt, aber das war gar nicht der Fall.« Gelegentlich wurden, um keinen Verdacht zu erregen, sogar die Nachbarn eingeladen.

Die geschwätzigste und neugierigste Person im Barrio ist immer der Hausmeister, deshalb haben wir immer die Frau des Hauses, in dem wir uns versteckten, dazu gebracht, ihn zu rufen. Sie sagte dann: ›Könntest du mir beim Malen helfen?‹ oder: ›Schau mal, da leckt ein Hahn.‹ So führte sie ihn durchs Haus, und er glaubte, alles sei normal.«

Wenn ihm danach war, konnte Escobar sich sogar – verkleidet mit einem dichten falschen Bart, der seine Züge verbarg – unbehelligt auf den Straßen von Medellín bewegen.

»Alle dachten, Pablo bewege sich nur in einem Konvoi von zehn kugelsicheren Jeeps und sechzig bewaffneten Männern fort, aber in Wirklichkeit waren es nur er und ich«, sagt Popeye. »Obwohl der Krieg in vollem Gange war, spazierten wir durch das Zentrum von Medellín und bewunderten die Weihnachtsdekoration. Als wir uns nach links wandten, entdeckten wir plötzlich sechs Polizisten. Ich hatte meine Pistole hinten im Hosenbund stecken und wollte danach greifen, doch Pablo fiel mir in den Arm und sagte: ›Bleib ruhig. Schau nicht in ihre Richtung. Denn wenn du sie wie ein wütender Hund anstarrst, werden sie auf uns losgehen.‹

Die Polizisten kamen auf uns zu, drei auf jeder Straßenseite, aber neben uns befand sich ein Parkplatz, also begann Pablo mit dem Parkplatzwächter eine Unterhaltung, und die Polizisten dachten, alles wäre in Ordnung und gingen weiter. Er sagte: ›Spuck mal aus, Popeye‹, und berührte mein Herz, das wie rasend schlug. Dann spuckte er ganz gelassen aus und sagte: ›Jetzt fass mein Herz an.‹ Ich berührte es, und es schlug total normal, der Mann war eiskalt. Er war übernatürlich.«

Wenn er Medellín verlassen wollte, dachte er sich verschlungene Wege aus, um durch die Straßensperren zu schlüpfen.

Seine Schwester Luz María erinnert sich: »Wenn er aus Rionegro herunterkommen musste, ging er zu einem Freund, der Hunde züchtete, und sagte: ›Pack die schärfsten Tiere, die du hast, in den Laster.‹ Dann versteckte er sich in einem kleinen Schott. Das war perfekt, denn jedes Mal, wenn die Polizei den Laster an einer Straßensperre anhielt, warfen sie nur einen Blick auf die wilden Hunde und winkten ihn durch.«

Doch langsam aber sicher zeigten die Aktionen des Bloque und von Los Pepes Wirkung und schränkten in Verbindung mit einem Kopfgeld von nunmehr fünf Millionen US-Dollar Escobars Bewegungsfreiheit erheblich ein. Zumal die Einsätze seit Anfang 1993 ihm auch finanziell zu schaffen machten.

Seine Schwester erinnert sich weiter: »Zu meiner Mutter sagte er: ›Während sie im Fernsehen fünf Millionen Dollar auf meinen Kopf aussetzen, kann ich noch nicht einmal einem Butler, der mich kennt und weiß, wo ich mich verkrieche, fünfzigtausend Peso [75 US-Dollar] zahlen.‹ Jedes Versteck – und sei es nur für eine halbe Stunde – kostete ihn fünfzig Millionen Peso.«

Ihm aus den Depots Geld zukommen zu lassen, wurde mehr und mehr zum Problem. Nachdem sich seine wichtigsten Männer, Otto, El Mugre, Popeye und Arete, im Februar 1993 ergeben hatten und El Chopo im März den Tod fand, schwand auch Escobars militärische Macht eklatant. Fast alle seine Männer waren entweder tot oder hinter Gittern, so dass ihm wenig mehr blieb, als sich zu verkriechen.

Aufgrund der Vendetta mit den Familien seiner früheren Freunde Fernando Galeano und Kiko Moncada waren seine alten Verstecke nicht länger sicher, und er musste eine von Grund auf neue Infrastruktur schaffen. Dabei stützte er sich in zunehmendem Maße auf seine Bodyguards Limón und Alfonso Puerta alias »El Angelito«, die ihm neue Unterschlupfe besorgten.

Deshalb war der Tod von El Angelito und dessen Bruder am 3. Oktober 1993 auch ein schwerer Schlag für Escobar, zumal Papiere, die im Haus seines toten Bodyguards gefunden wurden, auf seine Spur führten. Der Bloque konzentrierte nämlich fortan seine Aktivitäten auf Immobilien, die erst kürzlich von Angelito

Fotomontagen möglicher Verkleidungen Escobars, die der ▶
Bloque de Búsqueda nach Pablos Flucht 1992 verbreitete. ▶▶

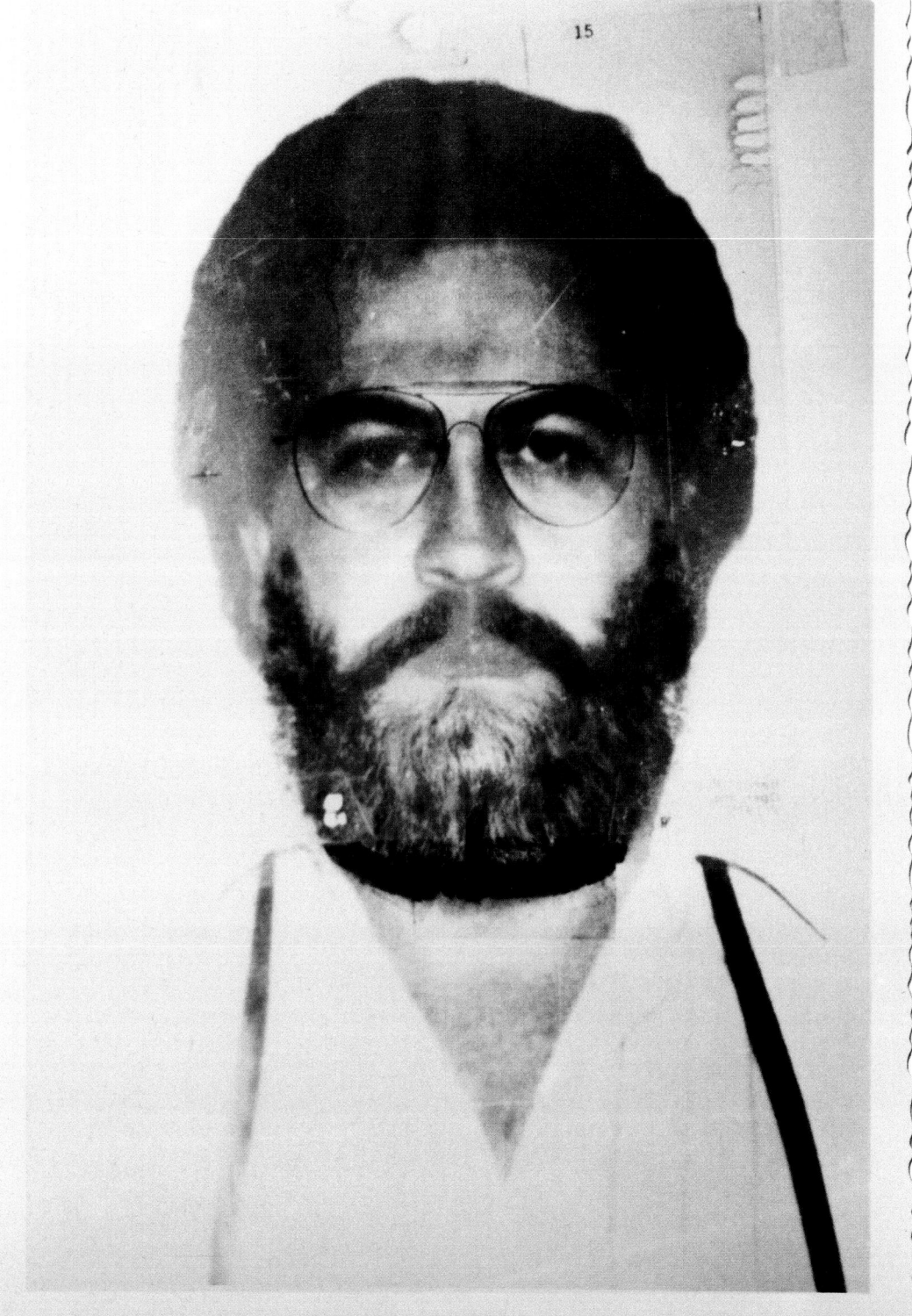

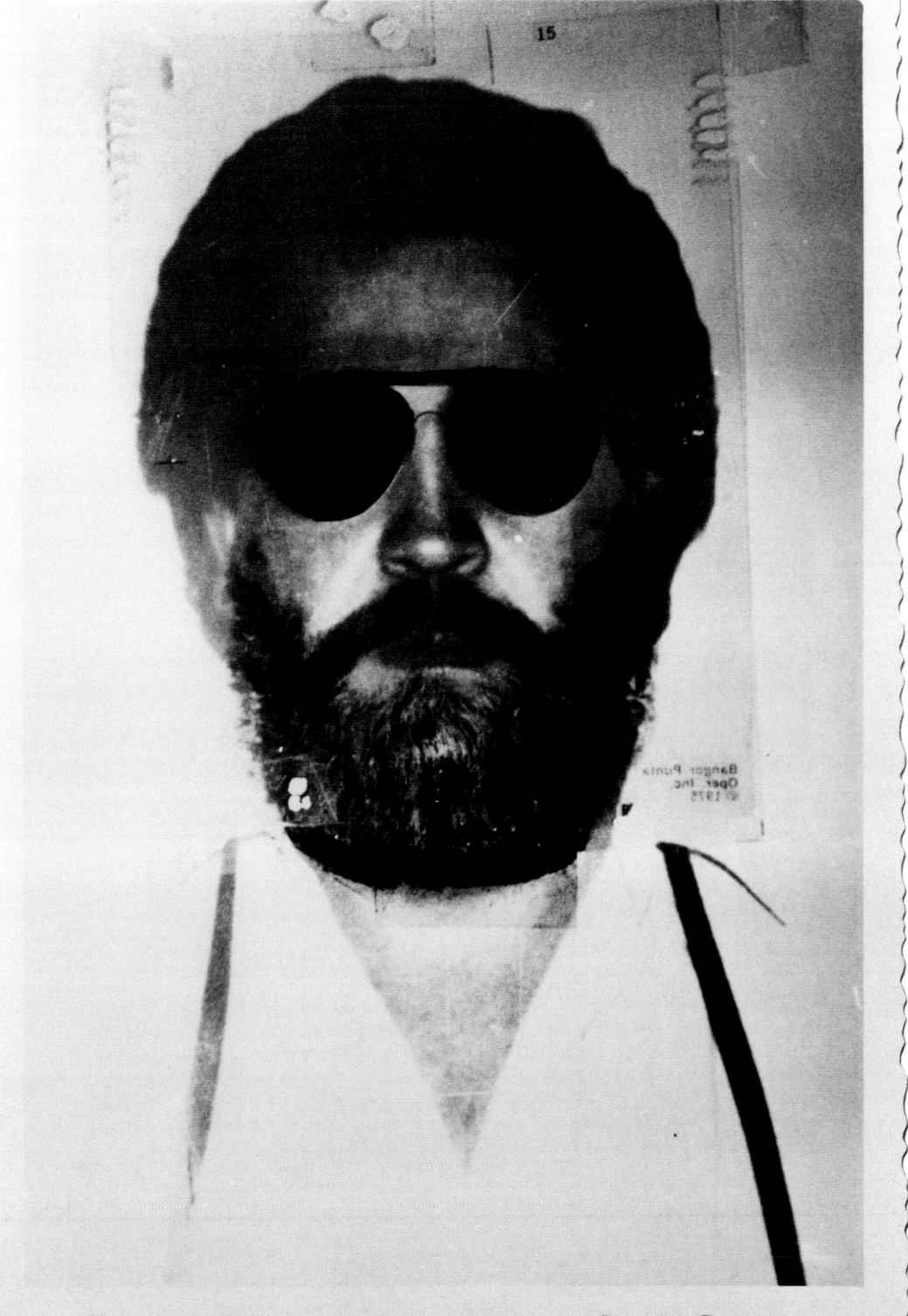

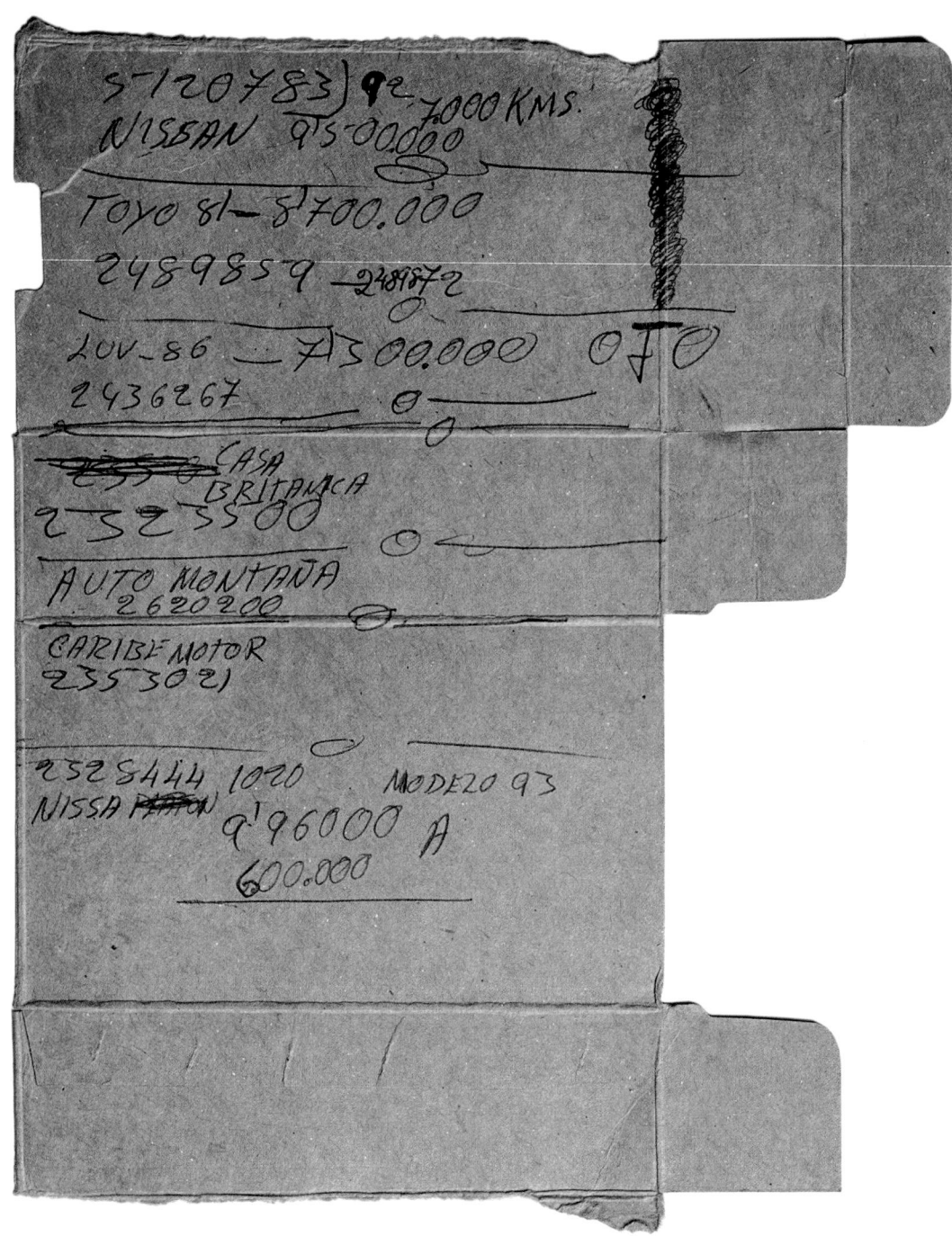

Telefonnummern und Autopreise, die Pablo notiert hatte. Die Notizen wurden nach seinem Tod am 2. Dezember 1993 gefunden. Seine Familie machte ihn zudem auf zivile Polizeifahrzeuge aufmerksam, indem sie ihm die Kennzeichen schickte.

in und um Bello, einem Außenbezirk Medellíns, erworben worden waren. So gelang es ihnen schließlich, einen Anruf Escobars zu einer Farm in Aguas Frías zu verfolgen.

Jeder tote Getreue und jede gegen ihn gerichtete Aktion bedeuteten die Erstellung einer neuen Liste. Zu den Gegenständen, die nach seinem Tod bei Escobar gefunden wurden, zählte eine Seite mit Anzeigen für Häuser und Apartments, die sein Bruder Roberto zusammengestellt hatte.

Als er in der zweiten Novemberhälfte in die Carrera 79 A Nr. 45 D 94 im Barrio Los Olivos zog, hatte das Leben auf der Flucht bereits seinen Tribut gefordert.

Sein Freund El Profe sah ihn noch kurz bevor er umzog. »Er war guter Dinge, aber wir merkten, dass er nicht mehr der Alte war«, sagt er. »Er besaß nicht mehr die militärische Stärke, die er früher hatte. Eine Menge Leute waren ums Leben gekommen. Er hatte keine Kapazitäten mehr, um zurückzuschlagen.«

Luzmila Gaviria, eine Kusine von Escobars Mutter, war mit ihm in seinem letzten Versteck und bereitete ihm und seinem Bodyguard Limón die Mahlzeiten zu. »Er war sehr gelassen«, erzählt sie. »Er las viel, die Zeitungen, und sah fern. Manchmal regte er sich über die Nachrichten auf und sagte: ›Wenn irgendwo eine Küchenschabe umkommt, schieben sie es mir in die Schuhe.‹ Er hatte vor, sich in die Berge zurückzuziehen.«

Escobar sprach davon, eine Guerillabewegung zu gründen, die »Antioquia Rebellen«, mit denen er in den kolumbianischen Dschungel flüchten und sich reorganisieren wollte. Doch ehe er verschwinden konnte, machte er sich noch daran, für die Sicherheit seiner Familie zu sorgen.

Die liebe Familie

Zur Familie Pablo Escobars zu gehören, heischte in Medellín eine gehörige Portion Respekt, und nichts erfüllte den Führer des Medellín-Kartells mit mehr Stolz als die Fähigkeit, für seine Nächsten zu sorgen.

In den Achtzigern legte sich niemand mit El Patróns liebsten Nächsten an, ohne dafür mit dem Leben zu bezahlen. Als sein dreiundsiebzigjähriger Vater Abel im November 1984 entführt wurde, mobilisierte Escobar fünfhundert Mann, um ihn aufzuspüren. Tatsächlich wurde er binnen zwei Wochen gefunden, was man von den Leichen seiner Kidnapper nicht sagen kann.

»Einmal waren wir mit dem Auto unterwegs, um diverse Dinge zu erledigen«, erzählt Luz Marías Ehemann, Leonardo Arteaga, während er uns durch Medellín fährt und uns Pablos einstige Besitztümer zeigt. »Als wir das Auto vor dem Notariat parkten, wurde es gestohlen. Zum Glück hatten wir Papiere im Wagen, die besagten, wer wir waren, und als die Diebe bemerkten, dass sie den Wagen von Pablos Schwester gestohlen hatten, dämmerte ihnen, dass sie einen großen Fehler begangen hatten. Deshalb war es nur eine Frage von Stunden, bis der Wagen – wie unangetastet – vor einem von Pablos Häusern abgestellt wurde. Pablo fand das äußerst amüsant und wies uns alle an, eine Karte ins Handschuhfach zu legen, auf der stand: ›Bitte. Dieser Wagen gehört der Familie von Pablo Escobar. Sie stehlen ihn besser nicht, wenn Sie Probleme vermeiden wollen.‹ Als das nächste Mal ein Wagen der Familie gestohlen wurde, wurde er nicht nur postwendend wieder zurückgebracht, die Diebe hatten sogar eine nagelneue Stereoanlage eingebaut.«

Doch zu Beginn des Jahres 1993 hatten sich die Dinge dramatisch gewandelt. Angeheizt durch das brutale Vorgehen Escobars gegen die Familien Galeano und Moncada, schlugen Los Pepes zurück. Sie wandten dabei eine Taktik an, die auch Escobar jahrelang bevorzugt hatte. Sie attackierten die Familie. Ende Januar wurde vor dem Landhaus von Escobars Mutter Doña Hermilda in einem exklusiven Vorort von Medellín eine Bombe deponiert, eine weitere explodierte am selben Tag in der Nähe des Hauses von Escobars Schwester in Poblado.

In der zweiten Februarwoche wurden sieben Teenager, die angeblich zum Freundeskreis von Escobars Sohn Juan Pablo gehörten, in einem Vorort von Medellín erschossen.

Eine Woche später wurde El Diamante, der Familiensitz, den Pablo für seine Frau und seine Kinder hatte errichten lassen, niedergebrannt. Am Tag darauf geschah dasselbe mit dem Haus seiner Schwägerin. Wiederum zwei Tage später ging in einem Lagerhaus in Itagüí seine Oldtimersammlung in Flammen auf und am folgenden Tag eine Halle, in der seine Schwägerin wertvolles Porzellan lagerte.

Seine engsten Familienangehörigen versuchten, in die USA zu fliehen. Sie besaßen zwar gültige Visa, wurden aber von DAS-Agenten am Besteigen des Flugzeugs gehindert, mit der Begründung, Escobars Kinder wären nicht im Besitz einer Einverständniserklärung ihres abwesenden Vaters. Am folgenden Tag wurden ihre Visa annulliert. Der US-Botschafter erklärte gegenüber den Medien, es stünde ihnen frei, wie jeder andere kolumbianische Bürger neue Visa zu beantragen, doch sei für die Erteilung eines Visums für die achtjährige Manuela die Anwesenheit beider Eltern bei der Befragung erforderlich.

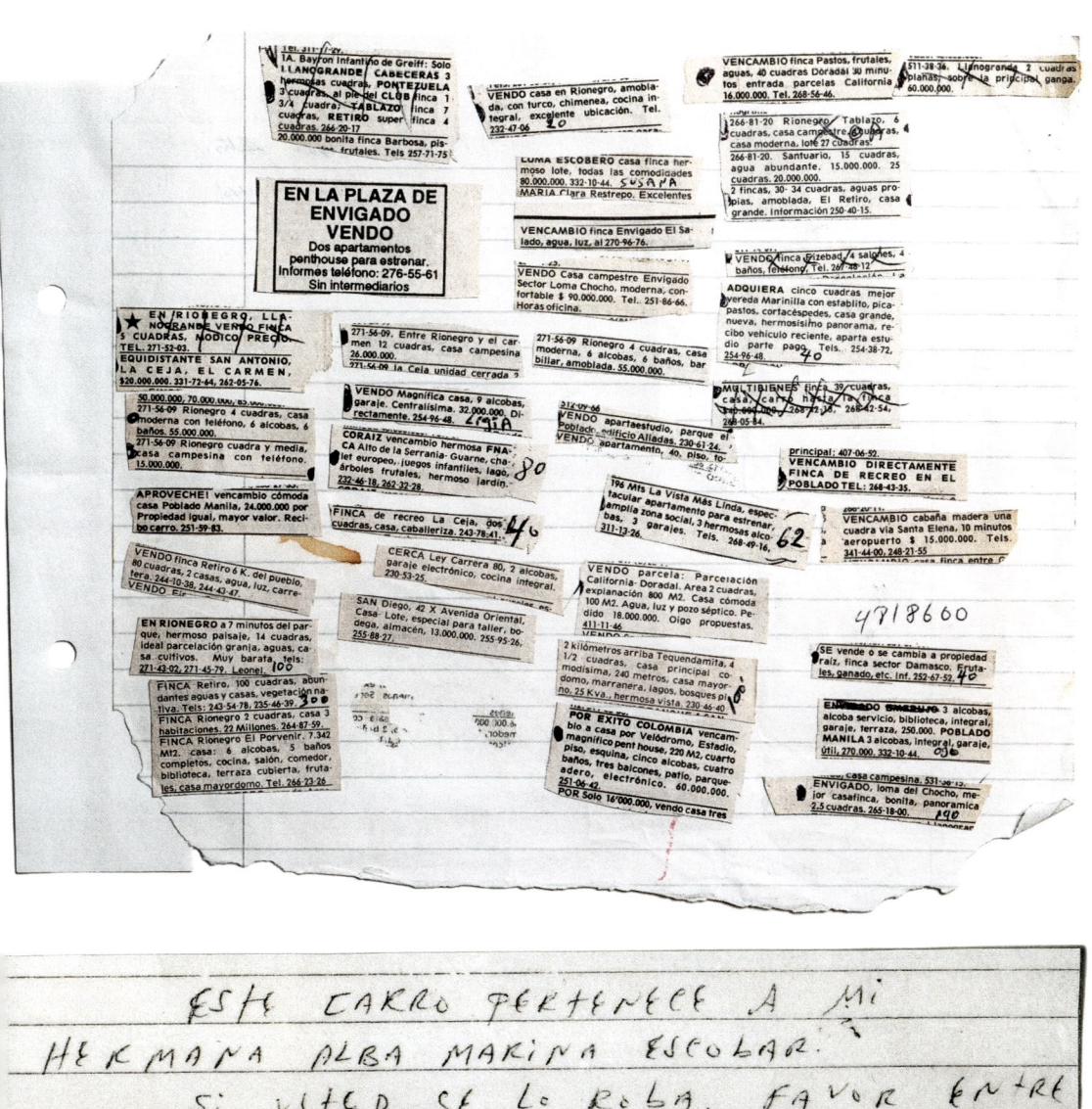

Oben: Wohnungsanzeigen möglicher neuer Unterschlupfe in Medellín und Umgebung; 1993. –
Unten: Notiz Pablos im Handschuhfach seiner Schwester, um potenzielle Autodiebe abzuschrecken.
Sie lautet: »Dieses Auto gehört meiner Schwester Alba Marina Escobar. Wenn Sie es ihr gestohlen
haben, bringen Sie es bitte zurück, dann vermeiden Sie Probleme. Pablo Escobar G.«

»Pablo schickte seinen Sohn in die US-Botschaft, und der verlangte dort den Botschafter zu sprechen«, erzählt Joe Toft, der Leiter der DEA-Außenstelle in Kolumbien. »›Pablos Sohn will eine Aufenthaltsgenehmigung‹, hieß es. Wir haben darüber geschmunzelt. Der Botschafter wollte ihn nicht empfangen, aber ich erklärte mich bereit, mit ihm zu sprechen, und ging hinunter. Im Prinzip sagte ich ihm, wenn er beabsichtige, ein Visum für die USA zu beantragen, könne er das vergessen. Unter keinen Umständen würden die Vereinigten Staaten ihn einreisen lassen. Daraufhin fragte er mehr oder weniger: ›Was müssten wir tun, um Visa zu erhalten?‹, und ich antwortete ihm: ›Selbst wenn ihr mir das gesamte Cali-Kartell auf dem Silbertablett servieren würdet, glaube ich nicht, dass ich euch welche besorgen könnte.‹«

Die Familie fühlte sich, als wäre sie durch die mörderische Kollaboration von kolumbianischer und US-amerikanischer Regierung mit Escobars Feinden Los Pepes zum Tode verurteilt worden.

»Oft ging ich durch Medellín und hatte das Gefühl, einen Grabstein auf den Schultern zu tragen«, erinnert sich Luz María an jene düsteren Tage. »Ich dachte, sie bringen uns jeden Moment um.« Sämtliche Familienmitglieder suchten bei Pablo Hilfe, wie sie es seit seiner Kindheit getan hatten. »Wir haben nie etwas unternommen, ohne ihn vorher zu fragen«, sagt seine Mutter. »Er war für uns alle der Ratgeber.«

»Man kam zu Pablo, um ihm etwas vorzutragen, und er verstand es immer, uns aufzumuntern«, sagt Luz María. »Er sagte immer: ›Die Dinge sind nicht, was sie scheinen, meine Sache ist gerecht, betrachtet es mal von dieser Seite‹, und man verließ ihn mit einer anderen Sichtweise. Man kam verschüchtert auf den Boden starrend bei ihm an, und wenn man wieder ging, sah man die Welt, wie sie war.«

Doch 1993 war die Welt für jeden, der irgendwie mit Escobar in Verbindung stand, ein gefährlicher Ort. Die Bombenattentate gingen unvermindert weiter, und im Mai wurde Roberto Escobars Sohn Nicolás von Los Pepes entführt. Zwar ließ man ihn nach drei Stunden wieder frei, aber die Botschaft war eindeutig: Sie könnten jeden schnappen, wann sie wollten und wo sie wollten.

Im Juni wurde Escobars Schwager Carlos Henao am Rionegro-Flughafen von Medellín entführt. Seine Leiche tauchte zwei Wochen später auf.

Die, die noch konnten, flohen. Luz María und Escobars jüngerer Bruder Argemiro reisten im Juli mit ihren Familien nach Costa Rica, doch wurden sie dort zu Personae ingratae erklärt und zur Rückkehr gezwungen. Escobars Neffe Nicolás und seine Familie flohen nach Chile. Als sie von dort ausgewiesen wurden, flogen sie nach Deutschland, wo sie um Asyl nachsuchten.

Da sein Security-Netzwerk geschwächt war und seine Spitzenleute entweder tot waren oder im Gefängnis saßen, schwanden Escobars Möglichkeiten, Leibwächter für seine Familie zu stellen.

Deshalb versammelte er sie in einem Gebäude im Herzen von Medellíns exklusivstem Viertel El Poblado.

Das Büro des Generalstaatsanwalts sowie die Polizei zogen zusätzlich zu Escobars Männern zwei Sicherheitskordons um das Gebäude. Die Familie beklagte sich, dass sie sechsundvierzig Staatsangestellte zu verköstigen hatte, und Escobars Feinde dennoch im Oktober in der Lage waren, eine Granate auf das Gebäude abzufeuern. Die Attacke bewies, wie einfach Los Pepes die offiziellen Kontrollpunkte passieren konnten.

Doña Hermilda beschwerte sich bei Generalstaatsanwalt Gustavo de Greiff und machte Hugo Martínez direkt für den Granatangriff verantwortlich.

»Die Mutter behauptete, ich hätte angerufen und gesagt: ›Doña Soundso, Sie sind die Mutter eines Monsters‹«, sagt Martínez. »›Damit Sie nicht weiterhin die Verbrechen Ihres Sohnes unterstützen, werde ich eine Bombe unter Ihrem Bett deponieren.‹ In jener Nacht explodierte eine Bombe vor dem Haus, und sie sagte, ich hätte ihr gesagt, ich würde die nächste unter ihrem Bett deponieren. Damit versuchten sie, mich loszuwerden.«

Nach Escobars Tod begann de Greiff mit Ermittlungen gegen Los Pepes und über die Verwicklung der Polizei in ihre Aktivitäten. »Da lief einiges«, sagt de Greiff. »Aber wir waren nie in der Lage, irgendeinen Beweis zu liefern, dass der Bloque de Búsqueda tatsächlich mit den berüchtigten Los Pepes kollaboriert hätte.«

Trotz des Mangels an Beweisen ist der Pfeife rauchende Staatsanwalt überzeugt, dass es eine Kollaboration gegeben hat: »Und zwar in zweierlei Hinsicht: Sie führten gemeinsame Aktionen durch, und sie wussten, dass Los Pepes Leute aus dem engsten Umfeld von Pablo getötet hatten, unternahmen aber nichts.«

Martínez hingegen glaubt, das Ausmaß der Bedrohung von Escobars Familie sei übertrieben worden. »Sie haben immer behauptet, es gebe einen Befehl, Escobar zu töten, und die Familie war überzeugt, dass man ihnen Böses wollte. Doch niemand hat ihnen etwas zuleide getan«, sagt er wegwerfend. »Er wollte seine Familie beschützen und außer Landes schaffen, um ungehindert agieren zu können. Er hatte stets das Gefühl, er würde seiner Familie schaden – weil ja Bomben gelegt worden waren. Aber die Bomben, die Los Pepes legten, hatten nicht das Ziel, Menschen zu töten, sondern dienten lediglich der Einschüchterung. Denn wenn sie jemanden hätten töten wollen, dann hätten sie das tun können. Es wäre nicht besonders schwierig gewesen.«

Wiederholte Gesuche beim Präsidenten, die Familie mit kugelsicheren Fahrzeugen auszustatten, wurden konsequent ignoriert, was Escobar zur Weißglut brachte.

»Pablo sah immer nach vorn«, erinnert sich Luz María. »Er war nie niedergeschlagen. Aber als wir die Nachricht erhielten, dass er aus Aguas Frías entkommen war, als meine Mutter mir den Brief zu lesen gab, in dem stand, dass er am Leben war, erkannte ich Pablo nicht wieder, seine Bitterkeit, seine Traurigkeit. Der Brief hat tiefen Eindruck auf mich gemacht. ›Wenn diese Worte von meinem Bruder stammen‹, habe ich damals gesagt, ›dann sind seine Tage gezählt.‹ Ich wäre fast gestorben.«

Alles Gute zum Geburtstag, Pablo

Am 1. Dezember 1993 feierte Pablo Escobar seinen 44. Geburtstag, zusammen mit seinem Leibwächter Limón und mit Luzmila, der Kusine seiner Mutter.

Entgegen seiner sonstigen Gewohnheit trank er zu seinem Joint ein Glas Champagner und ließ sich einen Kuchen schmecken, den ihm seine geliebte Frau Victoria geschickt hatte. Dennoch war er nicht in Feierlaune. Sein Reich lag in Trümmern. Fast alle seine Freunde waren tot, hinter Gittern oder trachteten danach, ihn zur Strecke zu bringen. Und mehr als alles andere sorgte er sich um das Wohlergehen seiner Familie.

Fünf Tage zuvor noch hatte es gar nicht so schlecht ausgesehen. Seine Frau und seine Kinder waren von Beamten der Staatsanwaltschaft diskret zum Flughafen von Bogotá geschafft worden, wo sie ein Flugzeug nach Deutschland bestiegen hatten, um dort politisches Asyl zu beantragen.

Allerdings handelte es sich bei diesem Angebot zur Flucht um eine ausgeklügelte Falle, die de Greiff zufolge von seinem Büro ausgeheckt worden war, um Escobar zu fassen.

»Es gehörte zu unserem Plan, sie nach Deutschland fliegen zu lassen. Ich hatte vorab mit den deutschen Behörden gesprochen, die mir versicherten, dass sie die Familie umgehend wieder zurückschicken würden«, sagt de Greiff. »In diesem Fall, nahmen wir an, würde Escobar um jeden Preis versuchen, seine Familie zu kontaktieren.«

Mittlerweile hatten de Greiffs Informanten, ehemalige Mitglieder des Medellín-Kartells, Escobars Familie als dessen Achillesferse ausgemacht.

1 de diciembre
1.993

papi:

te quiero mucho ...

En tu cumpleaños te quiero dar
un beso muy grande, tu eres
mi cielo tu eres mi paloma y eres
mi corazón en tu cumpleaños
te deseo mucha suerte.

te adora

tu niña

Geburtstagskarte von Pablos Tochter Manuela. Der Inhalt lautet:
»Papi. Ich liebe Dich sehr ... Zu Deinem Geburtstag will ich Dir einen sehr dicken Kuss geben,
Du bist mein Himmel, Du bist meine Taube und mein Herz, zu Deinem Geburtstag
wünsche ich Dir alles Gute, es bewundert Dich – Deine Tochter.«

»Man musste etwas tun, um ihn aus der Balance zu werfen«, sagt Juventud, ein Mitglied des »Dreckigen Dutzend«, das mit der Regierung im Austausch gegen Immunität zusammenarbeitete.

»Ihn erst himmelhoch jauchzen lassen und dann zu Tode betrüben. Als er hörte, dass seine Familie in Frankfurt gelandet war, jubelte er, und als er sah, wie sie zurückkam, stürzte er ab. Das waren die Einzigen, die die Macht hatten, so etwas zu inszenieren. Psychologische Kriegsführung. Erst die Familie sicher landen lassen, und sie dann zurückschicken. Die brauchten nur noch auf seinen Anruf zu warten.«

Als die Nachricht publik wurde, der Familie sei die Einreise verweigert worden, hatte Hugo Martínez bereits den Finger auf dem Aufnahmeknopf, und sein Sohn Hugo jr. die Ausrüstung bereit, um den Anruf zu lokalisieren.

»Pablo rief beim Präsidenten an, drohte der deutschen Regierung, ihre Interessen in Kolumbien zu stören, drohte den deutschen Residenten in Kolumbien mit Vergeltungsmaßnahmen, weil ihre Regierung seine Familie nicht aufgenommen hatte. Wir dachten, je länger sich das hinzog, desto genauer konnten wir ihn lokalisieren«, erklärt Martínez.

Ex-Präsident Gaviria bestreitet, von einer Strategie gewusst zu haben, die bezweckte, Escobar erst falsche Hoffnungen zu machen, um sie dann zu zerstören. Er gesteht aber ein, dass die Absicht bestand, die Familie an der Flucht vor ihren Feinden und am Verlassen des Landes zu hindern.

»Wir dachten, wenn er seine Familie in völliger Sicherheit wüsste, würde nichts mehr seinen Terrorakten Grenzen setzen, und er könnte tun, was er wollte. Befand sich seine Familie dagegen im Land, bestand ein gewisses Risiko für sie, und er würde vorsichtiger zu Werke gehen«, sagt Gaviria.

Ein Mitglied der Escobar-Familie hatte die Haltung des Staates mit der der Kidnapper verglichen. »Der Präsident der Republik Kolumbien gibt zu, dass er die Familie als eine Art Geisel benutzte. Damit dürften wir das einzige Land auf der Welt sein, in dem ein Präsident so etwas sagen darf, ohne dass es Konsequenzen hat. Das ganze Land hat das so hingenommen.«

Die kolumbianische Regierung hatte der deutschen garantiert, dass die Familie beschützt würde. Sie wurden in einem Apartmentkomplex im Zentrum Bogotás untergebracht, der der Armee gehörte.

Doch die Familienmitglieder, die das mehr als Überwachung denn als Schutz betrachteten, behielten Recht. Martínez hatte jemand in der Telefonzentrale platziert, der die Anrufe an die Familie abfing.

Ein Anruf Escobars am Abend des 27. November, dem Tag, an dem die Familie nach Deutschland abgereist war, hatte es dem Bloque de Búsqueda bereits ermöglicht, seinen Aufenthaltsort auf einen Radius von 1500 Metern genau zu orten.

Innerhalb dieses Areals wurden als potenzielle Ziele fünf Immobilien ausgemacht, von denen zwei Pablo Escobar gehörten und eine Roberto. Zwei weitere waren als Unterschlupfe bekannt.

Alle erwarteten eine weitere massive Razzia, doch der Bloque optierte stattdessen für ein Kommandounternehmen, wie es sich bereits bei der Ergreifung des exzentrischen Drogenschmugglers Juan Camilo Zapata als erfolgreich erwiesen hatte.

»Wir riegelten die Gegend ab und warteten«, sagt Martínez. »Ich wollte hundertprozentig sicher sein, ihn zu erwischen. Ich wollte nicht die Fehler wiederholen, die wir zuvor gemacht hatten. Da waren wir mit Hubschraubern, ganzen Hundertschaften aufgekreuzt, wodurch sie jedes Mal gewarnt wurden und entkommen konnten.«

Aguilar wählte zweiundzwanzig Männer aus und hielt sich in Pueblito Paisa bereit, von wo aus man einen hervorragenden Blick über die Stadt sowie direkten Zugang zum Viertel Los Olivos hatte, in dem man Escobar lokalisiert hatte.

Dann wurden die elektronischen Überwachungseinheiten herangeführt. Hugo jr. wusste es zwar nicht, aber er befand sich lediglich zehn Blocks von dem Haus entfernt, das Escobar als Versteck benutzte. Er wartete auf den nächsten Anruf.

Der kam am Abend, als Escobars Familie zurückkehrte. Escobar rief seinen Schwager Alonso Hurtado an, der bereits 1976 mit ihm zusammen festgenommen worden war. Allerdings sprachen sie nur fünfzehn Sekunden miteinander.

»Wir hörten ihn«, sagt Martínez. »Er sagte: ›Kiubo?‹ [Wie läuft's?] Wir konnten den Anruf in das Areal zurückverfolgen, in dem wir Escobar bereits lokalisiert hatten, ihn aber nicht präziser orten. Deshalb warteten wir einen weiteren Tag, bis er sich wieder meldete.«

Das Warten auf den nächsten Anruf schien unendlich. Etwa fünfunddreißig Stunden vergingen, in denen Escobar seinen Geburtstag feierte und de Greiff in der Presse mit der Aussage zitiert wurde, die Tatsache, dass Escobar noch nicht gefasst sei, beruhe lediglich zur Hälfte auf Escobars Talent, sich der Verfolgung zu entziehen. Die andere Hälfte sei in der Korruption von Martínez' Leuten zu suchen.

Am Abend seines Geburtstages unterhielt sich Escobar lange genug mit seiner Familie, um die Überwachungseinheiten zu mobilisieren, doch er hatte sich angewöhnt, seine Gespräche auf weniger als zwei Minuten zu beschränken, und so eine präzise Ortung unmöglich zu machen.

»Er telefonierte nicht lange«, sagt Aguilar. »Das Fahrzeug mit den Ortungsgeräten schaffte es zwar auf die Straße, konnte den Anruf aber nicht triangulieren.«

Seine kurze Unterredung mit seinem Sohn Juan Pablo, in der er einwilligte, ihm bei der Beantwortung einer Reihe von Fragen zu helfen, die ein deutscher Journalist der Familie hatte zukommen lassen, bestärkte seine Verfolger allerdings in der Hoffnung, er werde sich wieder melden.

»Wir waren sicher, er würde noch einmal wie vereinbart mit seinem Sohn telefonieren, um ihm beim Ausfüllen des Fragebogens zu helfen. Sie hatten als Termin den 2. Dezember vereinbart.«

Die insgesamt vierzig Fragen stammten von einem deutschen Nachrichtenmagazin, und Escobar sah darin eine Gelegenheit, den missglückten Deutschland-Trip seiner Familie für die eigene PR auszuschlachten. Er hoffte noch immer, sie außer Landes schaffen zu können, zumal ihm sein Sohn von einem Asylangebot aus El Salvador erzählt hatte. War die Familie erst einmal außer Landes, konnte er sich dem Wiederaufbau seines Imperiums widmen.

Doch zwei kleine Zwischenfälle an seinem Geburtstag weckten düstere Vorahnungen unter seinen abergläubischen Begleitern. »Am Tag zuvor war da so eine Fliege, die den ganzen Tag um Pablo herumschwirrte«, sagt Luzmila. »Eine von denen, die sich auf Leichen setzen. Und als er mit Limón auf seinen Geburtstag anstoßen wollte und ich ihnen Champagner brachte, fiel ein Glas zu Boden, ohne aber zu Bruch zu gehen. Ich sagte noch: ›Glück gehabt‹, aber Limón meinte, das bedeute, dass etwas Schlimmes geschehen würde.«

Vom Pessimismus seines Leibwächters nicht sonderlich verunsichert, setzte sich Escobar mit Limón und Luzmila zum Abendessen nieder und las die Glückwunschkarten, die ihm seine Familie geschickt hatte. Unter den Treueschwüren seiner Frau und den Zeichnungen seiner Tochter fand sich auch eine Karte, mit der eines seiner Geschwister seine Laune zu heben versuchte: »Auch wenn du versuchst, dich zu verstecken ... deinem Geburtstag kannst du nicht entkommen.«

Der Kater

Am folgenden Tag erwachte Escobar kurz vor zwölf Uhr mittags und zog sich seine gewohnten Blue Jeans und ein Polohemd an. Statt der üblichen Nike-Turnschuhe streifte er sich lediglich ein Paar Flip-Flops über. Ein Teller Nudeln und schlechte Nachrichten erwarteten ihn. Gustavito, der Sohn seines verstorbenen Vetters Gustavo Gaviria, war um elf Uhr bei einer Razzia erschossen worden. Sein Tod verstärkte die Atmosphäre düsterer Vorahnungen, die sich in Medellín aufbaute.

Karte der Orte, an die Pablos Anrufe am 2. Dezember 1993 zurückverfolgt wurden.

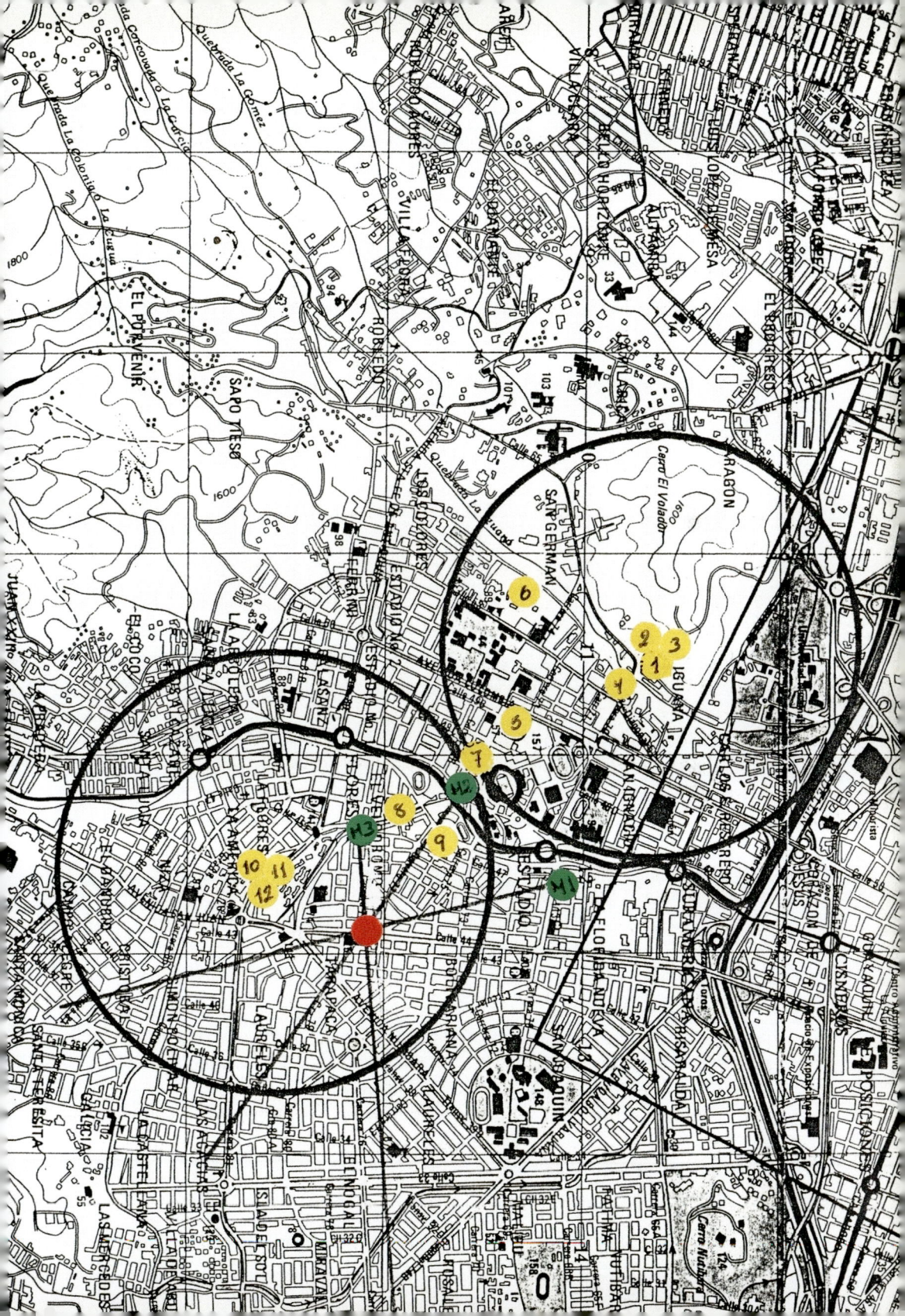

Hugo Aguilar und seine Männer konnten die Nervosität mit Händen greifen. »Ich sagte den zweiundzwanzig Polizisten, sie sollten einen Brief an ihre Familien schreiben, denn es war sehr wahrscheinlich, dass wir sterben würden. Ich gab ihnen Geld, das aus den Fonds stammte, mit denen wir ausgestattet waren. Ich sagte ihnen, sie sollten Kleider kaufen und ihren Familien Geschenke schicken.«

Auch Escobar dachte an seine Familie und ging nach draußen, um sie von seinem Taxi aus anzurufen. Wie versprochen meldete er sich um 13:41 Uhr. Er sprach kurz mit seiner Frau, wollte dann aber schnell mit seinem Sohn die Fragen durchgehen.

Von der Telefonzentrale informiert, schickte Hugo Martínez das mobile Einsatzkommando seines Sohnes los, um den genauen Ort des Anrufs festzustellen.

Hugo jr. fing ein Signal auf und schickte Aguilars Männer irrtümlicherweise zu einem Einkaufszentrum in der Nähe. Ein weiterer Anruf elf Minuten später, in dem Escobar in keiner Weise den Eindruck machte, als habe er die angelaufene Operation bemerkt, machte Hugo jr. seinen Irrtum klar. Sein Signal war abgelenkt worden. Sie warteten erneut.

Der zweite Anruf war in dasselbe Viertel in der Nähe des Medellíner Fußballstadions zurückverfolgt worden, doch Martínez zögerte einzugreifen. Erst wollte er Escobars Aufenthaltsort ganz genau ermitteln.

Man entschied, jede weitere Aktion zu unterlassen, und hoffte, Escobar dadurch in Sicherheit zu wiegen.

»Da er ungestört telefonieren konnte, glaubte er, dass keine größeren Aktionen gegen ihn im Gange waren«, sagt Martínez. »Deshalb fuhr er wieder zum Haus zurück. Die Motorhaube des Taxis war noch warm, als wir schließlich zugriffen.«

Um 14.46 Uhr wurde ein weiterer Anruf aufgefangen. Dieses Mal telefonierte Escobar etwas länger. Limón half ihm, die Fragen zu notieren, während Escobar die Antworten aufschrieb.

Limón rief zudem seine Frau Gloria an, die zu der Zeit versuchte, ihre Kinder in der Schule anzumelden.

»Er hat mich noch eine Viertelstunde, bevor er starb, angerufen«, sagt sie. »Sie fuhren durch Medellín, und er rief vom Taxi aus an, um mir zu sagen, dass alles in Ordnung sei und ich den Kindern sagen solle, dass er sie liebt.«

Die Nachricht von Gustavitos Tod war durchgesickert, und Limón fürchtete, seine Kinder würden unter den Konsequenzen zu leiden haben.

»Er sagte zu mir: ›Nimm dich vor den Bomben in Acht, die Sache wird ziemlich heiß werden.‹ Und er wurde wütend auf mich, weil eines der Kinder bei meiner Schwester war und er nicht wollte, dass sie außer Haus schliefen. ›Hol sie nach Hause‹, befahl er mir. ›Es wird übel werden.‹«

Den vierten Anruf tätigte Escobar um 14.56. Uhr Unterdessen hatte Hugo jr. seinen Aufenthaltsort auf ein unauffälliges zweigeschossiges Haus in einem Mittelklasseviertel in Medellín zurückverfolgt. Binnen Minuten hatte Aguilars Truppe das Haus umstellt. Diesmal würde es keine Fehler geben.

Pablos Tod

Escobars Tod wird von ebenso vielen Mythen umrankt wie sein Leben. Es existieren allein fünf konkurrierende Berichte über die Art, wie er ums Leben kam. Und viele weigern sich sogar, seinen Tod zu akzeptieren.

»Die Leute wollten nicht glauben, dass er gestorben ist«, sagt Gloria Ospina, deren Mann Limón bei dem Angriff auf Escobar ums Leben kam. »Selbst heute noch kann man im Bus die Leute darüber diskutieren hören, ob er tatsächlich gestorben ist oder noch lebt.«

Doch niemand, der Escobar kannte, glaubt den Mythos, er habe sich auf eine einsame Karibikinsel abgesetzt und einen unglückseligen Doppelgänger zurückgelassen.

»Fallen Sie bloß nicht auf diesen Unsinn rein«, sagt Escobars loyaler Leibwächter Popeye. »Das Problem ist, dass die Kolumbianer dumm sind. In Kolumbien denkt man, wenn einer mehr als zehn Millionen Dollar besitzt und berühmt ist, wäre er unsterblich. Aber egal, wie reich einer ist, man blutet, pisst und weint. Er ist nach seinen eigenen Regeln gestorben.«

Limóns Witwe und Escobars Schwester Luz María waren beide bei der Autopsie anwesend. »Ich kann mir nicht vorstellen, dass er seine Kinder so einfach zurückgelassen hätte, und da ich die Leichen gesehen habe, kann ich ihnen versichern, dass er es war«, sagt Gloria.

»Als ich ihn sah, sagte ich zu meiner Mutter: ›Das ist Pablo‹, obwohl er sich physisch verändert hatte«, erklärt Luz María. Sie und ihre Mutter trafen zehn Minuten, nachdem die Nachricht die Runde gemacht hatte, am Ort des Geschehens ein und fuhren im Fahrzeug mit Pablos Leiche zum Leichenschauhaus.

Es besteht kaum ein Zweifel, dass der bärtige, aufgedunsene und blutige Körper, der am 2. Dezember 1993 vom Dach des Hauses Carrera 79 A Nr. 45 D 94 heruntergehoben wurde, Pablo Escobar war. Allerdings bestehen Zweifel über die

Umstände seines Todes, insbesondere darüber, ob die Regierung oder Escobar selbst es zugelassen hätten, dass er lebend ergriffen würde.

Die Autopsie ergab, dass Limón von mehr als zehn Schüssen getroffen worden war, einer davon mitten in die Stirn. Escobar wies drei Schusswunden auf. Eine Kugel hatte ihn unterhalb der rechten Schulter in den Rücken getroffen, eine weitere sein rechtes Bein. Keine von ihnen hatte seinen Tod verursacht. Eine dritte Kugel hatte ihn unmittelbar oberhalb des rechten Ohres getroffen und war unmittelbar unterhalb des linken wieder ausgetreten.

Dem Autopsiebericht zufolge hatte man keine *tatuaje*, keine »Tätowierung« gefunden, wie man die Schmauchspuren nennt, die bei aus nächster Nähe abgefeuerten Schüssen entstehen.

Der von Major Pérez Gutiérrez abgefasste offizielle Polizeibericht besagt, dass Escobar und Limón erschossen wurden, als die Polizei das von den zwei Männern eröffnete Feuer erwiderte. Pérez Gutiérrez zählte zu den Einsatzkräften, die das Haus stürmten, in dem Escobar sich verborgen hielt.

»Wir stürmten die Treppe hinauf und sahen, wie zwei Personen aus dem Fenster im hinteren Teil des Hauses sprangen und auf das Dach des Nachbarhauses fielen. Sie wurden von den dortigen Beamten neutralisiert, die das Feuer erwiderten, als sie beschossen wurden.«

Bei Escobar wurden zwei Pistolen gefunden, eine Glock und eine Sig Sauer. Seine geliebte Sig Sauer lag neben ihm und war abgefeuert worden. Die Glock steckte laut offiziellem Polizeibericht noch im Holster.

Dieser offizielle Bericht ließ keinen Raum für rechtliche, konstitutionelle oder ethische Spekulationen über Escobars Tod, vermochte es aber nicht, die Mythen zu zerstreuen, die sich um die Ereignisse jenes Tages ranken.

Fotos, die den DEA-Agenten Steve Murphy vor Escobars hingestrecktem Leichnam zeigen, haben Fragen über das Ausmaß der US-Beteiligung an der Operation aufgeworfen.

Eine neuere Theorie behauptet, hoch qualifizierte Scharfschützen der US-amerikanischen Delta Force, die auf einem nahe gelegenen Dach positioniert gewesen seien, hätten Escobars Herrschaft auf Erden ein Ende gesetzt. Diese Vorstellung wird von Joe Toft rundweg verworfen. »Die Unterstellung, einer dieser Männer hätte Pablo erschossen, ist völlig aus der Luft gegriffen. Es hat zwar gemeinsame Observationen mit der Polizei gegeben, aber soweit ich weiß nichts, was darüber hinausginge. Und ich war über praktisch alle Operationen informiert. Sie waren an keinerlei Einsätzen beteiligt, außer dass sie Unterstützung lieferten.«

Luz María bezweifelt ebenfalls, dass ein US-amerikanischer oder kolumbianischer Scharfschütze für den Tod ihres Bruders verantwortlich gewesen sei. Die

Plan des Dachs, auf dem Pablo am 2. Dezember 1993 von der Polizei getötet wurde.

RESIDENCIA

PISTOLA 9.m.m. SIZAWER.

PISTOLA 9.m.m. CLOCK

PISTOLA 9.m.m. CLOCK
2 PROVEDORES.

RESIDENCIA

RESIDENCIA

ANTEJARDIN
45D. 91

45D. 103

ZONA PEATONAL

VIA

| PLANO | ESCALA | LABORATORIO REGIONAL DE CRIMINALISTICA | FECHA DILIGENCIA | AUTORIDAD |
| 7 | 1:75 | MEDELLIN | 02.12.93 | F.P.P.T.B. |

| FECHA ELABORACION | LUGAR | | DILIGENCIA | DELITO |
| 03.12.93 | CRA.79a. No.45 | | LEVANTAMIENTO | HOMICIDIO |

| SINDICADO | ACTA | | HORA 15:45 | |

LEVANTO Y DISEÑO PLANIMETRISTA JUDICIAL
OLIVAR PINEDA VICTOR.

OCCISOS PABLO EMILIO ESCOBAR GAVIRIA

CARLOS JAIR VILLAREAL
LABORATORIO REGIONAL DE CRIMINALISTICA

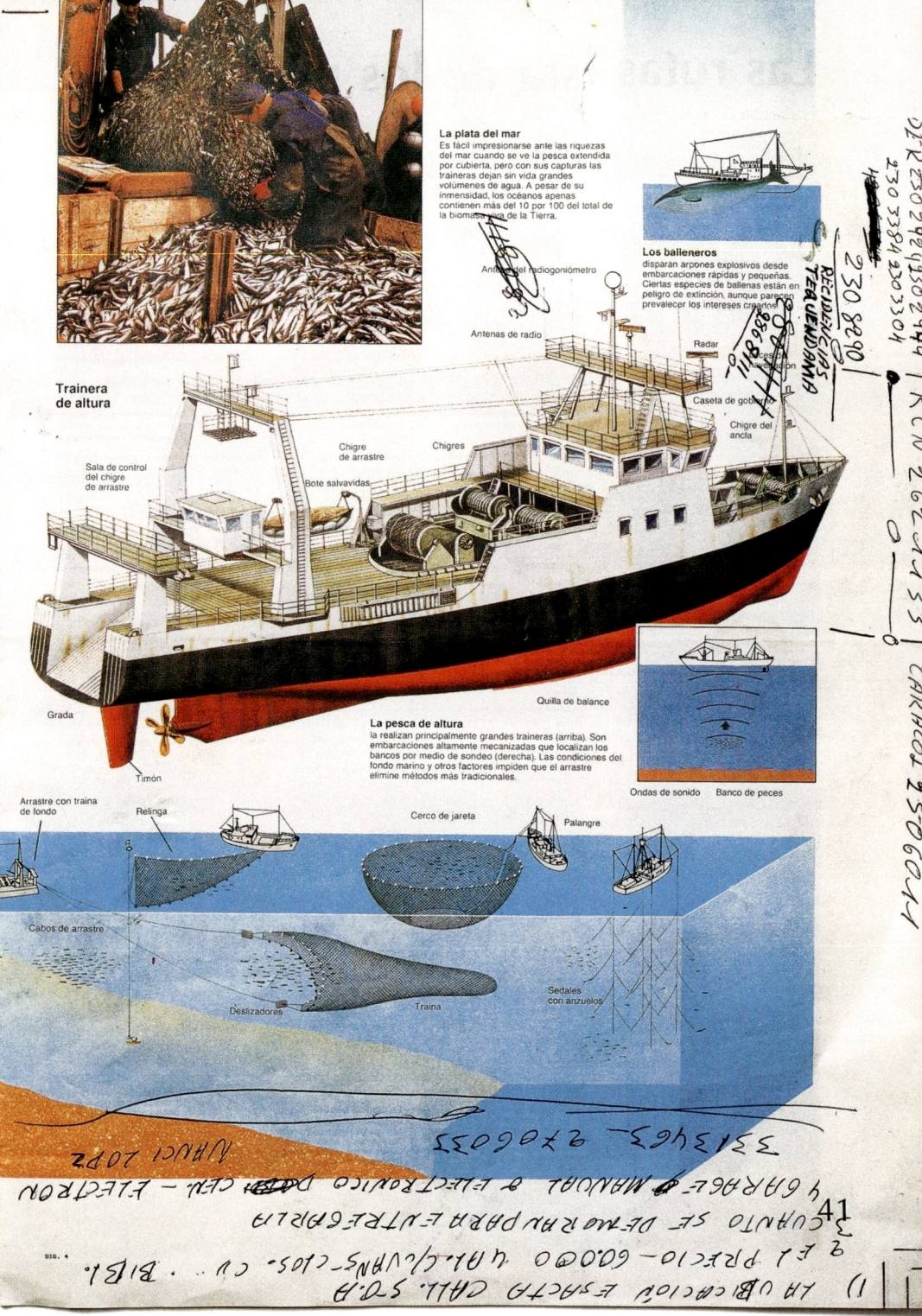

Φ 342 72 07

(1) CUALES FUERON LAS RASONES POR LA
CUAL SALIERON A. ALEMANIA

(2) POR QUE ESCOGIERON A ALEMANIA

(3) QUE PASO EN ESE P.

(4) POR QUE NEGARON LA EN.

(5) A EN A PENSARON PARTIR PARA OTRO.P.
EUROPEO QUE PASO

LA UBICACIÓN EN EL EXTE. SEA
EL P QUESEA ESTA CONDI. A
LA INMEDIATA ENTREGA DE SU
PADRE

ESTARIA IGUALMENTE A
ENTREGARCE ANTES DE LA UBICACIO
DE USTEDES EN EL EXTE

QUE PUERTAS DE ENUAJ. AN
COMENSADO A GOLPEAR PARA QUE
LOS ACOJAN Y CUALES SERIAN LOS COMPROMISOS

Fragen eines deutschen Nachrichtenmagazins an Pablo, nachdem seiner Familie
Ende November 1993 die Einreise nach Deutschland verweigert worden war. Die Fragen lauten:
»(1) Was waren die Gründe, weshalb Sie nach Deutschland reisten?
 (2) Weshalb haben Sie Deutschland ausgewählt?
 (3) Was ist in diesem Land passiert?
 (4) Warum wurde Ihnen die Einreise verweigert?
 (5) Wollten Sie in ein anderes europäisches Land weiterreisen? Was ist passiert?«
Pablos Antworten:
»Weil es im Ausland liegt, welches Land auch immer –
das ist die Bedingung, dass sich sein Vater unverzüglich stellt.
Er würde sich auch stellen, ehe ihr im Ausland seid.
An welche Türen habt ihr geklopft, damit sie euch aufnehmen, und welches sind die Bedingungen?«

Zeitschriftenseite, auf der Pablo bei seinen letzten Telefonaten
Kontaktnummern für seine Familie in Bogotá und die Medien notierte.

Familie weist aber auch den offiziellen Polizeibericht zurück. Sie klammern sich an den Glauben, Escobar habe sich aus Furcht, den Rest seiner Tage in einem US-Gefängnis zu verbringen, selbst erschossen.

»Er hat sich selbst getötet«, behauptet Luz María. »Der ganze Ablauf der Ereignisse, die Lage, in der man ihn auf dem Dach gefunden hat, alles deutet darauf hin, dass er sich selbst erschossen hat. Wie hätte ein Scharfschütze ihn durch das rechte Ohr schießen können. Sie haben doch von der anderen Seite auf ihn gefeuert.

Er hatte eine Kugel im Bein, und er hat oft zu uns gesagt: ›Die werden mich nicht lebend kriegen. Wenn sie mich eingekreist haben, und ich weiß, dass sie mich schnappen werden, ziehe ich es vor, mich umzubringen. Ein Grab in Kolumbien ist besser als eine Gefängniszelle in den USA.‹«

Sie sagt auch, dass die Ermittler der Familie in den Tagen nach Escobars Tod bestätigt hätten, er habe seinem Leben selbst ein Ende gesetzt.

»Am Tag, nachdem wir Pablo beerdigt hatten, ging meine Schwester Alba Marina zur Staatanwaltschaft. Dort zeigte ihr jemand den Totenschein und sagte: ›Pablo hat sich selbst erschossen.‹«

Trotz der Hinweise in den Polizeiakten, dass die tödliche Kugel, ob der fehlenden Schmauchspuren, nicht aus nächster Nähe abgefeuert worden sein konnte, insistiert sie resolut: »Das können sie manipuliert haben. Das müssen sie manipuliert haben. Warum sollten wir behaupten, er habe sich umgebracht, wenn es nicht stimmt. Das bringt ihn auch nicht zurück.«

Limóns Witwe hat sogar eine noch dramatischere Version von Escobars letzten Momenten zu bieten: »Der Nachbar erzählte, Pablo habe zu meinem Mann gesagt: ›Hau ab, Limón, du hast noch Zeit.‹ Die Armee hatte sich sehr clever auf dem Dach positioniert. Pablo bemerkte sie und sagte: ›Für dich ist es besser, wenn du abhaust. Ich weiß, was ich zu tun habe.‹ Und nachdem er das gesagt hat, schoss er sich in die Schläfe. Als er abdrückte, begann die Schießerei. Doch der Nachbar sagte, der an der Mauer, also mein Mann, sei noch nicht tot gewesen, die Polizei habe ihn erschossen.«

»Junge, halt dir die Ohren zu«, sagt sie zu ihrem Jüngsten, den das Ehepaar nach Limóns Boss Pablo getauft hat, ehe sie offenbart: »Sie haben ihm in die Stirn geschossen, um sicherzugehen, dass er auch tot ist.«

Die populärste Erklärung lautet, dass das Kommando, das schon Limón nicht verschonte, noch weniger geneigt gewesen wäre, dessen Boss am Leben zu lassen. Ein Standpunkt, der auch von Toft geteilt wird.

»Ich war von Anfang an überzeugt, dass er nicht lebend gefasst würde«, sagt er. »Selbst wenn er sich ergeben hätte, damit sie ihn ausliefern konnten, hätten sie das nicht zugelassen.«

Das Mitglied des Comando Halcón, José David Pedreros, behauptet, am Tag, als Escobar erschossen wurde, dabei gewesen zu sein. »An jenem Tag waren achtzehn unserer Agenten im Einsatz«, sagt er. »Der Bloque de Búsqueda war eine Fassade. Die waren nur dazu da, auf Fotos zu posieren und die Hausdurchsuchungen durchzuführen. Escobar war fett und hatte gerade gegessen, deshalb war er nicht schnell genug. Er wurde mit einem Kopfschuss exekutiert. Wenn man genau genug hinsieht, kann man eine *tatuaje* erkennen. Bei jemandem von seinem Kaliber geht man keine Risiken ein.«

Hugo Aguilar, der Anführer des dreiundzwanzigköpfigen Kommandos, das die Operation ausführte, tut beide Theorien als Unsinn ab.

»Das ist gelogen. Blödsinn. Sie behaupten, er habe Selbstmord begangen. Doch fragen Sie die Spurensicherung. Es gibt keine Schmauchspuren.«

Aguilar, heute Gouverneur von Santander, ist der stolze Besitzer von Escobars vielgerühmter Sig Sauer, die er am Schauplatz der Schießerei an sich nahm und durch seine eigene ersetzte, welche er von der DEA erhalten hatte. Die Behauptung, er habe Escobar in den Kopf geschossen, als dieser verwundet auf dem Dach lag, weist er zurück.

»Wie ist Escobar gestorben? Eine Kugel aus einer 9-Millimeter in den Rücken, die ihn ins Herz traf, und ein Schuss aus einem Colt-R-15 Gewehr, der ins eine Ohr eindrang und zum anderen wieder herauskam.« Ihm zufolge war Escobar bereits tot, als er auf dem Dach aufschlug.

Bilder aus Hugo Martínez' Album vom 2. Dezember 1993: ▶
Unten: Pablos Schwester Luz María (hell gemustertes Kleid mit dunklem Kragen) und ihre Mutter Doña Hermilda (dunkel gemustertes Kleid mit Brille) sprechen mit Mitgliedern des Bloque de Búsqueda, während sie auf die Bestätigung warten, dass es sich bei der Leiche auf dem Dach um Pablo Escobar handelt.

Oben: Pablo liegt tot neben seiner Glock. – ▶▶
Unten: Das Taxi, von dem aus Pablo normalerweise seine Anrufe tätigte.

Unten: Álvaro de Jesús Agudelo alias Limón, der zusammen ▶▶▶ mit seinem Boss erschossen wurde.

Oben: DEA-Agent Steve Murphy (rotes Hemd) und Hugo Aguilar vom ▶▶▶▶ Bloque de Búsqueda (Mitte) mit der Leiche Pablo Escobars. – *Unten:* Schaulustige hinter dem Fluss gegenüber dem Haus, in dem Pablo starb.

Oben: Pablos Mutter Doña Hermilda sowie seine Schwester Luz María sprechen ▶▶▶▶▶ mit Mitgliedern des Bloque de Búsqueda, während sie auf die Bestätigung warten, dass es sich bei der Leiche auf dem Dach um Pablo Escobar handelt.

Oben: Mitglieder des Bloque de Búsqueda posieren mit Pablos Leiche. ▶▶▶▶▶▶

Pablos Autopsie ergab, dass er von drei Schüssen getroffen wurde: einem ins Bein, einem in die ▶▶▶▶▶▶▶ Schulter, und einem, der ihn tötete, indem die Kugel oberhalb seines linken Ohrs in den Kopf ▶▶▶▶▶▶▶▶ eindrang und unmittelbar unterhalb des linken Ohrs wieder austrat.

APRECIADO CLIENTE: CON EL REVELADO DE TODO ROLLO EN FOTO JAPON EXIJA SIN COSTO ALGUNO SU RESPECTIVO ALBUM.

MOTIVO
REF.

LUGAR

No. FOTOS

FECHA

FOTO
JAPON

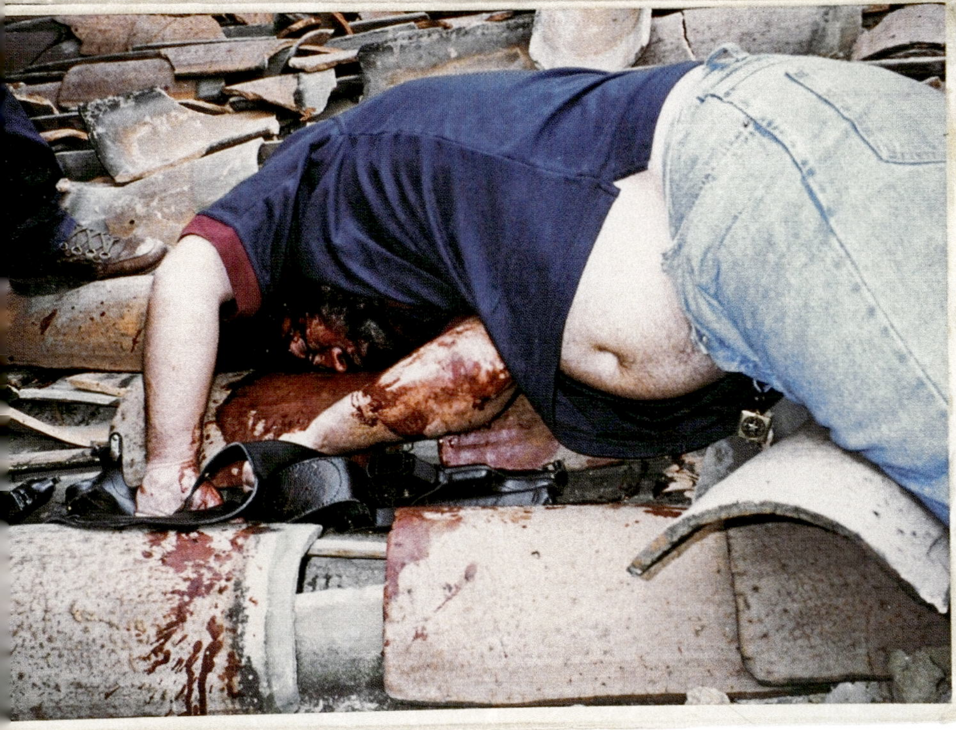

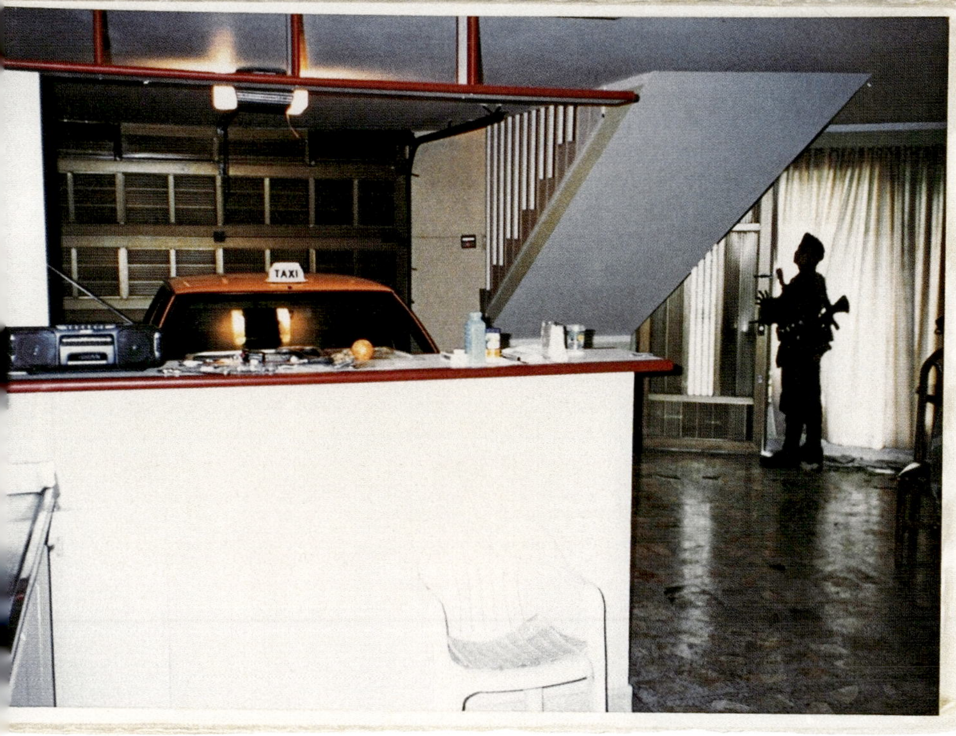
TAXI

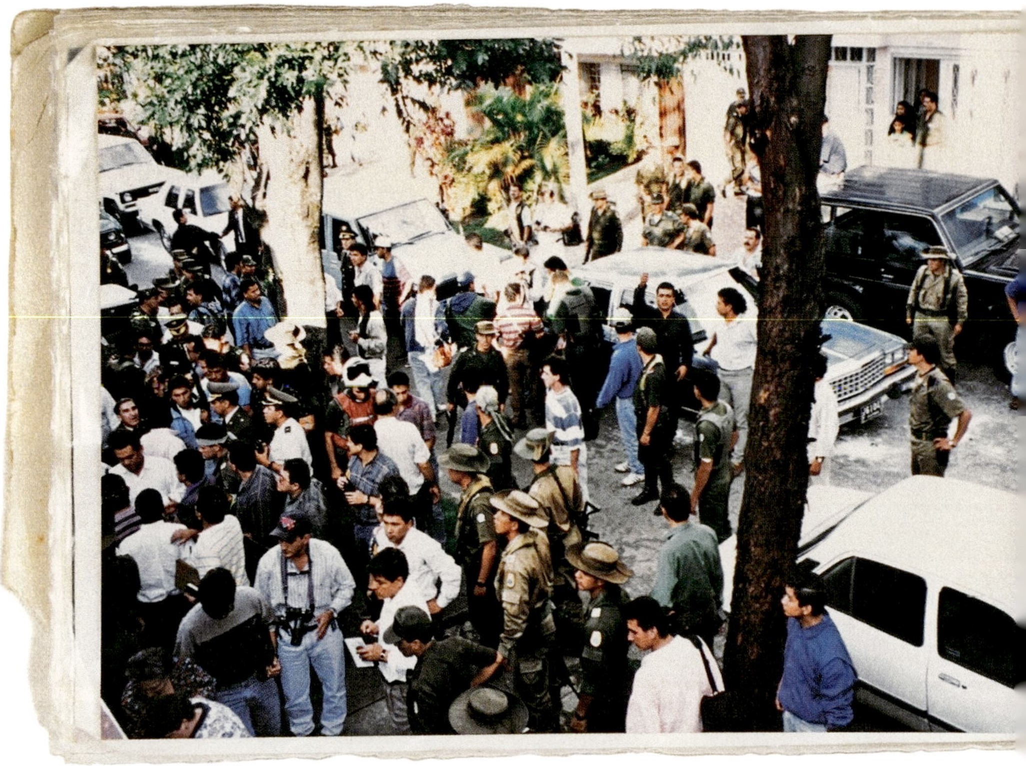

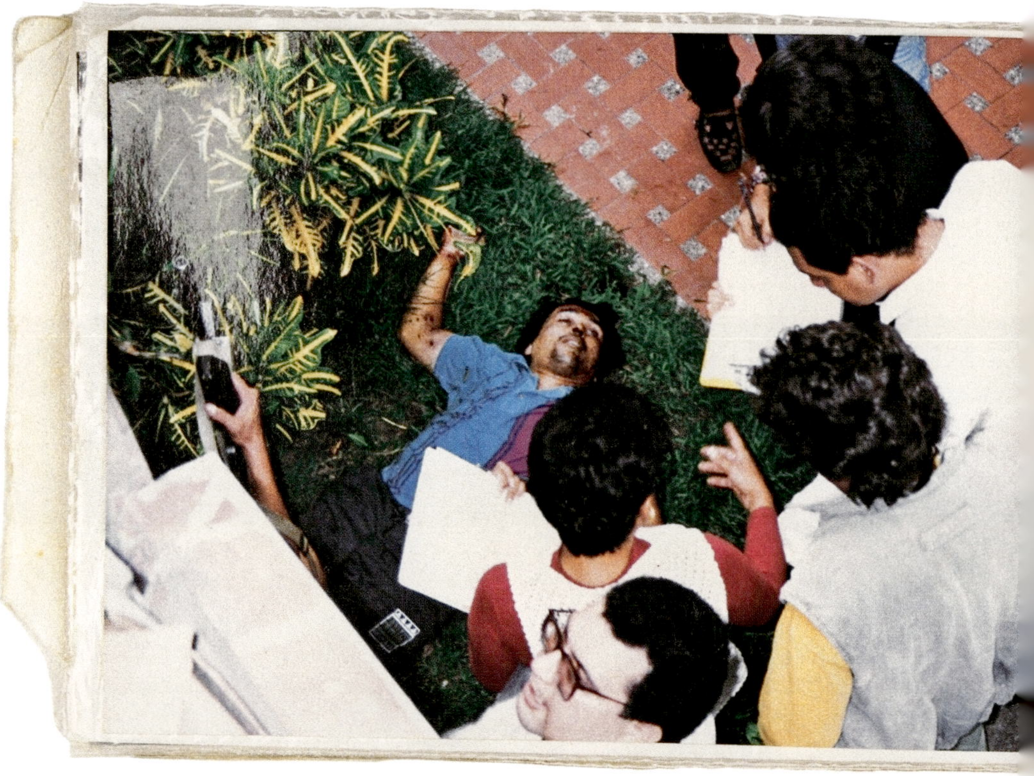

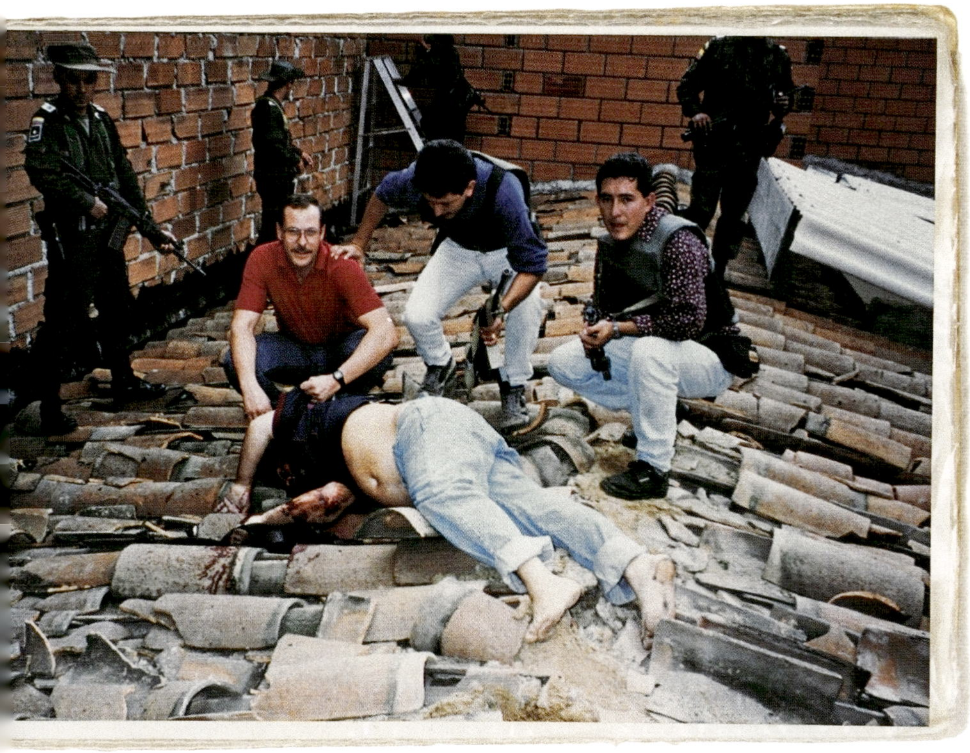

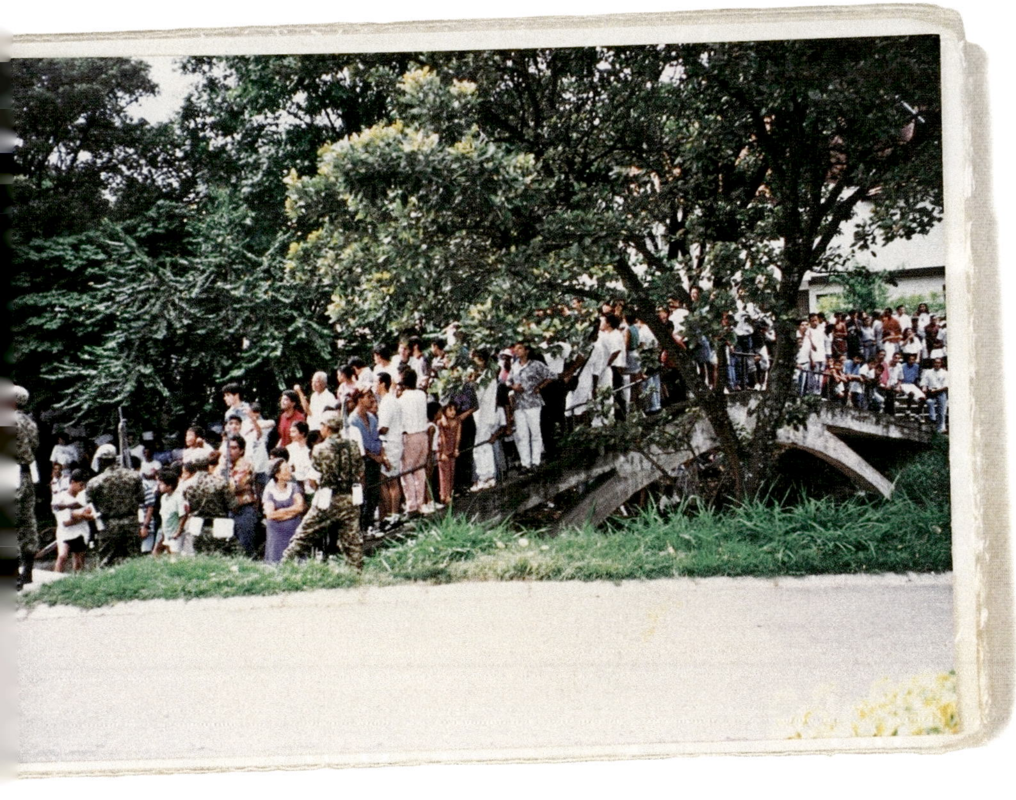

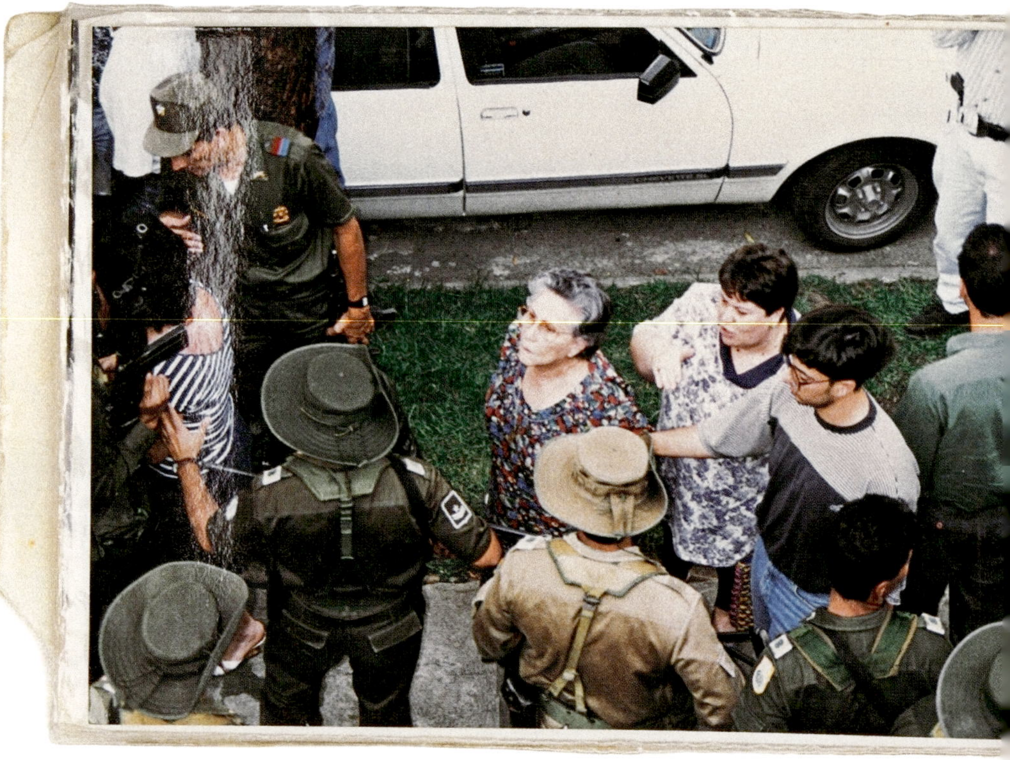

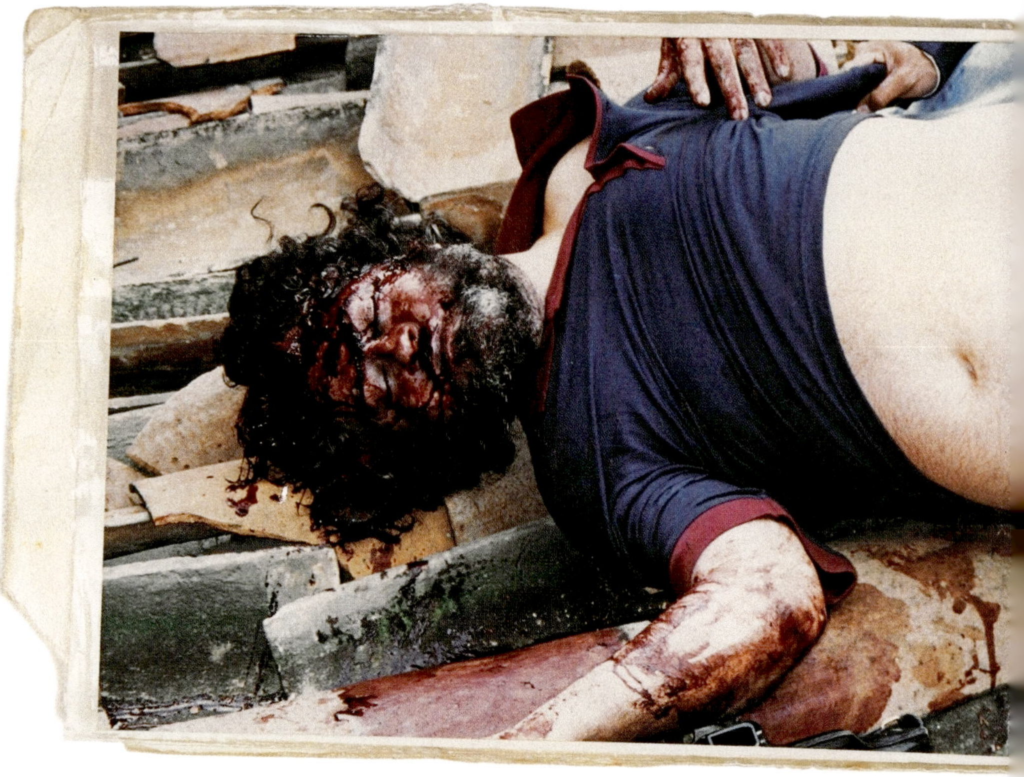

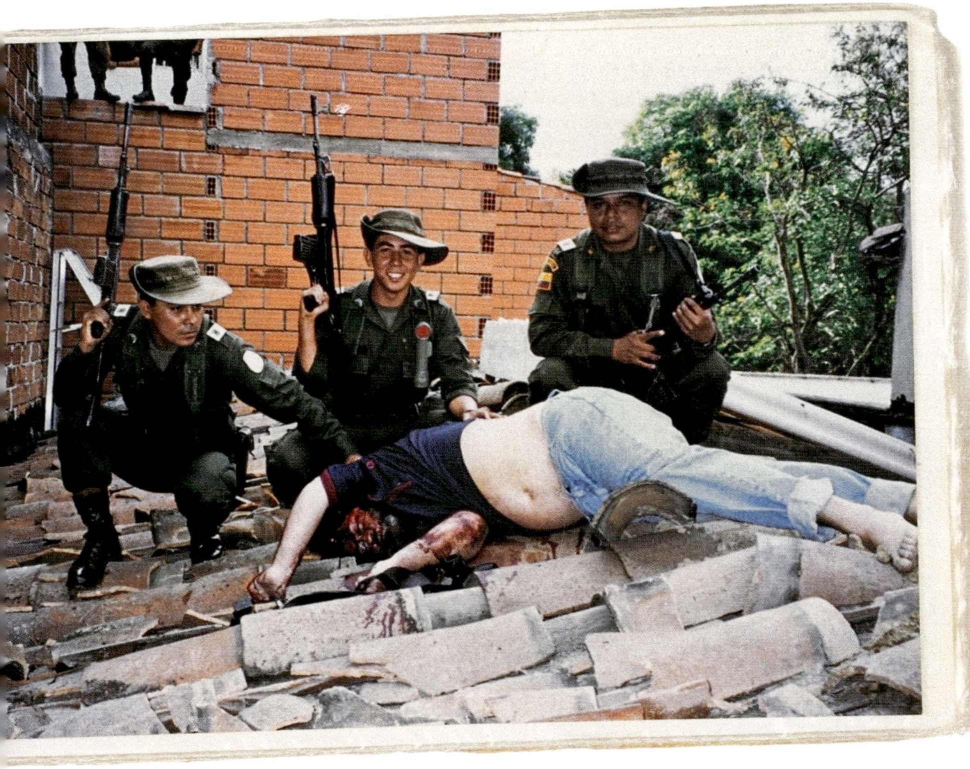

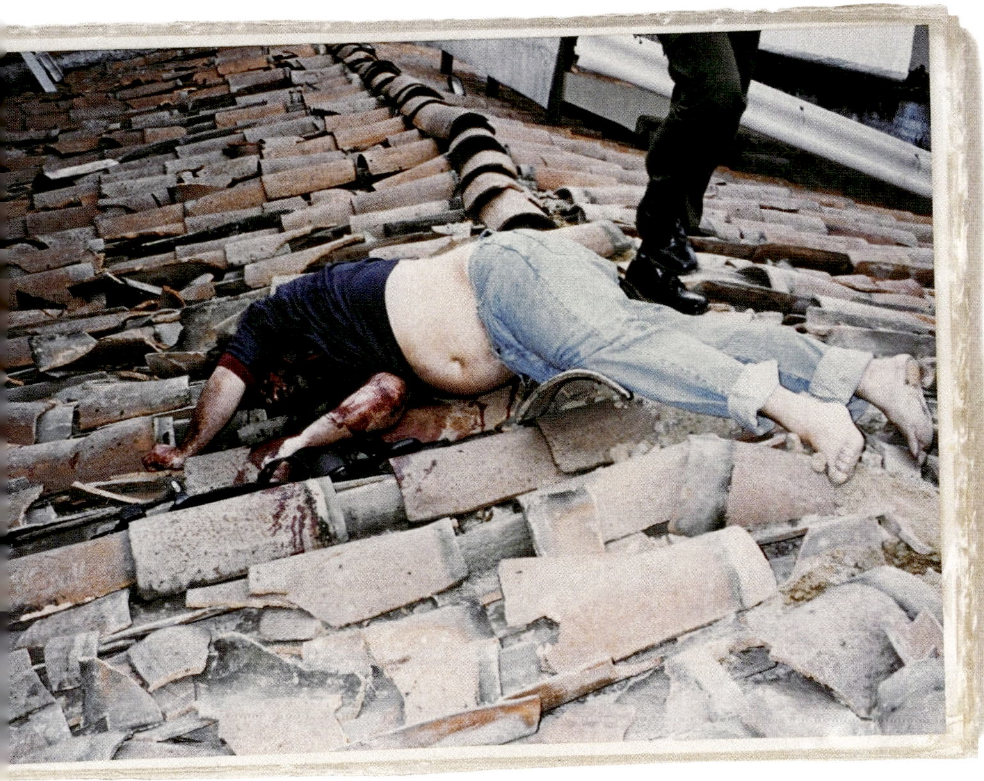

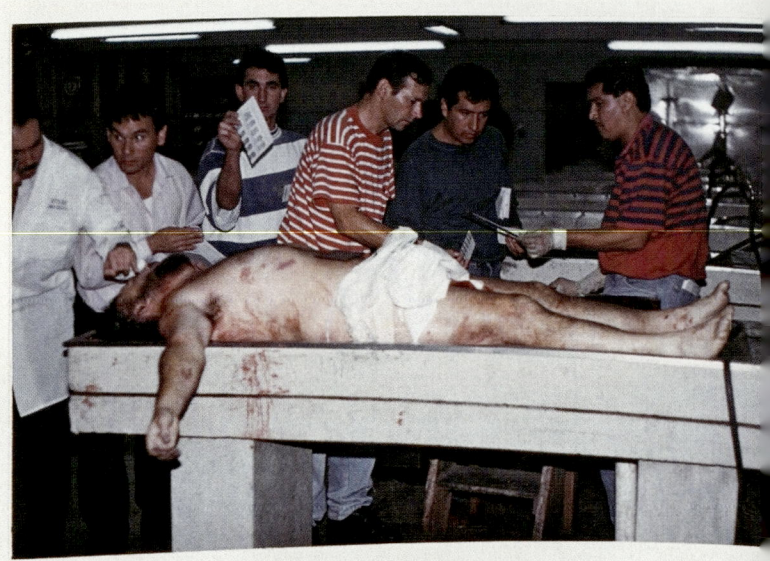

GRAFICA NRO 009 CONJUNTO. OBSERVAMOSEL CADAVER DE PABLO ESC
GAVIRIA EN EL ANFITEATRO DE MEDELLIN.

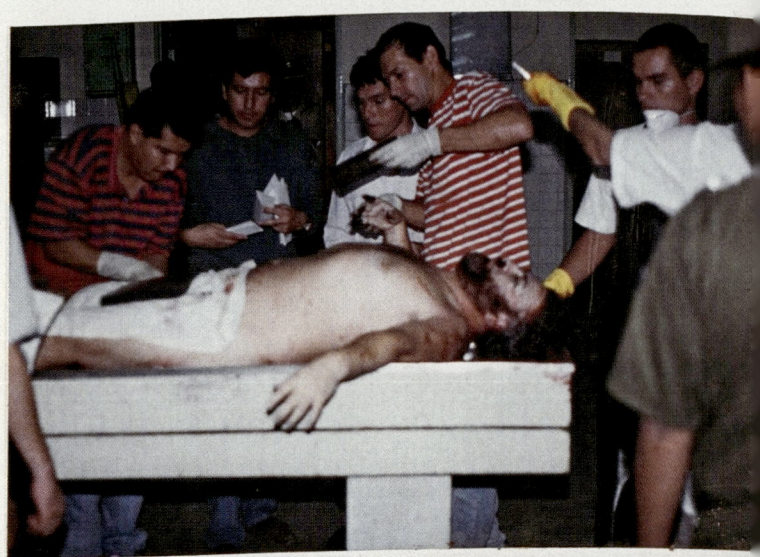

GRAFICA NRO 010. SEMICONJUNTO. DEL CADAVER DE PABLO ESCOBAR
EN SU PARTE SUPERIOR.

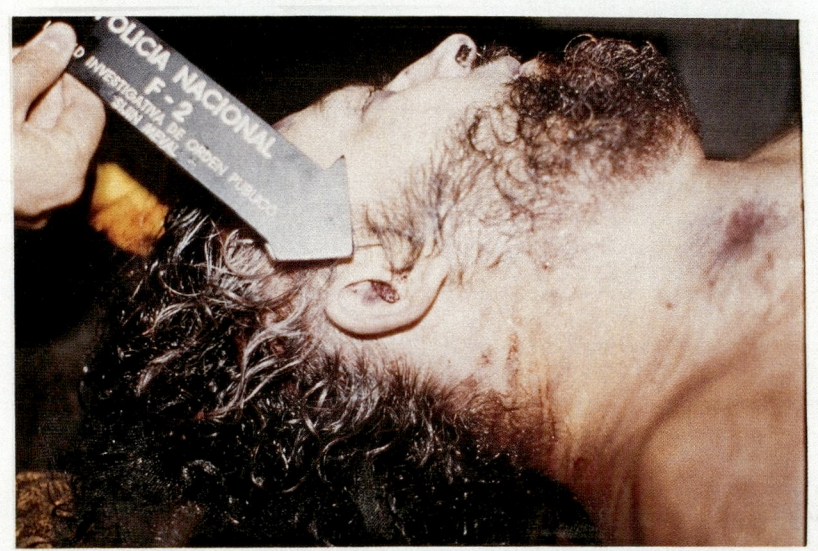

GRAFICA NRO 011. DETALLE. LA FLECHA NOS SEÑALA UNA HERIDA EN LA REGION AURICULAR DERECHA.

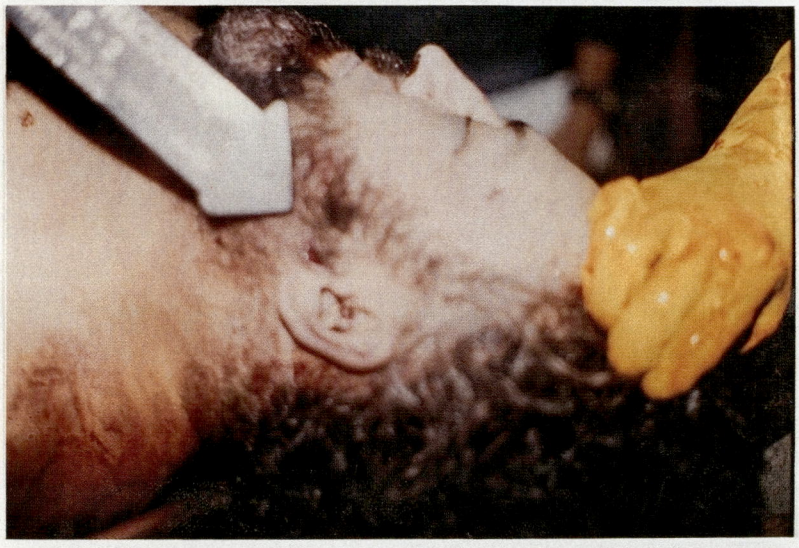

GRAFICA NRO 012. DETALLE. LA FLECHA NOS SEÑALA HERIDA EN LA REGION RETROAURICULAR IZQUIERDA.

Nach dem, was ihm seine Männer berichteten, glaubt Hugo Martínez, dass die Kugel, die Escobar tötete, aus dem R-15 von Alfonso Barragan stammte, dem Mann, der mit Aguilar die Treppe hinaufstürmte. »Er war es, der Escobar erschoss.«

In seinem Büro in Bogotá demonstriert Aguilar, wie er und ein weiterer Agent den meistgesuchten Mann der Welt zur Strecke brachten. Er behauptet, sie hätten Escobar erst gesehen, als sie die Treppe des zweigeschossigen Hauses hinaufstürmten. Escobar habe auf ihn geschossen und ihn so gezwungen, Deckung zu suchen.

»Ich wollte ihn immer lebend schnappen«, sagt er weiter. »In dem Moment, als ich ihn sah, hätte ich ihn problemlos mit der Maschinenpistole erschießen können. Doch der Auftrag lautete, ihn lebend zu fassen.«

Als Escobar dann aus dem hinteren Fenster sprang und zu flüchten versuchte, nahm der tödliche Schusswechsel seinen Lauf.

»Wir befanden uns im Haus, und er war allenfalls zwei Meter entfernt. Ich richtete mich auf und zog meine Sig Sauer. Als er sprang, hatte ich ihn im Visier. Wir schossen beide gleichzeitig, und weg war er. Er sprang nach draußen. Doch als er landete, war er bereits tot.«

Die Agenten, die hinter dem Haus lauerten, nahmen das Dach unter Beschuss. Aus Sorge, im Kreuzfeuer getroffen zu werden, war es Aguilar unmöglich, Escobar zu folgen, ehe seine Männer das Feuer einstellten. »Ich sprang und kam hart auf, doch mein Überlebensinstinkt brachte mich blitzschnell auf die Beine. Mit dem Fuß stieß ich die Pistole weg und schob seine Haare beiseite. In *Semana* ist ein Foto von mir, auf dem es aussieht, als würde ich lachen, aber das war nur die Mimik, als ich rief: ›Ja, es ist Pablo Escobar!‹ Ich nahm seine Uhr an mich und gab sofort Hugo Martínez Bescheid: ›Lang lebe Kolumbien, Pablo Escobar ist tot.‹«

Das Begräbnis

Die Geschichte von Pablo Escobar Gaviria endet nicht mit seinem Tod. Er zählt zu der Handvoll Kolumbianer, deren Name nach wie vor Kontroversen entfacht. Er löst extreme Empfindungen aus, entweder unnachgiebigen Hass oder absolute, totale Ergebenheit. Sein Begräbnis, das am Tag nach seinem Tod stattfand, versinnbildlichte die gegensätzlichen Emotionen, die mit seinem Namen verknüpft sind.

In einer Rede in Medellín zeigte sich Kolumbiens Präsident César Gaviria erleichtert, den Mann endlich los zu sein, der ihn vor den Augen der Weltöffentlichkeit blamiert hatte, als er aus La Catedral ausbrach.

»Pablo Escobar ist kein Held«, erklärte Gaviria. »Er war ein Verbrecher, der seine gerechte Strafe erhalten hat: die völlige Ablehnung durch eine Nation, die unter seinen Verbrechen zu leiden hatte.«

Zuvor hatte Gaviria den sechshundert Mitgliedern der Eliteeinheit, die Escobar zur Strecke gebracht hatte, die höchste Auszeichnung des Landes, das Kreuz von Boyacá, verliehen.

Während der Bloque de Búsqueda feierte und die Belohnung verjubelte, die unter seinen Mitgliedern aufgeteilt worden war, fanden sich Tausende von Menschen auf dem Friedhof Montesacro in Medellín ein, um El Patrón die letzte Ehre zu erweisen.

Zu Pablos Lebzeiten war eine solche öffentliche Anteilnahme nur drei anderen Persönlichkeiten zuteilgeworden: Rodrigo Lara Bonilla, Guillermo Cano und Luis Carlos Galán. Escobar hatte beim Tod eines jeden von ihnen die Hand im Spiel gehabt.

Elsie Torregroza war mit anderen Bewohnern des Barrio Pablo Escobar, dem Wohnviertel, das Escobar 1984 hatte errichten lassen, zum Begräbnis gefahren. Die Sichtweise des Präsidenten teilten sie nicht. »Als sie Pablo ermordeten, ist Kolumbien gestorben«, erklärt Elsie, während sie auf den Stufen des Hauses sitzt, das er für sie hatte bauen lassen. »Er mag ein großer Drogenhändler gewesen sein, aber er war auch ein großmütiger Mensch. Er wird hier noch immer geliebt, besonders von den Armen.«

Eine andere Anwohnerin, Carmen Rodríguez, sagt, sie habe verzweifelt versucht, einen Blick auf den Leichnam zu erhaschen, bevor er beerdigt wurde. Carmen hatte, wie viele andere Bewohner des Viertels, den Mann, der sie von einer Müllhalde geholt und ihnen ein Heim gegeben hatte, nie zuvor zu Gesicht bekommen.

»Das ganze Viertel strömte in die Kapelle«, erzählt sie. »Alle wollten ihn sehen. So viele Leute passten gar nicht in die Kirche, aber alle versuchten hineinzukommen. Es waren viel zu viele Leute, deshalb mussten sie am Ende die Scheiben einschlagen, um wieder herauszukommen. Überall waren Menschen. Sogar auf den Dächern.«

Die Furcht, Pablos Feinde könnten die Gelegenheit nutzen, um sich an seiner Familie und seinen Freunden zu rächen, schürte die aufgeheizte Stimmung weiter an.

»Nach der Autopsie meinten sie, die Leiche sollte am besten noch am selben Tag begraben werden, weil Los Pepes planten, sie zu stehlen, in Stücke zu hacken und über die ganze Stadt zu verteilen«, berichtet Limóns Witwe Gloria, deren Mann an der Seite seines Bosses begraben wurde.

Während Escobar vom Leichenschauhaus, wo seine Frau, die Schwester sowie seine treusorgende Mutter die ganze Nacht über Totenwache gehalten hatten, zum Friedhof gefahren wurde, brachen seine Bewunderer den Sarg auf und klammerten sich an den aufgedunsenen bärtigen Leichnam.

Medellíns Arme glaubten, sogar ein toter Pablo Escobar brächte ihnen Glück. An diesem Tag spielten viele mit Zahlen Lotto, die einen Bezug zu Escobars Leben hatten. Und jene, die auf die letzten drei Ziffern der Nummer jenes Hauses gesetzt hatten, in dem er erschossen worden war, wurden ein letztes Mal für ihren Glauben an El Patrón belohnt.

Bei den Männern, die fast ihr ganzes Leben damit verbracht hatten, ihn entweder zu schützen oder zu jagen, rief das Begräbnis gemischte Gefühle hervor.

Miguel Maza, der zu Präsident Gaviria gesagt hatte: »Dieses Land wird nicht in Ordnung kommen, solange Pablo Escobar am Leben ist«, der aber von Gaviria abgelöst wurde, ehe er den Job zu Ende führen konnte, meint, El Divino Niño (Das heilige Christuskind) habe eine Rolle bei Escobars Tod gespielt.

Sowohl Maza als auch Escobar beteten zu der populären kolumbianischen Christusgestalt. Am Tag, an dem er starb, trug Escobar ein Bildnis des Christkinds in seiner Brieftasche, in der sich auch ein Gebet befand, worin er das Christkind anfleht, ihn vor »Fäusten, Kugeln, Gewalt und allen Klingen« zu beschützen.

»El Niño befand sich in einem Dilemma«, erzählt Maza schmunzelnd. »Escobar bat ihn um Beistand, um mich zu töten, und ich bat ihn um Beistand, um Escobar zu schnappen. Ich habe gewonnen.«

Hugo Martínez, der mehr als alle anderen dazu beigetragen hat, Escobar zur Strecke zu bringen, wurde etwas philosophischer, als er sah, wie sein Erzfeind der Geschichtsschreibung überantwortet wurde.

»In diesem Fall haben die Guten gewonnen«, sagt er. »Wir haben gewonnen, aber in Anführungszeichen, denn für mich war das kein Sieg. Menschen starben, und unglaublich viel Energie wurde darauf verwandt, eine kriminelle Bande auszuräuchern, die nur hatte wachsen und gedeihen können, weil sie sie haben groß werden lassen. Ich war schon immer der Meinung, dass die Gringos eine große Schuld trifft, die Geheimdienste, die Presse, die ihn der Welt als einen wichtigen Mafioso dargestellt hat. Sie haben ihn einen der reichsten Männer der Welt genannt, sie haben ihn auf die Forbes-Liste gesetzt, sie haben Öl ins Feuer gegossen. So glaubte er tatsächlich, dass er sehr bedeutend sei, das Recht habe, Präsidentschaftskandidaten und Minister umzubringen, und tun und lassen könne, was er wolle.«

Er habe Escobar während ihres vierjährigen Duells nie gehasst, sagt Martínez. »Das hätte der gar nicht verdient.«

Die, die Escobar liebten und verehrten, wiederholen das immer gleiche Mantra: »Er starb nach seinen eigenen Regeln.«

»Er wusste, welches Ende ihn erwartete«, sagt sein Vetter Jaime. »Er fürchtete den Tod nicht.« Die Liebe zu seinen Leuten und seine Machtbesessenheit sorgten dafür, dass er nicht versteckt auf seiner Karibikinsel Cocktails trinken und alt werden konnte.

»Gustavo Gaviria hatte ihm das vorgeschlagen«, sagt ein anderes Familienmitglied. »Er sagte: ›Pablo, wir haben mehr Geld, als wir jemals ausgeben können. Warum hauen wir nicht ab und lassen es uns in einem anderen Land gutgehen?‹, aber Pablo wollte das nicht.«

Popeye meint, selbst wenn er gewollt hätte, hätte er es nicht geschafft.

»Die Leute glauben, die Definition für Glück lautet, eine Villa in Miami zu besitzen, mit zwanzig Frauen und zwanzig Ferraris und einer Jacht. Aber darum ging es nicht. Der Krieg war das wahre Glück für Pablo, denn er war ein Krieger, und ein Krieger lebt für den Krieg. Einmal hat ein Reporter ihn gefragt: ›Nun Pablo, welche Inschrift wünschen Sie sich für Ihren Grabstein?‹, und seine Antwort ließ an Deutlichkeit nichts zu wünschen übrig: ›Ich war alles, was ich je sein wollte: ein Bandit.‹«

Pablos letztes Gebet

Hora pronovis tusfratus*
O Heilige Santa Martha**
Die Du in die Berge gezogen bist
Wo Du der Schlange begegnet bist
Und sie mit Deinem großen Symbol
Gezähmt, besiegt und unterworfen hast
Ich bitte Dich Herrscherin und Heilige
Mögest Du alle meine Feinde, die mich herausfordern

---

*   soll heißen »Ora pro nobis« (Bete für uns)
** Escobar betet zur Heiligen Martha, der Schwester von Lazarus, den Jesus von den Toten auferweckte (Joh. 11,41–44). Escobar hatte wie Martha einen Bruder verloren. Weihnachten 1977 kam Luis Fernando, sein jüngerer Bruder, ums Leben, als dessen Wagen bei einer Verfolgungsjagd mit der Polizei in einen Fluss stürzte. Es war das einzige Mal, dass seine Mutter ihn weinen sah. Zufälligerweise weint Jesus im Neuen Testament ebenfalls nur ein einziges Mal, und zwar als er Martha begegnet.
Das Gebet weist zudem einen Bezug zur Apokalypse bzw. zur Offenbarung des Johannes auf: Selig ist, der da liest und die da hören die Worte der Weissagung und behalten, was darin geschrieben ist; denn die Zeit ist nahe. (Offb. 1,3)
Das Gebet zeigt, dass Escobar seinen Tod akzeptierte.

Besiegen, bezwingen und beherrschen
Seien es Männer oder Frauen, Tiger oder Löwen
Ich muss sie alle besiegen
Auf dass sie vor meinem Angesicht
Vor Furcht erzittern
Der Herr spielte die sieben »horos«[*]
Da er »horo« und Opfer war
Und da sind sieben Künste, die ihn mit Gift töteten
Und nun sind da meine Gefährten
Sieben an der Zahl, acht mit mir[**]
Ich rufe sie an, mich zu beschützen
Vor Fäusten, Kugeln, Gewalt und allen Klingen
Die sich gegen mich erheben
Christus gibt mir Mut und Zuversicht
Das Heilige Kreuz ist mit mir
Von nun an bis in Ewigkeit

[*] Es gibt zahlreiche Interpretationen des Begriffs »horos«, doch es besteht weithin Einigkeit, dass er das Böse repräsentiert. Die Nummer sieben taucht in der Bibel regelmäßig als Symbol für Perfektion und Rettung auf.

[**] Es gibt Hinweise, dass Escobar Reue zeigte, als ihm seine Feinde immer näher rückten. »Sieben an der Zahl, acht mit mir«, betet er, und schließt sich so in das Böse mit ein.

Zudem hat er, indem er sich den sieben hinzufügt, die von der Sieben repräsentierte Perfektion der Bibel zerstört. Dennoch ruft er, um seine Zukunft fürchtend, die sieben »horos« an, damit sie ihn gegen seine Feinde beschützen, und beschwört die vorletzten Verse der Offenbarung: »Fürchte dich nicht! Ich bin der Erste und der Letzte und der Lebendige; ich war tot, und siehe, ich bin lebendig von Ewigkeit zu Ewigkeit und habe die Schlüssel der Hölle und des Todes.« (Offb. 1,17–18)

Ein Bild des heiligen Christkindes und ein von Pablo verfasstes Gebet, das nach seinem Tod am 2. Dezember 1993 in seiner Brieftasche gefunden wurde.

HORA PRONOVIS
Y TUSFRATUS
HÓ SEÑORA SATA MARTA
QUE AL MONTE LABOR ENTRASTE
CON LA SERPIENTE TE ENCONTRASTE
CON TU GRAN SIMBOLO
LA ATASTE, VENSISTE Y DOMINASTE
ASI TE PIDO REINA Y SEÑORA
QUE VENSAS, AMANCES Y
DOMINES TODOS LOS ENEMIGOS QUE
VENGAN CONTRA MI
SEAN HOMBRES O MUJERES
TIGRES O LEONES A
TODOS HE DE VENCER Y TODOS
TIEMBLEN ANTE MI
EL SEÑOR JUGO EL 7 DE HOROS
SIENDO EL HORO Y JUEGO
ESTOS SON LOS 7ARTES QUE LE
DIERON DE VENENO
HEA PUES COMPANEROS MIOS
DE 7 QUESON Y 8 CONMIGO
YO LOS LLAMO A TODOS
PARA QUE ME DEFIENDAN
DE PUÑO, VALA, FUERSA Y
TODA CLASE DE ARMA BLANCA
QUE VINIERE CONTRA MI.

CRISTO VALEDME Y DADME
LA FE
LA SANTA CRUZ ANDE CONMIGO
DELANTE Y ATRAS DE MI

Nachbeben

Dieses Kapitel enthält zeitgenössische Fotografien, die Escobars Vermächtnis zum Gegenstand haben. Das Herrenhaus auf der Hacienda Nápoles ist inzwischen von Pflanzen überwuchert und mit Löchern übersät, die Schatzjäger auf der Suche nach Escobars Reichtümern gerissen haben. Die ausgebrannten Wracks seiner Oldtimersammlung zeugen noch von dem Luxus, den die Hacienda einst repräsentierte. Die einzigen ursprünglichen Bewohner, die geblieben sind, sind die Flusspferde. Doña Hermilda Gaviria, Escobars Mutter, gestattete, Fotos von dem Haus zu machen, das ihr Sohn ihr in Medellín gebaut hat. Indes lebt im Barrio Pablo Escobar, dem Viertel, das er für die Armen Medellíns hat errichten lassen, die Erinnerung an Escobar fort. In vielen Häusern hängt sein Bildnis und wird ikonisch verehrt. Viele der gerahmten Fotos, die heute die Wände in den Häusern der Armen zieren, wurden von Doña Hermilda anlässlich des ersten Todestags ihres Sohnes verteilt.

Loch im Boden des Hauptgebäudes der Hacienda Nápoles; Januar 2006.
Schatzsucher glauben nach wie vor, in Pablos ehemaligem Haus sei Geld vergraben.

Das Geld

Eines der großen Rätsel, das auch fünfzehn Jahre nach Pablo Escobars Tod nicht gelöst ist, ist die Frage nach dem Verbleib seiner Milliarden.

Auf dem Höhepunkt seiner Macht wurde Escobars Reichtum auf drei Milliarden US-Dollar geschätzt, was ihn zum siebtreichsten Mann der Welt machte. Das Rätsel wird noch mysteriöser, wenn man die Ereignisse nach seinem Tod mit denen vergleicht, die auf den Tod Gachas, seines Kompagnons im Medellín-Kartell, folgten.

»Als Gacha starb, tauchten alsbald überall Dollars auf, und die Leute dachten, dasselbe würde auch in Pablos Fall passieren«, sagt Hugo Martínez.

Doch die Funde nach Escobars Tod waren weit weniger aufsehenerregend und überzeugten viele, dass er das Geheimnis seines Reichtums mit ins Grab genommen habe. Andere wiederum glauben, sein fabelhafter Reichtum gehöre wie der Mythos der goldenen Stadt El Dorado ins Reich der Legenden.

»Die drei Milliarden Dollar in der Forbes-Liste der reichsten Männer der Welt? Das war eine Übertreibung«, sagt El Profe, dem Escobar einen Großteil seines Vermögens anvertraute. »Er hat zwar eine Menge Geld verdient, aber auch jede Menge ausgegeben.« El Poeta zufolge sagte Escobar seiner Familie ständig, sein Vermögen sei »nicht halb so groß, wie man immer behauptet«.

Doch wie groß sein Vermögen letztlich auch war, Escobar bewegte Summen, die bis dahin niemand in Kolumbien gekannt hatte, und nährte so die anhaltende Legendenbildung um den Schatz des ersten wahren »Kokainkönigs«.

»Das Vermögen existiert noch«, sagt Miguel Maza. »Wenn man bedenkt, wie groß es war, und dass nie eine bedeutende Summe aufgetaucht ist, kann man davon ausgehen, dass das Geld gut verwahrt ist.«

Die verbreitete Vorstellung, das Geld sei in den Wänden oder unter den Fußböden von Escobars früheren Anwesen versteckt, wurde von Geschichten genährt, denen zufolge Escobar die Bauarbeiter habe umbringen lassen, nachdem sie die Geheimfächer angelegt hatten, um die Zahl der Leute zu begrenzen, die darüber Bescheid wussten. Verräterische Löcher in Wänden und Böden der Hacienda Nápoles, des Edificio Mónaco, von La Manuela und La Catedral bestätigen den unausrottbaren Glauben der Schatzsucher, Escobars Vermögen doch noch eines Tages zu entdecken.

»Sie behaupten, er habe Geld versteckt«, sagt Luz María, »aber ich weiß es nicht. In Nápoles und in La Manuela, wo sich hinter dem Haus ein Karussell befindet, dort, sagen sie, sei etwas versteckt gewesen.«

Doch sehr viel von dem Geld, das an Orten verborgen war, die Codenamen wie »Supergeheim« trugen, war für den Krieg gegen den Staat und das Cali-Kartell verwendet worden.

Popeye, einer der vier Schatzmeister der Extraditables, glaubt, ein großer Teil des Vermögens sei noch vor Escobars Tod für Bomben, Auftragsmorde und Informationen ausgegeben worden.

»Pablo hat eine Unmenge Geld in diesen Krieg gesteckt. Er sagte immer: ›Okay, wir bringen Soundso um. Ich gebe dir fünfzig Millionen Peso.‹ Dann vergingen zehn Tage oder auch zwanzig oder dreißig und schließlich sagte Pablo: ›Popeye, ruf Soundso an und frag ihn, warum der Mann noch nicht tot ist.‹ Und die Antwort war dann immer: ›Patrón, wir haben ihn nicht gesehen, er war krank …‹, alle möglichen Ausreden. Und schließlich sagte Pablo: ›Was zahlt die Medellíner Lotterie? Achtzig Millionen Peso? Willst du im Lotto gewinnen?‹

›Ja, Patrón.‹

›Ich zahle dir achtzig Millionen Peso, aber ich will den Mann tot sehen.‹

Und schließlich war der Typ dann tot.«

Und es gab noch andere Ausgaben. Das Kopfgeld in Höhe von fünf Millionen Dollar trieb die Unterhaltskosten für sein Netzwerk an Verstecken und Schlupfwinkeln in die Höhe. Auch die Beschaffung von Informationen wurde teurer. Zudem gingen, so Escobars Schwester, beträchtliche Summen verloren, wenn er auf der Flucht vor den Behörden von einem Haus zum nächsten zog.

»Die Operation Aguas Frías, die einen Monat vor seinem Tod stattfand, ist auch so eine Geschichte. Die Farm befand sich in Belén, Aguas Frías. Das war Land, das eigentlich Pablo gehörte. Auf der Farm war ein Butler, und es heißt, am Ende habe der das Geld gehabt. Der Typ wurde bei der Operation festgenommen und zusammen mit seiner Frau und dem Dienstmädchen ins Gefängnis gesteckt. Und es heißt auch, nachdem er im Gefängnis war, seien seine Brüder und Schwestern plötzlich alle mit Leibwächtern herumgelaufen. Man hat ihn schließlich tot aufgefunden, in der Nähe des Hauses, wo Pablo erschossen wurde. Fünf Jahre nach Pablos Tod. Es heißt, jemand habe ihn umgebracht, um an Pablos Geld zu kommen.«

Geschichten über Escobars *testaferros*, über seine Strohmänner, die verschwanden oder gezwungen wurden, Immobilien auf Pablos Feinde zu überschreiben, machten sowohl vor als auch nach seinem Tod die Runde. In Kolumbien bedarf es, sofern man den richtigen Notar kennt, nichts weiter als eines abgetrennten Zeigefingers, um eine Immobilie auf jemand anderen überschreiben zu lassen.

»Es war eine Zeit, in der man nicht wusste, wem man trauen konnte, weil Freunde sich in Feinde verwandelten«, sagt Luz María. »Aber ich habe stets allen gesagt, dass ich gegen niemanden einen Groll hege, weil ich weiß, dass bei vielen Los Pepes vor der Tür standen und sagten: ›Entweder du überschreibst uns Escobars Besitz, oder wir bringen dich um.‹«

Wie viel genau von Escobars Vermögen gestohlen wurde, ist unmöglich festzustellen, aber General Óscar Naranjo hält die Summe für beträchtlich.

347

»Ich glaube, seine Strohmänner haben ihn schon bestohlen, noch bevor man ihn zur Strecke gebracht hat«, sagt er. »Er hatte Strohmänner, zu denen er den Kontakt verloren hatte, als er auf der Flucht war. Diese Männer mussten ihr eigenes Leben schützen, und so packten sie über ihn aus. Das war ein gänzlich anderes Phänomen als bei Gacha, denn Gacha ist gestorben, ohne von seiner Organisation unter Druck gesetzt worden zu sein, während Pablo Escobar starb, als ein Teil seiner Leute beschlossen hatte, mit den Behörden zusammenzuarbeiten.«

Doch selbst unter diesen Umständen ist ein derart großes Vermögen wie das von Escobar schwer auszugeben oder zu verlieren, zumal wesentliche Werte sich bei seinem Tod in den Händen seiner Angehörigen befanden. Allerdings wurden die extravaganteren seiner Wohnsitze wie Nápoles, La Manuela und Edificio Mónaco erst von Los Pepes in die Luft gesprengt und später vom Staat beschlagnahmt. Sie wurden zu verfallenden Relikten, Erinnerung an eine vergangene Ära und Mahnung an heutige Drogendealer, nicht allzu offen mit ihrem Reichtum zu prahlen.

Mit Ausnahme des Edificio Mónaco, das heute der Generalstaatsanwaltschaft als Verwaltungsgebäude dient, sind alle einstigen Anwesen Escobars aufgrund mangelnder öffentlicher Mittel für ihren Unterhalt dem Verfall preisgegeben. Was von Escobars Oldtimersammlung übrig ist, rostet ebenso wie sein erstes Motorrad in einer Garage in der Nähe des Hauptgebäudes von Nápoles vor sich hin.

Andere weniger augenfällige Besitztümer waren schwieriger zu konfiszieren. El Profe behauptet, auf Auslandskonten in Panama und Europa hätten sich zum Zeitpunkt von Escobars Tod große Summen befunden. »Ich weiß nur von dem Geld in Europa. Keine Ahnung, wie viel es insgesamt war, aber allein auf einer Bank in Deutschland befanden sich 86 Millionen Dollar.«

Seinen Feinden fiel es leichter als der Regierung, sein verbleibendes Vermögen aufzuspüren und unter sich zu verteilen. In allen Kriegen wird die Beute unter den Siegern aufgeteilt, doch in den Kriegen der kolumbianischen Mafia ist dieser Prozess besonders brutal. Wenige von Escobars Angehörigen, Freunden und früheren Partnern blieben davon verschont.

»Es existierte eine besondere Auffassung von Wiedergutmachung, die darin bestand, den Toten, den Inhaftierten und deren Angehörigen Geld und Immobi-

Der große Swimmingpool der Hacienda Nápoles, Juni 2004. Im Hintergrund das Hauptgebäude.

lien abzupressen. Sie sind über sie hergefallen und haben ihnen ihre Häuser genommen«, sagt Hugo Martínez.

Escobars Witwe und ihre Familie wurden gezwungen, sich mit den Führern des Cali-Kartells und Los Pepes zu treffen, um zu einem Arrangement zu kommen, das ihre Leben rettete.

»Der Friede war teurer als der Krieg, und der Krieg war schon teuer genug«, sagt ein Mitglied der Familie. »Trotzdem verspüre ich Pablo Escobars Feinden gegenüber eine gewisse Dankbarkeit, weil sie uns nicht umgebracht haben. Bei all der Barbarei gibt es offenbar immer noch ein bisschen Menschlichkeit.«

Die Familien und Angestellten von Fernando Galeano und Kiko Moncada holten sich ebenfalls die Immobilien und Vermögenswerte zurück, die ihnen beim »ökonomischen Putsch« 1992 genommen worden waren.

»In den letzten Tagen von La Catedral hatte Pablo vielen Leuten ihren Besitz geraubt«, sagt Juventud, ein Mitglied des »Dreckigen Dutzend«, das mit den Behörden kooperierte, um Escobar zur Strecke zu bringen. »Und nachdem er tot war, mussten die Familie und seine Leute das wieder zurückgeben. Das ist mehr oder weniger das, was passiert ist. Wenn sie behaupten, sie hätten bezahlen müssen, um am Leben zu bleiben, ist das Unsinn. Sie mussten die Dinge zurückgeben, die anderen genommen worden waren. Pablo war ein Gangster. ›Das gehört mir. Punkt.‹«

Gustavo de Greiff zufolge versuchte selbst die DEA, ihre Schäfchen ins Trockene zu bringen.

»Nachdem Escobar gestorben und die Familie ins Ausland gezogen war, bot die DEA Escobars Witwe und seinem Sohn an, ihnen zu helfen, wenn sie ihnen die Hälfte von Escobars auf Auslandskonten liegendem Vermögen überließen. Darauf antwortete der Sohn: ›Wenn Sie uns sagen, wo im Ausland sich Geld befindet, überlassen wir Ihnen nicht nur die Hälfte, sondern zwei Drittel, weil wir nicht die geringste Ahnung haben, wo es sein soll.‹«

Joe Toft weist diese Darstellung als völlig unzutreffend zurück, doch ein Mitglied der Familie insistiert, dass die DEA die Hälfte von Escobars US-Guthaben beanspruchte.

»Wem können die schon etwas über Moral erzählen, wenn sie sagen: ›Wir helfen euch, die Hälfte von Escobars Vermögen zu waschen, wenn ihr uns die andere Hälfte überlasst‹? Sie kamen und behaupteten, Pablo habe 450 Millionen Dollar in den USA deponiert. Aber erklären Sie mir bitte, wie man 450 Millionen verstecken sollte, ohne dass jemand davon wusste. Ich sagte ihnen, wenn Escobar 450 Millionen Dollar besessen hätte, wäre Popeye Justizminister geworden.«

Einer der Dinosaurier, die Pablo für seine Kinder bauen ließ, Juni 2004. Die einzigen Tiere, die noch auf dem Gelände leben, sind die sechzehn Flusspferde. Die Regierung baut auf dem Grundstück ein Gefängnis und plant, einen Teil der Fläche landwirtschaftlich zu nutzen, um Arbeitsplätze für demobilisierte Paramilitärs zu schaffen.

In ihrer Geringschätzung der »moralischen Autorität« der DEA wurden sie durch einige jüngere Ereignisse bestätigt. Nachdem sie nach Argentinien ins Exil gegangen waren, wurden Escobars Witwe und ihr Sohn 1999 der Geldwäsche bezichtigt. Escobars Witwe verbrachte siebzehn Monate im Gefängnis und ihr Sohn Juan Pablo eineinhalb. Ein DEA-Informant, der das Vertrauen von Escobars Witwe gewonnen hatte, lieferte den Anlass für die Anklage, die jedoch 2006 von den argentinischen Behörden fallengelassen wurde.

Einem Familienmitglied zufolge ist das Rätsel um den Verbleib von Escobars Milliarden schnell gelöst. »Pablo Escobar hatte in Kolumbien keine Macht mehr, weil er kein Geld mehr hatte. Er hat alles für den Krieg ausgegeben und sich keine Gedanken darüber gemacht, weil er davon ausging, dass er immer wieder neues bekommen konnte.«

Die Geschichte wiederholt sich

Die Frage, ob aus Escobars Leben und Tod Lehren gezogen wurden, ist noch immer offen. Historisch betrachtet, scheint Kolumbien in einem Teufelskreis gefangen.

»Wir sind aus der Gewalt einer Person in die Gewalt anderer geraten«, sagt ein Mitglied einer der Familien, die in den Achtzigern Drogen schmuggelten. »Jetzt befinden wir uns in der Gewalt der Behörde von Don Berna und des Bürgermeisters von Envigado. Die, die so hart gegen Pablo gekämpft haben, tun jetzt genau das Gleiche wie er. Ironie der Geschichte. Erst wurde Don Abel entführt, dann wurde Pablo zum Kidnapper. Erst wurden Los Pepes gegründet, um Pablo Einhalt zu gebieten, und jetzt machen sie es genauso.

Nichts hat sich geändert. Früher landeten die Leichen auf der Straße, jetzt werden sie begraben.«

Miguel Maza glaubt, Pablos Nachfolger hätten eine wichtige Lehre aus Escobars Fall gezogen. »Die zweite Generation sah den Staat nicht mehr als Feind, sondern als Verbündeten«, sagt er. »Und der Staat beschloss, sich mit den Leuten gemein zu machen, die für die Verhältnisse, unter denen wir heute leben, verantwortlich sind.«

Oldtimer aus Pablos Sammlung, ein Jet-Ski und der Lambretta-Roller, mit dem er seinen ersten Mord ausführte; Hacienda Nápoles, Juni 2004.

Acht der verbliebenen Flusspferde, Hacienda Nápoles, Juni 2004. ▶ Zwei von ihnen machten landesweit Schlagzeilen, als sie zu entkommen versuchten und den Rio Magdalena hinausschwammen.

Mit den »Verhältnissen« spielt er auf den Friedensprozess an, in dem die Paramilitärs, die geschätzte sechzig Prozent des kolumbianischen Kokainexports beherrschen, sich einem »Frieden und Gerechtigkeit« genannten Gesetz unterworfen haben. Es offeriert ihnen reduzierte Haftstrafen sowie die Verschonung vor der Auslieferung in die USA, wenn sie ihre Verbrechen gestehen. Dieser Prozess ist von Menschenrechtsgruppen kritisiert worden, da er weder Frieden noch Gerechtigkeit schaffe. Francisco Santos, 1990 eines der Opfer von Escobars Terrorkampagne und heute Vizepräsident Kolumbiens, gesteht zu, dass das Gesetz nicht perfekt ist. »Den Opfern der Erben des Escobar-Imperiums wird ein gewisses Maß an Gerechtigkeit, Aufklärung und Wiedergutmachung zuteil«, sagt er. »Und das ist mehr, als andere Friedensprozesse in Lateinamerika oder Afrika ermöglicht haben, aber es gibt weder die totale Gerechtigkeit noch die totale Aufklärung noch die totale Wiedergutmachung.«

Im Rahmen dieses Prozesses stellten sich neunundfünfzig Führer der Paramilitärs, von denen viele am Sturz Escobars beteiligt gewesen waren, der Justiz und wurden in einem ehemaligen Ferienlager in La Ceja in den Bergen oberhalb Medellíns inhaftiert. Fünf Monate später wurden zahlreiche führende Köpfe der Medellíner Unterwelt, die Verbindungen zu den Inhaftierten besaßen, exekutiert. Offenbar wurden sie Opfer einer Offensive ihrer ehemaligen Verbündeten um die Kontrolle des milliardenschweren Kokaingeschäfts.

Einem Mitglied der Familie Pablo Escobars kommt das alles sehr bekannt vor. »Pablos einstige Gegner wiederholen die Geschichte. Vergleicht man die Zeitungen von heute und von vor fünfzehn Jahren, stellt man fest, dass die Artikel praktisch identisch sind. Man braucht nur die Namen auszutauschen.«

Angesichts der Summen, die auf dem Spiel stehen, scheint es geradezu unvermeidlich, dass sich der Teufelskreis, den Escobar begonnen hatte, fortsetzt. »Es ist, als wäre man der Boss des reichsten Unternehmens der Welt. Und wie viele Leute sind scharf auf diesen Job? Doch es wird ihnen nicht besser ergehen. Sie haben die einzige Person umgebracht, die ihnen ihren größten Alptraum vom Leib halten konnte. Die Auslieferung. Es ist, als habe man den Löwen getötet, um in seine Höhle zu gelangen, und stellt dann fest, dass sie voller Schlangen ist.«

Die Exhumierung von Escobars Leiche an seinem dreizehnten Todestag mag Präsident Álvaro Uribe die Gefahr vor Augen geführt haben, den Drogenbaronen zu viel Freiraum zu lassen. Nachdem Gerüchte einer geplanten Flucht aufgekommen waren, wurden die inhaftierten Paramilitärs am 1. Dezember 2006 in ein Hochsicherheitsgefängnis verlegt.

Vizepräsident Santos zufolge zeigt dies die Fortschritte, die seit 1993 erzielt wurden. »Als wir Hinweise über mögliche Fluchtpläne erhielten, wurden sie so-

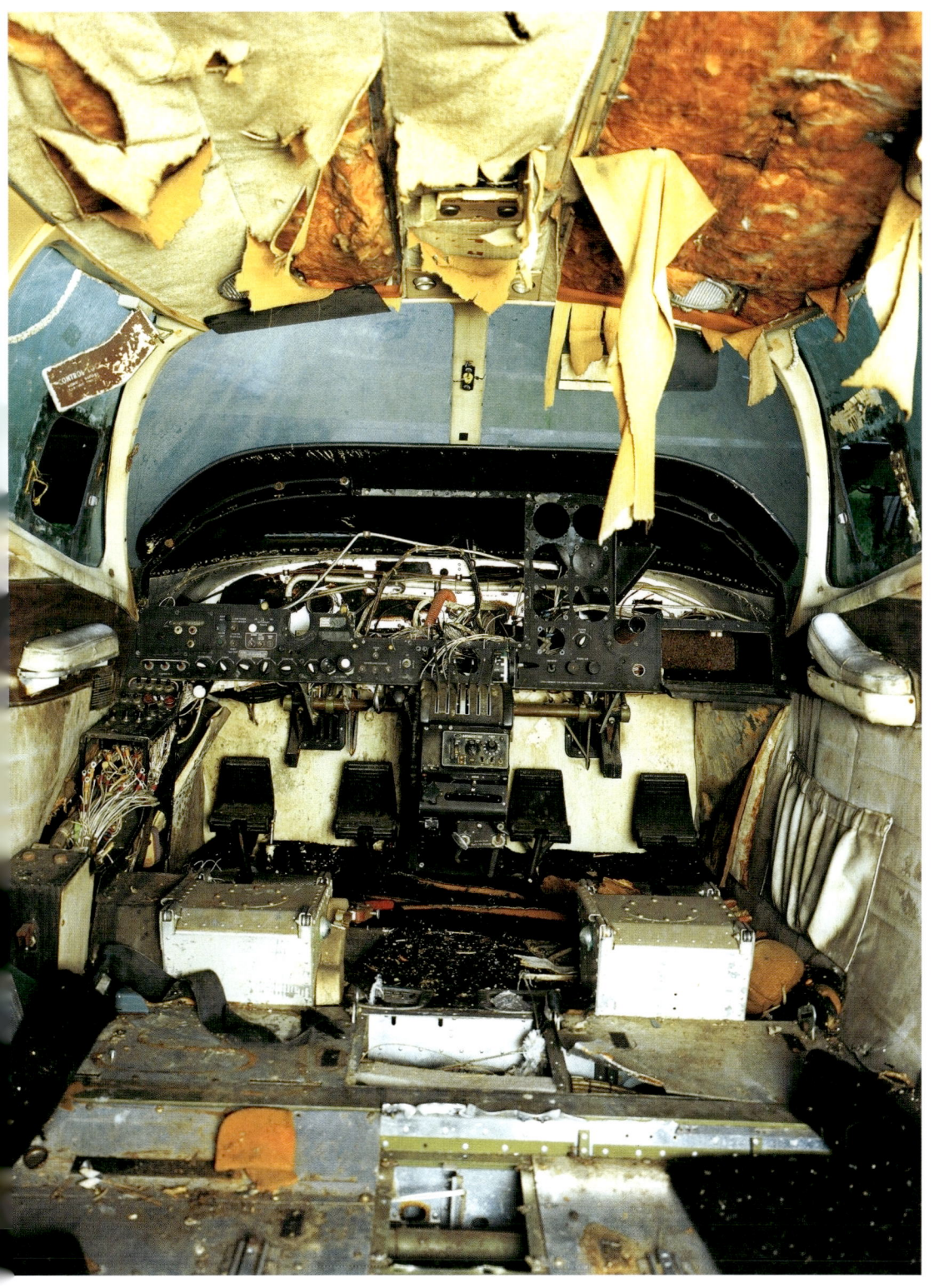

Beschlagnahmtes Flugzeug des Medellín-Kartells; Flughafen Medellín, August 2005.

fort in eine Hochsicherheitsanstalt verlegt«, sagt er. »Der Fall weist einige Parallelen zu früher auf, aber auch einige entscheidende Unterschiede, und einer davon ist die Verbesserung der Arbeitsweise der Sicherheitsbehörden.«

Und Innenminister Carlos Holguín fügt hinzu, dass die Entscheidung »genau deshalb getroffen wurde, um zu verhindern, dass sich La Catedral wiederholt«.

Fünfzehn Jahre nach Escobars Flucht ringt das Land immer noch mit der Schande, Escobar gestattet zu haben, sein eigenes Gefängnis zu bauen und dann daraus auszubrechen. Um die peinlichen Erinnerungen zu tilgen, werden verschiedene Anstrengungen unternommen, seine ehemaligen Anwesen in Symbole erfolgreicher Strafverfolgung zu verwandeln.

So dient das Edificio Mónaco als Verwaltungssitz des Medellíner Büros des Generalstaatsanwalts, und auf Pablos Lieblingslandsitz, der Hacienda Nápoles, plant die Regierung, ein Hochsicherheitsgefängnis zu errichten.

Derzeit leben acht Familien, die aufgrund der Gewaltakte in der Region ihr Heim verloren haben, in den Gebäuden, die noch nicht den Schatzjägern zum Opfer gefallen oder vom Dschungel zurückerobert worden sind. Ihre Kinder spielen mit den verfallenden Artefakten aus Escobars goldenem Zeitalter: den ausgebrannten Autowracks, den Jet-Skis, den verlassenen Dinosauriern, die er für seine Kinder hatte bauen lassen, den Ruinen von Escobars Imperium.

Die Familien leben in rechtlicher Ungewissheit, ohne Ansprüche auf die 800 Hektar Land, die sich im Besitz der Regierung befinden, sitzen tatenlos herum, warten auf einen Vertreter der Regierung und hören mexikanische Corridos, die seit den Tagen Escobars in der Region populär sind.

Der Verwalter des Grundstücks, Francisco Sánchez, hat dem Präsidenten geschrieben, um den Bau des Gefängnisses zu verhindern. Er würde es lieber sehen, wenn die Hacienda landwirtschaftlich genutzt würde oder als Touristenattraktion. Dabei könnten die sechzehn Flusspferde, die immer noch frei auf dem Gelände herumstreifen, die Hauptattraktion eines bescheidenen Zoos werden.

»Das sind die wahren Erben von Pablo Escobar«, sagt er. »Die wahren Herrscher über dieses Gelände.«

Kokain heute

Der Tod des kolumbianischen »Kokainkönigs« am 2. Dezember 1993 beherrschte die Schlagzeilen in den USA und in Europa.

Ein Jahrzehnt lang hatten Escobar und seine Partner in Medellín die Rolle des US-amerikanischen »Staatsfeinds Nummer eins« ausgefüllt und durch die Vergiftung der US-amerikanischen Jugend pro Jahr zwei Milliarden verdient. Man hätte der US-amerikanischen Öffentlichkeit verziehen, hätte sie geglaubt, für Bushs »War on Drugs« sei dies ein ganz besonderer Freudentag.

In Kolumbien atmete die Nation erleichtert auf, dass der Terror Escobars ein Ende hatte. Doch die wahren Gewinner waren Escobars erbittertste Feinde, Gilberto und Miguel Orejuela, Fidel, Carlos und Vicente Castaño sowie Don Berna. Sie übernahmen Escobars Schmuggelnetzwerk, schufen Organisationen, die fünfmal so profitabel waren wie das Medellín-Kartell, und wurden so zu den neuen Drogenkönigen.

Diejenigen, die in vorderster Front standen, bemerkten schnell, dass Escobars Abgang wenig am Umfang der Drogenproduktion geändert hatte.

»Ich glaube, als er starb, war er kein wichtiger Drogenschmuggler mehr«, sagt Ex-Präsident Gaviria. »Er war beständig auf der Flucht. Seine Männer waren so gut wie alle tot. Ich bin sicher, ihm fehlten die Kapazitäten für große Geschäfte, und er brachte seine Freunde um, nur um Geld von ihnen zu erpressen.«

Und der DEA-Agent Joe Toft gesteht ein: »Wir haben das Kokaingeschäft in Kolumbien nicht zerschlagen. Ich war erleichtert über das Ende des Medellín-Kartells, aber angesichts der Art und Weise, wie das geschah, wurde mir übel: mit der Hilfe des Cali-Kartells, das dadurch seine Position stärken konnte. Das Cali-Kartell hat sogar einen Präsidenten bestimmt.«

Toft meint die Wahl von Ernesto Samper, der ein Jahr nach Escobars Tod zum 41. Präsidenten Kolumbiens gewählt wurde. Sein Wahlkampf profitierte entscheidend von einer Spende der Orejuela-Brüder in Höhe von sechs Millionen US-Dollar, die damit eindrucksvoll ihren umfassenden Einfluss auf die politische Elite des Landes demonstrierten.

Während jeder Tag von Sampers vierjähriger Amtszeit an den politischen Einfluss der Orejuela-Brüder erinnerte, zeigte die Kokainpreisentwicklung in den Straßen von Miami, New York und Los Angeles die Effizienz ihrer speziellen Art der Korrumpierung und ihres eher klassisch unternehmerischen Ansatzes.

Zwischen 1990 und 1994, als die US-Präsidenten Bush und Clinton mehr Geld und Mittel in den »War on Drugs« steckten als jemals zuvor, sank der Kokainpreis um ein Drittel. Der Preisverfall hängt mit der Zerschlagung des Medellín-

Kartells und dem Aufstieg des Cali-Kartells zum mächtigsten Kokainproduzenten der Welt zusammen.

»Was das Drogengeschäft angeht, passierte, als Escobar starb, genau dasselbe wie beim Tod von Gacha – nämlich absolut nichts«, meint Gustavo de Greiff. »Das führte mir die Aussichtslosigkeit des Kampfes gegen Drogen vor Augen. Man lieferte Leute aus, steckte Escobar ins Gefängnis, tötete Gacha, wir inhaftierten mehr als tausend Schmuggler, aber dem Drogengeschäft konnte das rein gar nichts anhaben. Das Kokain wurde weiter geliefert.«

Heute geht das UNODC (United Nations Office on Drugs and Crime) von weltweit etwa 13 Millionen Kokainkonsumenten aus, die pro Jahr etwa 910 Tonnen der Droge verbrauchen.

Die Bemühungen, den Kokainverbrauch einzudämmen, beschränken sich im Wesentlichen auf die Kontrolle des Angebots. Doch der Erfolg dieser Strategie war in den vergangenen dreizehn Jahren begrenzt. Kürzlich haben die Regierungen der USA und Kolumbiens im Rahmen des »Plan Colombia«, einer Initiative, die Bill Clinton und sein kolumbianischer Amtskollege Andrés Pastrana 1999 ins Leben gerufen haben, erneut erhebliche Mittel zur Ausrottung des Kokaanbaus, der Stärkung der Polizeikräfte und der Förderung alternativer Anbaumöglichkeiten bereitgestellt.

US-Hilfen in Höhe von 3,7 Milliarden US-Dollar sowie kolumbianische Haushaltsmittel in Höhe von 6,95 Milliarden US-Dollar führten zur Vernichtung von 784 632 Hektar Kokafeldern und reduzierten so die Anbaufläche um 50 Prozent. Während dieser Zeit wurden allein in Kolumbien 716 Tonnen Kokain beschlagnahmt, genug, um den US-Markt zwei Jahre lang zu versorgen. Eine Flotte von 185 Flugzeugen, 8214 Fahrzeugen und 1799 Booten sowie mehr als 9000 Drogenküchen wurden zerstört. Und dennoch beläuft sich die Produktionskapazität des Landes heute auf 555 bis 695 Tonnen pro Jahr, das sind 70 Prozent der Weltproduktion.

Die Orejuela-Brüder sind die prominentesten Beispiele einer langen Liste von Drogenbaronen, die im Rahmen des »Plan Colombia« an die USA ausgeliefert wurden. Im September 2006 wurden sie in Florida zu jeweils 30 Jahren Haft verurteilt, nachdem sie sich des Drogenschmuggels schuldig bekannt hatten. Im Rahmen einer Absprache mit dem US-amerikanischen Staatsanwalt übergaben sie Vermögenswerte in Höhe von 2,1 Milliarden US-Dollar, das entspricht mehr als der Hälfte der US-Hilfen der vergangenen sechs Jahre. Der größte Teil des Geldes wird in den Staatssäckeln der USA und der europäischen Regierungen landen.

»Bedauerlicherweise existiert immer noch eine pharisäerhafte Verteilung des Geldes und ein heuchlerischer Umgang mit dem Problem«, sagt Francisco

Weitere beschlagnahmte Flugzeuge des Medellín-Kartells; Flughafen Medellín, August 2005.

Santos. »Prominente Drogenschmuggler werden an die USA ausgeliefert, wo sie gegen enorme Geldbeträge, die für sie allerdings Peanuts sind, geringere Strafen und bessere Haftbedingungen aushandeln. In der Schweiz wurden auf ihren Konten Hunderte Millionen Dollar sichergestellt. Und Kolumbien erhält davon nichts.«

De Greiff, inzwischen einer der entschiedensten Befürworter der Legalisierung von Kokain, behauptet, der US-amerikanische »War on Drugs« sei ein sich selbst reproduzierendes Spiel geworden, das von korrupten Behörden betrieben werde. Deren eigene Interessen würden sicherstellen, dass dieser Krieg nie gewonnen wird.

»Die Beschlagnahmung von Kokainlieferungen, die Zerstörung von Laboratorien, die Vernichtung von Anbauflächen, die Tausende inhaftierter Schmuggler sollten eine Reduzierung des Angebots, höhere Preise und einen Rückgang der Konsumenten bewirkt haben, aber davon ist nichts zu bemerken, im Gegenteil, die Entwicklung geht in die andere Richtung. Die Drogen sind für die Konsumenten immer noch problemlos erhältlich, die Preise sind nicht gestiegen, sondern gefallen, Auslieferung und Haft haben keinen Drogenschmuggler dazu gebracht, seine kriminellen Aktivitäten einzustellen – was also in Gottes Namen veranstalten wir hier eigentlich?«

UNODC-Berichte weisen darauf hin, dass, während die globale Kokainproduktion seit Escobars Tod von 769 auf 910 Tonnen pro Jahr gestiegen ist, die kolumbianische allein von 119 auf 610 Tonnen anschwoll.

Der Großteil dieses Anstiegs stammt aus dem Kokaanbau auf Feldern, die von Paramilitärs kontrolliert werden. Dazu zählt vor allem die AUC (Autodefensas Unidas de Colombia – Vereinigte Bürgerwehren Kolumbiens), eine rechtsgerichtete Gruppe, die, ursprünglich von Gacha gegründet, später von Fidel Castaño und seinen Brüdern Carlos und Vicente geführt wurde. Fidel und Carlos sind inzwischen verstorben, Vicente hingegen führt die FBI-Liste der meistgesuchten Verbrecher an; auf seinen Kopf ist eine Belohnung von fünf Millionen US-Dollar ausgesetzt.

Die Paramilitärs sind die »neuen Herren des Landes«. Laut Fabio Castillo, dem Autor der Kokaintrilogie *Los Jinetes de la Cocaína*, *La Coca Nostra* und *Los Nuevos Jinetes de la Cocaína*, einem inoffiziellen Who's Who des Kokainhandels aus den Jahren 1987 bis 1996, beziehen sie ihre Macht aus dem Vermögen, das sie durch die Kontrolle des Drogengeschäftes machen.

Die linksgerichtete Guerillaorganisation FARC (Fuerzas Armadas Revolucionarias de Colombia – Revolutionäre Streitkräfte Kolumbiens) beherrscht nach wie vor den Süden des Landes, wo sie lukrative Drogenrouten nach Venezuela unterhält und vom Hafen von Buenaventura aus Schiffsladungen auf den Weg bringt.

Die Schmuggler von heute sind den Behörden stets einen Schritt voraus. Sie haben Kokapflanzen entwickelt, die doppelt so ergiebig sind, und konnten so die Vernichtung von Anbauflächen kompensieren.

Wo diese Vernichtung von Anbauflächen erfolgreich war, hat sie lediglich dazu geführt, dass die Kokaproduktion verlagert wurde, zum Beispiel von den von der FARC kontrollierten Gebieten in von der AUC kontrollierte Gegenden.

Die jüngsten von der US-Behörde »Office of National Drug Control Policy« veröffentlichten Statistiken zeigen, dass die Kokaproduktion wieder zugenommen hat; allein 2006 wurde ein Anstieg um 19 Prozent verzeichnet.

Die krakenhaften Organisationen, die den Drogenhandel kontrollieren, erfinden sich immer wieder neu. Alles ändert sich und bleibt doch gleich.

Die AUC ist Teil eines von der Regierung initiierten Friedensprozesses, der bemerkenswerte Parallelen zu den Maßnahmen aufweist, die 1991 entwickelt wurden, um Pablo Escobar dazu zu bewegen, sich der Justiz zu stellen.

Inzwischen haben sich mehr als 40 000 Männer den Behörden ergeben, aber viele von ihnen sind wieder ins Kokaingeschäft eingestiegen. Während einige führende Köpfe sich aus dem Geschäft zurückgezogen haben oder bei internen Auseinandersetzungen getötet wurden, hat eine neue Gruppe mit dem Namen »Águilas Negras« (Schwarze Adler) die Lücke gefüllt.

Zwischen 1993 und 2006, als Gruppen wie die FARC und die AUC die Kontrolle über die profitabelsten Drogenrouten übernahmen, ist der Kokainpreis in den USA kontinuierlich gefallen.

Die AUC hat ihre Tentakel mittlerweile vom Kokaingeschäft aus in alle erdenklichen Bereiche der kolumbianischen Gesellschaft ausgestreckt.

»Das Einzige, was heute in Kolumbien funktioniert, ist der Drogenhandel«, meint Castillo. »Man kann sagen, dass das gesamte Land ein gigantischer Drogenumschlagplatz ist. Der Drogenhandel ist das Rückgrat der kolumbianischen Gesellschaft. Er zerstört vieles, verlangsamt Entwicklungen und hat politisch wie sozial seine eigene Dynamik entfaltet. Gegenwärtig ist Kolumbien in einem schlimmeren Zustand als vor dreizehn Jahren.«

Gaviria glaubt, dass man auf einigen Gebieten Fortschritte erzielt habe, etwa bei der Vernichtung von Kokafeldern und bei der Unterbindung der Drogengeldströme an die linksgerichtete Guerilla, doch was die grundlegende Frage des Konsums angehe, habe sich wenig verändert.

»Das Problem kann nur gelöst werden, wenn es einen deutlichen Rückgang der Nachfrage gibt«, glaubt er. »›Plan Colombia‹ war sehr erfolgreich, hatte aber keine größeren Auswirkungen auf die Drogennachfrage in den USA.«

Für viele ist deshalb die Legalisierung der Kokainproduktion die einzig mögliche Lösung eines Konflikts, der in den vergangenen fünfzehn Jahren in Kolumbien 250 000 Menschen das Leben gekostet hat. Der ehemalige Generalstaatsanwalt Carlos Arrieta ist inzwischen ein Befürworter einer rechtlichen Lösung dieser Probleme Kolumbiens.

»Die Angelegenheit ist nicht einfach. Es handelt sich um eine politische Entscheidung, bei der Fragen des Gesundheitswesens mitbedacht werden müssen. Tut man dies, dann glaube ich, dass eine Legalisierung in Betracht gezogen werden muss, aber das ist keine Entscheidung, die Kolumbien allein treffen kann. Das müsste eine globale Entscheidung sein.«

Den Rest der Welt davon zu überzeugen, dass Kolumbien mindestens ebenso sehr Opfer der Drogenindustrie ist wie ihre Brutstätte, hat bis jetzt noch jeden Präsidenten überfordert.

»Heute sind wir nur noch ein trauriges Anhängsel der USA«, sagt Castillo. »Und wenn die USA morgen beschließen, die Auslieferung wieder auf die Tagesordnung zu setzen, werden wir wieder ausliefern. Und wenn die USA sagen, Intervention stehe auf der Tagesordnung, werden wir wieder Felder bombardieren. Da Kolumbien über keinerlei moralische Autorität verfügt, haben wir auch keine Möglichkeit, unsere eigenen Entscheidungen zu treffen.«

Er ist überzeugt, der Konflikt werde so lange andauern, bis die Erste Welt ihre Verantwortung anerkennt, ihre Finanzdienstleister zu kontrollieren. Schärfere Strafen seien nötig, um britische, schweizerische und US-amerikanische Banker davon abzuhalten, die Milliarden zu waschen, die das Drogengeschäft generiert.

Auch Mickey Munday, ein ehemaliger Pilot des Medellín-Kartells, glaubt, die Erste Welt als größter Kokainkonsument müsse mehr tun, als lediglich Militärhilfe zu leisten, die letztlich in erster Linie die US-amerikanischen Waffenproduzenten Northrop Grumman und United Technologies Corporation, den Hersteller des Black-Hawk-Hubschraubers, subventioniere.

Munday sagt, die explosionsartige Zunahme der Kokainproduktion in Kolumbien stehe in direktem Zusammenhang mit dem abrupten Verfall der Kaffeepreise in den Neunzigern. Bis vor kurzem sei Kaffee der bedeutendste Exportartikel und die wichtigste Beschäftigungsquelle gewesen.

»Die USA wollten den Preis des kolumbianischen Kaffees nicht stützen. Deshalb ist er abgestürzt. Für die Leute, die Kaffee anpflanzen, für die Kleinbauern, die dreihundert Dollar im Jahr verdienen, lohnt es sich, Koka anzubauen, da sie hier immerhin einen Gegenwert für ihre Anstrengungen erhalten. Und anstatt dem armen Farmer unter die Arme zu greifen, schicken sie ihm einen Black Hawk. Was zum Teufel nutzt ihm das? Man muss das Übel an der Wurzel bekämpfen, und nicht einfach nur die Krone abschlagen wie bei einem Baum. Fällt man ihn, werden neue Schösslinge sprießen, weil die Wurzeln so tief und fest sit-

Von der Anti-Drogen-Polizei beschlagnahmtes U-Boot. Roberto Escobar behauptet,
Pablo sei der Erste gewesen, der U-Boote zum Transport von Kokain einsetzte; Januar 2006.

zen. Sie werden wieder sprießen. Und das ist dann nicht, als hätte man frisch gesät. Die Dinger wachsen wie der Teufel.«

Fundamentale Änderungen der US-amerikanischen und europäischen Agrarpolitik sind Santos zufolge erforderlich, um einen spürbaren Wandel in den ländlichen Gebieten Kolumbiens zu bewirken. Santos sieht zwar auch die heilsame Wirkung, die eine Legalisierung auf die horrende Kriminalitätsrate Kolumbiens hätte, glaubt aber nicht, dass dies eine realistische Lösung ist.

»Das ist doch überhaupt kein Thema. Es gibt nirgendwo auf der Welt eine Diskussion darüber. Wenn die entwickelten Länder den Drogenhandel wirklich eindämmen wollten, wäre der einfachste Weg, die Subventionen für ihre Bauern zu kürzen«, sagt er. »Die Summen, mit denen die Amerikaner ihren Agrarsektor protegieren, sind gewaltig. Im Falle Europas zahlen die Verbraucher aufgrund solcher Subventionen dramatisch höhere Preise für Agrarprodukte. Ist es irgendwie nachvollziehbar, dass eine Kuh in Frankreich mehr Geld ›verdient‹ als ein Bauer in Kolumbien?«

Nach dem fünfundzwanzig Jahre andauernden, vom Kokain verursachten Konflikt begegnen viele den politischen Absichtserklärungen Europas und der USA, dem Drogenhandel und den militärischen und finanziellen Sektoren, die von diesem Milliardengeschäft profitieren, Einhalt zu gebieten, nur noch mit Zynismus.

»Das Drogengeschäft wird immer weitergehen«, sagt ein Mitglied der Escobar-Familie. »Es ist das profitabelste Geschäft der Welt, und die Profite werden geteilt. Sie werden aufgeteilt zwischen den Herrschenden in den USA, Europa und Kolumbien. Oder erklären Sie mir, wie es sonst möglich ist, dass bei all den Sicherheitsvorkehrungen, die nach dem 11. September getroffen worden sind, das Kokain immer noch die Grenzen überqueren kann?«

Pablos Mutter

Liebe macht blind, heißt es, und das gilt besonders für die Liebe einer Mutter zu ihrem Sohn. Als Doña Hermilda Gaviria ihren dritten Sohn, Pablo Emilio, gebar, liebte sie ihn, wie jede Mutter ihren Sohn liebt. Egal, was er tat – oder angeblich getan hatte –, sie hörte nie auf, ihn zu lieben und in Schutz zu nehmen. Er würde immer ihr kleiner Pablito sein.

Doña Hermildas Wohnung war ein Museum oder besser gesagt ein Mausoleum, in dem sie sich mit den Andenken an ihren geliebten Sohn vergrub.

Sie sprach gern über die positiven Eigenschaften ihres Sohnes, über seine Großzügigkeit und seine Klugheit. »Alle sagten, er werde ein leuchtendes Vorbild abgeben, weil er eine hohe Stirn hatte, was hieß, dass er sehr intelligent war. Und er war wirklich ein intelligenter Mann.« Sie erzählte von seiner Kindheit, die er auf einer Farm eine Autostunde von Medellín entfernt verbrachte. »Schon von klein auf war er sehr gescheit und immer derjenige, der die Familienprobleme löste. Wenn jemand aus der Familie eine Frage hatte, wusste er ab der dritten Klasse immer die Antwort.«

Geschichten über eine frühe Leidenschaft für die Natur und für Bäume im Besonderen betonen seine sentimentale Seite, die schwer mit dem Bild des skrupellosen Führers des Medellín-Kartells in Einklang zu bringen ist.

»Als Kind liebte er die Natur und die Tiere«, erzählt seine Mutter. »Von klein auf mochte er Bäume. Wenn sein Vater einen fällte, brach er fast in Tränen aus.«

Bereits im zarten Alter von sechs Jahren zeigte er ein lebhaftes Interesse an der Politik und entwickelte das Bedürfnis, die Ungerechtigkeiten der Welt zu beseitigen. »Weiß Gott, was mit dem Geld der Regierung passiert«, soll er gesagt haben. »Diese Regierung bereichert sich an den Armen.«

Als Doña Hermilda von Rionegro nach Medellín umzog, um eine neue Stelle anzutreten, zog die Familie in ein Viertel der unteren Mittelschicht in Envigado, »doch Pablo hat«, so seine Mutter, »immer lieber mit den armen Kindern gespielt als mit den reichen«.

Als Teenager zeigte er Anzeichen dafür, dass er den unternehmerischen Geist seines Großvaters, Roberto Gaviria, geerbt hatte, eines Alkoholschmugglers, der schwarzgebrannten Whiskey aus den USA nach Kolumbien geschafft hatte, als der Staat das Monopol auf den Verkauf von Alkohol beanspruchte. Den Whiskey verkaufte er in Eierschalen, die er zuvor ausgeblasen hatte. Zumindest das Talent zum Schmuggeln schienen Pablo und sein Vetter Gustavo von ihrem Großvater geerbt zu haben.

Pablos schlichte Herkunft trieb ihn dazu, mehr vom Leben zu wollen, und ein Großteil dieses Antriebs stammte aus der Erfahrung, dass sein Vater es nicht geschafft hatte, seiner Mutter das Leben zu bieten, nach dem diese sich sehnte. Sein Vater, Abel Escobar, war ein einfacher Bauer, der dem Leben in der Stadt nichts abgewinnen konnte und lieber auf seiner Farm in La Ceja blieb. Pablos älterer Bruder Roberto war mehr am Radfahren interessiert als an Geschäften, und so übernahm Pablo schon in jungen Jahren die Rolle des Ernährers der Familie.

Luz María, seine jüngere Schwester, sagt, schon mit sechzehn, siebzehn Jahren habe er mit seinen Geschäften, die er unweit des mütterlichen Hauses betrieb, Geld verdient.

»Er hatte einen Laden gemietet, wo sie Bücher lasen wie *The Saint*, Groschenromane und Modezeitschriften. Sie kauften sie aber nicht, sondern liehen sie sich aus, und damit machte er auch sein Geschäft. Roberto war ein leidenschaftlicher Radfahrer, und sie verliehen auch Fahrräder an die, die selbst keine hatten.«

Woher die Fahrräder stammten, wird unter den Teppich gekehrt. Mit sechzehn kaufte Pablo sein erstes Auto und feierte damit durchschlagende Erfolge. »Er hatte einen schwarzen Freund, und den steckten sie in eine Chauffeursuniform. Dann fuhren sie so durchs Viertel und gaben mit ihrem neuen Auto und dem Chauffeur an.«

Dona Hermilda sagt, sie habe immer geglaubt, er verdiene sein Geld mit Lottospielen und später dann als Bauerschließungsunternehmer, doch sie gibt zu, gehört zu haben, dass »einige Leute sagten, er wäre ein Drogenschmuggler«. Sie hat das jedoch nie geglaubt. »Ich dachte, er wäre Geschäftsmann, ein Händler, denn ich habe gesehen, wie er mit Leuten verhandelt hat.«

Sowohl seine Mutter als auch seine Schwester kennen Kokain nur aus dem Fernsehen. Kolumbiens »Kokainkönig« machte sich selbst nie viel aus dem Stoff, der ihn zum Milliardär machte. Erst 1984 zeigte Luz' Ehemann Leonardo seinem Schwager ein Exemplar der Pflanze, die seinen Reichtum begründete.

»Eines Tages brachte jemand eine Bonsai-Kokapflanze in die Gärtnerei meines Mannes, und der dachte, sie würde ein gutes Geschenk für Pablo abgeben, für sein Büro. Er brachte Pablo die Pflanze, und der sagte: ›Was für ein hübsches Bäumchen.‹ Mein Mann fragte ihn, ob er wüsste, was das für ein Bäumchen sei, und Pablo antwortete: ›Nein, keine Ahnung.‹ – ›Das ist Koka‹, sagte Leonardo, und Pablo erwiderte: ›Was? Dann besorg mir so viele Bäumchen wie möglich, die schenke ich dann meinen Freunden.‹«

Woher Pablito sein Geld bezog, spielte für seine Mutter keine Rolle. Wichtig war nur, was er damit anstellte. Pablos Vetter Jaime sagt: »Sie war sehr naiv.« Der Familienwitz über Pablos Mama ging so: »Eines Tages sagte sie zu Pablo: ›Pablo, ich habe gehört, du würdest dein Geld waschen. Mach das nicht, da geht es kaputt.‹« Die Familie witzelte auch über Pablos Vater, der sich im Privatjet seines Sohnes aus Rionegro einfliegen ließ und seine Lieblingskuh mitbrachte.

Für Doña Hermilda war die Wohltätigkeit immer wichtiger als die Frage nach der Quelle des Geldes. Und die Wohltätigkeit begann zu Hause. Sie erinnert sich,

Hermilda Gaviria de Escobar, fotografiert am 29. August 2005 im Alter von 88 Jahren in ihrem Haus in Medellín.

Das Haus von Pablos Mutter; August 2005 ▶
Von links im Uhrzeigersinn: Papageien aus dem Zoo auf Nápoles, das Klavier, das Pablo seiner Mutter schenkte, ein Christuskind von Atocha, die Lieblingsfigur der Familie Escobar Gaviria, ein altes hölzernes El Divino Niño, einer populären kolumbianischen Christusdarstellung, zu der sowohl Pablo als auch seine Gegner beteten, zwei ausgestopfte Flusspferde und eine Venus-Statue von der Hacienda Nápoles.

Das Nachttischchen von Pablos Mutter; August 2005.

dass sie – als Anfang der Achtziger Geld keine Rolle mehr spielte – die »Liste« zusammenstellen sollte. Die Geschenke, die sie damals erhielt, sind ihr heute noch die Liebsten. Luz María erzählt die Geschichte vom Weihnachtsfest des Jahres

1981:

»Das Geschenk haben sich Gustavo und er ausgedacht. ›Mama‹, hat er gesagt, ›mach eine Liste von allen in der Familie, die kein eigenes Haus haben.‹ Daraufhin kaufte sie für die Familie einen kompletten Block im Bello-Viertel; zwischen zehn und zwanzig Häuser waren das. Die Familienmitglieder, die ihr Haus nur herrichten mussten, bekamen ebenso Geld wie die, die noch Hypotheken abzuzahlen hatten.«

Die Tatsache, dass er für die Familie sorgte, machte ihn zu Mamas Liebling. »Ich liebe sie alle«, pflegte Doña Hermilda zu sagen, »aber als Pablo heranwuchs, kümmerte er sich um all unsere Bedürfnisse.« Sie schlief mit dem Pyjama ihres Sohnes unter dem Kissen, und ihr Nachttischchen zierten nur Bilder ihres Lieblingskindes.

Pablito kaufte ihr mehr als nur ein Haus. Er verhalf ihr auch zu Ansehen und Einfluss in der Nachbarschaft und der Gemeinde. Sie war sogar in der Lage, eine Kirche für ihre bevorzugte Christusfigur, »El Niño Divino de Atocha«, die auch der Schutzpatron der italienischen Mafia ist, errichten zu lassen. Die katholische Kirche Kolumbiens allerdings teilte ihre Sichtweise über die Herkunft des Geldes ihres Sohnes nicht. Und lehnte es ab, die Kirche zu segnen. Um sie umzustimmen, schickte sie jedem kolumbianischen Bischof eine kleine Statue des Christuskindes. Die Würdenträger weigerten sich jedoch, das Geschenk anzunehmen, da sie fürchteten, es handele sich um eine Bombe.

Im letzten Lebensjahrzehnt ihres Sohnes sah sie ihn alle vierzehn Tage. Er schickte seine Männer, die sie mit verbundenen Augen zu seinem Versteck führten. Sie brachte ihm Decken, saubere Kleider und Reis mit Bohnen, sein Lieblingsessen aus Antioquia.

In jenen Tagen konnten diejenigen, die Escobars Familie überwachten, sich davon überzeugen, wozu eine Mutter fähig war, um ihren Sohn zu beschützen.

»Die Frau war eine große Banditin«, sagt Hugo Martínez. »Wenn man sie als Gläubige reden hört, als jemand, der eine Menge betet, der ein Christ ist und Gott verehrt, konnte man glauben, sie wäre eine Heilige. Doch ich habe eine Menge ihrer Gespräche mitangehört und frage mich: ›Wer ist diese Frau?‹ Sie sagte zwar nicht ›Bring X oder Y um‹, aber ihr ist keine Intrige fremd, und sie gab Anweisungen, Böses zu tun, Schaden anzurichten.

Seine Frau dagegen bekundete ihre Abscheu. Wir fanden einen Brief von ihr, in dem sie ihn auffordert, keine Bomben mehr zu legen, weil, was er tue, nicht recht sei. So etwas hat seine Mutter nie gesagt. Sie hieß alles gut, was er tat, denn ihr Sohn war einfach der Beste. Der arme kleine Junge, er wurde verfolgt und hatte das Recht, sich zu verteidigen.«

Mit Pablos Bomben und den Polizistenmorden zurechtzukommen war für Doña Hermilda eine leichte Übung. »Sie haben ihn mit ihren Bomben dazu gebracht, Schlechtes zu tun. Der Krieg hat erst angefangen, als sie die Bomben legten, weil sie ihn anders nicht umbringen konnten.« Laut Doña Hermilda war keiner seiner Feinde in der Lage, ihn zu töten, und so hat er sich schließlich nach Jahren voll von Tod und Zerstörung selbst das Leben genommen. Für eine gläubige Katholikin allerdings stellt der »Selbstmord« ihres Sohnes ein Dilemma dar, da er als Sünde gilt, die mit dem Fegefeuer bestraft wird.

Auf die Frage, ob sie glaube, ihr Sohn sei im Himmel oder in der Hölle, antwortete sie: »Er ist im Himmel, denn die Mildtätigkeit löscht alle irdischen Sünden aus. Er ist nah bei Gott, er hat keine Mühsal, er muss keine Opfer bringen, er muss nicht leiden, und er lässt auch uns nicht leiden. Das ist sein Himmel, dass seine Familie in Ruhe leben und den Frieden genießen kann. Das ist das Wichtigste.«

Jedes Jahr an seinem Todestag bedeckt seine Familie sein Grab mit Blumen und betet für seine Seele. Nur für den Fall ...

Die Auferstehung

Doña Hermilda starb im Alter von neunundachtzig Jahren und wurde ihrem letzten Willen gemäß zwischen ihrem Sohn und ihrem Ehemann Abel begraben. Um ihrem Wunsch nachzukommen, musste die Leiche ihres Sohnes am 28. Oktober 2006 exhumiert werden.

Die Exhumierung wurde mit Zustimmung von Pablos Witwe Victoria und in ihrer Gegenwart vorgenommen. Luz María gibt zu, dass sie zum Teil auch den Spekulationen ein Ende bereiten wollten, Escobars Feinde hätten seine Leiche gestohlen.

Das bizarre Ereignis wurde zudem noch durch Gerüchte angeheizt, dass eine DNS-Probe entnommen werde, um Forderungen eines angeblich illegitimen Sohnes Escobars aus den USA zu begegnen. Dies wurde aber sowohl von Juan Pablo Escobar als auch von Luz María dementiert.

Escobars Familie hatte einen Kameramann engagiert, um das Ereignis zu filmen. Victoria machte ihr eigenes Video, für die Kinder und um sicherzustellen,

Díos está en todos partes (Gott ist überall) von Germán Arrubla. Öl auf Leinwand, 2006. Ausgestellt in der Nachtclub-Galerie Vina Cure, La Estrella, Medellín.

dass nichts Ungebührliches mit dem Leichnam ihres Mannes geschah. Als sein verwesender Körper aus dem Grab gehoben wurde, konnte man sehen, dass sein Bart noch immer unversehrt war, und auch die Ein- und Austrittswunden der tödlichen Kugel waren noch immer klar zu erkennen; Beweis genug, dass es sich um denselben Körper handelte, der am 2. Dezember 1993 vom Dach herabgelassen worden war.

Doch in einer letzten Pirouette von Pablo Escobars Geschichte provozierte das morbide Ereignis das Aufflackern gegenseitiger Ressentiments zwischen Escobars Blutsverwandten und seiner Witwe und deren Kindern, die über zwanzig Jahre lang geschwelt hatten. Eine Woche nach der schaurigen Zeremonie tauchte eine Kopie des von dem Kameramann aufgenommenen Videos auf einem kolumbianischen Nachrichtensender auf und löste einen regelrechten Krieg zwischen seinen Hinterbliebenen aus. Pablo, der die Familie immer über alles gestellt hatte, hätte sich angesichts dieses Krieges der Worte, den sich seine liebsten Nächsten lieferten, im Grab herumgedreht.

Pablos Sohn beschuldigte seinen Onkel Roberto sowie dessen Sohn Nicolás, dass sie das Tape verkauft hätten und damit tiefer gesunken wären, als er es sich jemals hätte vorstellen können. Unter seinem neuen Namen Sebastián Marroquín Santos und fast im selben deklamatorischen Stil wie sein Vater schrieb er in einem Brief an die kolumbianischen Medien: »Niemals zuvor wurde die Familie derartig beschämt und beleidigt, wie durch die Verbreitung dieses schmerzenden, intimen und persönlichen Dokuments, die ohne unsere Kenntnis oder Zustimmung erfolgte.«

Er versteifte sich darauf, der Vorfall führe zum Bruch der Familienbeziehungen, und erklärte seine Absicht, seinen Onkel und den Nachrichtensender zu verklagen.

»Dies ist nur ein Beispiel – wenn auch vielleicht das schmählichste – aus einer langen Liste von Vertrauensbrüchen. Was würde mein Vater sagen, erführe er, dass seine Frau und seine Kinder heute von seinen einstigen Feinden zuvorkommender, herzlicher und mit mehr Würde behandelt werden als von seinem Bruder und seinen Neffen.«

Es war nicht das erste Mal, dass die Familien aneinandergerieten. Ein Großteil der Spannungen resultierte aus den kontroversen Ansichten, wie Escobars Vermögen aufzuteilen sei. Zwei Jahre vor ihrem Tod strich Doña Hermilda die Kinder ihres Lieblingssohnes aus ihrem Testament. Pablos Sohn beschuldigt überdies Roberto, versucht zu haben, ihn selbst, seine Mutter und seine Schwester nach kolumbianischem Recht für tot erklären zu lassen, um ihre Ansprüche auf den verbleibenden Grundbesitz zu löschen und einen Deal mit einem US-amerikanischen Filmproduzenten abzuschließen. Und er behauptet, während

der Exhumierung seines Vaters seien diesem drei Zähne entfernt worden, um sie zu verkaufen.

»Es gibt keine Worte, die beschreiben könnten, wie tief diese Leute gesunken sind«, schrieb er, »und dabei die letzten Reste von Anstand, Respekt und Mitgefühl abgelegt haben.«

Pablos Vermächtnis

Zwanzig Jahre nach Pablo Escobars Aufstieg zum »milliardenschweren Paten des Medellíner Kokainkartells« spalten sein Name und seine Geschichte noch immer die kolumbianische Gesellschaft, hält der Mythos den Rest der Welt in Atem.

Bilder von ihm werden ikonisch verehrt, seine Lebensgeschichte hat mythische Ausmaße angenommen, und sein Name wurde zum Synonym für das Böse.

Germán Arrubla, ein exzentrischer Künstler aus Caldas in Antioquia, wuchs während der Epoche der Gewalt auf, die Medellín in den Achtzigern und Neunzigern verwüstete. Seine Arbeiten spielen mit Escobars ikonographischem Status und den Widersprüchen innerhalb der kolumbianischen Gesellschaft. Seine Gemälde, die Escobar als Guerilla-Jesus oder im Kampf mit Batman und Robin darstellen, zielen darauf ab, die Menschen zum Nachdenken über das, was er die »Gringo-Auffassung von Gut und Böse« nennt, anzuregen.

Die Reaktionen auf sein Werk, das er in einer – in einem ehemaligen Apartment eines Drogenbarons untergebrachten – Nachtclub-Galerie ausstellt, sind ein gutes Barometer für die Gefühle, die die Bewohner von Medellín heute für Escobar hegen.

»Für die Leute in der Stadt ist er eine Art Antiheld«, sagt Arrubla. »Es gibt viele Leute, die meine Bilder von ihm sehen und empört reagieren. Den Menschen von hier gefallen sie nicht. Die Ausländer dagegen lieben sie und lassen sich damit fotografieren.«

Die unterschiedlichen Reaktionen werfen ein bezeichnendes Licht auf die Kluft zwischen den Kokainkonsumenten und Menschen, die im Zentrum der Drogenproduktion leben und sich mit den daraus resultierenden Konsequenzen abfinden müssen.

Im Unterschied zum Westen, wo die Geschichte Escobars noch immer für Faszination sorgt, herrsche in Kolumbien und besonders in Medellín ein ausgeprägtes Bedürfnis, die schmerzliche Vergangenheit zu begraben, sagt Arrubla.

In den Häusern des Barrio Pablo Escobar lebt die Erinnerung an Pablo weiter; Januar 2006 (siehe auch die Fotos auf den folgenden Seiten).

»Ich bin der Auffassung, dass es eine Realität ist, an der wir nicht vorbeikommen«, sagt er. »Er ist eine öffentliche Person. Auch wenn ich nicht gutheiße, was er getan hat, ist er eine Ikone, die man akzeptieren muss, egal, wie viel Böses oder Gutes er getan hat. Es gab eine Zeit, da beherrschte er mit den Drogen die Ökonomie des Landes. Er war der neue Al Capone.«

Verständlicherweise fürchten viele die Folgen, sollte die ganze Wahrheit ans Licht kommen, und deshalb bleiben viele Begebenheiten, die Escobars Leben prägten, im Zwielicht.

Das Land versucht noch immer, solch einschneidende Ereignisse wie die Ermordung von Luis Carlos Galán und den Überfall auf den Justizpalast zu verstehen, obwohl beides 2006 im Mittelpunkt einer weithin beachteten Gerichtsverhandlung sowie der Arbeit der »Wahrheitskommission« stand. Doch auch zwanzig Jahre nach den Ereignissen bleiben viele Fragen, die die Verwicklung von Polizei, Armee und Politik betreffen, unbeantwortet.

Wie alle mythischen Figuren starb Escobar, ehe er seine Geschichte erzählen konnte.

Doch selbst zu Lebzeiten wählte er seine Worte mit äußerster Sorgfalt, da er sich – wie Victoria Vallejo, die in den Achtzigern gut mit ihm bekannt war, betont – des Gewichts, das ihnen beigemessen wurde, wohl bewusst war.

»Pablo war ein sehr ruhiger Mensch. Er wog jedes Wort sorgfältig ab«, erzählt sie. »Er war sich bewusst, dass er begann, sich in einen Mythos zu verwandeln, und dass seine Worte von anderen zitiert und in die Geschichte eingehen würden. Schon in jungen Jahren war er sich seines mythischen Status bewusst, den er zu Lebzeiten wie auch nach seinem Tod haben würde.«

Laut Carlos Arrieta, dem ehemaligen Generalstaatsanwalt, der ihn 1991 in La Catedral empfing, schrieb sich Escobar wie nur wenige andere in die kolumbianische Geschichte ein.

»Und im Unterschied zu anderen spaltete er das Land. Manche Bewohner des einfachen Barrio Pablo Escobar glauben, naiv wie sie sind, dass er irgendwann wie ein Messias zurückkehren und ihnen die Kühlschränke und Waschmaschinen bringen wird, die er ihnen 1984, als er das Viertel erbauen ließ, versprochen hatte.«

»Die Leute verehren ihn so sehr, dass viele behaupten, er sei noch am Leben«, bestätigt Francisco Flores, einer der ältesten Bewohner des Viertels.

An seinem ersten Todestag verteilte Escobars Mutter Fotos ihres Sohnes und einen Gedenkschlüsselring und trug so zur Mythenbildung bei.

»An seinem ersten Todestag veranstalteten sie eine Prozession mit Musik und allem«, erinnert sich Luz María, »und die Leute trugen seine Fotografie bei sich, als wäre er ein Heiliger.«

»Nach dem, was er für uns getan hat, wollten alle ein Foto haben, und so kam es, dass jeder ein Bild von ihm im Haus hängen hat«, sagt Flores. »Es ist wie bei einem abwesenden Familienmitglied.«

In dem Viertel, das er erbauen ließ, blickt Pablo Escobar christusgleich von den Wohnzimmerwänden derer, denen er geholfen hat. Sein Foto hängt neben den Bildnissen der Jungfrau Maria, Jesus' und den Porträts der toten oder abwesenden Familienmitglieder, die nicht selten den Bandenkriegen zum Opfer fielen, die Escobar und seine Kumpane angeheizt hatten.

Die Fertigstellung des Viertels fiel zeitlich mit der Ermordung Lara Bonillas und dem Beginn von Escobars Krieg gegen den Staat zusammen. In den folgenden zwanzig Jahren wurde das Barrio Pablo Escobar wie fast alle umliegenden Viertel von dem Konflikt fast zerrissen.

Escobars unglaubliche Reichtümer ermöglichten es ihm, in den Armenvierteln von Medellín Gott zu spielen; er konnte mit der einen Hand das Leben einer Familie verbessern und es mit der anderen auslöschen.

Flores hat die Entwicklung der Medellíner Bandenkriege aus nächster Nähe miterlebt.

»Von Beginn an gab es Konflikte, die bis vor etwa drei Jahren anhielten«, erzählt er. »Erst wurden sie mit Macheten und Steinen ausgetragen. Dann kamen die *changones* [selbst gebastelte Feuerwaffen], dann die Pistolen. Am Anfang waren es Banden, dann Milizen und schließlich die Paramilitärs. Inzwischen ist es viel besser geworden.«

Ironischerweise war es Escobars Erzfeind, Don Berna, der Medellín mit eiserner Faust regierte und Escobar darin in nichts nachstand, es so aber schaffte, die Stadt zu befrieden.

Doch obwohl Don Berna und die Paramilitärs, denen er sich später anschloss, Medellín Frieden brachten, wird er bei weitem nicht so geliebt und verehrt wie Escobar. »Er hatte ein edles Herz«, sagt Patricia Betancur Ríos, eine Bewohnerin des Barrio Pablo Escobar. »Was er getan hat, hat vorher oder nachher kein Präsident und auch sonst niemand getan. Stellen Sie sich die Freude damals vor. Ich glaube nicht, dass irgendjemand so etwas noch einmal tun wird.«

Die Bewohner des Barrio Pablo Escobar würden nicht im Traum daran denken, ihren »Patrón« für die Gewalt verantwortlich zu machen, die die Stadt traumatisierte, seit sie ihre neuen Häuser bezogen hatten. Doch Miguel Maza, einer von Escobars erbittertsten Gegnern, ist überzeugt, dass vor allem seine Gewaltakte Eingang in die kolumbianischen Geschichtsbücher finden werden.

»Pablo Escobar hat eine Subkultur des Todes in Kolumbien geschaffen«, sagt er. »Und diese *sicarios* waren das passende Vehikel, das nach wie vor existiert.«

Tatsächlich löst das Geräusch eines beschleunigenden Motorrades in Medellín noch immer Panik aus.

»Mit Pablo Escobar ist es fast das Gleiche wie mit Hitler«, meint Maza. »Das waren beides derart perverse Gestalten, dass sie zu historischen Referenzfiguren wurden. Bei dem einen war es seinem politischen Fanatismus geschuldet, und bei dem anderen dessen Verbindung zum größten Feind der Menschheit, dem Drogenhandel. Der Drogenhandel hat kein kränkeres Gehirn hervorgebracht als Pablo Escobar. Er ist für die ganze Welt noch immer die Inkarnation des Bösen.«

Andere zögern, die gesamte Schuld auf Escobar abzuwälzen, weil sie damit die kolumbianische Gesellschaft und die internationale Gemeinschaft von ihrer Verantwortung für eines der gewalttätigsten Kapitel in der Geschichte des Landes freisprechen würden.

Arrieta sagt, Escobar und auch seine Vorgänger und Nachfolger seien das Produkt einer Gesellschaft, die sich für ihre *malicia indígena*, ihre genetische Verkommenheit, feiert.

»Die kolumbianische Gesellschaft selbst ist schuld, da sie alle Arten von Kriminellen toleriert. Ich glaube nicht, dass Escobar der Vater aller Verbrechen in Kolumbien war. Es gab vor Pablo Escobar Verbrechen und Verbrecher, und es gibt sie nach Pablo Escobar.«

Dennoch befürchtet er, dass die Geschichte ihn einmal als eine Art Volkshelden feiern wird. »Die Menschen tendieren dazu, zu vergessen, wer Pablo Escobar war. Er war der übelste Verbrecher, den das Land je gesehen hat. Ich fände es äußerst bedauerlich, wenn mein Enkel eines Tages glauben würde, Pablo Escobar sei ein kolumbianischer Volksheld. Das wäre unsagbar traurig, denn dann wären alle die Opfer, die Toten und das Leiden vergessen. Sollte dies einmal passieren, wäre es die größte Ironie der Geschichte.«

Auf den folgenden vier Seiten: Die Erinnerung an Pablo lebt in den Wohnungen der Anwohner des Barrio Pablo Escobar weiter, Januar 2006.

Danksagungen

Wir schulden allen in Kolumbien Dank, die uns ihre Geschichte erzählt haben.
Manche von ihnen sind auf den folgenden Seiten abgebildet.

Besonderer Dank gilt außerdem:

María Carrizosa, die bei der Organisation unserer Interviews unentbehrlich war; General Hugo Martínez für seine Geduld und die Bereitschaft, sich mehrfach mit uns zu treffen, sowie dafür, uns sein Archiv zu öffnen; der kolumbianischen Polizei, die uns erlaubt hat, aus ihren Akten zu zitieren; General Óscar Naranjo von der DIJIN und Manuel Darío Aristizabal von der Staatsanwaltschaft; Major Humberto Aparicio Navia und dem Museo Histórico de la Policía Nacional, General Eduardo Morales und Ana María Escobar von der INPEC für die Organisation des Treffens mit Popeye; Astrid Legarda und Julio Londoño dafür, dass sie uns vielen Leuten vorgestellt haben; den Angestellten des Öffentlichen Dienstes, die uns geholfen haben, Tausende von Akten zu durchforsten, darunter Marcela Sepúlveda Cortázar, Carmencita Turizo Rendón, Gustavo Trujillo, Liliana Calle, Jacqueline Zenteno, Eric Palacino, Lina María Posada und Juan Campo Vives; Gonzalo Córdoba und Fidel Cano, die uns freundlicherweise die Benutzung des Archivs von *El Espectador* gestattet haben, und Ofelia Muñoz, die uns geholfen hat, es zu durchforsten; Richard Emblin von *El Tiempo* sowie seinem Fahrer Juan Carlos Echeverri, die uns zahlreichen Schlüsselfiguren in Medellín vorgestellt haben; Iván Restrepo, Jacqueline und dem Fotoarchiv Biblioteca Pública Piloto de Medellín; Jaime Osorio, der Abzüge von Ivans Fotos anfertigte; Jorge Ortiz, der bei meiner ersten Reise als Übersetzer fungierte und mich mit Pablos Familie zusammenbrachte; Luz María Escobar und ihrem Mann Leonardo für ihre Gastfreundschaft; Juan Pablo Escobar; Jaime Gaviria, mit dem wir viele interessante Gespräche hatten; El Chino für seine Anekdoten und die Erlaubnis, seine Fotos zu verwenden; Wberney Zabala Miranda, der uns durch das Barrio Escobar führte; der Familie Monsalbe; María Matilde David, Anna Rivera, Consuelo Montoya und Hernández Castillo, die uns zu sich nach Hause eingeladen haben; Germán Arrubla; Lloyd Thomas und Catalina Sierra; Oleck Jaimes, bei dem ich in Bogotá wohnen durfte; Diego, unserem verlässlichen Taxifahrer, Lili für ihre Unterstützung, die Schönheitsköniginnen aufzutreiben, die Pablo kannten; bei der DEA Joe Toft für seine aufschlussreichen Worte und Javier Peña, der mich großzügigerweise seine Fotoalben fotografieren ließ; Ken Magee, dem ich unglücklicherweise nie begegnet bin; Mark Bowden, Fabio Castillo, Juan José Hoyos und Simon Strong für hilfreiche Ausführungen über ihre Arbeit und die Ereignisse jener Zeit.

388

Dieses Buch ist Amber gewidmet, meiner Seelenverwandten.

James Mollison
Venedig, Juli 2007

Francisco Flores und Irene Gaviria; die erste Familie, die im Barrio Pablo Escobar ein Haus erhielt. Sie hoffen, Pablo zu begegnen, wenn er ins Viertel zurückkehrt.

Jaime Gaviria, Pablos Vetter, der während dessen politischer Karriere eng mit ihm zusammenarbeitete. Zuvor lebte er in Miami und bewegte für Pablo pro Monat 50 Millionen US-Dollar.
»Sie mögen fragen, was macht ein Vetter von Pablo heutzutage ohne Geld. Doch ich bin am Leben,
und zwar aus diesem Grund. Pablo hatte alles – Flugzeuge, Frauen, Geld –, doch er konnte nie
jemandem trauen.«

Von links im Uhrzeigersinn: **René Higuita**, der Torhüter der kolumbianischen Nationalmannschaft bei der WM 1990. Er war mit Pablo befreundet und spielte mit ihm in La Catedral Fußball. **Elías Lopera**, ein Priester, der Pablo auf seiner »Medellín Sin Tugurios«-Tour (Medellín ohne Slums) begleitete. **César Gaviria**, von 1990–1994 kolumbianischer Präsident; während seiner Amtszeit stellte Pablo sich den Behörden und floh aus dem Gefängnis. Er verantwortete auch die Fahndung nach Pablo, die mit dessen Tod endete. **Gloria Pachón de Galán**, Witwe des Präsidentschaftskandidaten Luis Carlos Galán; sie lebt noch immer im Schatten des Mordes an ihrem Mann und wartet darauf, dass die kolumbianische Justiz die Verantwortlichen dingfest macht.

Von links im Uhrzeigersinn: **Fabio Castillo**, Autor des ersten Buches über die Machenschaften der kolumbianischen Drogenkartelle. Er erhielt Morddrohungen, musste aus dem Land fliehen und kehrte erst nach Pablos Tod wieder zurück. **Hugo Martínez**, Chef des Bloque de Búsqueda, verbrachte Jahre damit, Pablo zur Strecke zu bringen. Er überlebte mehrere Mordanschläge, und man bot ihm sechs Millionen, wenn er absichtlich versagte. **Gloria Ospina**, die Frau von Limón, dem Leibwächter Pablos, der mit ihm zusammen erschossen wurde. **Alberto Villamizar**, Politiker des Movimiento Nuevo Liberalismo; er wurde 1986 bei einem Mordanschlag verwundet. Die Extraditables entführten 1990 seine Frau und seine Schwester. Er arbeitete die Bedingungen mit aus, unter denen Pablo sich den Behörden stellte.

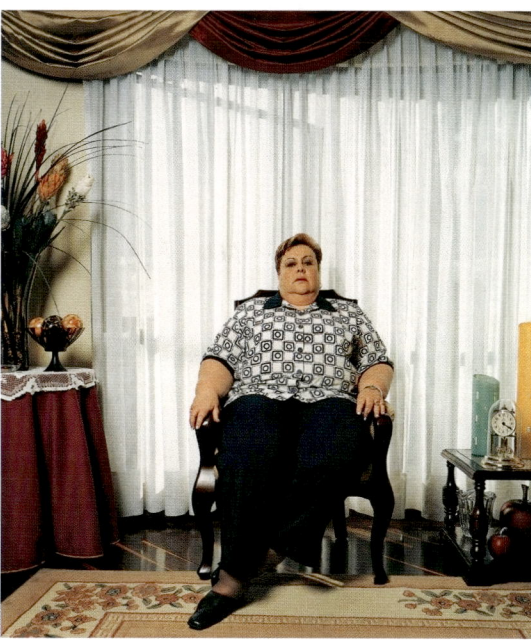

Von links im Uhrzeigersinn: **Enrique Parejo**, nach der Ermordung Lara Bonillas zum Justizminister ernannt, wurde in Ungarn von sechs Kugeln eines Auftragsmörders aus Medellín getroffen. **María Quiroz**, ein Opfer des brutalen Kriegs mit der Polizei; ihr Sohn, ein Polizist, wurde von Pablos Leuten erschossen, und zwei Wochen später wurde ihr Enkel bei einer Vergeltungsaktion der Polizei ermordet. **Margarita Yepes**, die »gesichtslose« Richterin, die zwei Jahre in einem zellenähnlichen Büro der DAS an der Strafverfolgung Escobars arbeitete und drei Mordanschläge überlebte. **Quesito**, einer von Pablos Auftragskillern; er saß vierzehn Jahre einer siebenundzwanzigjährigen Haftstrafe ab, zu der er wegen seiner Beteiligung am Mord an Lara Bonilla verurteilt worden war.

Von links im Uhrzeigersinn: **Humberto Ballén**, Richter am Obersten Gerichtshof, der den Angriff auf den Justizpalast im November 1985 überlebte, indem er sich unter seinen toten Kollegen versteckte. **El Chino**, Pablos Klassenkamerad und späterer Leibfotograf. **Mickey Munday** arbeitete als Kokain-pilot für das Medellín-Kartell – »Pablo war nur ein Strolch, der Glück hatte.« **Miguel Maza**, von 1982–1991 Chef der DAS, Kolumbiens Geheimpolizei; er überlebte sieben Mordanschläge, darunter das Bombenattentat auf das Hauptquartier der DAS, dem 1989 89 Menschen zum Opfer fielen; »Die einzige Person, die er umbringen wollte und die noch am Leben ist, bin ich.«

Popeye, einer von Pablos Leutnants und wohl der Einzige von ihnen, der noch am Leben ist. Er war mit Pablo zusammen in La Catedral und hat seine Beteiligung an der Ermordung von Galán sowie an der Entführung des ehemaligen kolumbianischen Präsidenten Andrés Pastrana gestanden. Er sitzt im Gefängnis von Cómbita, Boyacá.

Zeittafel

1949 1. Dezember: Pablo Emilio Escobar Gaviria wird in El Tablazo, Antioquia, geboren.

1971 8. August: Escobar entführt den Industriellen Diego Echavarría.

1974 7. August: Alfonso López Michelsen wird Präsident.

5. September: Escobar wird wegen Autodiebstahls festgenommen.

1976 29. März: Escobar heiratet Victoria Henao.

9. Juni: Escobar wird wegen Schmuggels von Kokapaste verhaftet.

1977 24. Februar: Escobars Sohn Juan Pablo wird geboren.

25. Februar: Die Anklage wegen Drogenschmuggels wird fallengelassen.

30. März: Die Beamten, die ihn 1976 festgenommen hatten, werden ermordet.

25. Dezember: Escobars Bruder Luis Fernando stirbt, die Familie macht die Polizei verantwortlich.

1978 7. August: Julio Turbay wird Präsident.

1979 31. Januar: Carlos Lehder kauft eine Inselgruppe auf den Bahamas.

Februar: Escobar und sein Vetter Gustavo kaufen Land für die Hacienda Nápoles.

14. September: Die USA und Kolumbien unterzeichnen ein Auslieferungsabkommen.

1982 Ein Kilo Kokain ist in New York 80 000 US-Dollar wert, in Miami 50 000 US-Dollar.

Januar: Escobar beschließt, in die Politik zu gehen.

Februar: Luis Carlos Galán schließt Escobar aus dem Movimiento Nuevo Liberalismo aus.

1. März: Escobar wird in den kolumbianischen Kongress gewählt.

4. März: Das Auslieferungsabkommen tritt in Kraft.

7. August: Belisario Betancur wird Präsident.

1983 16. August: Escobar unterliegt in der Parlamentsdebatte um »schmutziges Geld« Rodrigo Lara Bonilla.

25. August: *El Espectador* enthüllt Escobars Verhaftung im Jahr 1976.

1984 Ein Kilo Kokain ist in New York 30 000 und in Südflorida 16 000 US-Dollar wert.

4. Februar: In Tranquilandia wird die Rekordmenge von 14 Tonnen Kokain beschlagnahmt.

30. April: Justizminister Lara Bonilla wird ermordet.

Mai: Im Barrio Pablo Escobar werden die ersten Häuser an die Armen übergeben.

25. Mai: Geburt von Escobars Tochter Manuela.

1985 Medellín wird mit 1698 Morden die Stadt mit den weltweit meisten Mordfällen.

5. Januar: Fünf Kolumbianer werden an die USA ausgeliefert.

30. Juli: Ein Richter in Miami erhebt Anklage gegen Pablo Escobar wegen Schmuggels.

6. November: Angriff auf den Justizpalast.

1986 Die Mordrate in Medellín beträgt 3500.

7. August: Virgilio Barco wird Präsident.

15. November: Die Extraditables veröffentlichen ihre erste Erklärung.

12. Dezember: Das Auslieferungsabkommen wird vom Obersten Gerichtshof für nicht anwendbar erklärt, aber von Präsident Barco umgehend wieder in Kraft gesetzt.

17. Dezember: Guillermo Cano, Herausgeber des *El Espectador*, wird ermordet.

1987 4. Februar: Carlos Lehder wird verhaftet und an die USA ausgeliefert.

25. Juni: Der Oberste Gerichtshof erklärt das Auslieferungsabkommen für verfassungswidrig.

1988 14. Januar: Das Cali-Kartell zündet vor Escobars Haus in Medellín eine Bombe.

25. Januar: Generalstaatsanwalt Carlos Hoyos wird ermordet.

1989 4. Februar: Manuel Noriega wird verhaftet.

19. Mai: Ein französisches Gericht verurteilt Escobar wegen Drogenschmuggels zu zwanzig Jahren Haft.

28. Juli: Eine Bombe tötet den Gouverneur von Antioquia, Antonio Roldán Betancur.

18. August: Oberst Waldemar Quintero und Luis Carlos Galán werden ermordet.

Die Auslieferung wird per Präsidialdekret wieder in Kraft gesetzt.

19. August: Der Bloque de Búsqueda wird gebildet.

September bis Dezember: Landesweit explodieren 100 Bomben.

2. September: Eine Bombe zerstört das Gebäude des *El Espectador* in Bogotá.

23. November: Der Bloque de Búsqueda führt die erste Großrazzia gegen Pablo Escobar durch.

27. November: Eine Bombe explodiert an Bord des Avianca-Flugzeugs HK1803 und tötet 107 Menschen.

6. Dezember: Eine Bombe zerstört die DAS-Zentrale, 89 Personen werden getötet.

15. Dezember: José Gacha, »El Mexicano«, wird von der Polizei getötet.

20. Dezember: Álvaro Diego Montoya wird entführt.

1990 April bis Juli: In Medellín werden 250 Polizisten ermordet.

12. Mai: »Muttertagsbomben« töten 21 Menschen in Bogotáer Einkaufszentren.

14. Juni: Pinina, Escobars Spitzenkiller, wird von der Polizei getötet.

7. August: César Gaviria wird Präsident.

11. August: Escobars Vetter Gustavo wird von der Polizei getötet.

30. August: Ex-Präsident Turbays Tochter Diana wird entführt.

6. September: Präsident Gaviria bietet denen, die sich stellen, reduzierte Haftstrafen an.

19. September: Francisco Santos und Marina Montoya werden entführt.

7. November: Maruja Pachón de Villamizar und Beatriz Villamizar de Guerrero werden entführt.

18. Dezember: Fabio Ochoa stellt sich den Behörden.

1991 7081 Menschen werden in Medellín getötet.

15. Januar: Jorge Ochoa stellt sich den Behörden.

24. Januar: Marina Montoya wird ermordet.

25. Januar: Diana Turbay kommt bei einer Befreiungsaktion der Polizei ums Leben.

16. Februar: Juan David Ochoa stellt sich den Behörden.

30. April: Der ehemalige Justizminister Enrique Low Mutra wird ermordet.

21. Mai: Die Extraditables lassen die verbliebenen Geiseln frei.

19. Juni: Die Verfassungsgebende Versammlung erklärt die Auslieferung für rechtswidrig; Escobar stellt sich den Behörden.

1992 In Medellín werden 6624 Menschen ermordet.

3. bis 7. Juli: Fernando Galeano und Kiko Moncada werden ermordet.

22. Juli: Escobar und neun seiner Männer brechen aus dem Gefängnis La Catedral aus.

Juli bis Dezember: Bei zahlreichen Bombenanschlägen in Medellín kommen 48 Menschen ums Leben.

August: Fidel und Carlos Castaño bilden »Los Pepes«.

7. Oktober: Roberto Escobar und Popeye stellen sich den Behörden.

27. Oktober: Tyson wird von der Polizei getötet.

1993   31. Januar: Los Pepes verüben Bombenanschläge auf Immobilien von Escobars Familie.

1. Februar: Für Escobars Ergreifung wird eine Belohnung von 5000 Millionen Peso (6,25 Millionen US-Dollar) ausgesetzt.

18. Februar: Seit Tysons Tod wurden 80 Polizisten getötet.

19. März: El Chopo, »der König der Banditen«, wird getötet.

1. Juni: Escobars Anwälte legen aufgrund der Morde ihr Mandat nieder.

2. Juni: Escobars Schwager Carlos Henao wird entführt und ermordet.

27. Juni: Escobars Angehörige fliehen aus Kolumbien.

11. November: Die Polizei kommt bis auf hundert Meter an Escobar heran.

27. November: Escobars Familie flüchtet nach Deutschland, wird aber abgewiesen und zur Rückkehr gezwungen.

1. Dezember: Escobar feiert seinen 44. Geburtstag.

2. Dezember: Escobar wird vom Bloque de Búsqueda gestellt und erschossen.

Weiterführende Literatur

Mauricio Aranguren Molina: Mi Confesión: Carlos Castaño revela sus secretos. 403
(Editorial La Oveja Negra, 2001)

Alejandra Balcázar Salamanca und Fernando Gómez Garzón: La Horrible
Noche: La fuga de Pablo Escobar. (Ediciones B, 2003)

Mark Bowden: Killing Pablo: Die Jagd auf Pablo Escobar, Kolumbiens
Drogenbaron. (Bvt Berliner Taschenbuch Verlag, 2003)

Luis Cañón: El Patrón: Vida y muerte de Pablo Escobar. (Planeta, 1995)

Fabio Castillo: Los Jinetes de la Cocaína. (Editorial Documentos Periodísticos,
1987)

Fabio Castillo: La Coca Nostra. (Editorial Documentos Periodísticos, 1991)

Fabio Castillo: Los Nuevos Jinetes de la Cocaína. (Editorial La Oveja Negra, 1996)

Germán Castro Caycedo: En Secreto. (Planeta, 1996)

Fernando Cortés Arévalo: El Asesinato de Galán. (Planeta, 2005)

Robert Escobar Gaviria: Mi Hermano Pablo. (Quintero Editores, 2000)

Juan Manuel Galán: El Rojo de Galán – Nueva manera de hacer política.
(Planeta, 1998)

Gabriel García Márquez: Nachricht von einer Entführung.
(Kiepenheuer & Witsch, 1996)

Guy Gugliotta und Jeff Leen: Kings of Cocaine. (Harper Paperbacks, 1990)

María Jimena Duzán: Death Beat: A Colombian Journalist's Life Inside the
Cocaine Wars. (Harper Collins, 1994)

Astrid Legarda Martínez: El Verdadero Pablo: Sangre, Traición y Muerte ...
En las confesiones de Alias ›Popeye‹, su principal lugarteniente.
(Ediciones Dipon, 2005)

Bernardo Londoño Quintero: Berlón, el Diplomático. (Editorial Papiro, 2005)

Max Mermelstein: The Man Who Made It Snow. (Simon & Schuster, 1990)

Rafael Pardo Rueda: La Historia de las Guerras. (Ediciones B, 2007)

Alonso Salazar J.: La Parábola de Pablo: Auge y caída de un gran capo del narcotráfico. (Planeta, 2001)

Alonso Salazar J.: No nacimos pa' semilla: La cultura de las bandas juveniles en Medellín. (Planeta, 2002)

Alonso Salazar J.: Profeta en el Desierto: Vida y Muerte de Luis Carlos Galán. (Planeta, 2003)

Simon Strong: Whitewash. Pablo Escobar and the Cocaine Wars. (Pan Books, 1995)

Edgar Torres Arias: Mercaderes de la Muerte. (Intermedio Editores, 1995)

María Elena Triana Rivera: Vamos a Matar a Galán: ¿El gatillo que oprimió Santofimio? (Phantasticus Editores, 2006)

Gary Webb: Dark Alliance: The CIA, the Contras, and the Crack Cocaine Explosion. (Seven Stories Press, 1999)

Namensliste

A

Álvaro de Jesús Agudelo alias
»Limón«, Leibwächter Pablos
Oberst Hugo Aguilar, einer der
Führer des Bloque de Búsqueda
Deisy Álvarez, Polizistenwitwe
Leonel Álvarez, Spieler Atlético
Nacional
Mauricio Alonso, DAS-Agent
Antioquia, Provinz, aus der die
Familie Escobars stammt
Mario Arango, Autor des Buches
*Coca-coca: Historia, manejo
político y mafia de la cocaína*
(zusammen mit Jorge Child Vélez)
»Arete«, Carlos Alzate, einer von
Pablos Männern; gestand, die
Avianca-Bombe gelegt zu haben
Manuel Darío Aristizabal,
Staatsanwalt
Carlos Arrieta, Generalstaatsanwalt
Germán Arrubla, kolumbianischer
Künstler
Leonardo Arteaga, Schwager von
Pablo
Jorge Eduardo Avendaño alias »Tato«,
einer von Pablos Männern

B

Humberto Ballén, eines der beiden
am 6. November 1985
überlebenden Mitglieder des
Obersten Gerichtshofes

Hernando Baquero, ermordeter Richter
Alfonso Barragán, gab angeblich den
tödlichen Schuss auf Pablo ab
Héctor Barrientos, Küchenchef in
Nápoles, ermordet
Belisario Betancur, konservativer
Präsidentschaftskandidat
Jhon Jairo Betancur alias »Icopor«,
einer von Pablos Männern
Patricia Betancur Ríos, Bewohnerin
des Barrio Pablo Escobar
Bloque de Búsqueda, Eliteeinheit
Hernán Botero, Besitzer von Atlético
Nacional, Medellíns
erfolgreichstem Fußballclub

C

»Büro« oder »Combo«, innerer Kreis
Escobars: Carlos Alzate,
»El Arete«; Carlos Aguilar Gallego,
»El Mugre«; Otoniel de Jesús
González, »Otto«; Alberto
Castaño Molina, »El Chopo«;
Brances Muñoz Mosquera,
»Tyson«; »El Negro« Pabón
Guillermo Cano, Eigentümer und
Herausgeber des *El Espectador*,
ermordet
Alonso Cárdenas, Ehemann einer der
Ochoa-Schwestern
Carlos Castaño, Führer der
Paramilitärs, Deckname »Alekos«,
DAS-Informant und
Mitbegründer von »Los Pepes«

406

Die Originalausgabe THE MEMORY OF PABLO ESCOBAR
erschien 2007 bei Chris Boot Ltd., London

Verlagsgruppe Random House FSC® N001967
Das für dieses Buch eingesetzte FSC®-zertifizierte Papier
Hell Fat matt liefert Deutsche Papier Vertriebs GmbH, Steinerne Furt 75, 86167 Augsburg.

3. Auflage

Vollständige deutsche Ausgabe 01/2010
Copyright © Chris Boot Ltd.
Copyright des Textes © 2007 by James Mollison & Rainbow Nelson
Sämtliche Fotografien und Dokumente in diesem Buch wurden mit Erlaubnis der relevanten
Fotografen und Besitzer der jeweiligen Sammlungen kopiert und reproduziert. Alle Rechte
vorbehalten.
Copyright der deutschsprachigen Ausgabe © 2010 by
Wilhelm Heyne Verlag, München
in der Verlagsgruppe Random House GmbH
Printed in Germany 2013
Umschlaggestaltung: Hauptmann & Kompanie Werbeagentur, München – Zürich
Lektorat: Ulf Müller
Umschlagillustrationen:
    Frontcover: Polaroid von Javier Peña (Polizeifoto von Escobar, das 1976 nach seiner ersten
    Festnahme wegen Kokainschmuggels gemacht wurde)
    Rücken: Von der Polizei angefertigte Fotomontage möglicher Verkleidungen Escobars,
    die 1992 nach seiner Flucht aus dem Gefängnis verbreitet wurde (aus der Sammlung von
    Hugo Martínez)
    Rückseite: Eine von 11 000 Handfeuerwaffen, die die Medellíner Polizei von Escobars
    Komplizen konfiszierte
Satz: C. Schaber Datentechnik, Wels
Druck und Bindung: Druckerei Uhl, Radolfzell

ISBN: 978-3-453-67576-6

www.heyne-hardcore.de

Hunter S. Thompson

*»Er war ein Genie, das die Literatur so
veränderte wie Marlon Brando die
Schauspielerei, so wichtig für uns wie
Bob Dylan und die Rolling Stones.«
Johnny Depp*

978-3-453-67604-6

978-3-453-40853-1

Leseproben unter: **www.heyne-hardcore.de**

HEYNE ‹

Jens Westerbeck

»Boatpeople ist der Porsche 911 unter den Büchern:
technisch brilliant, auf der Geraden verdammt schnell
und am Kurvenausgang schmeißt er dich raus, wenn du
nicht aufpasst – ein Höllenritt!« *Atze Schröder*

978-3-453-67628-2

www.heyne.de

Jenna Jameson

»Die ungekrönte Königin des Hardcore« *Stern*

»Wenn eine Autobiographie eine Droge ist,
dann bekommen Sie hier die Überdosis.« *N.Y. Times*

»Jetzt schon ein Klassiker der Populärkultur.«
Publishers Weekly

Jenna Jameson/
Neil Strauss
Pornostar
978-3-453-67504-9

978-3-453-67504-9

Leseprobe unter: **www.heyne-hardcore.de**